Por um Estado Fiscal Suportável
Estudos de Direito Fiscal
Volume IV

Por um Estado Fiscal Suportável
Estudos de Direito Fiscal
Volume IV

2015

José Casalta Nabais
Professor da Faculdade de Direito de Coimbra

ALMEDINA

POR UM ESTADO FISCAL SUPORTÁVEL
ESTUDOS DE DIREITO FISCAL
VOLUME IV

AUTOR
José Casalta Nabais

EDITOR
EDIÇÕES ALMEDINA, S. A.
Rua Fernandes Tomás, nºs 76, 78 e 80
3000-167 Coimbra
Tel.: 239 851 904 · Fax: 239 851 901
www.almedina.net · editora@almedina.net

DESIGN DE CAPA
FBA.

PRÉ-IMPRESSÃO
EDIÇÕES ALMEDINA, S. A.

IMPRESSÃO E ACABAMENTO
PAPELMUNDE

Outubro, 2015

DEPÓSITO LEGAL
225328/05

ALMEDINA | GRUPOALMEDINA

BIBLIOTECA NACIONAL DE PORTUGAL – CATALOGAÇÃO NA PUBLICAÇÃO
NABAIS, José Casalta, 1952-
Por um estado fiscal suportável : estudos de direito fiscal. - v.
V. 4: p. – ISBN 978-972-40-6150-4
CDU 336

NOTA PRÉVIA

Reunimos neste volume dez dos estudos que concluímos depois da publicação, em 2010, do III Volume da obra *Por um Estado Fiscal Suportável – Estudos de Direito Fiscal*. As razões desta publicação, que apresentamos como quarto volume dessa recolha de textos, como será fácil de verificar, são as mesmas que estiveram na base dos três volumes anteriores. Pois trata-se de estudos dispersos por diferentes publicações cujo objecto se localiza ou, a seu modo, se reporta ao domínio amplo do direito dos impostos.

Setembro de 2015

Reflexões sobre a Introdução da Arbitragem Tributária[1]

A reflexão sobre a introdução do instituto da arbitragem tributária, que é como quem diz do instituto da arbitragem no direito dos impostos andará à volta da tentativa de resposta a esta questão: garantirá o actual monopólio estadual da justiça tributária a ideia em que se consubstancia o Estado de Direito, a qual, como é sabido, teve e tem no direito fiscal um dos seus mais importantes pilares fundacionais? Uma pergunta cuja resposta vamos procurar dar em quatro passos. Primeiro, algumas ideias sobre a jurisdição no Estado de Direito, seja como função e poder do Estado, seja como a garantia por excelência dos direitos das pessoas face ao mesmo Estado. Depois, como a arbitragem constitui um meio entre outros de resolução de litígios, não será inteiramente descabido interrogarmo-nos sobre as vias que actualmente podem evitar ou solucionar os litígios sem que estes sejam objecto de um processo jurisdicional. A seguir, centrando-nos mais no tema que intitula este escrito, faremos algumas considerações sobre a introdução do instituto

[1] Texto publicado nos *Estudos em Homenagem ao Prof. Doutor Jorge Miranda*, vol. V, Coimbra Editora, 2012.

da arbitragem tributária, tendo em conta, desde logo, a base constitucional expressa do art. 209º, nº 2, da Constituição. Por fim, impõe-se uma alusão ao regime legal da arbitragem tributária aprovado pelo Decreto-Lei nº 10/2011, de 20 de Janeiro, que teve por base a autorização legislativa contida no art. 124º da LOE/2010[2]. Encerramos esta reflexão com brevíssimas considerações finais.

1. A jurisdição no Estado de Direito

E a primeira reflexão prende-se com o sentido e o alcance da jurisdição no Estado de Direito. A este respeito, parece óbvio que a existência de uma jurisdição, de um poder entregue aos tribunais, que se apresentam como órgãos independentes do poder político e administrativo e que decidem com autonomia e imparcialidade os litígios que lhe sejam submetidos pelas partes litigantes, constitui um verdadeiro pressuposto do próprio Estado de Direito. Efectivamente, sem a existência e o funcionamento de um poder estadual desse tipo, de um poder judicial, por certo que não poderemos afirmar que estamos perante um Estado de Direito. Por conseguinte, o Estado não pode deixar de ser titular e de exercer a função judicial, fornecendo assim o correspondente serviço de justiça. O que, naturalmente, nada nos diz quanto às específicas possibilidades de realização dessa função estadual. Realização que, como vai subentendido nas nossas palavras, não passa apenas pela instituição e funcionamento de um modelo único de justiça, podendo esta ser concretizada segundo modelos relativamente diversificados.

Pois, sendo a jurisdição simultaneamente uma função exercida por um dos poderes do Estado e a garantia por excelência da realização efectiva dos direitos e liberdades das pessoas inclusive face ao Estado, compreende-se que o entendimento dessa função no quadro das funções e poderes do Estado, de um lado, e da mencionada garantia, de outro, não seja idêntico em toda a parte. Daí que também o papel da jurisdição na realização do Estado de Direito possa ter graduações, apesar da indiscutível aproximação actual dos sistemas consubstanciada no papel reconhecido à função jurisdicional na realização do Direito.

Diversidade que pode ser ilustrada com a compreensão da jurisdição no mundo anglo-saxónico, em que a sua visão como uma função a ser exercida pelo Estado, como um poder do Estado, se apresenta aí mais esbatida.

[2] Lei nº 3-B/2010, de 28 de Abril, em que foi autorizado o Governo para «instituir a arbitragem como forma alternativa de resolução jurisdicional de conflitos em matéria tributária».

O que facilita a compreensão da missão do juiz que é a de solucionar litígios, pondo-lhes termo, e não tanto a de exercer uma função ou afirmar um poder do Estado. Daí a abertura para a aceitação dos amplos poderes de que o juiz dispõe nesses sistemas para pôr termo aos processos através da promoção das mais variadas e criativas práticas conciliatórias e diversificados tipos de acordos entre as partes.

1.1. Uma função do Estado

Pois bem, olhando para o Estado, a jurisdição apresenta-se-nos como uma função exercida por um poder do Estado. Trata-se de uma das três (em rigor, das quatro) funções estaduais que, muito embora o Estado sempre tenha desempenhado, acabaram por ganhar especial protagonismo com a instauração do Estado Constitucional no século XVIII[3]. Instauração intrinsecamente ligada à necessidade de dividir o exercício dessas funções, por poderes ou complexos orgânicos essencialmente diferentes, de modo a assim prevenir e evitar a absolutização do poder, o poder absoluto, contra o qual se fizeram as revoluções liberais (inglesa, americana e francesa) e foi erguida a construção que conhecemos por Estado Constitucional.

Foi no quadro dessa evolução que, entre nós, numa *tradição republicana*, que acaba por fazer sentido como vamos ver, os tribunais nos aparecem como *órgãos de soberania*, ao lado, portanto, dos demais órgãos de soberania, a saber: o Presidente da República, a Assembleia da República e o Governo. Uma qualificação que a actual Constituição afirma muito claramente não só ao proceder à enumeração dos órgãos de soberania (art. 110º, nº 1), mas também ao definir a própria função dos tribunais (art. 202º, nº 1).

Compreensão que acaba por fazer sentido para quem, como nós, perfilhe a ideia de que o conceito de soberania é um conceito que comporta um inequívoco sentido jurídico e, por conseguinte, um sentido que não se identifica com um poder ilimitado e incondicionado, com um poder que não conhece limites de ordem interna ou de ordem externa. Pelo que um órgão para ser soberano não carece de um poder ilimitado, como o conceito político de soberania, por via de regra, parece pressupor[4], mas antes

[3] Segundo a divisão tripartida ancorada na conhecida teoria da separação de poderes do Barão de MONTESQUIEU, uma teoria reconhecidamente tributária, aliás, das ideias de JOHN LOCKE.

[4] Um sentido de soberania que, assim, se compagina apenas com o «Estado absoluto». Com um tal sentido de soberania, a ideia de Estado de Direito enfrenta uma verdadeira contradição nos próprios termos, já que o Estado ou é soberano ou é de Direito.

ser detentor de um poder que, na ordem jurídica em que se insere, se apresenta como um «poder jurídico supremo», um poder que não conhece outros limites senão os materializados na própria Constituição ou os que por esta sejam reconhecidos ou autorizados.

Um poder que os tribunais portugueses têm desde a Constituição de 1911, a qual, por um lado, introduziu em Portugal o controlo jurisdicional da constitucionalidade das leis, segundo o modelo norte-americano da *judicial review of legislation*, e, por outro lado, em coerência com essa inovação[5], passou a designar os órgãos supremos do Estado por *órgãos de soberania*, ordenando-os, de resto, no próprio texto constitucional, segundo a importância dos mesmos no correspondente modelo de governo. Uma visão das coisas que foi mantida tanto na Constituição de 1933 como na actual Constituição. Por conseguinte, os tribunais portugueses constituem órgãos de soberania porque, no quadro da Constituição e no que respeita ao nosso sistema de direito interno, se apresentam como órgãos jurídicos supremos[6].

Compreende-se facilmente que, a partir da sua perspectivação como função estadual e como função soberana, o exercício da função jurisdicional se apresente de algum modo avesso a ser partilhado com os particulares, com os privados, sobretudo quando se reporta àquele sector da justiça que tem por objecto litígios de natureza pública, em que ao poder judicial não se pede que dirima conflitos entre privados, mas antes que julgue a correcção jurídica dos actos praticados pelos outros órgãos estaduais, ou seja, que, a seu modo, julgue os outros poderes estaduais que são seus pares no exercício da soberania. Por conseguinte, entendida a jurisdição como um poder e um poder cujo exercício cabe a órgãos soberanos, torna-se difícil aceitar, por incompatibilidade evidente, a instituição da arbitragem, sobretudo no domínio da justiça pública como é a justiça administrativa e fiscal. Pois, resulta da sua natureza, que o poder não é atribuído para ser cedido ou partilhado, mas para ser efectivamente exercido. Assim, uma tal perspectiva joga no sentido do monopólio estadual da função judicial.

[5] Uma inovação ao que julgamos pioneira no espaço europeu.

[6] V. neste sentido, o nosso livro *O Dever Fundamental de Pagar Impostos. Contributo para a compreensão constitucional do estado fiscal contemporâneo*, Almedina, Coimbra, 1998, p. 290 e ss. (299). Poder que, devemos acrescentar, veio a ser limitado, de um lado, pela instituição do Tribunal Constitucional (que passou a ter a última palavra na generalidade dos casos de controlo da constitucionalidade realizado pelos tribunais) e, por outro lado, pela integração europeia, a qual veio limitar esse carácter soberano relativamente a todos os órgãos de soberania.

Muito embora seja de acrescentar, em contrapartida, que o monopólio da resolução dos litígios jurídicos a favor da função judicial respeita a uma «função passiva» do Estado, pois os litígios apenas podem ser levados a juízo por iniciativa das partes litigantes e jamais pelo tribunal[7]. O que revela, assim, uma diferença muito significativa face às demais funções soberanas do Estado, que têm carácter essencialmente activo. Uma característica da função jurisdicional que, naturalmente, vai no sentido da relativização da afirmação anteriormente feita.

1.2. A garantia por excelência das pessoas

Mas a jurisdição é, numa outra perspectiva, na perspectiva dos cidadãos, de resto aquela que constitui a sua verdadeira razão de ser, uma garantia, ou melhor a verdadeira garantia dos direitos e liberdades das pessoas. Pois, quando se fala em garantia pensa-se imediatamente na garantia jurisdicional, na garantia assegurada através da existência e funcionamento de cada um e do conjunto dos tribunais. O que não deixa de decorrer de diversos preceitos constitucionais, com especial destaque para os que asseguram o direito de acesso ao direito e a uma tutela jurisdicional efectiva – os arts. 20º e 268º, nºs 4 e 5, da Constituição. Nesta visão das coisas, a jurisdição apresenta-se como a garantia das pessoas, a garantia que assegura a realização dos seus direitos e interesses legalmente protegidos. Garantia essa que, num importante sector da justiça, acaba mesmo revelando-se como um poder contra o Estado, incluindo-se neste o próprio poder judicial[8].

Naturalmente que nesta perspectiva, centrada já não no Estado como a anterior, mas na realização dos direitos das pessoas, a arbitragem não enfrenta os obstáculos que se apresentam àquela. Agora o que há que perguntar já não é pelo exercício de uma função estadual, de um poder soberano, mas antes como assegurar a realização dos direitos e interesses legalmente protegidos dos cidadãos. O que pode passar por, relativamente à resolução dos litígios, deixar aos interessados, aos litigantes, a escolha do órgão para os decidir e, bem assim, o correspondente processo a seguir. Mais, atendendo ao actual contexto de morosidade da justiça visível um pouco por toda a parte, a qual se apresenta cada vez mais como um verda-

[7] V. o nosso estudo «A revogação do acto tributário na pendência da impugnação judicial», agora em *Por um Estado Fiscal Suportável – Estudos de Direito Fiscal*, Volume II, Almedina, Coimbra, 2008, p. 131 e ss. (142).

[8] Caso em que, a seu modo, podemos dizer que o juiz garantia dos direitos e liberdades acaba julgando o juiz poder estadual.

deiro problema estrutural do Estado de Direito, podemos mesmo questionar-nos se uma recusa ampla da arbitragem não acaba constituindo uma restrição intolerável dos direitos de acesso à justiça e a uma tutela jurisdicional efectiva, mediante a obtenção de uma decisão judicial num prazo razoável.

Pelo que a abertura à arbitragem, incluindo o reduto tradicionalmente mais avesso à ideia de consenso formado pelo sector do direito dos impostos, se, por um lado, não põe em causa a ideia de Estado de Direito, por outro, parece constituir mesmo uma das formas pelas quais pode passar a sua concretização nos conturbados dias de hoje. Por isso, afigura-se-nos que essa via de resolução de litígios não pode, ao menos num quadro que se paute por um mínimo de realismo, ser liminarmente afastada.

De um lado, constituindo a jurisdição a garantia por excelência dos direitos e liberdades das pessoas, o Estado não pode deixar de exercer a função jurisdicional, colocando à disposição das pessoas o correspondente serviço de justiça. O que, em contrapartida, não significa erigir essa via em via necessária e única de obtenção da justiça relativamente a todos e quaisquer litígios. Significa antes que essa via não tem que ser única ou exclusiva. Por outras palavras, também em sede da função jurisdicional, à semelhança do que vem ocorrendo em sede dos serviços públicos ligados à realização dos direitos sociais, podemos dizer que cabe ao Estado a provisão e não necessariamente a produção do serviço de justiça. Em suma, nem privatização total nem monopólio estadual absoluto da justiça.

De outro lado, é preciso ter em conta a situação actual de sistemas jurídicos como o nosso, em que cada vez mais nos deparamos com um fenómeno de verdadeiro «totalitarismo do direito»[9], o qual, entre as suas múltiplas consequências nefastas, tem conduzido, no que à acção dos tribunais diz respeito, a níveis de litigação e consequente volume de pendências judiciais absolutamente incomportáveis para a sustentabilidade do sistema. Por isso, não admira que a arbitragem, também a partir desse fenómeno,

[9] Concretizado no peso tentacular que o direito cada vez mais descartável e o correspondente exército de juristas têm na sociedade contemporânea. Trata-se de uma expressão que ouvimos ao Professor José Francisco de Faria Costa para caracterizar esse fenómeno, o qual, à maneira dos conhecidos três estádios de Auguste Comte, terá sucedido no século XXI ao «totalitarismo da política», próprio do século XX, do mesmo modo que este terá sucedido ao anterior «totalitarismo da religião» – cf. o nosso estudo «Responsabilidade civil da Administração Fiscal», agora em *Por um Estado Fiscal Suportável – Estudos de Direito Fiscal*, Volume III, Almedina, Coimbra, 2010, p. 145 e ss. (148).

disponha de um ambiente propício, constituindo assim um instituto que vem sendo admitido um pouco por toda a parte mesmo no respeitante aos litígios cuja solução tem a sua sede no direito público. Efectivamente bem podemos dizer que as exigências implicadas na praticabilidade das soluções engendradas pelo sistema jurídico e, bem assim, o funcionamento do sistema judicial não nos deixam, presentemente, outra alternativa[10].

2. O quadro amplo da resolução dos litígios

Perspectivando agora o problema em análise já não a partir do significado e alcance da jurisdição no Estado de Direito, seja como função ou poder judicial, seja como garantia dos direitos e liberdades das pessoas, mas antes a partir dos litígios cuja solução a jurisdição visa alcançar, é de assinalar que essa solução não pode perder de vista um plano mais geral e abrangente face ao actual crescimento exponencial da litigação. Um crescimento em relação ao qual o Estado de Direito tem de se mobilizar no sentido seja de uma actuação efectiva de prevenção dos litígios, seja para a abertura a formas não jurisdicionais, mormente administrativas, de solução desses mesmos litígios.

2.1. A prevenção dos litígios

E uma primeira consideração a fazer prende-se com a necessidade de ter presente que a justiça fiscal, como qualquer outra tem por objectivo solucionar, resolver conflitos. O que apenas será viável se o número litígios a que a ordem jurídica dá origem for compatível com a capacidade de resposta do sistema para a sua solução[11].

Por isso, o melhor sistema de justiça não é tanto o que tem uma grande capacidade para solucionar litígios, um objectivo difícil de alcançar mesmo por parte de países mais ricos[12], mas aquele que tem uma grande capacidade de prevenir ou evitar litígios, desincentivando-os. Ou seja capacidade real, e

[10] Sobre o princípio da praticabilidade como limite à plena operacionalidade de alguns dos clássicos princípios constitucionais do direito fiscal, v. o nosso livro *O Dever Fundamental de Pagar Impostos*, cit., p. 335 e s. e 373 e ss., bem como REGINA HELENA COSTA, *Praticabilidade e Justiça Tributária. Exeqüibilidade de Lei Tributária e Direitos do Contribuinte*, Malheiros, São Paulo, 2007.

[11] Não nos podemos esquecer que o melhor litígio é o que não chega a existir, valendo aqui, a seu modo, a velha regra da sabedoria popular que vale mais prevenir do que remediar.

[12] Nos quais o número de juízes por 100.000 habitantes é bem menor do que a verificada entre nós.

não apenas capacidade virtual, para evitar e solucionar em termos amplos os litígios.

Num tal quadro, compreende-se que os actuais problemas da justiça passem, desde logo, pela importância que deve ser dada às medidas de organização social como parte importante da política fiscal, ou seja, às medidas que melhorem a organização social básica, neste caso a organização básica que constitui o suporte das Finanças Públicas[13]. O que implica, designadamente, estar aberto à interrogação sobre a origem, a prevenção e a resolução dos conflitos, ter presente uma preocupação permanente com a simplificação e melhoria técnica do ordenamento jurídico fiscal e abandonar a velha ideia de que a aplicação das normas jurídicas sobre impostos tem de passar exclusivamente pela actuação unilateral da Administração Tributária. Ou seja, na adopção de quaisquer medidas no respeitante ao sistema fiscal, não podemos esquecer os conflitos ou litígios que as mesmas podem originar, a premente necessidade de simplificação exigida pelo sistema e a imprescindível convocação da colaboração dos contribuintes para uma lograda aplicação das leis dos impostos, sobretudo num quadro de «privatização» da administração ou gestão dos impostos como aquele em que opera o nosso sistema fiscal, no qual os verdadeiros destinatários da generalidade das normas fiscais operacionais são presentemente as empresas[14].

Uma missão que tem naturalmente diversos actores, entre os quais sobressai o legislador, cuja actuação se revela verdadeiramente decisiva pela importância que reveste derivada do princípio constitucional da legalidade fiscal e por se traduzir numa intervenção que se situa a montante da acção dos demais. E, embora essa missão esteja sobretudo na mão do legislador do direito substantivo, cujas soluções não podem ser adoptadas sem ter presente essas preocupações, o certo é que também a legislação processual

[13] Em que o problema do efectivo controlo da despesa pública, como a razão de ser do controlo relativo aos impostos, não pode deixar de estar presente, ao contrário do que tem vindo a acontecer – v., sobre o esquecimento relativo ao «poder de gastar», o nosso estudo, «A constituição fiscal de 1976, sua evolução e suas desafios», agora em *Por um Estado Fiscal Suportável – Estudos de Direito Fiscal*, Almedina, Coimbra, 2005, p. 145 e ss.

[14] V., sobre esses aspectos, Ferreiro Lapatza (Dir.), *La Justicia Tributaria en España. Informe sobre las relaciones entre la Administración y los contribuyentes y la resolución de conflictos entre ellos*, Marcial Pons, Madrid, 2005, p. 21 e ss. Sobre o fenómeno da «privatização» da administração ou gestão dos impostos, v. o nosso *Direito Fiscal*, 6ª ed., Almedina, Coimbra, 2010, p. 355 e ss.

desempenha aí um importante papel, não podendo alhear-se desse problema.

Na verdade, o legislador não pode, hoje em dia, deixar de permanentemente realizar um exigente teste através do qual proceda à avaliação dos impactos, designadamente económicos, que as soluções legais propostas podem desencadear, reportem-se estas ao direito substantivo ou ao direito processual[15]. Uma avaliação que, em domínios como o aqui em consideração, não poderá deixar de ser perspectivada tendo em devida conta não só os resultados, designadamente os montantes de receita fiscal que a disciplina dos impostos visa proporcionar, mas também e de modo muito particular os volumes de litigação que cada lei ou alteração legislativa possa ocasionar, os quais, mais tarde ou mais cedo, não deixarão de se repercutir negativamente na própria obtenção das receitas tributárias[16].

Mais especificamente, o legislador precisa de estar alertado para obstar a que as soluções legais constituam elas próprias um autónomo suporte de litigação, alimentando litígios artificiais. Pois é sabido como muita da litigação actual não se inscreve num genuíno exercício da garantia jurisdicional orientada para a resolução de reais litígios, isto é, de litígios que a interpretação das normas jurídicas e sua aplicação aos casos da vida efectivamente ocasionam, mas antes num quadro mais ou menos sofisticado de expedientes dirigidos a um ganho de causa traduzido num ganho de tempo e numa concomitante obstrução à efectiva realização da justiça, em que mais não temos do que uma utilização abusiva do processo ancorada exclusivamente na morosidade da justiça activamente aproveitada ou mesmo provocada por qualificados actores processuais.

Daí que, como assinalámos noutro lugar, a propósito da reforma do direito processual tributário, exigida pela necessidade de pôr esse sector do direito em consonância com o direito processual administrativo, na configuração que este passou a ter com a reforma protagonizada pela aprova-

[15] Uma avaliação que, sobretudo no mundo anglo-saxónico, desde há muito, se tornou prática corrente, mesmo antes da doutrina da «análise económica do direito» a ter vindo, naturalmente, a favorecer. V. a respeito e por todos, Carlos da Costa Morais, «Sistema de avaliação do impacto das normas jurídicas», *Cadernos de Ciência da Legislação*, 32, Outubro – Dezembro de 2002, p. 39 e ss.

[16] Para uma análise interessante e esclarecedora em termos de custos-benefícios da litigação, que o legislador em geral e o legislador processual em particular não pode ignorar, sob pena de fazer reformas inteiramente desfasadas da realidade e, por conseguinte, totalmente inexequíveis, v. Miguel Carlos Teixeira Patrício, *A Análise Económica da Litigação*, Almedina, Coimbra, 2005.

ção do Código de Processo nos Tribunais Administrativos[17], em qualquer reforma legislativa, e naturalmente numa reforma do direito processual tributário, constitui irrecusável incumbência do legislador ter em devida conta a litigação que a disciplina adjectiva dos impostos pode fomentar ou impedir. O que nos revela, por certo, um dos mais importantes e significativos vectores de avaliação do impacto que as soluções legais podem desencadear no domínio do fomento ou incentivo à litigação, sobretudo no respeitante à litigação artificial, que um sistema de justiça fiscal complexo e pesado, pautado por uma ideia basicamente quantitativa da garantia jurisdicional, facilmente pode provocar[18].

De resto, devemos sublinhar, trata-se de uma preocupação que não tem estado totalmente ausente da actuação do legislador, a qual tem expressão visível em diversas soluções materiais, entre as quais se destaca a adoptada em sede dos preços de transferência traduzida na admissão dos acordos prévios sobre preços de transferência[19]. Pois, parece evidente, que tais acordos consubstanciam uma importante via de resolução preventiva de controvérsias ou litígios que os preços de transferência, dada a manifesta complexidade da matéria, facilmente originam.

2.2. A solução administrativa de litígios

Depois, é de sublinhar que a solução de litígios não pode ser uma reserva absoluta dos tribunais, confundindo o sistema de justiça com o sistema dos tribunais. Pois não nos podemos esquecer que os países mais progressivos, com a ideia de Estado de Direito estabilizada há centenas ou várias dezenas de anos, solucionam a maior parte dos litígios, incluindo os que surgem no agitado domínio do direito dos impostos, em sede administrativa. O que, devemos assinalar, não admira nem impressiona, se tivermos, como se impõe, em devida conta o *law on facts* e não apenas o *law on books*.

[17] Em aplicação desde 2004 – v.. o nosso estudo «Considerações sobre o Anteprojecto de Revisão da LGT e do CPPT dirigida à harmonização com a Reforma da Justiça Administrativa», agora em *Por um Estado Fiscal Suportável – Estudos de Direito Fiscal*, Volume II, cit., p. 160 e s.

[18] Quanto à ideia de uma garantia jurisdicional quantitativa, um aspecto, porventura dos mais expressivos, do que vimos designando por *discurso quantitativo dos direitos* – v. o nosso escrito «Algumas reflexões criticas sobre os direitos fundamentais», agora em *Por uma Liberdade com Responsabilidade – Estudos sobre Direitos e Deveres Fundamentais*, Coimbra Editora, Coimbra, 2008, p. 87 e ss.

[19] Cujo suporte legal consta do art. 138º do Código do IRC e da Portaria nº 620-A/2008, de 16 de Julho.

Desde logo, é preciso ter presente que a realização ideia de direito não constitui um exclusivo do poder judicial, como a velha inimizade ao Executivo, herdada do «Estado de polícia» do século XVIII, durante muito tempo deu a entender. Uma ideia que, consubstanciada na tendencial crença de que só os tribunais estão em condições de realizar a ideia de direito e de assegurar, assim, um verdadeiro *due process of law*, tem entre nós resistido de uma maneira particularmente eficaz.

Uma concepção de todo inaceitável no Estado de Direito, em que, por força da sua própria natureza, todos os poderes acabam por participar na realização da ideia de direito. Por isso, o que é correcto e deve ser tomado muito a sério é antes a ideia de que todos os poderes do Estado contribuem, naturalmente cada um a seu modo e em medida variável, para a materialização do Estado de Direito.

E entre esses poderes do Estado, não podemos esquecer que tem especial relevo, por se tratar dum poder operacional, ao qual cabe aplicar e executar o ordenamento jurídico no dia a dia, a Administração. Por isso é que na generalidade dos países, com um Estado de Direito desenvolvido, constitua normalidade perene a maior parte dos litígios surgidos, mesmo no campo das relações jurídicas tributárias, caber na competência da própria Administração, embora com o recurso a ampla colaboração dos contribuintes, muitas vezes concretizada em acordos ou contratos.

Uma realidade bem visível na generalidade dos países, mormente naqueles cujos regimes jurídicos constitucionais mais se aproximam do nosso, como é o caso da Alemanha, Itália, Espanha, Estados Unidos da América, etc.[20]. Países em que encontramos seja a exigência de uma impugnação administrativa necessária dos actos tributários, seja a abertura ampla para a celebração de acordos entre a Administração e os contribuintes ou demais sujeitos passivos.

Deparamo-nos com a primeira das situações, por exemplo, na Alemanha, com a «impugnação extrajudicial» (*Einspruch*)[21] e em Espanha com as

[20] V., em geral, FERREIRO LAPATZA (Dir.), *La Justicia Tributaria en España*, cit., p. 153 e ss. No mesmo sentido, embora tendo em conta a situação anterior, v. a *Revista Euroamericana de Estudios Tributarios*, nº 2/1999, número subordinado ao tema: *Los Tribunales Administrativos en Matéria Tributaria*, bem como SERGIO ALBURQUENQUE, *La Revisión en Vía Administrativa de los Actos Tributários: La Tutela Prejudicial de los Derechos y Garantías del Contribuyente. Notas para un Estudio Comparado*, polic., Universidad Complutense de Madrid, 2003.

[21] Regulado nos §§ 347 e ss. da *Abgabenordnung*. V., por todos, TORSTEN EHMCKE/DIEGO MARTIN-BANUEVO, «La revisión de actos administrativos de naturaleza tributaria en

clássicas *reclamaciones económico-administrativas*[22]. Por seu turno, encontramos a segunda das situações, por exemplo, em Itália com o *accertamento con adesione* (sucessor do bem conhecido e já clássico *concordato tributario*)[23], em Espanha com a *acta con acuerdo* (instituto introduzido pela nova versão da *Ley General Tributaria*, o qual, devemos acrescentar, mais não é do uma cópia do referido instituto italiano)[24], ou mesmo na Alemanha (em que na alternativa entre a colaboração e a confrontação dos contribuintes com a Administração Tributária, se opta claramente pela primeira) com os acordos sobre os factos (*Tatsächliche Verständigung*)[25].

Um quadro em que é de destacar o que ocorre nos Estados Unidos da América, país que, por ser mais sensível à actuação *ex ante*, prevenindo os litígios, do que à procura de remédios *ex post*, sempre se mostrou aberto aos mais diversos tipos de acordos com o *Internal Revenue Service*, como são designadamente os acordos conclusivos (*close agreements*) e as promessas de compromisso (*offerts in compromise*)[26].

Por conseguinte, é bom que nos convençamos que persistir ou insistir naquela visão das coisas é, com toda a certeza, prestar um mau serviço à justiça. Pois entregar a solução de todos os litígios tendencialmente aos tribunais, muitas vezes contabilizando milhares e milhares de bagatelas jurídicas sem a menor dignidade judicial, o que obtemos é o bloqueio ou a paralisia

derecho alemán», na citada *Revista Euroamericana de Estudios Tributarios*, 2/1999, p. 331 e ss.; K. TIPKE/J. LANG, *Steuerrecht*, 20ª ed., Köln, 2010, p. 1071 e ss., e FERREIRO LAPATZA (Dir.), *La Justicia Tributaria en España*, cit., p. 186 e ss.

[22] V., por todos, AGUSTÍN FLORES ARNEDO, «Los Tribunales Económico-Administrativos españoles», e CLEMENTE CHECA GONZÁLEZ, «Las reclamaciones económico-administrativas en el ordenamiento jurídico español», na citada *Revista Euroamericana de Estudios Tributarios*, 2/1999, respectivamente, p. 213 e ss. e 251 e ss.

[23] V. sobre esse instituto, VERSIGLIONI MARCO, *Accordo e Dispozione nel Diritto Tributário. Contributo allo Studio dell'Accertamento com Adesione e della Conciliazione Giudiziale*, Giuffré, Milano, 2006. Quanto ao "concordato tributario", v. também o nosso livro *Contratos Fiscais. Reflexões acerca da sua Admissibilidade*, nº 5 da série *Studia Iuridica*, Coimbra Editora, 1994, p. 101 e ss.

[24] V. sobre esta figura, YOLANDA MARTINEZ MUÑOZ, *Las Actas con Acuerdo en la Nueva LGT*, Marcial Pons, Madrid, 2004, esp. p. 77 e ss., e IÑAKI BILBAO ESTRADA, *Los Acuerdos Tendentes a la Obligación Tributaria en la Nueva Ley General Tributaria*, Instituto de Estudios Fiscales, Madrid, 2006.

[25] V. K. TIPKE/J. LANG, *Steuerrecht*, cit., p. 737 e ss.

[26] V., por todos, SERGIO ALBURQUENQUE, *La Revisión en Vía Administrativa de los Actos Tributários*, cit., p. 146 e ss., e FERREIRO LAPATZA (Dir.), *La Justicia Tributaria en España*, cit., p. 157.

do sistema judicial. Uma situação que, é importante sublinhá-lo, para além de descredibilizar todo o edifício que suporta o sistema de justiça, não será inteiramente ultrapassável, a nosso ver, através dessa espécie de «*outsourcing* judicial» que, no quadro mais amplo do apelo à «resolução alternativa de litígios», acaba por configurar uma certa «privatização» da função jurisdicional. Uma realidade em que justamente acaba por sobressair, como sua expressão mais qualificada, a arbitragem.

Trata-se, todavia, de uma via de solução de litígios bem mais ampla do que a concretizada na arbitragem, via essa que pode desempenhar um papel não despiciendo no aliviar dos tribunais da litigação que a complexidade real das actuais sociedades vem propiciando. Sobretudo se essa resolução alternativa de litígios for entendida em termos tais que a mesma seja perspectivada não exclusivamente como remédio *ex post* para o bloqueio dos tribunais, mas sobretudo como remédio que, *ex ante*, obste a que essa situação possa vir a ter lugar. Pois não nos podemos esquecer de que, ao lado de uma visível, e por vezes ostensiva, complexidade artificial suportada não raro pelos mais diversos e poderosos interesses organizados[27], não há dúvida de que nos deparamos, hoje em dia, nesta sociedade altamente tecnológica e particularmente sofisticada, própria da pós-modernidade, com uma efectiva complexidade real, a qual, obviamente, não podemos deixar de enfrentar com a coragem que se impõe.

Ora, é justamente no quadro desta sociedade, em que a actuação administrativa se encontra fortemente envolvida em importantes sectores por exigentes requisitos de ordem técnica e económica, que se vem reflectindo presentemente sobre o verdadeiro sentido da jurisdição administrativa, como suporte da garantia a uma tutela jurisdicional efectiva dos administrados. Reflexões que têm conduzido à proposta de novos caminhos, entre os quais se conta o da recuperação e desenvolvimento do controlo extrajudicial prévio e obrigatório das decisões administrativas de base técnica e

[27] Ou seja, corporações, sejam as mais antigas ou clássicas, como as ordens profissionais e outras associações públicas, sejam as mais modernas, como as associações ecológicas e outras organizações não governamentais, frequentemente transnacionais e centradas na defesa, não raro fundamentalista, dos mais diversos interesses. A esse respeito devemos observar que tais organizações exercem cada vez mais significativas parcelas do poder do Estado, decidindo importantíssimos assuntos da comunidade sem que, todavia, lhes tenha sido conferido mandato para tal, mormente através da sujeição a um escrutínio democrático.

económica[28]. Uma via através da qual se visa proceder, numa primeira fase, ao teste das decisões administrativas num ambiente dialéctico consentâneo com a sua natureza genética, já que assente numa discussão de argumentos entre iguais, capaz de trazer ao respectivo procedimento os meios adequados a que, numa segunda fase, quando a questão seja colocada perante tribunal, este possa submetê-la aos testes típicos do controlo jurisdicional no âmbito da ampla discricionariedade técnica presente nessas decisões[29].

Por conseguinte, o que é de rejeitar, isso sim, é que o recurso à arbitragem ou, mais em geral, à resolução alternativa de litígios *ex post*, seja utilizado para dar cobertura a uma litigação artificial. Ou seja, a uma litigação provocada à maneira de uma «indústria»[30], alimentada por uma visão das garantias dos administrados que tem por base um sistema de garantias de verdadeira «monocultura judicial». E, sobretudo, que essa via de «privatização» acabe por se apresentar como a única via que nos resta na actual sociedade perante a qual nada mais há a fazer senão resignarmo-nos.

Uma indústria que, no actual quadro de aceitação crescente da responsabilidade civil extracontratual do Estado e demais pessoas colectivas públicas, titulares dos seus órgãos, funcionários e agentes, pode conduzir a que o tempo cada vez mais dilatado despendido na mencionada litigação passe a

[28] Uma realidade que, como é óbvio, suscita muitos outros problemas que se situam naturalmente a montante do controlo, designadamente jurisdicional, das decisões administrativas que a suportam, Efectivamente, eles começam logo no parâmetro normativo a que estas se devem conformar, o qual, para além de cada vez mais se apresentar como um parâmetro de produção multinível (nacional e internacional ou supranacional) e ser, em larga medida, resultado da cooperação entre os parlamentos e os governos, raramente contém um critério de decisão minimamente rigoroso como o decorrente do entendimento clássico do princípio da legalidade ou princípio da juridicidade da acção administrativa. O que continua, depois e em consequência disso, na própria tomada das decisões pelos órgãos administrativos, em que, não raro, estes complementam ou desenvolvem, normativamente ou caso a caso, o parâmetro ou parâmetros da sua decisão. Para uma visão do quadro desses e de outros problemas, v., por todos, Suzana Tavares da Silva, *Direito Administrativo Europeu*, Imprensa da Universidade de Coimbra, 2010, e *Novo Direito Administrativo?*, Imprensa da Universidade de Coimbra, 2010.

[29] V. sobre este e outros aspectos, Suzana Tavares da Silva, «Revisitando a garantia da tutela jurisdicional efectiva dos administrados», *Revista de Direito Público e Regulação*, nº 5, Março de 2010, p. 127 e ss. (134 e ss.).

[30] A qual, não nos podemos esquecer, pode apresentar-se também como uma verdadeira uma «indústria académica», como foi reconhecido, no respeitante ao actual fenómeno da regulação, por Robert Baldwin/Collin Scott/Christopher Hood, *A Reader on Regulation*, Oxford University Press, 1998, p. 2 e s.

correr por conta desses responsáveis, que o mesmo é dizer, dados os limitados termos em que é previsível que venha a ser exercido o correspondente direito de regresso, por conta dos contribuintes, aos quais acabam assim por ser endossadas as quantias a desembolsar pela efectivação dessa responsabilidade[31]. O que, atenta a situação já de si verdadeiramente insuportável, que se vive no domínio das finanças públicas, em que o esforço fiscal dos contribuintes se encontra no limite, constituirá mais um factor da já patente insustentabilidade financeira do Estado em que vivemos.

3. A introdução da arbitragem tributária

Em relação à introdução da arbitragem no nosso sistema jurídico público, bem podemos dizer que se tem assistido a um percurso em tudo idêntico ao que foi percorrido pela figura do contrato no direito público. Com efeito, de uma total rejeição dos contratos de direito público, focada na rejeição dos contratos administrativos, por absoluta incompatibilidade com sua natureza pública, passou-se, com o andar do tempo, a um ampla admissibilidade de tais contratos, ao ponto de, hoje em dia, a actuação contratual constituir uma forma de actuação dos órgãos administrativos alternativa à do acto administrativo, como constava do art. 197º do Código da Procedimento Administrativo (CPA) e agora está estabelecido no art. 278º do Código dos Contratos Públicos[32]. Uma evolução que, embora em muito menor escala, não deixou de se verificar também em sede do direito fiscal, por certo um dos sectores do ordenamento jurídico mais refractário à figura do contrato[33].

Pois bem, a idêntica evolução se vem assistindo actualmente no respeitante à admissão da arbitragem no direito público, administrativo e fiscal. O que, a seu modo, não surpreende, já que a abertura à arbitragem não deixa de ser, em larga medida, uma manifestação da abertura ao contrato. Evolução essa que teve concretização, no que à arbitragem administrativa diz

[31] V. o Regime da Responsabilidade Civil Extracontratual do Estado e demais Entidades Públicas aprovado pela Lei nº 67/2007, de 31 de Dezembro. V. também o nosso estudo «Responsabilidade civil da Administração Fiscal», agora em *Por um Estado Fiscal Suportável – Estudos de Direito Fiscal*, vol. II, Almedina, Coimbra, 2010, sobretudo p. 148 e ss.

[32] Para a evolução da aceitação crescente do contrato administrativo, v. o nosso livro *Contratos Fiscais. (Reflexões acerca da sua Admissibilidade)*, nº 5 da série *Studia Iuridica*, Coimbra Editora, 1994, p. 9 a 84. Uma evolução em relação à qual, a darmos crédito ao entusiasmo de alguns autores, estaria em vias de relegar o acto administrativo para segundo plano nas formas de actuação concreta dos órgãos administrativos. Entendemos, porém, que o acto administrativo continua de boa saúde e recomenda-se.

[33] Para a admissibilidade de tais contratos, v. o nosso livro *Contratos Fiscais*, cit., p. 85 e ss.

respeito, na reforma da jurisdição administrativa levada a cabo nos anos de 2002 a 2004, encontrando-se consagrada nos arts. 180º a 187º do CPTA, e, relativamente à arbitragem tributária, no seu reconhecimento e disciplina recentemente operados pelo referido Decreto-Lei nº 10/2011 e pela Portaria nº 112-A/2011, de 22 de Março.

Uma instituição que, para além de não lhe faltar base constitucional expressa, a permitir a instituição de tribunais arbitrais em termos relativamente amplos, encontra algum paralelo no actual procedimento de revisão da determinação da matéria tributável por métodos indirectos e impõe-se pelo facto de a abertura legal à arbitragem administrativa não conter adequado suporte para a arbitragem tributária. Uma palavra muito rápida sobre cada um destes aspectos[34].

3.1. A base constitucional expressa

Quanto à base constitucional, ela é cristalina, pois o nº 2 do art. 209º da Constituição limita-se a prescrever que "podem existir tribunais arbitrais", não estabelecendo no quadro desse preceito quaisquer limites à sua instituição, os quais serão apenas os que resultarem de outras normas ou princípios constitucionais. Pelo que apenas será de excluir a possibilidade de instituição de tribunais arbitrais para a solução de litígios que Constituição submeta aos tribunais em geral que não os tribunais arbitrais ou digam respeito a direitos de carácter indisponível[35].

Isto significa que não se poderá recorrer à arbitragem para resolver litígios para os quais a Constituição imponha a intervenção dos tribunais não arbitrais ou respeitem a matérias para as quais a lei imponha uma solução estritamente vinculada. Por conseguinte, não contém a Constituição qualquer disposição específica a vedar a instituição de tribunais arbitrais no direito dos impostos ou, mais em geral, no domínio das relações jurídicas

[34] Sobre a arbitragem tributária, v., por todos: entre nós, D. Leite de Campos, *A Arbitragem Tributária. A Centralidade da Pessoa*, Almedina, Coimbra, 2010; em Espanha, J. J. Ferreiro Lapatza e Outros, *La Justicia Tributaria en España. Informe sobre la relaciones entre la Administración y los contribuyentes y la resolución de conflitos entre ellos*, Marcial Pons, 2005; e no Brasil, Heleno Taveira Torres, «Arbitragem e transacção em matéria tributária», em Eduardo Jobim/Rafael Bicca Machado (Coords.), *Arbitragem no Brasil – Aspectos Relevantes*, Quartier Latin, São Paulo, 2008, p. 176 e ss.

[35] V., neste sentido, J. J. Gomes Canotilho/Vital Moreira, *Constituição da República Portuguesa Anotada*, 4ª ed., Volume II, Coimbra Editora, 2010, anot. XII ao art. 211º.

tributárias. Os limites constitucionais à arbitragem num tal domínio são exactamente os mesmos que valem em geral.

Por isso, a Constituição não fecha a porta à existência de tribunais arbitrais para a solução de litígios de natureza tributária, nos quais se incluem, designadamente, os litígios respeitantes aos actos de liquidação de tributos e a demais actos em matéria tributária[36]. O que é preciso, para se poder recorrer à arbitragem num tal domínio, é que a solução do litígio não disponha de uma solução inteiramente ditada pela lei, seja porque de todo esta a não prescreve, seja porque o litígio respeita a aspectos que não dispõem de uma solução estritamente vinculada.

Pois, caso se verifique uma solução inteiramente contida e determinada na lei, admitir que um litígio, que tenha essa solução, possa ser dirimido pela via arbitral, significaria abrir a porta à possibilidade de substituição da solução legal por uma solução arbitral. O que, atenta a divisão e a interdependência de poderes recortadas na Constituição, parece de todo inadmissível. Com efeito, se o legislador pretende abrir a porta a uma solução arbitral, relativamente a matéria que apenas comporta uma solução estritamente legal, então que o diga especificamente, alterando previamente a lei que contém essa solução legal vinculada.

Significa isto que a arbitragem apenas poderá ser admitida relativamente a matérias nas quais a Administração Tributária goze de uma margem de livre decisão em qualquer das modalidades que esta conhece. Uma realidade que, como é sabido, tem múltiplas e diversificadas manifestações também no direito fiscal, com destaque para aqueles domínios de evidente complexidade técnica, em que o legislador se encontra verdadeiramente impossibilitado de estabelecer soluções inteiramente recortadas na lei e, por conseguinte, estritamente vinculadas[37]. Por isso, domínios tais como os dos preços de transferência, da aplicação da cláusula geral anti-abuso e de outras normas dirigidas à prevenção da evasão e fraude fiscais, da avaliação da matéria tributável por métodos indirectos e da fixação de valores patrimoniais, encontram-se certamente entre os que podem ser candidatos elegíveis para a arbitragem tributária.

[36] Sobre o sentido das expressões actos tributários e actos em matéria tributária, v. o nosso *Direito Fiscal*, cit., p. 376 e ss. Quanto à possibilidade de a arbitragem tributária ter por objecto a generalidade dos actos em matéria tributária, v. *infra*, ponto 4.2.

[37] No quadro de um princípio da tipicidade fiscal que não pode deixar de comportar alguma abertura – cf. o nosso livro *O Dever Fundamental de Pagar Impostos*, cit., p. 368 e ss.

3.2. A insuficiência da base legal do direito administrativo

Poder-se-ia dizer que o estabelecimento de uma arbitragem tributária não faz sentido, sendo desnecessária, já que a mesma beneficia da base legal estabelecida em sede da jurisdição administrativa. Mais especificamente, a abertura a uma tal arbitragem já constaria dos referidos arts. 180º a 187º do CPTA.

Uma ideia para cujo suporte se pode invocar, de resto, o facto de o direito fiscal constituir, pelo menos no que ao domínio ora em análise respeita, um ramo especial do direito administrativo[38], bem como a circunstância de o direito judiciário fiscal se encontrar unificado com o direito judiciário administrativo no Estatuto do Tribunais Administrativos e Fiscais (ETAF) e de o CPTA constituir direito de aplicação subsidiária face ao Código de Procedimento e de Processo Tributário (CPPT) (v. a alínea *c)* do art. 2º deste Código).

Todavia, constituindo a introdução da arbitragem tributária no nosso sistema jurídico uma matéria tão importante e manifestamente inovadora, parece evidente que a mesma não pode resultar da disciplina da arbitragem administrativa que veio a encontrar acolhimento nos arts. 180º a 187º do CPTA. Tanto mais que, do longo processo que conduziu à aprovação e entrada em vigor desse Código, nada se deduz nesse sentido. Antes bem pelo contrário, em todo esse processo o que se teve em vista foi sempre e apenas a disciplina do processo nos tribunais administrativos nos moldes verdadeiramente revolucionários que acabou por prevalecer. De resto, perante a autonomia do processo tributário, fundada aliás em longa tradição e materializada presentemente no CPPT, não deixaria de ser estranho, para não dizer anómalo, que a arbitragem tributária viesse a fazer a sua aparição através de porta alheia, como é, indiscutivelmente, o CPTA. Muito diferente, por certo, já teria sido se a arbitragem tivesse sido objecto de acolhimento no ETAF, em virtude deste conter a disciplina geral do direito judiciário, administrativo e fiscal. O que, tudo somado, leva a concluir que a arbitragem tributária continuou sem suporte legal até à recente aprovação do seu regime legal pelo Decreto-Lei nº 10/2011. Um suporte que, todavia, requer não só desenvolvimentos como a resolução de não poucos problemas práticos para que o regime da arbitragem tributária possa ser devidamente implementado[39].

[38] V., o nosso *Direito Fiscal*, cit., p. 72 e ss., 81 e ss. e 237 e s.

[39] V. sobre alguns dos problemas que o regime legal da arbitragem tributária coloca, o que dizemos *infra*, ponto 4.

Embora seja de assinalar que o *modus operandi* da arbitragem não é de todo desconhecido do nosso direito fiscal. Efectivamente, de algum modo, ele tem sido a base do procedimento de revisão da matéria tributável fixada com recurso a métodos indirectos. O que nos impõe uma palavra muito rápida sobre este aspecto.

3.3. A revisão da matéria tributável fixada por métodos indirectos

Apesar de se tratar de um procedimento, o procedimento de revisão da matéria tributável fixada por métodos indirectos, a decorrer por conseguinte na Administração Tributária, e não de um processo judicial, o certo é que, como resulta claramente do seu regime jurídico, fixado nos arts. 91º e 92º da Lei Geral Tributária (LGT), estamos aí, em certa medida, perante a solução de um litígio em tudo idêntica à que é alcançável em sede do processo arbitral[40].

Com efeito, no caso da determinação da matéria tributável fixada por métodos indirectos ou mediante avaliação indirecta, isto é, através de indícios, presunções ou outros elementos de que a Administração Tributária disponha[41], a sua impugnação judicial apenas pode ser levada a cabo aquando da impugnação judicial da correspondente liquidação. Todavia, para que a discussão da legalidade da determinação da matéria tributável por métodos indirectos possa ter lugar, respeite esta aos requisitos para o recurso a tais métodos ou à própria quantificação da matéria tributável alcançada por essa via, é necessário que antes o contribuinte tenha, a título de reclamação prévia, desencadeado o mencionado procedimento de revisão da matéria tributável fixada por métodos indirectos, o qual é da competência de um órgão de natureza arbitral e pericial[42].

Um órgão de natureza arbitral porque na sua estrutura e *modus decidendi* se assemelha aos órgãos arbitrais, uma vez que: 1) é constituído paritariamente por um perito designado pela Administração Tributária (que conduzirá o procedimento) e por um perito indicado pelo contribuinte (a que, a requerimento do contribuinte ou da Administração Tributária, pode ainda juntar-se um perito independente); 2) decide com base num procedimento assente num debate contraditório com vista a estabelecer um acordo quanto ao valor da matéria tributável a considerar para efeitos da liquidação do imposto; 3) em caso de falta de acordo (no prazo de 30 dias a contar do início do procedimento), cabe ao órgão competente para

[40] Cf. o nosso *Direito Fiscal*, cit., p. 380 e ss.

[41] Art. 83º, nº 2, da LGT.

[42] V. o art. 86º, nº 5, da LGT, e o art. 117º, nº 1, do CPPT.

a fixação da matéria tributável resolver de acordo com o seu prudente juízo e tendo em conta as posições de ambos os peritos; e 4) a intervenção de um perito independente, a requerimento do contribuinte ou a pedido da Administração Tributária, não tem outra consequência senão a de na decisão de revisão ter de constar a fundamentação da adesão ou rejeição do parecer desse perito, bem como o de, em caso de impugnação administrativa ou judicial dessa decisão, quando esta seja em sentido diferente do parecer do perito independente e do perito do contribuinte, ter efeito suspensivo independentemente da prestação de garantia[43].

Por conseguinte, não se pode afirmar que o nosso direito fiscal desconhece por completo a técnica arbitral na resolução de litígios, a qual não perde o seu significado em sede de realização da justiça, isto é, de restabelecimento da paz jurídica, pelo facto de se concretizar numa solução administrativa e não jurisdicional. De resto, para além de sermos muito críticos de todo um lastro de pensamento que, no actual quadro constitucional, tem favorecido imenso o fenómeno que designamos por «fuga para o juiz», não é demais insistir no quadro amplo de resolução de litígios a que nos referimos no ponto anterior. Uma ideia que tem, aliás, inequívoca expressão no nº 3 do art. 202º da Constituição, quando dispõe que «a lei poderá institucionalizar instrumentos e formas de composição não jurisdicional de conflitos»[44].

4. Referência ao regime legal da arbitragem tributária

Façamos agora uma referência, muito rápida, ao regime legal da arbitragem tributária. Para o que vamos, de um lado, aludir à autorização legislativa concedida ao Governo pelo art. 124º da LOE/2010 para a instituir, e, de outro, pronunciarmo-nos sobre o regime constante do Decreto-Lei nº 10/2011, sobre a vinculação da Administração Tributária à arbitragem operada pela mencionada Portaria nº 112-A/2011 e, bem assim, sobre o Regulamento de Custas recentemente adoptado pelo CAAD[45].

[43] Refira-se que a indicação de perito independente não tem sido praticada, em virtude de os encargos com ele terem ficado por conta de quem o indicar – art. 93º, nº 4, da LGT, e Portaria nº 78/2001, de 8 de Fevereiro.

[44] Relativamente à «fuga para o juiz», v. o nosso estudo «A autonomia local. Alguns aspectos gerais», agora em *Estudos sobre Autonomias Territoriais, Institucionais e Cívicas*, Almedina, Coimbra, 2010, p. 23 e ss. (78 e s.). Quanto ao mais referido no texto, v. o nosso estudo «Considerações sobre o Anteprojecto de Revisão da LGT e do CPPT dirigida à harmonização com a Reforma da Justiça Administrativa», agora em *Por um Estado Fiscal Suportável – Estudos de Direito Fiscal*, Volume II, cit., p. 159 e ss.

[45] Tornado público em 13 de Abril de 2011 e disponível em www.caad.org.pt.

4.1. A autorização legislativa

Assim e no que respeita à autorização legislativa, repetindo aqui o que antes escrevemos[46], salta à vista a sua extensão ou amplitude. O que tem diversas expressões. Assim e de um lado, nos termos do nº 2 desse art. 124º, o processo tributário arbitral apresenta-se como um meio processual alternativo ao processo de impugnação judicial e à acção para o reconhecimento de um direito ou interesse legítimo em matéria tributária.

De outro lado, quanto ao objecto do processo arbitral tributário, este pode incluir, segundo a alínea *a)* do nº 4, «os actos de liquidação de tributos, incluindo os de autoliquidação, de retenção na fonte e os pagamentos por conta, de fixação da matéria tributável, quando não dêem lugar a liquidação, de indeferimento total ou parcial de reclamações graciosas ou de pedidos de revisão de actos tributários, os actos administrativos que comportem a apreciação da legalidade de actos de liquidação, os actos de fixação de valores patrimoniais e os direitos ou interesses legítimos em matéria tributária».

Enfim, nos termos da alínea *b)* desse mesmo nº 4, o Governo foi autorizado a proceder à «definição, como fundamento do processo arbitral tributário, da ilegalidade ou da lesão ou o risco de lesão de direitos ou interesses legítimos, e como efeitos da sentença proferida a final pelo tribunal arbitral, da anulação, da declaração de nulidade ou de inexistência do acto recorrido ou do reconhecimento do direito ou do interesse legalmente protegido dos contribuintes».

O que revela uma abertura à arbitragem tributária particularmente ampla, pois a ela se pode recorrer para dirimir a generalidade dos litígios tributários. Com efeito, o efectivo limite que podemos referir, que, de resto, se não coloca nem no plano dos litígios a resolver, nem no plano dos fundamentos que suportam o litígio, mas antes no paradigma ou critério normativo para a sua resolução, é constituído pela inadmissibilidade do recurso à equidade, uma vez que, nos termos da línea *c)* do referido nº 4, o decreto-lei autorizado deve determinar que «o julgamento do tribunal arbitral é feito segundo o direito constituído, ficando vedado o recurso à equidade».

Uma opção que se compreende[47], mas em relação à qual devemos, todavia, assinalar que está longe de se revelar uma solução estritamente neces-

[46] «Reflexão breve sobre a introdução da arbitragem tributária», *Mais Justiça Administrativa e Fiscal. Arbitragem*, CAAD, Coimbra Editora, 2010, p. 95 e ss.

[47] Já que ela não deixa de ser, a seu modo, uma compensação seja pela amplitude com que na autorização se admite a arbitragem relativamente à legalidade dos actos tributários, seja

sária, pois, para além de o julgamento segundo a equidade não se encontrar interdito na arbitragem administrativa, sendo, de resto, expressamente acolhido no art. 186º, nº 2, do CPTA, a equidade não é uma ideia de todo estranha ao direito dos impostos, como o demonstra, com evidente limpidez, a tradicional e relativamente ampla admissibilidade das chamadas «medidas equitativas» bem conhecidas do direito fiscal alemão, algumas das quais não deixam de ter expressão também entre nós[48]. Pelo que, em nosso modo de ver, não encontramos obstáculo insuperável ao julgamento segundo a equidade na arbitragem tributária, conquanto que se perfilhe uma concepção «moderada» ou «integrativa» da equidade, isto é, uma concepção que não ignore o direito constituído, antes o adapte ou molde ao espírito do sistema em face das concretas circunstâncias do caso[49].

Depois, na medida em que, de acordo com o estabelecido no nº 3 do art. 124º em referência, se configura a arbitragem tributária como um «direito potestativo dos contribuintes», autorizou-se o Governo a estabelecer um regime jurídico de efectiva desigualdade das partes, invertendo por completo a relação administrativa de supra/infra-ordenação entre a Administração Tributária e os contribuintes[50], ou seja, transformando essa relação numa relação de supra/infra-ordenação entre os contribuintes e a Administração Tributária. O que se nos afigura uma solução que afronta os princípios constitucionais concretizadores da própria ideia de Estado de Direito. Pois se parece aceitável que uma relação administrativa de supra/infra-ordenação entre a Administração Tributária e os contribuintes se possa converter numa relação administrativa de natureza paritária, como é seguramente a relação entre as partes na arbitragem[51], já não vemos como possa

pela consagração como regra da irrecorribilidade da sentença proferida pelo tribunal arbitral, aspecto este a que nos vamos a referir, de seguida, no texto.

[48] V., a tal respeito, o que dizemos nos nossos livros *Contratos Fiscais*, cit., p. 109 e ss.; e *O Dever Fundamental de Pagar Impostos.*, cit., p. 337 e 377 e s.

[49] V. sobre esta concepção da equidade, as pertinentes considerações de D. Freitas do Amaral/Fausto de Quadros/J. C. Vieira de Andarde, *Aspectos Jurídicos da Empreitada de Obras Públicas*, Almedina, Coimbra, 2002, p. 33 e ss.

[50] Já que não estamos aqui perante a relação obrigacional fiscal, que é de natureza paritária – v., sobre a relação constitucional, a relação administrativa e a relação obrigacional fiscal, o nosso *Direito Fiscal*, cit., p. 236 e ss.

[51] No quadro do permanente desenvolvimento desse tipo de relações administrativas, o qual se tem vindo a concretizar seja pela assunção por parte do Estado de actuações em domínios em que se não podem constituir relações de supra/infra-ordenação, como acontece no amplo domínio da administração prestadora própria do Estado Social, seja pela

aceitar-se que uma relação administrativa de supra/infra-ordenação entre a Administração Tributária e os contribuintes se transforme numa relação de supra/infra-ordenação invertida. Na verdade, na solução para que abria a porta a autorização legislativa deparamo-nos com uma subordinação, para não dizermos uma subjugação, da Administração Tributária para a qual não encontramos explicação num Estado de Direito.

Subordinação que se agravava com a autorização constante da alínea *h)* do referido nº 4, que consagrava, como regra, a irrecorribilidade da sentença proferida pelo tribunal arbitral[52]. O que significa que a Administração Tributária, em caso de litígio com os contribuintes, por um lado, seria forçada a uma jurisdição arbitral e, por outro lado, era-lhe negado o acesso à justiça estadual. A que acrescia ainda a circunstância de, nos termos da alínea *n)* do referido nº 4, se autorizava «a consagração da responsabilidade da parte vencida pela totalidade dos honorários e despesas dos árbitros, podendo ser estabelecidos critérios de limitação da responsabilidade da Administração Tributária, designadamente o do montante das custas judiciais e dos encargos que seriam devidos se o contribuinte tivesse optado pelo processo de impugnação judicial ou pela acção para o reconhecimento de um direito ou interesse legítimo em matéria tributária».

Ou seja, a autorização legislativa permitia um conjunto de soluções que podiam conduzir ao seguinte resultado cumulativo: a Administração Tributária, depois de forçada à arbitragem, era impedida de se socorrer da justiça estadual e, em caso de ser vencida, ainda teria de pagar a totalidade dos honorários e despesas dos árbitros[53]. Um resultado inaceitável que não vemos como pudesse estar em conformidade com a ideia de Estado de Direito[54].

(verdadeira) conversão em relações de natureza paritária de alguns segmentos da tradicional administração assente em relações de supra/infra-ordenação.

52 Com a excepção da possibilidade de recurso para o Tribunal Constitucional que esse mesmo normativo acrescenta – v., porém, sobre este, o que dizemos *infra*, ponto 4.2, *in fine*.

53 Uma solução que, todavia, não só não tem expressão no Decreto-Lei nº 10/2011, que remete a disciplina das custas para o Regulamento de Custas a aprovar pelo CAAD, como verdadeiramente se inverteu neste Regulamento, uma vez que, segundo este, as custas da arbitragem recaem fundamentalmente sobre os contribuintes – v., igualmente, *infra*, ponto 4.2, *in fine*.

54 A que podemos acrescentar se a constituição e funcionamento dos tribunais arbitrais tributários não devia ter um regime comum com a dos tribunais arbitrais administrativos, regime a constar da lei especial para a qual remetem os arts. 180º, nº 1, e 181, nº 2, do CPTA. No sentido de um regime comum pode invocar-se a unidade do direito judiciário admi-

4.2. O Decreto-Lei nº 10/1011 e sua regulamentação

Olhando agora para o regime operacional da arbitragem tributária, constante do Decreto-Lei nº 10/2011 e da sua regulamentação (Portaria nº 112-A/2011 e Regulamento de Custas), podemos dizer que algumas das soluções mais criticáveis que a autorização legislativa permitia, foram objecto de atenuação ou mesmo de verdadeira inversão. Porém, alguns aspectos censuráveis mantêm-se nesse regime legal. Senão vejamos, procedendo, a mero título de exemplo, a algumas considerações relativas às soluções que nos parecem mais susceptíveis de levantar problemas, como são, entre outras, as respeitantes ao direito potestativo do sujeito passivo, ao tipo de tributos e de litígios a que se aplica a arbitragem, aos recursos que podem ser interpostos das decisões arbitrais e, bem assim, no respeitante à taxa de arbitragem.

Assim e quanto ao direito potestativo, de que o sujeito passivo é titular para recorrer à arbitragem tributária, prevê-se, no nº 1 do art. 4º do mencionado decreto-lei, que a vinculação da Administração Tributária à jurisdição dos tribunais arbitrais depende de portaria dos membros do Governo responsáveis pelas áreas das finanças e da justiça. Uma exigência satisfeita com a edição da referida Portaria nº 112-A/2011, em que, todavia, foi estabelecida, no seu art. 3º, para além de condicionamentos relativos ao presidente do tribunal arbitral, uma restrição muito expressiva ao recurso à arbitragem, pois limita esta aos litígios de valor não superior a €10.000.000.

Um problema que se mantém nesta sede é o da vinculação da Administração Tributária da Madeira, a qual, como sabemos, se encontra regionalizada desde 2005[55]. Tendo em conta que a portaria em causa é uma portaria conjunta do Ministério das Finanças e da Administração Pública e do Ministério da Justiça e que os serviços da justiça constituem serviços da República, não tendo os mesmos sido objecto da desconcentração política que a regionalização consubstancia[56], parece-nos que a vinculação da Administração Tributária da Madeira tem de passar por um mecanismo

nistrativo e fiscal contido no ETAF, muito embora a arbitragem administrativa tenha sido introduzida no sistema não pelo ETAF, como de algum modo seria se esperar, mas antes pelo CPTA. Também a circunstância de a arbitragem tributária funcionar sob a égide do CAAD poderia ser invocada no mesmo sentido.

[55] V. o nosso *Direito Fiscal*, cit., p. 303.

[56] Sobre o conceito de desconcentração política e a sua distinção da (verdadeira) descentralização política do Estado, v. o nosso estudo «A autonomia local. Alguns aspectos gerais», agora em *Estudos sobre Autonomias Territoriais, Institucionais e Cívicas*, cit., p. 80 e ss.

de articulação entre a Administração Tributária da Madeira e o Ministério da Justiça.

Também no respeitante a que tipo de tributos se aplica a arbitragem e, bem assim, ao tipo de litígios objecto da arbitragem se põem problemas. Assim e quanto ao tipo de tributos ou de figuras tributárias a que se abre a arbitragem, parece-nos que, à semelhança do que acontece com a LGT, o regime legal em análise se reporta aos tributos unilaterais ou impostos e não à generalidade dos tributos.

Por conseguinte, para que os sujeitos passivos das taxas, de um lado, e das demais contribuições financeiras a favor das entidades públicas, por outro, possam lançar mão da arbitragem, é necessário, a nosso ver, que específicas disposições legais a venham admitir, permitindo que as correspondentes entidades se vinculem à mesma. Disposições que podem ser as leis que contenham o correspondente regime geral, como o regime geral das taxas das autarquias locais[57], bem como o regime geral das taxas do Estado e das regiões autónomas e o regime geral das demais contribuições financeiras a favor das entidades públicas, regimes estes em relação aos quais se verifica, em nossa opinião, uma verdadeira inconstitucionalidade por omissão[58].

De resto, mesmo que, por hipótese, a arbitragem se encontrasse aberta a tais tributos, a vinculação à mesma sempre dependeria da adesão das respectivas entidades credoras, como as regiões autónomas no respeitante às taxas regionais, os municípios relativamente às taxas municipais, e as entidades reguladoras no concernente às taxas de regulação e às taxas de financiamento dessas entidades. Pois essa vinculação não pode ser desencadeada pela aqui em referência que vale apenas para a DGCI e a DGAIEC.

Por seu turno, quanto aos litígios que podem ser dirimidos com o recurso à arbitragem tributária, afigura-se-nos que o mesmo se apresenta simultaneamente demasiado extenso e demasiado estrito. Demasiado amplo, enquanto tem por objecto não apenas os actos de liquidação de tributos, ou mais especificamente actos de liquidação de impostos, mas também a declaração de ilegalidade de actos de determinação da matéria tributável, de actos de determinação da matéria colectável e de actos de fixação de valores patrimoniais. Muito embora os litígios relativos aos actos de

[57] Que entrou em vigor em 1 de Janeiro de 2007, tendo sido aprovado pela Lei nº 53-E/ /2006, de 29 de Dezembro.

[58] Cf. José Casalta Nabais/Suzana Tavares da Silva, «O Estado pós-moderno e a figura dos tributos», *Revista de Legislação e de Jurisprudência*, ano 140, 2010/2011, p. e ss.

determinação da matéria tributável ou matéria colectável apenas possam ser objecto de arbitragem quando estes actos preparatórios não dêem lugar a liquidação, como consta expressamente da alínea *a)* do nº 4 da autorização legislativa contida no art. 124º da LOE/2010.

Mas, vistas as coisas de outro ângulo, o objecto da arbitragem tributária, como ele está recortado no nº 1 do art. 2º do Decreto-Lei nº 10/2011, apresenta-se, de algum modo, demasiado restrito. Com efeito, não vemos motivo fundado para a não inclusão nos lígios que podem ser submetidos à arbitragem os respeitantes a actos administrativos relativos a questões tributárias[59], bem como os que ocorram no domínio dos contratos fiscais.

Tendo em conta este último sector, podemos dizer que a referida abertura é dispensável no respeitante às liquidações contratuais de tributos, pois sempre estaremos aí perante actos de liquidação no sentido amplo que parece ser o subjacente ao regime legal em análise[60]. Mas o mesmo já se não pode dizer relativamente aos contratos fiscais em sentido estrito, os contratos relativos à concessão de incentivos fiscais cuja disciplina consta agora do art. 41º do Estatuto dos Benefícios Fiscais, do Código Fiscal do Investimento[61] e do Decreto-Lei nº 250/2009, de 23 de Setembro[62], uma vez que nenhum destes diplomas legais parece ter revogado o disposto no nº 1 do art. 9º do Decreto-Lei nº 203/2003, de 10 de Setembro, em que se dispõe que «para dirimir os litígios emergentes da interpretação e aplicação dos contratos de investimento podem as partes convencionar o recurso à via arbitral, com excepção do que diga respeito a matéria relativa aos incentivos fiscais»[63].

Ainda no respeitante aos litígios objecto da arbitragem tanto a cumulação de pedidos como a coligação de autores, previstas no nº 1 do art. 3º do diploma legal em apreço, se encontram admitidas em termos muito amplos, em termos bem mais amplos do que aqueles em que são admitidas essas figuras no direito processual tributário (art. 104º do CPPT) e mesmo no

[59] V. sobre esses actos, o nosso *Direito Fiscal*, cit., p. 376 e ss.

[60] Em que, ao falar de actos de liquidação de tributos, não distingue se estes são actos unilaterais ou actos bilaterais (contratuais).

[61] Aprovado pelo Decreto-Lei nº 249/2009, de 23 de Setembro.

[62] Uma disciplina legal em relação à qual não vemos porque é que se espraia por diversos diplomas e não foi inserida inteiramente no Estatuto dos Benefícios Fiscais.

[63] V., sobre a aplicabilidade anterior desse preceito legal, o nosso estudo «Investimento estrangeiro e contratos fiscais», agora em *Por um Estado Fiscal Suportável – Estudos de Direito Fiscal*, cit., p. 407 e ss. (430 e s.).

direito processual administrativo (arts. 4º, 5º, 12º e 21º do CPTA). Por outro lado, também a possibilidade, contemplada no nº 2 desse art. 3º, de correrem em paralelo, relativamente ao mesmo acto tributário, uma impugnação judicial e um processo arbitral, embora com base em factos e fundamentos diversos, nos suscita as maiores interrogações.

No concernente aos recursos das decisões arbitrais, mantem-se a não admissão de recurso ordinário, embora se admita o recurso para o STA por oposição de julgados da decisão arbitral com acórdão do CTA ou do STA, bem como a impugnação da decisão arbitral, nos termos do arts. 25º e segs. O que atenua a crítica exposta mais acima, baseada na autorização legislativa, muito embora a não elimine, pois continua a não haver possibilidade de recurso ordinário das decisões arbitrais[64]. Nesta sede, interrogamo-nos sobre a solução traduzida em a impugnação da decisão arbitral ser da competência do Tribunal Central Administrativo, o que não deixará de causar problemas quando simultaneamente haja lugar a impugnação e a recurso por oposição de julgados da decisão arbitral que é da competência do STA.

Ainda em sede de recursos, perece-nos descabida a previsão de recurso de inconstitucionalidade para o Tribunal Constitucional, a qual depende e depende apenas das correspondentes normas constitucionais. De resto, se alguma coisa haveria que regular, a tal propósito pelo legislador, de que, todavia não tratou, seria a relativa ao *modus procedendi* a seguir para assegurar a operacionalização do recurso obrigatório do Ministério Público, em caso de desaplicação pelo tribunal arbitral, com fundamento em inconstitucionalidade, de norma constante de diploma normativo promulgado, dado, como é sabido, junto dos tribunais arbitrais não haver qualquer representação do Ministério Público.

Como também nos parece totalmente descabida a menção feita no preâmbulo do Decreto-Lei nº 10/2011, segundo a qual «nos casos em que o tribunal arbitral seja a última instância de decisão de litígios tributários, a decisão é susceptível de reenvio prejudicial em cumprimento do § 3 do artigo 267º do Tratado sobre o Funcionamento da União Europeia», pois trata-se de uma referência que, não cabendo ao legislador nacional fazê-la, se revela absolutamente inútil, já que, segundo a jurisprudência constante e

[64] Embora o art. 152º do CPTA, numa qualificação discutível, inclua o recurso para a uniformização de jurisprudência (que substituiu o anterior recurso por oposição de julgados) nos recursos ordinários, devendo o mesmo, todavia, ser considerado um recurso ordinário excepcional – cf. J. C. Vieira de Andrade, *A Justiça Administrativa*, 11ª ed., Almedina, Coimbra, 2011, p. 395 e 399 e s.

consolidada do Tribunal de Justiça da União Europeia, um tal reenvio não será aceite[65].

Finalmente, no respeitante à taxa de arbitragem, objecto do Regulamento de Custas elaborado pelo CAAD, há que fazer uma importante observação. Efectivamente, estabelece-se aí um claro favorecimento da arbitragem cujos árbitros sejam designados pelo Conselho Deontológico do CAAD de entre os constantes da respectiva lista, uma vez que: 1) a taxa de arbitragem comporta montantes mais baixos (Tabela I anexa ao Regulamento); 2) a taxa é paga em parte como taxa de arbitragem inicial, correspondente a 50%, na data do envio do pedido de constituição do tribunal arbitral e, na outra parte, como custas finais do processo arbitral; 3) as custas finais do processo podem ser repartidas pelas partes; 4) a aplicação do Regulamento das Custas Processuais quando deste resulte taxa diferente da que decorre da referida Tabela I.

O que obviamente não acontece quando o sujeito passivo procede à designação de árbitro, situação em que a taxa de arbitragem, para além de ser mais elevada (Tabela II anexa ao Regulamento), será paga pela totalidade pelo sujeito passivo na data do envio do pedido de constituição do tribunal arbitral[66].

Refira-se que beneficiam daquele regime mais favorável de custas também os processos pendentes nos tribunais tributários que os sujeitos passivos decidam submeter à arbitragem, nos termos do art. 30º do Decreto-Lei nº 10/2011, uma vez que o árbitro singular ou os árbitros, por imposição desse diploma, serão designados pelo Conselho Deontológico do CAAD.

5. Considerações finais

Depois destes desenvolvimentos sobre a arbitragem tributária e tendo presente o recorte da admissão dessa arbitragem no Decreto-Lei nº 10/2011 e da sua base contida na autorização legislativa, seria de interrogarmo-nos sobre os efectivos méritos e deméritos previsíveis da introdução desse instituto no nosso direito dos impostos. O que, como bem se compreenderá, não estamos

[65] Jurisprudência fixada desde o acórdão *Vaasen – Göbbels* (1966), em que, interpretando o art. 177º do TCEE (= art. 267º do TFUE), veio estabelecer como requisitos de um «órgão jurisdicional»: 1. ser um órgão criado por lei, 2. ter natureza permanente, 3. constituir uma jurisdição obrigatória, 4. respeitar os princípios processuais do *due process of law*, 5. decidir com base nas regras do Direito, 6. ter natureza independente.

[66] O que resulta muito claro do confronto do art. 4º com o art. 5º do Regulamento de Custas.

em condições de desenvolver aqui e agora. Todavia, sempre diremos que não se podem depositar demasiadas esperanças na arbitragem tributária. Desde logo, é óbvio que a arbitragem não vai resolver o problema, verdadeiramente dramático para o Estado de Direito, dos dias de hoje, da elevadíssima pendência existente nos tribunais fiscais, até porque uma parte muito significativa dessa pendência se reporta a processos insusceptíveis de solução arbitral, como é a relativa ao processo de execução fiscal. Para esse problema de natureza excepcional requer-se, a nosso ver, uma solução também de carácter excepcional, que não poderá deixar de passar por uma solução legislativa com amplo suporte político e aberta a acordos de natureza transaccional tão flexíveis e amplos quanto possível[67].

Depois, entre as vantagens geralmente apontadas à arbitragem, referem-se frequentemente as de proporcionar uma justiça mais célere e mais barata. Quanto à celeridade, não temos dúvidas, embora não devamos esquecer que dessa celeridade beneficiarão basicamente os que puderem socorrer-se da arbitragem, que serão, em princípio, os que disponham de mais meios económicos, uma vez que o acréscimo de celeridade que o recurso à arbitragem vai proporcionar na justiça pública, em virtude dos processos que passarão a ser decididos pela arbitragem, será, a nosso ver, sempre relativamente diminuto. Uma ideia amplamente reforçada pelo limite de € 10.000.000 para os litígios que podem ser submetidos à arbitragem.

Já, no respeitante a ser mais barata, temos algumas dúvidas. E isto vendo as coisas tanto de um ponto de vista macro, isto é, dos custos globais do sistema de justiça, como do ponto de vista micro, isto é, dos custos para o sujeito passivo.

Assim e na primeira perspectiva, é certo que a «privatização» da justiça, protagonizada pela arbitragem tributária, não encarece automaticamente a justiça, designadamente por aos encargos com a justiça pública se somarem os encargos com a justiça privada, pois aos primeiros sempre haverá que subtrair os encargos com os processos que venham a ser remetidos para os tribunais arbitrais. Tendo em conta, porém, que a arbitragem pode ficar mais cara do que a justiça pública, o que acontecerá quando haja designação de árbitro pelo sujeito passivo, então os custos globais com a realização da justiça tributária acabarão sendo maiores do que aqueles que resultariam da existência apenas de justiça pública.

[67] Um problema que o regime transitório contemplado no art. 30º do Decreto-Lei nº 10//2011 por certo atenuará, mas que não vemos como o possa resolver.

Por seu lado, de um ponto de vista micro, a justiça arbitral sai necessariamente mais cara ao sujeito passivo quando este proceda a designação de árbitro. É que, nessa hipótese, o sujeito passivo suporta integralmente a taxa de arbitragem e a taxa de arbitragem constante da Tabela II, a qual, para além de fixar montantes mais elevados do que os da Tabela I, não tem por limite a taxa resultante da aplicação do Regulamento de Custas Processuais.

Daí que nos interroguemos sobre se a admissão da arbitragem tributária não acaba por se inscrever, de algum modo, num quadro pouco lisonjeiro para a garantia fundamental de acesso ao direito e a uma tutela jurisdicional efectiva em sede das relações tributárias. Uma vez que, por não se encontrar assegurado algo idêntico a um «mínimo existencial» em sede de efectivação dessas garantias fundamentais, que, não nos esqueçamos, integram os direitos, liberdades e garantias fundamentais, é bem possível que venha a verificar-se num tal sector algo que, todavia, se tenta evitar relativamente aos direitos económicos, sociais e culturais, como o direito à saúde, à educação e à segurança social. Isto é evitar que, enquanto os mais favorecidos asseguram o exercício desses direitos através do funcionamento do mercado, os menos favorecidos acabam realizando tais direitos através do recurso a serviços públicos de carácter mais ou menos marginal ou mesmo assistencial.

No que mais não será do que um novo segmento do fenómeno que vimos designando por «*apartheid* fiscal»[68]. Uma realidade que coloca a questão de saber se, através dessa via, não estamos de algum modo a regressar à situação que com algumas excepções se manteve até ao triunfo do estado constitucional[69], em que as classes superiores, isto é, o clero e a nobreza, estavam em geral excluídas da tributação que, assim, acabava por incidir apenas sobre os integrantes do povo ou do terceiro estado. O que, a verificar-se, mais não seria do que a reposição da velha distinção assente em classes, cuja existência, apesar de não ter por base, como no passado, vínculos de sangue, não poderia deixar de assumir idênticos sentido e alcance, atento o seu resultado prático. Um «regresso ao passado» que ninguém deseja nem quer, mas que a crescente aceitação acrítica de toda uma série de institutos, adoptados curiosamente em nome do progresso e da eficiência, provoca inelutavelmente.

68 Quanto ao fenómeno do «*apartheid* fiscal», v. o nosso *Direito Fiscal*, cit., p. 509 e ss.

69 Entre essas excepções conta-se a verificada em Portugal com a «décima militar», de 1641, que terá constituído senão a primeira uma das primeiras manifestações da tributação moderna – cf. o nosso *Direito Fiscal*, cit., p. 477 e ss.

Investir e tributar: uma relação simbiótica?[1]

Sumário: I. Investir e tributar: 1. A liberdade de gestão fiscal das empresas; 2. O princípio da neutralidade fiscal; 3. A política fiscal externa; II. As medidas de apoio ao investimento: 4. Os benefícios fiscais e os incentivos fiscais; 5. Alusão ao universo dos benefícios fiscais ao investimento; III. A recente evolução do sistema fiscal e o investimento: 6. A evolução do IRC e o investimento; 7. As tributações avulsas sobre as empresas; III. A título de conclusão.

Perante o título que encabeça esta exposição, constituirá nosso objectivo, naturalmente, tentar responder à pergunta que nele se encontra formulada. O que vamos fazer segundo um itinerário percorrido em três etapas. Assim, começamos por enquadrar o problema relacionando o investimento com a tributação (e, naturalmente, com a não tributação). Depois, aludimos ao universo de medidas de natureza fiscal de apoio ao investimento existentes entre nós. Em terceiro lugar, vamos olhar para a recente evolução do sistema fiscal português, tendo em conta tanto a tributação como a beneficiação fiscal, e ver se a mesma é ou não amiga do investimento. Terminamos com algumas conclusões sumárias. Percorramos, então, o caminho.

I. Investir e tributar

E, a título de enquadramento, não podemos deixar de assinalar que é a própria constituição fiscal, mais especificamente a constituição fiscal relativa à tributação das empresas, que constitui o ponto de partida, e um ponto de partida favorável ao investimento. O que se traduz, de um lado, no respeito pelo

[1] Texto publicado na *Revista de Legislação e de Jurisprudência*, ano 141º, 2011/12.

princípio da liberdade de iniciativa económica e de empresa em que se insere como sua componente essencial a liberdade de gestão fiscal das empresas e a correspondente neutralidade fiscal do Estado e demais titulares do poder tributário. Por outro lado, não podemos esquecer que, actualmente, todos os países dispõem uma verdadeira política fiscal externa orientada no sentido não apenas de respeitar os princípios referidos, não penalizando fiscalmente as empresas, mas também e sobretudo de incentivar as mesmas a realizar ou aumentar os seus investimentos.

1. A liberdade de gestão fiscal das empresas

Partindo do princípio do Estado fiscal, por um lado, e das liberdades económicas fundamentais, sobretudo das liberdades de iniciativa económica e de empresa, por outro, podemos dizer que a tributação das empresas se rege pelo princípio constitucional da liberdade de gestão fiscal. Liberdade que tem como consequência desencadear para os titulares passivos da mesma, mormente para o Estado, a exigência de respeitar o princípio da neutralidade fiscal.

Em sentido lato, este princípio exige que se permita com a maior amplitude possível a livre decisão dos indivíduos em todos os domínios da vida, admitindo-se a limitação dessa liberdade de decisão apenas quando do seu exercício sem entraves resultem danos para a colectividade ou quando o Estado tenha de tomar precauções para preservar essa mesma liberdade individual. Isto requer, antes de mais, uma economia de mercado e a consequente ideia de subsidiariedade da acção económica e social do Estado e demais entes públicos. O que tem como consequência, em sede do sistema económico-social (global), que o suporte financeiro daquele(s) não decorra da sua actuação económica positivamente assumida como agente(s) económico(s), mas do seu poder tributário ou impositivo, e, em sede do (sub)sistema fiscal, o reconhecimento da livre conformação fiscal por parte dos indivíduos e empresas, que assim podem planificar a sua vida económica sem consideração das necessidades financeiras da comunidade estadual e actuar de molde a obter o melhor planeamento fiscal (*tax planning*)[2].

Nesta conformidade tanto os indivíduos como as empresas podem, designadamente, verter a sua acção económica em actos jurídicos e actos

[2] Sobre o Estado fiscal v., entre nós, o nosso livro *O Dever Fundamental de Pagar Impostos. Contributo para a compreensão constitucional do estado fiscal contemporâneo*, Almedina, Coimbra, 1998, p. 191 e ss. V. também, Michel Bouvier, *Introduction au Droit Fiscal Général et à la Théorie de l'Impôt*, 10ª ed., LGDJ, Paris, 2010, p. 58 e ss.

não jurídicos de acordo com a sua autonomia privada, guiando-se mesmo por critérios de elisão ou evitação dos impostos (*tax avoidance*) ou de aforro fiscal, desde que, por uma tal via, não se violem as leis fiscais, nem se abuse da (liberdade de) configuração jurídica dos factos tributários, provocando evasão fiscal ou fuga aos impostos através de puras manobras ou disfarces jurídicos da realidade económica (*tax evasion*).

O que, no respeitante aos agentes económicos, às empresas, a quem cabe tomar as decisões que suportam o funcionamento do sistema económico, implica reconhecer que o comportamento fiscal do Estado não se pode constituir num risco inaceitável para as decisões empresariais, as quais são sempre tomadas tendo em conta a rendibilidade líquida esperada dos activos mobilizados no exercício da actividade económica, ou seja, tendo em consideração o retorno económico esperado dos projectos de investimento realizados. Uma ideia que não assenta apenas no princípio do Estado fiscal, mas também nas concretizações deste princípio nas liberdades de iniciativa económica e de empresa, contempladas nos arts. 61º, 80º, al. *c)*, e 86º da Constituição Portuguesa.

2. O princípio da neutralidade fiscal

Mas a liberdade de gestão fiscal das empresas vista pelo lado dos seus sujeitos passivos, o Estado e demais entes públicos, concretiza-se na observância do princípio da neutralidade fiscal, que tem uma importante expressão no art. 81º, al. *e)*, da Constituição Portuguesa em que se dispõe: «[i]ncumbe prioritariamente ao Estado no âmbito económico e social:...assegurar o funcionamento eficiente dos mercados, de modo a garantir a equilibrada concorrência entre as empresas, a contrariar as formas de organização monopolistas e a reprimir os abusos de posição dominante e outras práticas lesivas do interesse geral».

Uma neutralidade que, como é óbvio, nada tem a ver com a velha neutralidade absoluta, a velha neutralidade fiscal das finanças liberais do século XIX, com base na qual estava excluída toda e qualquer atribuição de objectivos ou finalidades extrafiscais aos impostos. Pois, no quadro das finanças funcionais que se foram impondo um pouco por toda a parte no decurso do século XX e que perduram não obstante as actuais investidas do neoliberalismo económico e das múltiplas tentativas de desmantelamento do Estado social, não é mais possível repor essa neutralidade oitocentista. Daí que, por exemplo, a extrafiscalidade constitua um fenómeno com o qual o mundo dos impostos passou a conviver, podendo o Estado, no quadro dos seus poderes de intervenção económica e social, utilizar a via fiscal para penalizar, beneficiar ou incentivar comportamentos económicos e sociais, conquanto que essas intervenções não se materializem em distorções à equilibrada concorrência entre as empresas.

A este respeito, não podemos deixar de assinalar que tanto o reconhecimento como o desenvolvimento deste princípio se ficaram a dever em larga medida ao direito da União Europeia, no qual a ideia de neutralidade é apontada por muitos como a principal norma de tributação. O que evidentemente não admira dado os objectivos que têm presidido e continuam a presidir ao direito comunitário, isto é, os objectivos de construção de um mercado económico integrado, cujo suporte, como é sabido, não pode deixar de assentar na defesa de uma equilibrada concorrência entre as empresas, ou seja, na salvaguarda e defesa de uma «ordem económica concorrencial».

Ordem económica concorrencial que não pode, naturalmente, deixar de pôr à prova também a fiscalidade, exigindo a correspondente neutralidade fiscal de modo a que as empresas, sejam quais forem as formas que escolham e as opções que tomem, conquanto que assentes numa base de racionalidade económica própria, paguem idêntico imposto. Muito embora devamos acrescentar que a União Europeia, através da acção militante de harmonização fiscal negativa levada a cabo pelo Tribunal de Justiça, vem «funcionalizando» os sistemas fiscais dos Estados ao funcionamento dessa ordem económica concorrencial[3], subvertendo os sistemas fiscais e impedindo que estes desempenhem o papel que lhes cabe como meio de financiamento público, no quadro da soberania fiscal que, por enquanto, continua na titularidade dos Estados. O que revela uma «esquizofrenia» de todo inaceitável e de consequências fortemente nefastas. Pois, de um lado, exige-se aos Estados que tenham finanças saudáveis com base nos seus sistemas fiscais, mas, de outro lado, subvertem-se esses sistemas com o pretexto de os compatibilizar com a realização do mercado interno, boicotando, por essa via, o exercício da soberania fiscal que os Estados continuam a manter[4].

Por isso, o princípio da neutralidade fiscal tem expressão em muitos domínios do direito comunitário, entre os quais avulta justamente o domí-

[3] Mercado, que devemos sublinhar, é, em larga medida, o que a própria União Europeia diz que é o mercado, o qual, acrescente-se, está longe de ser concebido e aplicado com idêntico rigor face aos pequenos Estados e face aos grandes Estados.

[4] V. a este respeito, Pietro Boria, *Diritto Tributario Europeo*, Giuffrè, Milano, 2010, p. 413 e ss., autor que se refere ao TJUE, enquanto protagonista da harmonização fiscal negativa, como «o antisoberano», que acaba por boicotar a soberania fiscal dos Estados.

nio do direito da concorrência entre as empresas. Domínio em que desempenham importante função as normas do Tratado sobre o Funcionamento da União Europeia que integram disposições fiscais em sentido amplo, nas quais se inserem não apenas as «disposições fiscais» constantes dos seus arts. 110º a 113º, mas também e sobretudo as normas que se reportam aos auxílios de Estado cuja disciplina consta dos arts. 107º a 109º, nos quais se incluem os benefícios fiscais, isto é, os auxílios de Estado por via fiscal. A que acresce o Código de Conduta da Fiscalidade das Empresas, o qual, apesar de assentar num compromisso político, constituindo assim *soft law*, por força da sua articulação com o mecanismo dos auxílios de Estado, acaba por beneficiar dos efeitos jurídicos destes[5].

Na verdade, a intervenção económica e social por via fiscal, ou seja, através da concessão de auxílios de Estado por via fiscal, tal como os auxílios financeiros directos, apenas será admitida se e na medida em que não provoque distorções à concorrência. Ou seja, os benefícios fiscais apenas passarão com êxito o teste da sua compatibilidade com o direito comunitário, conquanto que não perturbem o funcionamento do mercado comunitário europeu que a União Europeia tem por missão criar e garantir.

Sendo certo que, não podemos esquecer, o princípio da neutralidade começou a sua afirmação no domínio dos impostos em sede da tributação do consumo. Uma tributação que, ao materializar-se em impostos integrantes dos preços dos bens e serviços, mais visivelmente podia afectar a realização do mercado único. O que conduziu, como é sabido, não só à imposição comunitária aos Estados membros duma tributação geral do consumo assente no Imposto sobre o Valor Acrescentado (IVA), como à instituição para este imposto dum regime comunitário comum, o chamado sistema comum do IVA[6].

3. A política fiscal externa

Mas os Estados não tratam bem o investimento apenas através do respeito dos princípios da liberdade de gestão fiscal e da correspondente neutralidade. Eles dispõem actualmente de uma verdadeira política fiscal externa orientada seja para o combate à dupla (ou múltipla) tributação internacional, que as

[5] V. por todos, A. Carlos dos Santos, *L'Union Européenne et la Régulation de la Concurrence Fiscale*, Buylant/LGDJ, Bruxelles/Paris, 2009, p. 435 e ss.

[6] Sobre o princípio da liberdade de gestão fiscal das empresas, v. o nosso estudo «A liberdade de gestão fiscal das empresas», em *Miscelâneas*, nº 7, IDET/FDUC, Almedina, Coimbra, 2011, p. 7 e ss.

actuais economias abertas favorecem extraordinariamente, quer para a beneficiação fiscal dirigida à atracção de investimento ou a internacionalização das empresas nacionais.

De um lado, visa-se adequar o sistema fiscal quer relativamente ao investimento, designadamente estrangeiro, procurando não prejudicar a repatriação dos lucros gerados pelos sociedades associadas ou estabelecimentos estáveis nacionais de sociedades com sede no estrangeiro, quer no concernente à internacionalização das empresas nacionais, evitando tratar os lucros por elas gerados no estrangeiro e repatriados em termos desfavoráveis face aos lucros gerados no país. De outro lado, estabelecem-se benefícios fiscais, mais especificamente estímulos ou incentivos fiscais, para favorecer o investimento e a internacionalização das empresas nacionais. Uma política fiscal que se concretiza, assim, em duas frentes: na frente internacional, através de uma política de celebração de convenções de dupla tributação; e na frente interna, através da adopção de medidas unilaterais de combate à dupla tributação e à incentivação fiscal do investimento estrangeiro e da internacionalização das empresas.

Também Portugal vem adoptando uma política fiscal externa nas duas frentes assinaladas. Políticaessa que tem por base a própria Constituição, uma vez que esta, de um lado, consagra, como objectivo da política industrial, «o apoio à projecção internacional das empresas portuguesas» (art. 100º, al. *e)*) e, de outro lado, prescreve que a lei disciplinará os investimentos por parte de pessoas singulares e colectivas estrangeiras, a fim de garantir a sua contribuição para o desenvolvimento do país (art. 87º). Objectivos que devem ser prosseguidos no quadro de observância do referido princípio da neutralidade fiscal, que tem, como já referimos, uma importante expressão no art. 81º, al. *e)*, da Constituição em que se dispõe: «incumbe prioritariamente ao Estado no âmbito económico e social: assegurar o funcionamento eficiente dos mercados, de modo a garantir a equilibrada concorrência entre as empresas, a contrariar as formas de organização monopolistas e a reprimir os abusos de posição dominante e outras práticas lesivas do interesse geral».

Uma política fiscal externa assente presentemente: 1) em mais de cinco dezenas de convenções de dupla tributação (CDT) já em vigor, para além de diversas outras já assinadas ou em negociação, que formam já uma considerável rede; 2) nas normas internas de eliminação ou atenuação da dupla tributação, como são especificamente o art. 81º do Código do Imposto sobre o Rendimento das Pessoas Singulares (IRS) e o art. 91º do Código do

Imposto sobre o Rendimento das Pessoas Colectivas (IRC); 3) num diversificado sistema de incentivos fiscais às empresas distribuído pelo Estatuto dos Benefícios Fiscais (EBF), Código Fiscal do Investimento (CFI) e diversos diplomas legais avulsos.

O que é importante sublinhar, pois durante muito tempo Portugal não teve uma verdadeira política nesse domínio, em virtude da economia relativamente fechada que prevaleceu entre nós até à adesão às então Comunidades Europeias em 1986. Por conseguinte, temos uma política fiscal externa. E uma política fiscal externa traduzida, desde logo, nessa rede de CDT em relação à qual tem sido visível a prioridade de conclusão de CDT com os países membros da União Europeia, com os países integrantes da OCDE[7] e, bem assim, com os países com os quais mantemos especiais laços culturais e históricos, ou seja, com os países da CPLP[8]. De resto, no que às CDT diz respeito, Portugal tem-se orientado pelas recomendações do Comité dos Assuntos Fiscais da OCDE, designadamente quanto ao recurso ao método do «crédito presumido» para eliminar a dupla tributação. Pois aquele Comité, sensível ao aproveitamento que pode ser feito desse método para esquemas de concorrência desleal, desaconselha-o a menos que se trate de CDT com países cujo nível de desenvolvimento seja consideravelmente inferior ao dos Estados que integram a Organização[9].

II. As medidas de apoio ao investimento

Como vimos, as medidas de apoio ao investimento constituem um dos mais importantes segmentos da actual política fiscal externa do nosso país, traduzida na concessão de importantes benefícios fiscais. Para termos uma ideia dessas medidas, mormente do seu universo, impõem-se algumas palavras, a começar pela importante distinção entre benefícios fiscais e estímulos ou incentivos fiscais.

[7] Em relação aos quais nos faltam ainda CDT com a Austrália, Japão e Nova Zelândia.

[8] Países em relação aos quais apenas dispomos de CDT com o Brasil, Cabo Verde e Moçambique, uma vez que a CDT com a Guiné-Bissau ainda não entrou em vigor.

[9] V., sobre o problema, Maria Margarida Cordeiro Mesquita, «A política convencional portuguesa em matéria de dupla tributação: contributos para uma redefinição», *Estudos em Homenagem ao Prof. Doutor Pedro Soares Martinez*, vol. II, Coimbra, 2000, p. 387 e s., bem como Alberto Xavier, *Direito Tributário Internacional*, 2ª ed., Almedina, Coimbra, 2007, p. 752 e s.

4. Os benefícios fiscais e os incentivos fiscais

A este respeito, para além de outras distinções habituais, que aqui nos dispensamos de mencionar[10], há que ter em conta uma importante distinção em sede dos benefícios fiscais. Trata-se de separar os benefícios fiscais estáticos ou benefícios fiscais *stricto sensu* dos benefícios fiscais dinâmicos, incentivos ou estímulos fiscais. Os primeiros dirigem-se, em termos estáticos, a situações que, ou porque já se verificaram (encontrando-se portanto esgotadas), ou porque, ainda que não se tenham verificado ou verificado totalmente, não visam, ao menos directamente, incentivar ou estimular, mas tão-só beneficiar por superiores razões de política geral de defesa, externa, económica, social, cultural, religiosa, etc. Já os segundos visam incentivar ou estimular determinadas actividades, estabelecendo, para o efeito, uma relação entre as vantagens atribuídas e as actividades estimuladas em termos de causa-efeito.

Por conseguinte, enquanto nos benefícios fiscais em sentido estrito a causa do benefício é a situação ou actividade em si mesma, nos incentivos ou estímulos fiscais a causa encontra-se estritamente vinculada à adopção futura do comportamento beneficiado ou o exercício futuro da actividade fomentada. O que não leva a ver nestes últimos benefícios fiscais uma contrapartida, em sede fiscal, das diversas e multifacetadas contribuições que os beneficiados, que não podemos esquecer serão as empresas singulares ou societárias, realizam em sede económica e social a favor da comunidade nacional, entre as quais se contam naturalmente futuras receitas fiscais. Pois, é de sublinhar que, embora tais benefícios fiscais se configurem, ao menos à primeira vista, como todos os benefícios fiscais, «despesas fiscais», justamente porque incentivam ou estimulam actividades que, de outro modo, não chegariam a ter lugar, vão efectivamente originar um aumento das receitas fiscais no futuro, as quais terão por suporte o resultado económico dessas actividades. Por isso mesmo, numa tal situação, estamos, em rigor, perante despesas fiscais impróprias ou despesas fiscais aparentes[11]. Daí que a crítica generalizada que hoje em dia é feita, e bem, à verdadeira «indústria dos benefícios fiscais», em virtude de estes se apresentarem como puras despesas fiscais que privilegiam certos grupos mais poderosos ou influentes, concretizando assim uma verdadeira redistribuição invertida do rendimento e da riqueza, não seja extensível, e portanto não tenha

[10] V. o nosso *Direito Fiscal*, 6ª ed., Almedina, Coimbra, 2010, p. 432 e ss.

[11] V. neste sentido Guilherme Waldemar Oliveira Martins, *A Despesa Fiscal e o Orçamento do Estado no Ordenamento Jurídico Português*, Almedina, Coimbra, 2004, p. 93 e ss.

razão de ser, relativamente aos verdadeiros incentivos ou estímulos fiscais[12]. Redistribuição invertida que constitui, sem dúvida, um dos mais visíveis e nefastos segmentos em que se consubstancia o fenómeno que, desde há alguns anos, vimos designando por «*apartheid* fiscal»[13].

Compreende-se assim que os incentivos fiscais, que não raro assumem carácter selectivo ou mesmo altamente selectivo, tenham carácter temporário, bem como a liberdade do legislador, mormente para conceder uma margem de livre decisão à administração tributária, tenha necessariamente de ser maior do que aquela de que dispõe em sede dos benefícios fiscais estáticos[14]. Daí que estes últimos constituam benefícios fiscais dependentes de um acto de reconhecimento, seja este um acto de reconhecimento unilateral, um acto administrativo, como é tradicional, seja mesmo um contrato, caso em que temos benefícios fiscais dependentes de reconhecimento bilateral ou contratual, isto é, benefícios fiscais contratuais[15].

Ora, o nosso sistema fiscal conhece uma diversificada panóplia de benefícios fiscais, a maioria dos quais sem a menor justificação, já que, para além de tornar o sistema fiscal complexo e de difícil aplicação, contribui também para o seu carácter injusto ou iníquo. O que tem conduzido à preocupação presente dos governos suportada, de resto, em amplo consenso doutrinal, no sentido de eliminar muitos dos benefícios fiscais, reduzindo assim a correspondente despesa fiscal, e de proceder à simplificação da aplicação dos que, apesar de tudo, se justifique a sua manutenção, como os que se apresentam como incentivos[16].

[12] V., a este respeito XAVIER DE BASTO, «Tópicos para uma reforma fiscal impossível», Última Aula, Faculdade de Economia da Universidade de Coimbra, 9 de Junho de 2004. V., também, o nosso *Direito Fiscal*, cit., p. 444 e s.

[13] Cf., por todos, o nosso *Direito Fiscal*, cit., p. 509 e ss.

[14] V., sobre os aspectos focados, o nosso livro *O Dever Fundamental de Pagar Impostos*, cit., p. 645 e ss. e 648 e s.

[15] O que não surpreende nos tempos que correm em que a administração por contrato (*government by contract*), se tornou corrente no direito público em geral – cf. o nosso livro *Contratos Fiscais. Reflexões acerca da sua admissibilidade)*, Coimbra Editora, Coimbra, 1994.

[16] Um problema que tem sido sentido em Portugal, em que foi elaborado um relatório que avaliou o conjunto dos benefícios fiscais atribuídos, tendo proposto diversas alterações no sentido de diminuir o peso dos mesmos e de simplificar a concessão ou reconhecimento dos que se mantenham – v. MINISTÉRIO DAS FINANÇAS, CENTRO DE ESTUDOS FISCAIS, *Reavaliação dos Benefícios Fiscais*, Relatório do Grupo de Trabalho, Cadernos de Ciência e Técnica Fiscal, 2005.

Para além de que, não podemos esquecer, no que respeita aos Estados membros da União Europeia, os benefícios fiscais, quando atribuídos às empresas constituem, por via de regra, auxílios de estado, encontrando-se, em princípio, interditos em tributo à política da concorrência, orientada para a criação e funcionamento do mercado interno comunitário, nos termos dos arts. 107ºa 109º do Tratado sobre o Funcionamento da União Europeia. Muito embora, como bem se compreende, essa interdição conheça diversas excepções entre as quais se conta a relativa às micro, pequenas e médias empresas (PME), as quais, por diversas razões, não devem ser tratadas, também em sede fiscal, como as grandes empresas que, por via de regra, se apresentam como empresas multinacionais

Mas vejamos alguns dos mais importantes benefícios fiscais que a nossa ordem jurídica actual contempla relativamente à promoção do investimento, recortando, em termos fundamentalmente ilustrativos, o correspondente universo.

5. Alusão ao universo dos benefícios fiscais ao investimento

Pois bem, o nosso sistema fiscal conhece diversos regimes ou disposições legais de beneficiação fiscal dirigida ao investimento. Sem qualquer preocupação de ser exaustivo, podemos recortar os mais importantes benefícios fiscais ao investimento produtivo[17], dizendo que eles se traduzem em incentivos fiscais às empresas como: os prorrogados ou definidos recentemente nos arts. 133º a 136º da LOE/2011[18], em que temos os integrantes do Sistema de Incentivos Fiscais em Investigação e Desenvolvimento Empresarial (SIFIDE), os reconhecidos pelo Regime Fiscal de Apoio ao Investimento (RFAI), o concretizado na aceitação de um *spread* especial no concernente aos juros e outras formas de remuneração de suprimentos e empréstimos feitos pelos respectivos sócios às sociedades que constituam pequenas e médias empresas e o materializado na remuneração convencional do capital respeitante também às PME; os benefícios fiscais contratuais, que se encontram contemplados no art. 41º do EBF e no Código do Fiscal do Investimento (CFI); o regime fiscal dos residentes não habituais, o qual se encontra igualmente previsto no CIF;

[17] É de referir que o EBF, na Parte II relativa aos «Benefícios fiscais com carácter estrutural», integra o Capítulo VI, cuja epígrafe é justamente «Benefícios fiscais ao investimento produtivo» (arts. 41º a 43º), embora, como é óbvio, os benefícios fiscais com essa natureza não se limitem aos desses três artigos.

[18] Lei nº 55-A/2010, de 31 de Dezembro.

os benefícios fiscais relativos à interioridade (art. 43º do EBF) e os benefícios fiscais à criação líquida de emprego (art. 19º do EBF), etc.

Uma palavra muito rápida sobre cada um destes benefícios fiscais de apoio às empresas e ao investimento produtivo.

Assim e quanto ao SIFIDE, nos termos da sua actual disciplina, aprovada pelo art. 133º da LOE/2011[19], trata-se de um regime em que as empresas podem deduzir à colecta do IRC, até á sua concorrência, o valor correspondente às despesas com investigação e desenvolvimento, na parte que não tenha sido objecto de comparticipação financeira do Estado a fundo perdido, realizadas nos períodos de tributação de 1 de Janeiro de 2011 a 31 de Dezembro de 2015, numa dupla percentagem: a) taxa de base correspondente a 32,5% das despesas realizadas naquele período; b) taxa incremental correspondente a 50% do acréscimo das despesas realizadas naquele período em relação à média aritmética simples dos dois exercícios anteriores, até ao limite de € 1 500 000. Todavia, para os sujeitos passivos de IRC que sejam PME[20], que ainda não completaram dois exercícios e que não beneficiaram da mencionada taxa incremental, aplica-se uma majoração de 10% à referida taxa base de 32,5%.

No respeitante ao RFAI, que é mantido em vigor no ano de 2011 pelo art. 134º da LOE/2011[21], traduz-se este na concessão às empresas residentes em território português ou que aí possuam estabelecimento estável e que efectuem, em 2011, investimentos considerados relevantes, dos seguintes incentivos fiscais: a) dedução à colecta de IRC, e até à concorrência de 25% da mesma, das seguintes importâncias, para investimentos realizados em regiões elegíveis para apoio no âmbito dos incentivos com finalidade regional: i) 20% do investimento relevante, relativamente ao investimento até ao montante de € 5 000 000; ii) 10% do investimento relevante, relativamente ao investimento de valor superior a € 5 000 000; b) isenção de IMI, por um período até cinco anos, relativamente aos prédios da sua propriedade que constituam investimento relevante; c) isenção do IMT relativamente às aquisições de prédios que constituam investimento relevante; d) isenção

[19] O chamado SIFIDE II, pois o SIFIDE I foi o que esteve em vigor de 2006 a 2010, nos termos da Lei nº 40/2005, de 3 de Agosto.

[20] De acordo com a definição do art. 2º do Decreto-Lei nº 372/2007, de 6 de Novembro, e do art. 2º do anexo a esse diploma legal.

[21] Aprovado pelo art. 13º da Lei nº 10/2009, de 10 de Março.

de imposto do selo relativamente às aquisições de prédios que constituam investimento relevante.

Por seu lado, como referimos, o art. 135º da LOE/2011 veio igualmente fixar um *spread* especial, isto é, mais vantajoso, a ter em conta no concernente às despesas com os juros e outras formas de remuneração de suprimentos e empréstimos feitos pelos respectivos sócios às PME. Pois, nos termos do nº 2 da Portaria nº 184/2002, de 4 de Março, aditado por aquele art. 135º, sempre que se trate de juros e outras formas de remuneração de suprimentos e empréstimos feitos pelos sócios a PME, é fixado em 6% o *spread* a acrescer à taxa EURIBOR a 12 meses do dia da constituição da dívida. O que constitui uma particular vantagem para as PME, uma vez que esse *spread* para as outras empresas é de 1,5%.

Relativamente às PME, temos também o benefício traduzido na chamada remuneração convencional do capital que a LOE/2011 veio estender aos anos de 2011 a 2013. Segundo o nº 1 do art. 136º dessa Lei,na determinação do lucro tributável do IRC pode ser deduzida uma importância correspondente à remuneração convencional do capital social, calculada mediante a aplicação da taxa de 3% ao montante das entradas realizadas, por entregas em dinheiro, pelos sócios, no âmbito da constituição de sociedade ou de aumento do capital social, desde que, para além da sociedade beneficiária ter de ser uma PME, os sócios que participem na constituição da sociedade ou no aumento do capital social sejam exclusivamente pessoas singulares, sociedades de capital de risco ou investidores de capital de risco. Um benefício fiscal que, por ser expressão da ideia de neutralidade fiscal quanto ao financiamento das empresas, devia ter carácter permanente e não temporário[22].

No concernente aos benefícios fiscais contratuais, regulados no art. 41º do EBF e no CFI, devemos dizer que eles respeitam a grandes investimentos realizados em Portugal ou no estrangeiro, por empresas portuguesas, assentes em contratos de investimento. Assim e de um lado, nos termos do nº 1 desse preceito do EBF, os projectos de investimento em unidades produtivas realizados até 31 de Dezembro de 2020, de montante igual ou supe-

[22] Como é proposto em A. Carlos dos Santos/António M. F. Martins (Coord.), *Competitividade, Eficiência e Justiça do Sistema Fiscal – Relatório do Grupo para o Estudo da Política Fiscal*, Ministério das Finanças, 3 de Outubro de 2009, p. 350 e 374.

rior a € 5.000.000 que sejam relevantes para o desenvolvimento dos sectores considerados de interesse estratégico para a economia nacional e para a redução das assimetrias regionais, induzam à criação de postos de trabalho e contribuam para impulsionar a inovação tecnológica e a investigação científica nacional, podem beneficiar de incentivos fiscais, em regime contratual, com período de vigência até 10 anos a conceder nos termos, condições e procedimentos definidos no CFI[23].

Nos termos do nº 2 do art. 2º do CFI, tais projectos de investimento devem ter por objecto as seguintes actividades[24]: a) indústria extractiva e indústria transformadora; b) turismo e as actividades declaradas de interesse para o turismo nos termos da legislação aplicável; c) actividades e serviços informáticos e conexos; d) actividades agrícolas, piscícolas, agro-pecuárias e florestais; e) actividades de investigação e desenvolvimento e de alta intensidade tecnológica; f) tecnologias da informação e produção de audiovisual e multimédia; g) ambiente, energia e telecomunicações.

Por seu turno, segundo o nº 2 do referido art. 41º do EBF, a esses projectos podem ser concedidos, cumulativamente, os seguintes incentivos fiscais: a) crédito de imposto, determinado com base na aplicação de uma percentagem, compreendida entre 10% e 20% das aplicações relevantes do projecto efectivamente realizadas, a deduzir ao montante apurado, nos termos da al. *a)* do nº 1 do art.83º do Código do IRC; b) isenção ou redução de IMI, relativamente aos prédios utilizados pela entidade na actividade desenvolvida no quadro do projecto de investimento; c) isenção ou redução de IMT, relativamente aos imóveis adquiridos pela entidade, destinados ao exercício da sua actividade desenvolvida no âmbito do projecto de investimento; d) isenção ou redução de imposto do selo, que for devido em todos os actos ou contratos necessários à realização do projecto de investimento[25].

De outro lado, nos termos do nº 4 do referido art. 41º, os projectos de investimento directo efectuados por empresas portuguesas no estrangeiro, de montante igual ou superior a € 250 000, de aplicações relevantes, que

[23] Aprovado pelo Decreto-Lei nº 249/2009, de 23 de Setembro, diploma que alterou também alguns artigos do EBF, com especial destaque para o mencionado art. 41º.

[24] desde que respeitados os limites estabelecidos nos artigos 1º, 6º e 7º do Regulamento (CE) nº 800/2008, de 6 de Agosto, que aprovou o regulamento geral de isenção por categoria.

[25] Como bem se compreende, esses incentivos fiscais não são cumuláveis com outros benefícios da mesma natureza susceptíveis de serem atribuídos ao mesmo projecto de investimento.

demonstrem interesse estratégico para a internacionalização da economia portuguesa, podem beneficiar de incentivos fiscais, em regime contratual, com período de vigência até cinco anos, a conceder nos termos, condições e procedimentos definidos em regulamentação própria.

Aos promotores desses projectos de investimento podem ser concedidos os seguintes benefícios fiscais: a) crédito fiscal utilizável em IRC, compreendido entre 10% e 20% das aplicações relevantes, a deduzir ao montante apurado na alínea *a)* do nº 1 do art. 83º do Código do IRC, não podendo ultrapassar, em cada exercício, 25% daquele montante, com o limite de € 997 595,79; b) eliminação da dupla tributação económica, nos termos e condições estabelecidos no artigo 46º do Código do IRC, durante o período contratual, quando o investimento seja efectuado sob a forma de constituição ou aquisição de sociedades estrangeiras. Refira-se que, no caso de os projectos de investimento se realizarem noutro Estado membro da União Europeia, o regime acabado de mencionar se aplica exclusivamente às PME[26].

A respeito dos benefícios fiscais contratuais, é ainda de mencionar o importante dispositivo contido no nº 8 do referido art. 41º, segundo o qual «os contratos relativos a projectos de investimento realizados em território português devem prever normas que salvaguardem as contrapartidas dos incentivos fiscais em caso de cessação de actividade da entidade beneficiária, designadamente por transferência da sede e direcção efectiva para fora do território português». Um preceito que, tanto quanto nos é dado saber, nem sempre foi escrupulosamente observado no passado, tendo havido empresas que, não obstante não terem cumprido integralmente os contratos que subscreveram, não foram objecto das correspondentes sanções. Uma situação que, para além de revelar uma falha de todo inadmissível do nosso Estado, torna a via contratual de promoção do investimento totalmente inoperacional.

Um outro segmento de benefícios fiscais, é o concretizado no regime fiscal dos residentes não habituais, introduzido em 2009 com a aprovação do mencionado CFI, um diploma que, para além de ter vindo a unificar o procedimento aplicável à contratualização dos benefícios fiscais previstos no art. 41º do EBF, estabeleceu um regime inovador de tributação dos resi-

[26] Refira-se que o regime procedimental dos benefícios contratuais à internacionalização das empresas nacionais consta, estranhamente, de um diploma próprio – o Decreto-Lei nº 250/ /2009, de 23 de Setembro.

dentes não habituais, regulado nos arts. 23º a 25ºdesse Código. Um regime que se traduz, fundamentalmente, em tratar fiscalmente os residentes não habituais como não residentes, em sede do IRS. Pois, de um lado e quanto aos rendimentos das categorias A e B obtidos em Portugal, estes serão tributados não com base no princípio do rendimento mundial ou da universalidade, como é a regra da tributação do rendimento dos residentes, mas antes segundo o princípio da fonte, tributando tais rendimentos com base numa taxa especial de 20%, uma vez que tais rendimentos não têm que ser englobados.

Por seu lado, quanto aos rendimentos de fonte externa, em que se destacarão certamente os obtidos no país de que são residentes habituais, a eliminação da dupla tributação internacional dos mesmos seguirá o método da isenção com progressividade e não o método de imputação ordinária ou crédito de imposto ordinário, como é a regra, entre nós, na tributação dos não residentes[27]. Método que, naturalmente, se aplica aos rendimentos obtidos em Portugal que, por se encontrarem sujeitos ao englobamento, ou por este terem optado os seus titulares residentes em Portugal, não são tributados com base naquela taxa especial de 20%[28].

Enfim, uma referência aos benefícios fiscais relativos à interioridade e aos benefícios fiscais à criação líquida de emprego. Assim e quanto aos primeiros, dispõe o nº 1 do art. 43º do EBF que às empresas que exerçam, directamente e a título principal, uma actividade económica de natureza

[27] Muito embora, nas situações em que o nosso sistema adere ao método da isenção, sempre que tenha lugar o englobamento dos rendimentos isentos, por opção ou por determinação legal, seja aplicável o método da isenção com progressividade como consta das hipóteses contempladas nos arts. 22º e 72º, nº 8 e 9, do Código do IRS, e, bem assim nos arts. 37º, nº 3, 38º, nº 2, 39º, nº 4, e 40º, nº 2, do EBF. Uma opção que tem sido a adoptada também na maioria das convenções celebradas por Portugal – cf. ALBERTO XAVIER, *Direito Tributário Internacional*, cit., p. 745.

[28] Sobre o regime dos residentes não habituais v., por todos, TIAGO CASIMIO NEVES, «Apontamentos sobre o tratamento fiscal de expatriados em Portugal e na Europa», *Fiscalidade*, 39, Julho-Setembro de 2009, p. 13 e ss.; RICARDO DA PALMA BORGES, «O novo regime dos residentes não habituais», *Fiscalidade*, 40, Outubro – Dezembro de 2009, p. 5 e ss.; MANUEL LOPES FAUSTINO, «Os residentes no imposto sobre o rendimento pessoal (IRS) português», *Ciência e Técnica Fiscal*, 424, 2009, p. 99 e ss.; RUI NASCIMENTO/TIAGO GRAÇA/MARCOS RAMOS, «O novo regime fiscal do residente não habitual: o contributo volátil e o *headhunting* fiscal na captura de investimento», em GLÓRIA TEIXEIRA/ANA SOFIA CARVALHO, *Os 10 Anos de Investigação Jurídica – Estudos Jurídico-Económicos*, Almedina, Coimbra, 2010, p. 857 e ss.

agrícola, comercial, industrial ou de prestação de serviços nas áreas do interior, são concedidos os benefícios fiscais seguintes: a) é reduzida a 15% a taxa de IRC, prevista no nº 1 do artigo 80º do respectivo Código, para as entidades cuja actividade principal se situe nas áreas beneficiárias; b) no caso de instalação de novas entidades, cuja actividade principal se situe nas áreas beneficiárias, a taxa referida no número anterior é reduzida a 10% durante os primeiros cinco exercícios de actividade; c) as reintegrações e amortizações relativas a despesas de investimento até € 500 000, com exclusão das respeitantes à aquisição de terrenos e de veículos ligeiros de passageiros, dos sujeitos passivos de IRC que exerçam a sua actividade principal nas áreas beneficiárias podem ser deduzidas, para efeitos da determinação do lucro tributável, com a majoração de 30%; d) os encargos sociais obrigatórios suportados pela entidade empregadora relativos à criação líquida de postos de trabalho, por tempo indeterminado, nas áreas beneficiárias são deduzidos, para efeitos da determinação do lucro tributável, com uma majoração de 50%, uma única vez por trabalhador admitido nessa entidade ou noutra entidade com a qual existam relações especiais, nos termos do artigo 58º do Código do IRC; e) os prejuízos fiscais apurados em determinado exercício nos termos do Código do IRC são deduzidos aos lucros tributáveis, havendo-os, de um ou mais dos sete exercícios posteriores.

Por seu turno, no referente aos benefícios fiscais à criação líquida de emprego temos o disposto no nº 1 do art. 19º do EBF, em que se prescreve: «para a determinação do lucro tributável dos sujeitos passivos de IRC e dos sujeitos passivos de IRS com contabilidade organizada, os encargos correspondentes à criação líquida de postos de trabalho para jovens e para desempregados de longa duração, admitidos por contrato de trabalho por tempo indeterminado, são considerados em 150% do respectivo montante, contabilizado como custo do exercício». Estamos, assim, perante um benefício fiscal traduzido numa majoração de 50% dos encargos com o factor trabalho, a qual, todavia se encontra limitada, uma vez que, nos termos do nº 3 desse preceito do EBF, o seu valor tem por montante máximo anual o correspondente a 14 vezes a retribuição mínima mensal garantida, por posto de trabalho.

III. A recente evolução do sistema fiscal e o investimento

Apesar dos múltiplos e diversificados regimes de beneficiação das empresas, no sentido da promoção do investimento produtivo, que vimos de ilustrar com a referência aos mais importantes, podemos dizer que a recente evolução do sistema fiscal português em ampla incoerência com tais regimes se revela muito pouco amiga da actividade económica das empresas e, por conseguinte, do investimento. Com feito, a crescente pressão no sentido da obtenção de mais e mais receitas fiscais, no actual quadro de insustentáveis défice orçamental e dívida publica, não tem deixado possibilidades a um tratamento minimamente amigo da actividade económica das empresas.

O que, entre nós, tem inúmeras e diversificadas expressões em relação às quais não podemos deixar de fazer alusão pelo menos àquelas que se apresentam mais perturbadoras para o sistema de princípios, muitos deles constitucionais, base do nosso sistema de tributação do rendimento empresarial desde que este foi objecto de reforma operada através da aprovação do Código do IRC em 1988. A este respeito, vamos aludir, de um lado, à recente evolução do IRC, que se apresenta bem pouco amiga do investimento e, de outro lado, ao fenómeno da criação de tributações avulsas que vêm afectando a actividade das empresas.

6. A recente evolução do IRC e o investimento

Sem qualquer pretensão, que se nos afigura de resto irrealizável, de esgotar a enumeração das manifestações da evolução do IRC pouco amigas do investimento, vamos, todavia, aludir às mais visíveis, algumas das quais se revelam até chocantes face aos princípios que constituem a armadura jurídico-constitucional do sistema fiscal, mais especificamente da relativa à tributação do rendimento das empresas.

Concretizando, podemos mencionar as seguintes manifestações desse fenómeno: 1) a restrição à dedução de gastos fiscais, 2) a limitação da eliminação da dupla tributação económica tanto em geral como em sede do regime especial de tributação dos grupos de sociedades (RETGS) e das sociedades gestoras de participações sociais (SGPS), 3)a crescente limitação do reporte de prejuízos, e 4) a constante ampliação das tributações autónomas. Uma palavra muito rápida sobre cada uma destas manifestações nada consentâneas com um tratamento fiscal adequado ao investimento produtivo.

Quanto à restrição à dedução de gastos fiscais de efectivos gastos económicos e contabilísticos, esta apresenta-se sobretudo nos arts. 23º, 34º e 45º do Código do IRC, cuja evolução nos dá conta sobretudo da crescente desconsideração fiscal das menos-valias realizadas. Com efeito, estas depois de serem considerados, por via de regra, gastos nos termos da al. *l)* do nº 1 do art. 23º, algumas delas são excluídas dos gastos fiscais, segundo os nºs 3,

4 e 5 desse artigo. Destaque merece aqui a exclusão constante do referido nº 5, segundo o qual não são aceites como gastos do período de tributação, os suportados, nomeadamente, com a transmissão onerosa de partes de capital, qualquer que seja o título por que se opere, a entidades com as quais existam relações especiais, nos termos do nº 4 do artigo 63º, não se aplicando assim a tais menos-valias o regime dos preços de transferência contemplado nesse artigo 63º.

Todavia, a exclusão da consideração fiscal das menos-valias realizadas, que nos suscita maior crítica, é a estabelecida no nº 3 do art. 45º, em que se prescreve «[a] diferença negativa entre as mais-valias e as menos-valias realizadas mediante a transmissão onerosa de partes de capital, incluindo a sua remição e amortização com redução de capital, bem como outras perdas ou variações patrimoniais negativas relativas a partes de capital ou outras componentes do capital próprio, designadamente prestações suplementares, concorrem para a formação do lucro tributável em apenas metade do seu valor». Pois, embora possamos ver aí uma solução simétrica da do art. 48º, que permite a consideração fiscal por metade do saldo positivo das mais-valias e menos-valias, no caso do reinvestimento do valor de realização correspondente à totalidade dos activos fixos tangíveis, activos biológicos não consumíveis e propriedades de investimento objecto de transmissão onerosa, o certo é que esta solução, para além de estar dependente da decisão de reinvestimento da empresa, se apresenta como a da concessão de um benefício fiscal à promoção do investimento mediante o autofinanciamento, mais especificamente face a um verdadeiro incentivo ou estímulo fiscal ao investimento que tem um indiscutível alcance geral de beneficiação do autofinanciamento das empresas, o qual, obviamente, que não tem a mesma lógica da referida desconsideração de gastos[29].

Uma outra solução legal que se não revela amiga da economia e das empresas e, por conseguinte, do investimento produtivo, é a protagonizada pela crescente limitação à eliminação da dupla tributação económica, a qual se revela tanto em sede geral como no domínio do RETGS e das SGPS. Efectivamente, a eliminação da dupla tributação económica, depois de esta ter sido contemplada com um crédito de imposto até ao ano de 2002, ano

[29] Sobre o conceito de benefício fiscal e suas espécies, v. os nossos livros *O Dever Fundamental de Pagar Impostos*, cit., p. 632 e ss., e *Direito Fiscal*, cit., p. 432 e ss.

em que passou para uma dedução em sede do lucro tributável[30], encontra-se agora, depois da LOE/2011, bastante limitada, uma vez que, segundo a alínea *c)* do nº1 desse artigo, está dependente de a entidade beneficiária deter directamente uma participação no capital da sociedade que distribui os lucros não inferior a 10% e esta tenha permanecido na sua titularidade, de modo ininterrupto, durante o ano anterior à data da colocação à disposição dos lucros ou, se detida há menos tempo, desde que a participação seja mantida durante o tempo necessário para completar aquele período. Por outro lado, acabou-se com a dedutibilidade em 50% dos lucros já tributados junto da sociedade distribuidora quando a participação nesta da sociedade destinatária daqueles não preenchesse os requisitos exigidos para a dedutibilidade total.

Por conseguinte, esse mecanismo de eliminação da dupla tributação económica no domínio dos grupos de sociedades será de limitada aplicação, na medida em que exige participações societárias elevadas por parte das sociedades mães. Uma conclusão que poderá, de algum modo, ser atenuada, mas não eliminada, no respeitante a entidades residentes em território português que detenham participações em entidades residentes noutros Estados membros da UE, uma vez que, nesse caso, o critério da percentagem de participação no capital pode ser substituído pelo dos direitos de voto, nos termos dos nºs 5 e 7, al. *b)*, desse art. 51º.

Uma restrição à eliminação da dupla tributação económica que se estende às sociedades tributadas pelo RETGS e às SGPS. De um lado, deixou de estar contemplada a eliminação da dupla tributação económica em sede do RETGS, pois a LOE/2011 revogou o nº 2 do art. 70º do Código do IRC que permitia corrigir o lucro tributável do grupo, constituído pela soma algébrica dos lucros tributáveis e dos prejuízos fiscais de cada uma das sociedades, da parte dos lucros distribuídos entre as sociedades do grupo.

De outro lado, ao revogar o nº 1 do art. 32º do EBF, que previa condições especiais para a eliminação da dupla tributação económica no respeitante às SGPS, mormente a que permitia que a mesma tivesse lugar mesmo não tendo havido tributação efectiva na sociedade distribuidora dos lucros[31],

[30] Levada a cabo pela LOE/2002 (Lei nº 109-B/2001, de 17 de Dezembro). Quanto às razões desta alteração, v., por todos, XAVIER DE BASTOS, *IRS: Incidência Real e Determinação dos Rendimentos Líquidos*, Coimbra Editora, Coimbra, 2007, p. 258 e ss. (268).

[31] Sobre os importantes problemas para as empresas, criados por essa alteração protagonizada pela LOE/2011, v. ANTÓNIO ROCHA MENDES/MIGUEL CORREIA, «As alterações aos mecanismos para evitar a dupla tributação económica de lucros distribuídos e o seu

eliminou os requisitos de neutralidade fiscal que estiveram na base da instituição desse tipo de sociedades *holding* em Portugal. Pois a criação, em 1988, desse tipo de sociedades com o objectivo de criação de grupos empresariais nacionais, assentes numa gestão especializada e centralizada, teve como suporte fundamental que esse tipo de gestão de grupos empresariais, através da constituição de sociedades de sociedades, não fosse penalizado em sede da tributação, ou seja, que o regime fiscal desses grupos se pautasse por uma estrita neutralidade. Por isso, é bem provável que a profunda modificação do seu regime fiscal a que vimos de aludir conduza à extinção prática desse tipo de sociedades seja através da deslocalização para o exterior da sua sede, seja mediante a fusão das SGPS intermédias[32].

Também a restrição ao reporte de prejuízos e a constante ampliação das tributações autónomas, obsta a que a recente evolução do IRC possa ser vista como amiga da economia ou do investimento produtivo. No respeitante ao reporte de prejuízos, é de sublinhar que o número de anos em que se pode proceder ao reporte de prejuízos apurados em períodos de tributação anteriores tem vindo a diminuir, sendo agora reportáveis apenas nos quatro períodos seguintes. Por isso, os prejuízos apurados a partir do ano de 2011 apenas poderão ser reportados nos três períodos de tributação seguintes, diferentemente do que ocorreu no passado em que os prejuízos fiscais apurados nos exercícios de 1989 a 1995 podiam ser reportáveis nos cinco exercícios seguintes, e os prejuízos fiscais apurados nos exercícios de 1996 a 2010 podiam ou podem ser reportáveis nos seis períodos seguintes.

7. As tributações avulsas das empresas

Por seu lado, relativamente as tributações avulsas que têm vindo a ser crescentemente criadas e que afectam as empresas, podemos referir as tributações autónomas que vêm sendo objecto de constante ampliação, a chamada derrama estadual, a contribuição extraordinária sobre o sector bancário,

impacto no comportamento das empresas», *Fiscalidade*, nº 42, Abril-Junho de 2010, p. 67 e ss., e, no respeitante à tributação efectiva, António Lobo Xavier/Isabel Santos Fidalgo/Francisco Mendes da Silva, «O conceito de tributação efectiva», *Fiscalidade*, nº 42, cit., p. 15 e ss., e Rui Camacho Palma, «A tributação efectiva», *Fiscalidade*, nº 42, cit., p. 53 e ss.

[32] Isto, naturalmente se e na medida em que as SGPS não se dediquem ao planeamento fiscal abusivo. Sobre o problema, v. Júlio Tormenta, *As Sociedades Gestoras de participações Sociais como Instrumento de Planeamento Fiscal e os seus Limites*, Coimbra Editora, 2011.

bem como a recentemente aprovada sobretaxa extraordinária sobre o IRS empresarial.

Assim e no concernente às tributações autónomas, designadas curiosamente pelo legislador por «taxas de tributação autónomas», que se encontram previstas no art. 88º do Código do IRC (bem como, para as empresas singulares, no art. 73º do Código do IRS), devemos dizer que as mesmas começaram por se reportar a situações susceptíveis de elevado risco de evasão e fraude fiscais, como as relativas à tributação das despesas confidenciais e não documentadas, configurando as normas que as previam não verdadeiras normas de tributação, mas antes normas que, directamente, tinham por função o acompanhamento, vigilância e fiscalização da actuação fiscal dos contribuintes e, por conseguinte, de luta contra o crescente fenómeno de evasão e fraude fiscais. Todavia, com o andar do tempo, a função dessas tributações autónomas, que, entretanto, se diversificaram extraordinariamente e aumentaram de valor, alterou-se profundamente passando a ser progressivamente a de obter (mais) receitas fiscais, assumindo-se, assim, como efectivos impostos sobre a despesa, se bem que enxertados, em termos totalmente anómalos, na tributação do rendimento das empresas.

Pois essas tributações incidem agora não só sobre as despesas confidenciais ou não documentadas, como foi no início, ou sobre as despesas não documentadas, despesas com viaturas ligeiras de passageiros ou mistas e despesas de representação como foi depois e até há pouco tempo, mas também sobre as despesas com importâncias pagas a pessoas singulares ou colectivas a residentes em países com regime fiscal claramente mais favorável[33], sobre as despesas com encargos relativos a certas ajudas de custo, sobre os lucros distribuídos por entidades isentas de IRC, sobre certas indemnizações, compensações, bónus e outras remunerações pagas aos gestores, administradores ou gerentes, etc. Sendo certo que algumas dessas tributações se encontram sujeitas a taxas relativamente elevadas, como é o caso das incidentes sobre as indemnizações, compensações, bónus e outras remunerações dos gestores, administradores ou gerentes, sujeitas a uma taxa de 35%, nos termos do art. 88º, nº 13, do Código do IRC[34].

Uma tributação autónoma constitui também a tributação das empresas petrolíferas que não adoptem, para efeitos fiscais, o método FIFO – *First In First Out* ou do custo médio ponderado na valorimetria dos *stocks*, estabe-

[33] Ou seja, os vulgarmente designados por paraísos fiscais.

[34] A qual ainda é elevada para 45% caso as empresas apresentem prejuízos.

lecida pelo art. 4º da Lei nº 64/2008[35], a qual incide, à taxa de 25%, sobre a diferença positiva que se verifique entre a margem bruta de produção determinada com base na aplicação do método FIFO ou do custo médio ponderado na valorimetria dos *stocks* e a determinada com base na aplicação do método adoptado na contabilidade. Uma tributação autónoma que tem de específico estar dependente da opção das empresas, para efeitos fiscais, por método diverso do método FIFO ou do custo médio ponderado, ou seja, pelo método LIFO – *Last In First Out*. O que significa que estamos perante um imposto que mais não do que um IRC extraordinário que visa compensar a tributação que as empresas petrolíferas não suportam em IRC por adoptarem métodos diversos do FIFO ou do custo médio ponderado[36].

Uma série de situações que nos leva a concluir que, ao lado do IRC (e do IRS empresarial), se está erguendo progressivamente um outro imposto sobre as empresas, um imposto de todo anómalo que, incidindo sobre certas despesas, acaba por duplicar tendencialmente, sem qualquer fundamento racional que a sustente, a tributação das empresas. O que se nos afigura de todo inadmissível.

Por seu lado, quanto à assim chamada derrama estadual, devemos dizer que a mesma não passa de uma sobretaxa sobre o IRC, pois que, nos termos do nº 1 do art. 78º-A do Código do IRC, aditado pela Lei nº 12-A/2010, de 30 de Junho[37], «sobre a parte do lucro tributável superior a € 2 000 000 sujeito e não isento de imposto sobre o rendimento das pessoas colectivas apurado por sujeitos passivos residentes em território português que exerçam, a título principal, uma actividade de natureza comercial, industrial ou agrícola e por não residentes com estabelecimento estável em território português, incide uma taxa adicional de 2,5%».

Uma taxa adicional que, segundo o disposto no nº 2 desse artigo, quando seja aplicável o RETGS, incide sobre o lucro tributável apurado na declara-

[35] De 5 de Dezembro, que, segundo a sua epígrafe no *Diário da República*, «[a]prova medidas fiscais anticíclicas, alterando o Código do IRS, o Código do IMI e o Estatuto dos Benefícios Fiscais, tendo em vista minorar o impacto nas famílias dos custos crescentes com a habitação, e cria uma taxa de tributação autónoma para empresas de fabricação e de distribuição de produtos petrolíferos refinados».

[36] Pelo que, na medida em que as empresas petrolíferas tenham entretanto optado, como o fez, por exemplo, a Galp, pelo método FIFO na valorimetria dos seus stocks, essa tributação mais não significou do uma antecipação do pagamento do imposto.

[37] Que aprovou um conjunto de medidas adicionais de consolidação orçamental com o objectivo de reforçar e acelerar a redução de défice excessivo e o controlo do crescimento da dívida pública previstos no Programa de Estabilidade e Crescimento (PEC).

ção periódica individual de cada uma das sociedades do grupo, incluindo a da sociedade dominante. Um regime legal que, dominado pela necessidade de obtenção de receitas, nos suscita a questão da sua inconstitucionalidade, pois que, tratando-se claramente de um imposto acessório face ao IRC, não vemos porque é que o mesmo não segue inteiramente as vicissitudes deste imposto como imposto principal, segundo bem conhecido ditado *asessorium principale sequitur*. Com efeito, as empresas integrantes de grupos que tenham optado pela RETGS, certamente com o objectivo de verem diminuído o correspondente IRC, resultante da compensação lucros/prejuízos dentro do respectivo grupo, acabam sendo oneradas e discriminadas em razão dessa opção, porquanto ficam sujeitas a essa sobretaxa de IRC em termos de não poderem beneficiar da referida compensação de lucros/prejuízos verificados no seio do grupo. Um resultado que, para além de frustrar as expectativas das empresas depositadas na opção que fizeram pelo RETGS, briga também com os princípios constitucionais da igualdade fiscal e da liberdade de gestão fiscal das empresas.

Uma outra tributação avulsa, que recentemente veio onerar algumas empresas, é a contribuição sobre o sector bancário, uma contribuição extraordinária introduzida pelo art. 141º do LOE/2011, que aprovou o seu regime. Pois bem, nos termos do art. 3º desse regime, «a contribuição sobre o sector bancário incide sobre: *a)*o passivo apurado e aprovado pelos sujeitos passivos deduzido dos fundos próprios de base (Tier 1) e complementares (Tier 2) e dos depósitos abrangidos pelo Fundo de Garantia de Depósitos; *b)*o valor nocional dos instrumentos financeiros derivados fora do balanço apurado pelos sujeitos passivos».

Incidência cuja base se encontra, depois, mais concretizada, a título de regulamentação, no art. 4º da Portaria nº 121/2011, de 30 de Março, no qual, sob a epígrafe «quantificação da base de incidência», se prescreve, designadamente, no que respeita ao que deve entender-se por «sujeito passivo» e por «instrumento financeiro derivado». Uma situação que configura um quadro normativo que, anosso ver, não respeita o princípio da legalidade fiscal, designadamente no seu vector de (sub)princípio da determinabilidade, uma vez que, nos termos em que esse princípio se encontra plasmado na nossa Constituição, nos arts. 165º, nº 1, al. *i)*, e 103º, nº 2, a lei ou o decreto-lei autorizado que criem um imposto devem conter a disciplina da sua incidência e taxa em termos tão determinados ou determináveis quanto seja possível, O que está longe de ter sucedido no caso da Contribuição sobre o Sector Bancário, em que a lei, mais especificamente o art. 8º do referido regime, a título de regulamentação, remeteu para portaria do Ministro das Finanças «a base de incidência definida pelo artigo 3º» desse regime e «as taxas», matérias que, por se encontrarem reservadas à lei, não vemos como possam ser deixadas ao poder regulamentar[38].

Enfim, também a recentemente aprovada sobretaxa extraordinária para o ajustamento orçamental, válida para o ano de 2011[39], enquanto incidente à taxa de 2,5%, sobre o rendimento empresarial, categoria B do IRS, configura (mais) uma tributação avulsa sobre as empresas. Embora pareça um adicionamento ao IRS como a derrama estadual é um adicionamento ao IRC, o certo é que, tendo em conta que nem o rendimento englobado nem as deduções à colecta coincidem com os do IRS, nos deparamos com um outro IRS. Pois, de um lado, incide sobre a parte do rendimento colectável de IRS que resulte do englobamento, acrescido dos rendimentos sujeitos às taxas especiais constantes dos nºs 3, 4, 6 e 10, do artigo 72º do Código do IRS, auferido por sujeitos residentes em território português, que exceda, por sujeito passivo, o valor anual da retribuição mínima mensal garantida. De outro lado, em sede de deduções à colecta, limita-as a 2,5% do valor da retribuição mínima mensal garantida por cada dependente ou afilhado civil que não seja sujeito passivo de IRS e às retenções na fonte feitas nos termos do aditado art. 99º-A do Código do IRS.

IV. A título de conclusão

É tempo de terminar, tentando responder à questão formulada no título, chegando a algumas conclusões, as quais, naturalmente, se apresentam tão provisórias quanto a fraca solidez dos nossos conhecimentos num domínio particularmente complexo e instável, como é o do tratamento fiscal do investimento produtivo. E, então, que notas podemos extrair do que fomos dizendo que nos possam servir de conclusões?

E a primeira nota que queremos deixar aqui é a de que os principais entraves ao investimento produtivo em Portugal não se situam em sede da tributação. Com efeito, apesar do sistema de tributação do rendimento das empresas e do correspondente sistema de benefícios fiscais verdadeiramente labirínticos que temos, são outras realidades que afugentam efectivamente os investidores.

[38] V. o nosso livro *O Dever Fundamental de Pagar Impostos*, cit., p. 351 e ss.

[39] Pela Lei nº 49/2011, de 7 de Setembro, que aditou os arts. 72º-A e 99º-A ao Código do IRS.

É certo que os custos fiscais, sejam os custos directos que as empresas suportam enquanto contribuintes ou como sujeitos passivos, sejam os custos indirectos com que as mesmas têm de arcar enquanto suportes insubstituíveis do actual sistema de «administração ou gestão privada» da generalidade dos impostos do sistema fiscal, desempenham um importante papel em matéria de custos do investimento. Mas, segundo nos é dado saber, são sobretudo os chamados custos de contexto que acabam por afastar os investidores do território nacional.

E, dentro de todos esses custos, apresenta-se indiscutivelmente à cabeça os implicados na quase inoperância do nosso sistema de justiça. Efectivamente, no planeamento económico, em que o planeamento fiscal se insere, não podem as empresas fazer quaisquer previsões como um mínimo de rigor dos custos que irão suportar com litígios em que venham a estar envolvidas. Tanto mais que num sistema de justiça bloqueado, como o nosso, muitos dos litígios que vão parar aos tribunais são causa directa da própria inoperância do sistema, uma vez que os litigantes, aos quais não assiste qualquer razão material, acabam por utilizar o sistema como meio de ganhar processualmente a causa, ganhando tempo. Por isso, face a um tal sistema de justiça, compreende-se que os investidores fujam como o diabo da cruz. Sobretudo se tivermos em conta que o investimento é um bem muito escasso, o qual é objecto de disputa num mercado globalizado à escala mundial.

Uma outra nota é para dar conta do carácter visivelmente contraditório da política fiscal portuguesa espelhada na evolução mais recente do sistema fiscal, a qual ao mesmo tempo que vai ampliando a falta de neutralidade fiscal em muitas das disposições que vêm concretizando, continua a dispor de uma enorme e variada panóplia de benefícios fiscais, mormente estímulos ou incentivos ficais, que podem ser atribuídos às empresas. O que nos parece ter o significado de, a seu modo, se querer compensar com a possibilidade de atribuição de múltiplos e variados benefícios fiscais a falta de respeito pelo direito que assiste às empresas de serem tratadas com base na ideia de neutralidade fiscal, como o impõe o princípio da liberdade de iniciativa económica e de empresa, no seu segmento de liberdade de gestão fiscal.

Por isso, a nosso ver, é imperioso que, de um lado, se reponha, tanto quanto possível, a neutralidade fiscal face às empresas e seus grupos e, de outro lado, se reestruture todo o sistema de benefícios fiscais a conceder às empresas, de modo a que tais benefícios não só sejam limitados aos verdadeiros incentivos, como integrem um sistema que seja simples, fácil de conhecer, transparente e estável. Pois é da maior importância que se ponha termo ao contributo que o sistema de benefícios fiscais vem dando ao já referido «*apartheid* fiscal», traduzido no poder efectivo de que certos grupos ou lóbis dispõem para moldar o seu próprio estatuto fiscal. Por outro lado, impõe-se que a actividade económica das empresas, que constitui a própria base de funcionamento da economia de mercado, não seja perturbada pela actuação fiscal do Estado e demais entes públicos detentores de poder tributário. Daí que, com o objectivo de alcançar aquelas características, os incentivos fiscais devam, desde logo, deixar de constar de qualquer legislação avulsa, sendo todos integrados no EBF.

Depois, impõe-se uma nota para nos referirmos ao forte limite ao montante de benefícios fiscais de que as empresas podem beneficiar, pois que, nos termos do actual art. 92º do Código do IRC, com a epígrafe «resultado da liquidação», para as empresas ou estabelecimentos estáveis o IRC liquidado, líquido das deduções por dupla tributação internacional e por benefícios fiscais, não pode ser inferior a 90% ao montante que seria apurado se o contribuinte não usufruísse de benefícios fiscais, do regime relativo às contribuições suplementares para fundos de pensões e equiparáveis destinadas à cobertura de responsabilidades com os benefícios de reforma, e do regime de transmissibilidade de prejuízos fiscais em sede de fusão, cisão e entrada de activos[40]. Com efeito, mesmo não dizendo esse limite respeito a todo o universo de benefícios fiscais concedidos às empresas, já que alguns deles se encontram excluídos, não contando, por conseguinte, para a fixação do mencionado montante limite[41], ainda assim restringe drasticamente o montante de benefícios fiscais de que as empresas podem efectivamente vir a usufruir. O que significa que as empresas, no limite, acabam por usu-

[40] Percentagem que começou por ser de 60% em 2005, nos termos do (então) novo artigo 86º, introduzido pela LOE/2005, tendo, depois, passado a ser de 75% com a LOE/2010, e a 90% com a LOE/2011.

[41] Pois que, nos termos do nº 2 desse art. 92º, não contam para esse limite os benefícios fiscais que: 1) revistam carácter contratual; 2) integrem o SIFIDE; 3) respeitem às zonas francas previstas nos arts. 33º e seguintes do EBF; 4) digam respeito à criação de emprego, às SGPS, sociedades de capital de risco e investidores de capital de risco, bem como o respeitante à eliminação da dupla tributação económica dos lucros distribuídos por sociedades residentes nos países africanos de língua oficial portuguesa e em Timor Leste (arts. 19º, 32º e 42º do EBF).

fruir apenas do correspondente a 10% do IRC liquidado sem a consideração dos referidos benefícios fiscais.

Uma situação que se agrava se tivermos em devida conta que muitos desses benefícios fiscais não são objecto de concessão ou reconhecimento automático, mas depois de procedimentos nem sempre céleres e simples, o que têm custos, não raro significativos, para as empresas. Pelo que, perante um tal fenómeno de dar com uma mão para, depois, tirar com a outra, torna-se evidente a enorme incoerência em que assenta o sistema fiscal e, sobretudo, o sistema de benefícios fiscais existente entre nós, o qual é suposto estar orientado para a promoção do investimento produtivo.

Olhando, pois, para o sistema de tributação das empresas, contemplado no Código do IRC, se e na medida em que de um verdadeiro sistema ainda possamos falar num tal quadro, verificamos que o IRC vem perdendo algumas das características típicas que lhe eram apontadas como um imposto sobre o lucro das empresas. De um lado, de um imposto sobre o rendimento, ancorado num conceito de rendimento em sentido amplo ou de rendimento acréscimo, tem-se caminhado, em virtude da crescente desconsideração fiscal de importantes gastos económicos e contabilísticos e da tributação autónoma de despesas necessárias das empresas, para um imposto mais sobre o volume de negócios.

De outro lado, tendo presente a diversidade de taxas e consequentes cargas tributárias que acabam por suportar as empresas, o IRC parece estar-se a transformar num anómalo imposto progressivo. O que resulta, desde logo, da introdução de uma taxa progressiva com dois escalões em 2007[42], em que o primeiro escalão de rendimento – até € 12.500 está sujeito à taxa de 12,5%[43]. Depois temos as empresas sujeitas à derrama estadual que eleva a taxa imposto em para mais 2,5%, bem como as empresas que paguem indemnizações, compensações, bónus e outras remunerações aos gestores, administradores ou gerentes, sobre as quais incide uma taxa de 35%.

Enfim, também a multiplicidade, diversidade e instabilidade existente na disciplina dos benefícios fiscais, não ajuda à atracção do investimento.

[42] Introduzida pela LOE/2009 (Lei nº 64-A/2008, de 31 de Dezembro).

[43] Pois a necessidade de introduzir uma taxa reduzida de IRC para as micro empresas, devia ter sido concretizada por uma taxa progressiva por classes e não por escalões, pois não faz qualquer sentido que as empresas com milhares ou milhões de euro de lucro vejam os primeiros € 12.500 sujeitos a uma taxa reduzida de 12,5%.

Efectivamente, os investidores, perante um labirinto de normas que regulam os incentivos fiscais de que podem beneficiar, e da constante modificação de que são objecto, correm o risco de, face a cada investimento ou mesmo face a cada período de investimento, se encontrarem perante diferentes parâmetros normativos. O que, por via de regra, tornará os investimentos mais caros devido ao aumento dos custos com os serviços, mormente de acompanhamento e de consultadoria jurídica e económica, que se encontram implicados no permanente ajustamento dos programa de investimento às novas normas, às novas exigências e às novas soluções.

Em conclusão, nem o sistema fiscal, nem o sistema de benefícios fiscais, se revelam verdadeiramente amigos do investimento produtivo. Com efeito, nem o sistema de tributação das empresas se apresenta suficientemente neutro de molde a não prejudicar a organização e funcionamento das empresas e seus grupos, nem o sistema de incentivos fiscais ao investimento se mostra simples, transparente e minimamente coerente de modo a ser atractivo para os investidores. Por isso, bem podemos dizer, respondendo negativamente à questão formulada no título, que entre investir e tributar não se vislumbra uma qualquer relação simbiótica.

Apontamentos sobre a tributação dos transportes[1]

Sumário: Introdução; I. Os impostos sobre os transportes: 1. Impostos em sede da tributação do rendimento: 1.1. A tributação em IRC e IRS: 1.1.1. Alguns aspectos gerais; 1.1.2. Especificidades das empresas de transporte; 1.1.3. A tributação autónoma e presuntiva dos automóveis; 1.1.4. Benefícios fiscais relativos aos transportes; 1.2. Referência ao imposto sobre a arqueação líquida; 2. A tributação em sede dos impostos sobre o consumo: 2.1. A tributação dos transportes em IVA: 2.1.1. Alusão às características do IVA; 2.1.2. O IVA sobre os transportes; 2.2. A tributação dos transportes através do ISP; 3. Os impostos sobre os veículos automóveis; II. Notícia relativa a taxas e outros tributos sobre os transportes. III. Considerações finais.

Introdução

Antes de entrarmos no específico objecto destes apontamentos relativos à tributação dos transportes ou, mais exactamente, respeitantes ao quadro jurídico da tributação dos transportes, impõe-se tecer, a título de introdução, algumas considerações preliminares relativas à diversidade de realidades que se escondem sob a expressão transportes e à correspondente variedade de situações que podem ser objecto de tributação. Pois os transportes, por via de regra, constituem uma realidade multifacetada particularmente propícia

[1] Texto elaborado a partir da nossa intervenção no Colóquio «Novos Caminhos para o Direito dos Transportes», promovido pelo IDET – FDUC, no dia 25 de Novembro de 2011, o qual, depois de um ou outro desenvolvimento, foi publicado na *Revista de Legislação e de Jurisprudência*, ano 142º, 2011/12.

a ser objecto de impostos e de diversos outros tributos, o que acontece e é visível tanto entre nós como na generalidade dos países.

Pois bem, quando falamos de transportes temos em mente, antes de mais, um sector da actividade económica particularmente importante nas actuais economias desenvolvidas. Uma actividade que, tanto na sua configuração económica como nos tipos de transporte que a integram, tem tanto de complexo como de diversificado. Pois, tendo em conta o primeiro aspecto, essa actividade não só é suporte de um importantíssimo sector económico específico, o sector dos serviços de transporte, como constitui, componente imprescindível da generalidade da actividade de produção de bens e de prestação de serviços[2]. Por seu turno, no respeitante aos tipos de transporte, basta referir que temos os transportes terrestres (ferroviários e rodoviários), marítimos e aéreos se atendermos aos meios de transporte e às infraestruturas que os servem, os transportes de mercadorias e os transportes de pessoas se tivermos em conta o objecto de transporte, os transportes locais (em que se incluem os transportes urbanos), regionais, inter-regionais e internacionais se atendermos ao seu raio de ação, os transportes colectivos e os transportes individuais, bem como os transportes públicos e os transportes privados ou particulares se considerarmos o seu objecto e o seu regime jurídico, etc.[3].

Todavia, quando nos referimos aos transportes como realidades passíveis de tributação temos em vista um objecto muito amplo, em que nos deparamos com várias realidades ou diversas maneiras de ver uma mesma realidade que é preciso ter em consideração, a saber: o importante sector da actividade de transporte, a prestação de serviços de transporte em que essa actividade se concretiza, bem como os próprios meios de transporte enquanto veículos que se apresentem quer como bens de consumo duradouro, quer como meios afectos à actividade de produção das empresas.

[2] Sobre essa importância, v., por todos, Daniel Murta, *Quilómetros, Euros e Pouca Terra. Manual de Economia dos Transportes*, Imprensa da Universidade de Coimbra, 2010, p. 21 e ss.

[3] Quanto aos tipos de transporte, para além da obra de Daniel Murta, citada na nota anterior, v., tendo em conta, todavia, uma perspectiva jurídica, Nuno Manuel Castelo Branco Bastos, *Direito dos Transportes*, IDET, Cadernos nº 2, Almedina, Coimbra, 2004; Manuel Januário Gomes (Coord.), *Temas de Direito dos Transportes*, Vol. I, Almedina, Coimbra, 2010; Suzana Tavares da Silva, *Direito Administrativo dos Transportes*, em Paulo Otero/Pedro Gonçalves, (Coord.), *Tratado de Direito Administrativo Especial*, Vol. V, Almedina, 2011, p. 425 a 538; e Germán Orón Moratal (Dir. e Coord.), *Fiscalidad del Transporte*, CISS, Valencia, 2009.

Uma diversidade de objectos que conduz naturalmente a uma diversidade de tratamento em sede da tributação, designadamente no respeitante aos impostos a que os mesmos se encontram sujeitos. Mas para além da actividade e dos meios de transporte, que podem constituir, por assim dizer, objecto directo ou imediato da tributação dos transportes, não podemos deixar de aludir também, de um lado, às infraestruturas, como os portos, aeroportos, autoestradas e linhas férreas, que se apresentam vocacionadas sobretudo para a sua sujeição a taxas e outros tributos de caráter bilateral, e, de outro lado, às fontes energéticas utilizadas pelos meios de transporte, em que predominam os combustíveis particularmente expostos à tributação do consumo.

Assim, a actividade de transporte encontra-se sujeita à tributação do rendimento: em Imposto sobre o Rendimento das Pessoas Singulares (IRS) se forem empresas individuais e em Imposto sobre o Rendimento das Pessoas Colectivas (IRC) se forem empresas societárias. Por seu lado, como prestações de serviços, os transportes estão sujeitos ao Imposto sobre o Valor Acrescentado (IVA). Enfim, os veículos automóveis encontram-se sujeitos a impostos específicos, isto é, ao Imposto sobre Veículos (ISV) e ao Imposto Único de Circulação (IUC), de um lado, e à tributação autónoma em IRS e IRC incidentes sobre as despesas com alguns veículos, de outro lado. Para além disso, não podemos deixar de mencionar um outro imposto sobre o consumo, o qual, embora não incida directamente sobre os veículos, está intimamente ligado à sua utilização, pois incide sobre os combustíveis – o Imposto sobre Produtos Petrolíferos e Energéticos (ISP).

De referir que tanto a tributação dos automóveis em ISV e IUC como a tributação dos combustíveis em ISP tem em conta a proteção do ambiente, encontrando-se tanto a sua incidência como a sua taxa ou alíquota recortadas também em função das emissões poluentes produzidas tanto pela utilização dos veículos como pelos combustíveis que estes usam como fonte de energia. O que torna o sector automóvel em Portugal um amigo visivelmente empenhado na proteção do ambiente.

Para além dos diversos impostos a que se encontram sujeitos, os transportes são objecto igualmente de diversas e numerosas taxas e de outros tributos alguns de natureza marcadamente ecológica. Um segmento da tributação dos transportes a que não podemos deixar de nos referir, que mais não seja para chamar a atenção para o crescente peso dessa fiscalidade que, muitas vezes não ousando dizer o seu verdadeiro nome, vai duplicando o conjunto dos encargos tributários que temos de suportar sem que a uma tal duplicação corresponda qualquer reforço ou melhoria dos serviços públicos prestados pelo Estado e demais entidades públicas[4].

Devemos advertir que, apesar de a tributação dos transportes não poder deixar de ter em consideração um enquadramento mais amplo decorrente quer na medida em que tenha caráter internacional, sendo suporte do comércio internacional, quer decorrente da política de transportes definida pela União Europeia, não vamos cuidar aqui desses aspectos[5]. Muito embora, quanto à mencionada política comunitária, seja de acrescentar que, no respeitante à tributação dos transportes, sobretudo quando associada a objectivos de proteção ambiental, se depara com um relativo impasse decorrente da diversidade de configuração e importância que o sector dos transportes assume nas respetivas economias, que, como é bom de ver, apresenta-se bem diferente nas economias dos países centrais e nas economias dos países mais periféricos.

A que acresce a circunstância de, não raro, embora servida por toda uma argumentação ambiental, a tributação dos transportes, sobretudo a que incide sobre a energia, que no sector dos transportes tem um peso muito significativo, acabe sendo uma tributação exclusivamente preocupada com a obtenção de receitas, uma tributação puramente fiscal portanto[6]. O que, atento o papel estratégico dos transportes para a economia, não é aconselhável[7].

Assim, vamos ver, primeiramente, que impostos incidem sobre os transportes no sentido lato que esta expressão comporta. Depois, faremos uma

[4] O que leva ao que vimos designando por duplicação do Estado fiscal – v. o nosso estudo «Da sustentabilidade do Estado fiscal», em José Casalta Nabais/Suzana Tavares da Silva, (Coord.), *Sustentabilidade Fiscal em Tempos de Crise*, Almedina, Coimbra, 2011, p. 40 e ss.

[5] Para uma ideia sobre a política comunitária de transportes, v. Manuel C. Lopes Porto, *Teoria de Integração e Políticas Comunitárias face aos Desafios da Globalização*, 4ª ed. Almedina, Coimbra, 2009, p. 307 e ss., e Suzana Tavres da Silva e Licínio Lopes, *Estudo de Metodologia de Apreciação dos Tarifários das Administrações Portuárias*, CEDIPRE – FDUC, Coimbra, 2009, p. 3 e ss. Sobre alguns desses aspectos, v. José Casalta Nabais/ Catarina Gouveia Alves, «O imposto sobre a arqueação líquida no quadro do direito da União Europeia», *Estudos sobre Direito do Comércio Internacional – Homenagem ao Professor Adilson Rodrigues Pires*, Rio de Janeiro, 2012, p. 197 e ss.

[6] De que constitui exemplo paradigmático o impostos sobre os combustíveis – o já mencionado ISP.

[7] Quanto à utilização extrafiscal do direito fiscal, em geral, v. o nosso *Direito Fiscal*, 6ª ed, Coimbra, Almedina, 2010, p. 425 e ss.

alusão às taxas e outros tributos que incidem igualmente sobre os transportes que, como já referimos, não têm deixado de crescer e multiplicarem-se. Vejamos então e pela ordem referenciada a tributação relativa aos transportes, começando pelos impostos que os têm por objecto.

I. Os impostos sobre os transportes

Pois bem, os transportes, como referimos, são objecto de diversos impostos, quer enquanto sector de actividade económica que proporciona rendimentos, ou melhor, que origina lucros, quer como prestação de serviços em que os transportes se concretizam, quer enquanto bens de consumo duradouro tributáveis tanto aquando da sua aquisição onerosa como enquanto objecto de propriedade ou titularidade por parte dos seus detentores. Ou seja, encontram-se sujeitos ao IRC ou IRS, ao IVA, aos ISV e IUC e, a seu modo, também ao ISP, imposto este a que nos vamos referir, todavia, em sede dos impostos sobre o consumo.

1. Impostos em sede da tributação do rendimento

Enquanto sector de actividade económica, os transportes encontram-se sujeitos ao imposto ou impostos incidentes sobre o rendimento das empresas. O que pode, todavia, assumir duas configurações, sendo tributada como qualquer outra actividade económica através do imposto ou impostos gerais sobre o rendimento empresarial, como acontece entre nós, que é tributada em IRC ou em IRS, ou, ao invés, constituir a actividade transportadora ou alguma das suas modalidades objecto de uma tributação especial como a que vem sendo adotada em diversos países sob a designação de *tonnage tax*. O que impõe que, para além dos desenvolvimentos que vamos fazer relativamente à tributação entre nós da actividade transportadora em sede do IRC ou do IRS, façamos também alusão a essa tributação especial adotada no domínio do transporte marítimo.

1.1. A tributação em IRC e IRS

Como sector de actividade económica, os transportes encontram-se sujeitos: ao IRC se forem empresas colectivas ou societárias, como será a regra para o exercício dessa actividade, sobretudo quanto esteja em causa a actividade de transporte ferroviário, marítimo e aéreo; ou ao IRS se forem empresas singulares, ou seja, empresas que tenham por titular uma pessoa singular. O que vale tanto no respeitante à correspondente *obrigação de imposto* como no concernente às múltiplas e diversificadas *obrigações acessórias* a cujo cumprimento as empresas se encontram presentemente adstritas. Ou seja, as empresas de transportes encontram-se sujeitas à generalidade das normas do Código do IRC e, no caso de serem empresas singulares, também às normas do Código do IRS aplicáveis ao rendimento empresarial em sentido amplo, isto é, ao rendimento da categoria B – rendimento empresarial e profissional.

Trata-se, pois, de uma tributação que não tem grandes especificidades no respeitante às empresas de transportes, integrando, de resto, tanto as tributações autónomas que crescentemente têm vindo a impender sobre as empresas, como a tributação em IRS baseada nos rendimentos padrão de certas manifestações de fortuna entre as quais sobressaem justamente as correspondentes à aquisição onerosa de automóveis ligeiros, barcos de recreio e aeronaves de turismo.

Vejamos então a tributação em IRC ou IRS das empresas de transporte, referindo sucessivamente alguns aspectos gerais da mesma, as especificidades no respeitante às empresas de transporte e, bem assim, à tributação autónoma e presuntiva relativa dos veículos automóveis.

1.1.1. Alguns aspectos gerais

Pois bem, o rendimento proporcionado pelo sector dos transportes enquanto ramo de actividade económica, é tributado em IRC ou em IRS consoante sejam empresas societárias ou individuais, convocando a aplicação do respectivo código. Embora, regendo-se o IRS empresarial, em larga medida, pelas normas do Código do IRC, para as quais remete o art. 32º do Código do IRS, compreende-se que a convocação deste Código acabe por ser muito limitada, reportando-se a algumas especificidades do IRS empresarial, entre as quais se contam o englobamento do lucro empresarial no rendimento global para efeitos de o mesmo ser submetido ao IRS e, bem assim, à referência ao regime simplificado de tributação que, actualmente, apenas é reconhecido em sede do IRS, em que temos uma tributação aferida pelo volume de vendas ou de serviços efectuados pelas empresas singulares que, podendo, optem por esse regime.

Naturalmente que, como se compreende, não vamos aqui analisar o IRC nem sequer descrever os momentos mais importantes da sua dinâmica. Vamos, isso sim, aludir apenas aos três passos mais visíveis em que se consubstancia a determinação da matéria colectável desse imposto, dizendo que esta se apura, num sistema de dependência parcial do direito fiscal face ao direito contabilístico ou, noutra versão da fiscalidade face à contabilidade, como é o nosso sistema[8], partindo do *lucro contabilístico*, passando, depois, ao *lucro tributável* e deste à *matéria colectável* do IRC, à qual se aplica a taxa ou alíquota para determinar o montante da colecta do IRC, a qual, sempre que não haja lugar a deduções à colecta, coincide com o imposto a pagar.

Pois bem, as empresas de transportes, como as demais empresas, são tributadas com base no lucro apurado nos termos do Código do IRC. Por conseguinte, tendo em conta as disposições deste Código, a determinação da matéria colectável do IRC empresarial, parte do *lucro contabilístico*, o qual, nos termos do nº 2 do art. 3º, seguindo a chamada *teoria do balanço*, é considerado como consistindo na diferença positiva entre os valores do património líquido no fim e no início do período de tributação. Ou seja, sempre que o período de tributação coincida com o ano civil, como é a regra, o lucro contabilístico consistirá na diferença positiva entre os valores do património líquido apurado no dia 31 de Dezembro e o apurado no dia 1 de Janeiro do mesmo ano.

Depois, passando do lucro contabilístico ao *lucro tributável*, segundo o disposto nº 1 do art. 17º, este é definido como a soma algébrica do resultado líquido do exercício e das variações patrimoniais positivas e negativas verificadas no mesmo período e não reflectidas nesse resultado, determinados com base na contabilidade e eventualmente corrigidos nos termos do Código do IRC. Uma passagem do lucro contabilístico ao lucro tributável cujos passos se encontram recortados nas normas constantes dos arts. 17º e seguintes do Código, em que encontramos toda uma série de afastamentos ou de não correspondência entre o tratamento contabilístico e o tratamento fiscal das correspondentes componentes (positivas e negativas) do lucro.

Enfim, a *matéria colectável* obtém-se, segundo o disposto na alínea *a)* do nº 1, do art. 15º do Código do IRC, pela dedução ao lucro tributável, determinado nos termos dos artigos 17º e seguintes, dos prejuízos fiscais (nos termos do art. 52º)[9] e dos benefícios fiscais que se materializem em deduções ao lucro tributável. A que há que acrescentar ainda a dedução para eliminar ou atenuar a dupla tributação económica dos lucros distribuídos,

[8] O que tende a suceder, de resto, na generalidade dos sistemas fiscais – v., a este respeito e por todos, TOMÁS CANTISTA TAVARES, *Da relação de dependência parcial entre a Contabilidade e o Direito Fiscal na Determinação do Rendimento Tributável das Pessoas Colectivas: Algumas Reflexões*, Cadernos de Ciência e Técnica Fiscal, 1999, esp. p. 47 e ss., bem como *IRC e Contabilidade. Da Realização ao Justo Valor*, Almedina, Coimbra, 2011, esp. p. 163 e ss.

[9] Que presentemente se concretiza, segundo o art. 52º do Código do IRC, na possibilidade de reporte dos prejuízos apurados nos últimos cinco anos.

nos termos do art. 51º, a qual não figura na enumeração daquele preceito do Código do IRC por manifesta falta de adaptação do mesmo à alteração operada em 2002[10], quando a eliminação ou a atenuação da dupla tributação económica dos lucros distribuídos deixou de operar em sede de deduções à colecta[11] para passar a ser considerada em sede da determinação da matéria colectável, apresentando-se, por conseguinte, nesta nova configuração, como uma dedução ao lucro tributável[12].

É, pois, sobre a matéria colectável que opera a liquidação em sentido estrito, concretizada no apuramento da colecta através da aplicação da taxa ou alíquota do imposto à matéria colectável. Uma operação que, por via de regra, nos dá o montante do imposto a pagar. Só assim não sucederá quanto haja lugar a deduções à colecta, as quais se reconduzem à dedução por dupla tributação internacional e aos benefícios fiscais que se concretizem em deduções à colecta, nos termos previstos nos arts. 90º e 91º do Código[13].

Passos estes que, tirando naturalmente o relativo às deduções à colecta para apuramento do IRC a pagar, são comuns ao IRS empresarial, muito embora, no apuramento dos rendimentos empresariais e profissionais sobre os quais incide este imposto seja de aplicar também as disposições do Código do IRS salvaguardadas na mencionada remissão do art. 32º do Código do IRS, entre as quais sobressai a que dá suporte a uma *dupla lista* de gastos económicos e contabilísticos não considerados fiscalmente, uma vez que aos gastos fiscalmente desconsiderados no Código do IRC[14] acrescem os desconsiderados pelo Código do IRS, mais especificamente os previstos no seu art. 33º[15].

[10] Pela LOE/2002 – a Lei nº 109-B/2001, de 17 de Dezembro.

[11] Prevista na altura no revogado art. 84º do Código do IRC.

[12] Quanto às razões desta alteração, v., por todos, J. Xavier de Basto, *IRS: Incidência Real e Determinação dos Rendimentos Líquidos*, Coimbra Editora, Coimbra, 2007, p. 265 e ss.

[13] Recorde-se que estamos a falar de deduções que se integram na *liquidação* do imposto em sentido amplo, isto é, na determinação do montante do IRC a pagar, e não também nas deduções que respeitam ao *pagamento* do mesmo, em que têm lugar naturalmente as deduções dos pagamentos que já tenham sido realizados – as deduções correspondentes aos pagamentos por conta e às retenções na fonte que hajam tido lugar – v. o nosso *Direito Fiscal*, cit., p. 554 e s..

[14] Em que sobressaem os constantes dos nºs 2 a 5 do art. 23º.

[15] Em que tem especial peso a exclusão dos gastos fiscais as remunerações dos titulares de rendimentos empresariais e profissionais, bem como as atribuídas a membros do seu agregado familiar que lhes prestem serviço, assim como outras prestações a título de ajudas de custo, utilização de viatura própria ao serviço da actividade, subsídios de refeição e outras

E, se o que vimos de dizer vale tanto para o IRC como para o IRS empresarial, não podemos esquecer, todavia, que, integrando-se este último num imposto de natureza pessoal[16], o lucro das empresas singulares, apurado nos termos sumariamente referidos com base no Código do IRC com as especificidades constantes do Código do IRS, constitui uma das componentes do rendimento global que, depois e nessa configuração, será objecto de personalização, seja através da aplicação de uma taxa ou alíquota progressiva por escalões, que vai presentemente dos 11,5% até aos 46,5%[17], seja procedendo às deduções à coleta previstas nos arts. 78º e seguintes do Código do IRS, entre as quais se salientam as de natureza pessoal.

1.1.2. Especificidades das empresas de transporte

Mas deixando esses aspectos gerais do IRC e IRS empresarial, vejamos o que de específico se oferece em sede da tributação do rendimento proporcionado pela actividade das empresas de transportes. E nesta sede vamos referir-nos a três aspectos, a saber: às empresas de navegação marítima e aérea, à distinção entre os veículos utilizados pelas empresas como meios afectos à produção e

prestações de natureza remuneratória. A respeito da exclusão desses gastos no apuramento do lucro tributável que todavia constituem gastos em sede dos direitos contabilístico, do trabalho e da segurança social, é de acrescentar que tais remunerações não ficariam excluídas da tributação em IRS se fossem tidas como gastos fiscais, já que integrariam os rendimentos da categoria A do IRS. Daí que essa exclusão tenha o significado de as considerar como rendimentos da categoria B, em vez de os vir a integrar na categoria A. O que tem a importante consequência traduzida em o seu titular não poder fazer valer a correspondente dedução específica prevista para a categoria A no art. 25º do Código do IRS.

16 Natureza que vem sendo alvo de fortes investidas por parte das últimas leis do Orçamento de Estado – a LOE/2011 e, sobretudo, a LOE/2012. Investidas que, é de salientar, subvertem o carácter pessoal do IRS, uma vez que transformam esse imposto de imposto sobre o *rendimento disponível* das pessoas e famílias num imposto sobre o *rendimento global*, o qual, atendendo ao fraco montante ou à inexistência mesmo de deduções específicas relativamente a algumas categorias de rendimento, equivale a termos um IRS em larga medida sobre o *rendimento bruto*. O que, não só afeta o núcleo essencial do carácter pessoal que esse imposto deve ter como viola, a nosso ver, o princípio da capacidade contributiva, brigando assim com diversos preceitos da constituição fiscal. Sobre esta e sobre as suas implicações em sede da tributação pessoal do rendimento, v. o nosso livro *O Dever Fundamental de Pagar Impostos. Contributo para a compreensão do estado fiscal contemporâneo*, Almedina, Coimbra, 1998, p. 512 e ss.

17 A que acresce ainda a *taxa adicional de solidariedade* de 2,5%, que incide sobre o rendimento coletável superior a € 153.300, a qual foi criada pela LOE/2012 para vigorar nos anos de 2012 e 2013.

os veículos que constituam meros bens de consumo duradouro das mesmas e a alguns benefícios fiscais relativos aos transportes.

Relativamente às empresas de navegação marítima e aérea, é de sublinhar que se trata de uma actividade da maior importância no sector das comunicações, constituindo um meio considerado idóneo para cobrir a diferença entre a oferta e a procura que se verifica em sede dos meios de transporte rodoviário e ferroviário. Actividade que, pelas suas caraterísticas específicas, tem manifesta vocação internacional, caindo assim frequentemente sob a alçada de duas ou mais jurisdições a exigir uma regulação tributária no sentido de eliminar a dupla tributação internacional[18]. Uma preocupação que, suportada no art. 8º da Modelo de Convenção Fiscal sobre o Rendimento e o Património da OCDE[19], está presente no art. 13º do Código do IRC, que isenta de «IRC os lucros realizados pelas pessoas colectivas e outras entidades de navegação marítima e aérea não residentes provenientes da exploração de navios ou aeronaves, desde que isenção recíproca e equivalente seja concedida às empresas residentes da mesma natureza e essa reciprocidade seja reconhecida pelo Ministro das Finanças, em despacho publicado no Diário da República». O que configura a adopção por parte de Portugal, em sede da dupla tributação internacional do ren-

[18] Actividade que, por constituir um sector económico tão importante, estratégico mesmo, vem sendo objecto de planeamento fiscal nacional e internacional por parte das empresas que a desenvolvem e de regimes de incentivo ao seu desenvolvimento e competitividade por parte dos Estados. Regimes estes que tendem a ser concretizados através de específicos regimes de tributação diversos do regime geral de tributação das empresas, como o imposto sobre a arqueação líquida dos navios – v. *infra* ponto I.1.2.

[19] Que estabelece: 1. Os lucros provenientes da exploração de navios ou aeronaves no tráfego internacional só podem ser tributados no Estado contratante em que estiver situada a direção efectiva da empresa; 2. Os lucros provenientes da exploração de barcos utilizados na navegação interior só podem ser tributados no Estado contratante em que estiver situada a da direção efectiva da empresa; 3. Se a direção efectiva de uma empresa de navegação marítima, ou de uma empresa de navegação interior, se situar a bordo de um navio ou de um barco, a direção efectiva considera-se situada no Estado contratante em que se encontra o porto de registo do navio ou barco ou, na falta de porto de registo, no Estado contratante de que é residente a pessoa que explore o navio ou o barco; 4. O disposto no nº 1 é aplicável igualmente aos lucros provenientes da participação num *pool*, numa exploração em comum ou num organismo internacional de exploração». V. sobre esse regime em geral, G. M. Sarno, «Shipping inland waterways transports and air transport under art. 8 OECD MC», *Diritto e Pratica Tributara Internazionale*, 2000, p. 239 e ss.; e Pietro Adonnino, Profili impositivi delle emprese di trasporto aereo e marittimo», *Rivista di Diritto Tributario Internazionale*, 3/2002, p. 32 e ss.

dimento, de um método para a eliminar diferente daquele que é habitual, uma vez que, por via de regra, segue o método do crédito de imposto ordinário ou método da imputação ordinária. E isto tanto nas numerosas Convenções de Dupla Tributação (CDT) que vem celebrando, como no regime unilateral que adoptou, o qual consta do art. 91º do Código do IRC e do art. 81º do Código do IRS[20].

Por seu lado, quanto à distinção entre os veículos utilizados pelas empresas como meios de produção e os veículos que constituam bens de consumo duradouro das próprias empresas, é de aludir à diferença do seu tratamento fiscal. Com efeito, enquanto os primeiros são considerados no apuramento do lucro contabilístico das empresas, pois a sua depreciação ou amortização integra os gastos, como acontece com a depreciação ou amortização de quaisquer elementos que constituam activos fixos tangíveis, activos intangíveis ou propriedades de investimento das empresas, nos termos dos arts. 23º, nº 1, alínea *g)*, e 29º a 34º do Código do IRC[21], e do art. 33º, nº, 2, do Código do IRS, os segundos não são objecto de qualquer consideração desse tipo na tributação do rendimento das empresas.

Consideração aquela que está, todavia, limitada, pois, nos termos da alínea *e)* do nº 1 do art. 34º do Código do IRC, não são aceites como gastos as depreciações de viaturas ligeiras de passageiros ou mistas na parte correspondente ao custo de aquisição excedente ao montante a definir pelo membro do Governo responsável pela área das finanças[22], bem como dos barcos de recreio e aviões de turismo e todos os gastos com eles relacionados,

[20] Tirando as excepções traduzidas na possibilidade de opção pelo método de isenção com progressividade previsto no regime dos residentes não habituais (art. 24º do Código Fiscal do Investimento) e, a seu modo, relativamente aos chamados residentes virtuais (art. 17º-A do Código do IRC) reconhecidos na sequência da doutrina *Schumacker* (C. 279/93) e *Wielockx* (C-484/93) do Tribunal de Justiça da União Europeia (TJUE) – v. Carlos dos Santos, A./António M. F. Martins (Coord.), *Competitividade, Eficiência e Justiça do Sistema Fiscal – Relatório do Grupo para o Estudo da Política Fiscal.*, Cadernos de Ciência e Técnica Fiscal, 2009, p. 387 e s.

[21] Depreciação ou amortização que, segundo o disposto no art. 4º do Regime das Depreciações e Amortizações (Decreto Regulamentar nº 25/2009, de 14 de setembro), pode seguir o método das quotas decrescentes, desde que não sejam viaturas ligeiras de passageiros ou mistas a menos que estas se encontrem afectas à exploração de serviço público de transportes ou sejam destinadas a ser alugadas no exercício da actividade normal da empresa.

[22] V. a Portaria nº 467/2010, de 7 de Julho, em que os gastos com a depreciação de viaturas têm um importante limite, o qual é, de resto, diferenciado em função da energia utilizada, pois a depreciação a considerar é apenas a relativa à parte dos custos de aquisição que não

desde que tais bens não estejam afectos à exploração do serviço público de transportes ou não se destinem a ser alugados no exercício da actividade normal do sujeito passivo. Um tratamento que está em consonância com a não consideração, segundo a alínea *l)* do nº 1, do art. 45º, como encargos fiscais das menos-valias realizadas relativas a barcos de recreio, aviões de turismo e viaturas ligeiras de passageiros ou mistas que não estejam afectos à exploração do serviço público de transportes ou não se destinem a ser alugados no exercício da actividade normal do sujeito passivo, nos termos da alínea *e)* do nº 1 do art. 34º.

O que bem se compreende, uma vez que, segundo o disposto nº 1 do art. 23º do Código do IRC, consideram-se gastos os que comprovadamente sejam indispensáveis para a realização dos rendimentos sujeitos a IRC ou para a manutenção da fonte produtora, entre os quais se contam, naturalmente, os diversos gastos e encargos relativos aos transportes como se ilustra na alínea *b)* do mencionado preceito.

Enfim, relativamente aos benefícios fiscais em geral é de referir que estes se verificam sobretudo em dois segmentos, isto é, no respeitante aos transportes públicos e relativamente aos veículos automóveis amigos ou mais amigos do ambiente. O que tem expressão também na tributação do rendimento, muito embora seja de referir que, enquanto os primeiros se encontram contemplados basicamente em sede do IRC, os segundos são objecto de benefícios fiscais mais amplos com destaque para a isenção total em ISV e IUC[23].

Assim, em sede do IRC tem particular importância o art. 70º do Estatuto dos Benefícios Fiscais (EBF), em que com a epígrafe «medidas de apoio ao transporte rodoviário de passageiros e de mercadorias»[24], na redação resultante da LOE/2012 (Lei nº 64-A/2011, de 30 de Dezembro), isenta do mencionado imposto a diferença positiva entre as mais-valias e as menos-valias resultantes da transmissão onerosa de veículos e majora os gastos com os combustíveis.

Assim, quanto à isenção de IRC, reporta-se ela à diferença positiva entre as mais-valias e as menos-valias resultantes da transmissão onerosa de veículos, desde que reinvestida nos dois exercícios seguintes em veículos da mesma natureza e afetacção, de: a) veículos afectos ao transporte

ultrapasse, para os veículos adquiridos a partir de 2012, € 50.000 para os movidos exclusivamente a energia eléctrica e € 25.000 para os restantes veículos.

23 V. quanto a estes impostos *infra*, no ponto I.3.

24 Um preceito aditado pelo art. 99º da LOE/2009 (Lei nº 64-A/2008, de 31 de Dezembro).

público de passageiros com lotação igual ou superior a 22 lugares, por sujeitos passivos de IRC licenciados pelo Instituto da Mobilidade e dos Transportes Terrestres (IMTT); b) veículos afectos ao transporte em táxi, pertencentes a empresas devidamente licenciadas para esse fim; c) veículos de mercadorias com peso bruto igual ou superior a 12 t, adquiridos antes de 1 de Julho de 2009 e com a primeira matrícula anterior a esta data, afectos ao transporte rodoviário de mercadorias público ou por conta de outrem.

Por seu lado quanto à majoração dos gastos em combustíveis, traduz-se esse benefício em os custos suportados com a aquisição, em território português, de combustíveis para abastecimento de veículos serem dedutíveis, em valor correspondente a 120% do respetivo montante, para efeitos da determinação do lucro tributável em IRC, quando se trate de: a) veículos afectos ao transporte público de passageiros, com lotação igual ou superior a 22 lugares, e estejam registados como elementos do activo imobilizado de sujeitos passivos de IRC que estejam licenciados pelo IMTT; b) veículos afectos ao transporte rodoviário de mercadorias público ou por conta de outrem, com peso bruto igual ou superior a 3,5 t, registados como elementos do activo imobilizado de sujeitos passivos IRC e que estejam licenciados pelo IMTT; c) veículos afectos ao transporte em táxi, registados como elementos do activo imobilizado dos sujeitos passivos de IRS ou de IRC, com contabilidade organizada e que estejam devidamente licenciados.

Como benefício fiscal em sede do IRC, relativo aos transportes públicos é de mencionar ainda a possibilidade de opção pelo método das quotas decrescentes no cálculo das depreciações e amortizações dos activos fixos tangíveis que sejam viaturas ligeiras de passageiros ou mistas afetas à exploração de serviço público de transportes ou destinadas a ser alugadas no exercício da actividade normal do sujeito passivo, nos termos da alínea *b)* do nº 2 do art. 30º do Código do IRC.

1.1.3. A tributação autónoma e presuntiva dos automóveis

A respeito da tributação dos transportes a título de tributação do rendimento, é de aludir também à *tributação autónoma* em IRC e IRS das despesas com viaturas, bem como à tributação presuntiva em IRS suportada pela propriedade de veículos automóveis.

Assim, impende sobre as despesas com viaturas ligeiras de passageiros ou mistas, à taxa ou alíquota de 10% no caso de despesas realizadas por empresas singulares, nos termos do art. 73º do Código do IRS, e à taxa ou alíquota de 10% ou 20% no caso de despesas realizadas por empresas colectivas[25], nos termos do art. 88º do Código do IRC. Uma tributação que nos é apresentada nos preceitos em causa sob a designação de taxas de tributação autónoma, o que, como é óbvio, não corresponde à realidade, já que se trata antes de uma verdadeira tributação autónoma em sede do IRC ou em sede do IRS[26].

Pois trata-se de uma tributação que inclusive não incide sobre o rendimento das empresas mas sobre a despesa, o que tem implicações diversas, entre as quais se contam as decorrentes do facto de se tratar de um imposto instantâneo ou de obrigação única, como a relativa ao carácter verdadeiramente retroactivo das leis que aumentem essas tributações relativamente a despesas já realizadas. O que, sublinhe-se, não foi tido em conta pelo Tribunal Constitucional quando, no seu Acórdão 18/2011, se pronunciou pela não verificação de retroactividade relativamente à aplicação do aumento das taxas ou alíquotas de tributação autónoma das despesas de representação e relativas a viaturas ligeiras de passageiros ou mistas já realizadas quando entrou em vigor a lei que aprovou esse aumento – a Lei nº 64/2008, de 5 de Dezembro.

Uma conclusão que fundamentou argumentando, a nosso ver, com total desfasamento face à realidade, verificar-se aí uma mera retrospetividade ou retroactividade imprópria. Para o que se socorreu da anualização do facto tributário concretizado nessas despesas, as quais, atendendo à sua natureza, as empresas poderiam ter optado perfeitamente por as não realizar se soubessem dos custos fiscais que as mesmas iriam implicar. No sentido correto decidiu o STA que concluiu pela retroactividade do referido aumento aplicado a despesas já realizadas, julgando, por conseguinte, inconstitucional a

[25] Sendo a taxa ou alíquota de 10% ou de 20% consoante o custo das viaturas ligeiras de passageiros ou mistas não ultrapasse ou ultrapasse os € 40.00, no termos decorrentes da alínea *e)* do nº 1 do art. 34º do Código do IRC e da Portaria nº 467/2010, de 7 de Julho.

[26] A respeito dessas tributações devemos dizer que as mesmas começaram por se reportar a situações susceptíveis de elevado risco de evasão fiscal, limitando-se a mesma à tributação das despesas confidenciais e não documentadas. Por isso, as normas que as previam configuravam não verdadeiras normas de tributação, mas antes normas que tinham por função o acompanhamento, vigilância e fiscalização da atuação fiscal dos contribuintes e, por conseguinte, de luta contra o crescente fenómeno de evasão fiscal. Todavia, com o andar do tempo, a função dessas tributações autónomas, que, entretanto, se diversificaram extraordinariamente e aumentaram de valor, alterou-se profundamente passando a ser progressivamente a de obter (mais) receitas fiscais, assumindo-se, assim, como efectivos impostos sobre a despesa, se bem que enxertados, em termos totalmente anómalos, na tributação do rendimento.

norma que o aprovou[27]. O que teve como consequência o Tribunal Constitucional, no seu Acórdão 310/2012, infirmando o entendimento perfilhado no referido acórdão 18/2011, ter julgado inconstitucional o mencionado aumento.

Refira-se, todavia, que se encontram excluídas da referida tributação autónoma em IRS, nos termos do nº 3 do art. 73º do Código do IRS, os encargos relacionados com viaturas ligeiras de passageiros ou mistas afectas à exploração de serviço público de transportes ou destinadas a ser alugadas no exercício da actividade normal do sujeito passivo, bem como das depreciações relacionadas com viaturas utilizadas por trabalhador ou membro de órgão social em virtude de acordo escrito.

Depois, ainda a título de tributação do rendimento é de aludir à *tributação presuntiva* em sede do IRS baseada em manifestações de fortuna entre as quais se contam precisamente a aquisição onerosa de veículos[28]. Pois, nos termos do art. 89º da Lei Geral Tributária (LGT), há lugar a avaliação indirecta da matéria coletável quando falte a declaração de rendimentos e o contribuinte evidencie determinadas manifestações de fortuna ou quando o rendimento líquido declarado mostre uma desproporção superior a 50%, para menos, em relação ao rendimento padrão correspondente às referidas manifestações[29].

Uma avaliação indirecta da matéria coletável em IRS que se traduz em ser considerado como rendimento tributável, caso o contribuinte não prove que correspondem à realidade os rendimentos declarados e de que é outra a fonte dessas manifestações, o rendimento padrão estabelecido para as correspondentes manifestações de fortuna. Pois bem, entre essas manifestações de fortuna, sobressaem muito claramente as concretizadas na aquisição onerosa de automóveis ligeiros de passageiros, motociclos e barcos de recreio cujo valor ultrapasse certo montante, bem como as aeronaves de

27 No seu Acórdão de 6 de Julho de 2011, Processo nº 0281/11.

28 V. sobre a natureza presuntiva dessa tributação, João Sérgio Ribeiro, *Tributação Presuntiva do Rendimento. Um Contributo para Reequacionar os Métodos Indirectos de Determinação da Matéria Tributável*, Almedina, Coimbra, 2010, p. 299 e ss.

29 V. sobre essas manifestações de fortuna o nosso estudo «Avaliação indirecta e manifestações de fortuna na luta contra a evasão fiscal», agora em *Por um Estado Fiscal Suportável – Estudos de Direito Fiscal*, vol. II, Almedina, Coimbra, 2008, p. 102 e ss., bem como a anotação ao Acórdão do STA (Pleno da SCT) de 19 de maio de 2010 – Processo nº 0734/09, com o título «Avaliação indirecta da matéria tributável e justificação parcial das manifestações de fortuna», *Revista de Legislação e de Jurisprudência*, ano 139, 2009/10, p. 357 e ss.

turismo, como se pode ver pela tabela constante do nº 4 do art. 89º da LGT, que aqui reproduzimos.

	Manifestações de fortuna	Rendimento padrão
1	Imóveis de valor de aquisição igual ou superior a € 250 000.	20% do valor de aquisição
2	Automóveis ligeiros de passageiros de valor igual ou superior a € 50 000 e motociclos de valor igual ou superior a € 10 000.	50% do valor no ano de matrícula com o abatimento de 20% por cada um dos anos seguintes.
3	Barcos de recreio de valor igual ou superior a € 25 000.	Valor no ano de registo, com o abatimento de 20% por cada um dos anos seguintes
4	Aeronaves de turismo.	Valor no ano de registo, com o abatimento de 20% por cada um dos anos seguintes
5	Suprimentos e empréstimos feitos no ano de valor igual ou superior a € 50 000.	50% do valor anual

1.1.4. Benefícios fiscais relativos aos transportes

Sem qualquer preocupação de fazer o levantamento dos eventuais benefícios fiscais relativos a todos e cada um dos tipos de transporte, impõe-se, todavia, assinalar aqui, atento o seu alcance e importância, dois benefícios fiscais relativos aos transportes. Estamos a referir-nos, de um lado, ao regime fiscal excepcional de que beneficiam as empresas que se encontram licenciadas na Zona Franca da Madeira e, de outro lado, ao benfício fiscal à marinha mercante nacional constante do art. 51º do EBF. Uma palavra sobre estes benefícios.

No respeitante às empresas licenciadas na Zona Franca da Madeira para o exercício da actividade de transporte marítimo[30], dispõe o art. 36º do EBF[31] que estas empresas serão tributadas, em sede de IRC, à taxa de:

[30] A Zona Franca da Madeira foi criada pelo Decreto-Lei nº 500/80, de 20 de Outubro, para ser uma área de «livre importação e exportação de mercadorias».

[31] Aprovado pelo Decreto-Lei nº 215/89, de 1 de Julho, na redacção que lhe foi dada pela LOE/2012 – Lei nº 64-B/2011, de 30 de Dezembro.

3% entre 2007 e 2009; 4%, entre 2010 e 2012; e 5% entre 2013 e 2020 – desde que preencham os demais requisitos de eligibilidade, que são, nos termos do nº 2 do mencionado artigo as empresas iniciarem a sua actividade no prazo máximo de 6 meses após o licenciamento e preencher um de dois requisitos: a) a criação de um a cinco postos de trabalho, nos seis primeiros meses de actividade e realização de um investimento mínimo de € 75 000 na aquisição de activos fixos corpóreos ou incorpóreos, nos dois primeiros anos de actividade; ou b) criação de seis ou mais postos de trabalho, nos seis primeiros meses de actividade. Como se está a ver este regime constitui, claramente, um apoio expressivo ao sector, sobretudo se tivermos em conta que a taxa de IRC geralmente aplicável às entidades empresariais é de 25%.

Por seu lado, nos termos do art. 51º do EBF, às empresas armadoras da marinha mercante nacional são concedidos os seguintes benefícios fiscais: a) tributação dos lucros, resultantes exclusivamente da actividade de transporte marítimo, incidindo apenas sobre 30% dos mesmos; b) isenção de imposto do selo nas operações de financiamento externo para aquisição de navios, contentores e outro equipamento para navios, contratados por empresas armadoras da marinha mercante, ainda que essa contratação seja feita através de instituições financeiras nacionais. Benefícios fiscais muito significativos dirigidos à promoção do transporte nacional pela marinha marcante nacional.

Refira-se que, embora os benefícios fiscais caduquem ao fim de cinco anos de vigência, nos termos do art. 3º do EBF, disposição esta activada pela LOE/2007, o que conduziria à caducidade da generalidade dos benefícios no fim do ano de 2011, os benefícios acabados de referir foram excluídos dessa *sunset clause* pelo art. 146º da LOE/2012.

1.2. Referência ao imposto sobre a arqueação líquida

Mas, como dissemos, desde há tempos que em alguns países e, mais recentemente noutros, a actividade transportadora relativa aos transportes marítimos vem sendo objecto de uma tributação separada, ou seja, de um imposto especial, face à tributação baseada no lucro real das empresas[32]. O que, embora não sendo uma solução que valha para toda a actividade transportadora, pois limita-se às empresas de transporte marítimo de mercadorias, nem

[32] Carácter especial reconhecido em geral como o faz, por exemplo, o art. 104º, nº 2, da Proposta de Directiva do Conselho relativa a uma Matéria Coletável Comum Consolidada do Imposto sobre as Sociedades (MCCCIS) – COM (2011) 121 final, de 16.03.2011.

por isso deixa de ter um alto significado, para o que basta mencionar que mias de 80% do comércio mundial se faz por via marítima[33].

Trata-se do imposto sobre a arqueação líquida, conhecido pela expressão inglesa *tonnage tax*. Dizemos, por um lado, imposto sobre a arqueação e não imposto sobre a tonelagem, que é, de resto, a tradução literal da expressão *tonnage tax* usada internacionalmente, porque, desde a Convenção Internacional sobre a Arqueação de Navios[34], essa designação deixou de ser inteiramente correta, e, por outro lado, arqueação líquida, porque, ao contrário do que acontece, por via de regra, em sede das taxas (de porto, de pilotagem, de registo, etc.), que incidem sobre a arqueação bruta, o imposto em causa tem por base a arqueação que se reporta à capacidade de transporte de carga ou de passageiros dos navios[35].

Pois bem, estamos perante um imposto que, substituindo o imposto sobre o rendimento das empresas de transporte marítimo de mercadorias, tem de especial o facto de se concretizar num efectivo regime simplificado e numa tributação mais moderada dessa actividade[36]. É que, com a adoção desse imposto, não só se libertam as empresas de transporte marítimo de mercadorias do sistema de obrigações a que se encontram sujeitas na tributação pelo lucro a apurar nos termos contabilísticos e fiscais que sumariamente referimos mais acima, como se resgatam dos complexos e onerosos encargos de cumprimento e de administração que esse sistema implica.

[33] Sendo que, mesmo em Portugal, cerca de 60% do comércio externo e 70% das importações ocorre por via marítima.

[34] *International Convention on Tonnage Measurement of Ships*, adotada a 23 de junho de 1969, em Londres, no seio da Organização Marítima Internacional, a qual entrou em vigor em 18 de Julho de 1982 para os navios construídos após esta data e em 18 de Julho de 1994 para todos os restantes navios. Refira-se que Portugal é parte dessa Convenção, a qual foi aprovada, para adesão, pelo Decreto do Governo nº 4/87, de 15 de Janeiro de 1987.

[35] E aconteceu entre nós com o imposto de tonelagem e o imposto de comércio marítimo que vigoraram entre 1970 e 1987 (v. o Decreto-Lei nº 78/70, de 3 de Março e a LOE/1987 – Lei nº 49/86, de 31 de Dezembro), os quais, dado não serem substitutivos do imposto sobre o rendimento das empresas (a Contribuição Industrial e o Imposto Complementar Seção B) estavam, de algum modo, mais próximos da figura da taxa do que da figura do imposto.

[36] Que pode ser bastante muito mais baixa do que a tributação habitual das empresas, como acontece nos países que se especializaram no registo internacional de navios cujo caso paradigmático é o Panamá em que o seu *tonnage tax* contribuiu para que ¼ da frota marítima mundial aí se encontre registada. Refira-se que, entre nós, as empresas com navios registados no Registo Internacional de Navios da Madeira (MAR) pagam, não um *tonnage tax*, mas antes o IRC à taxa ou alíquota de 4% até 2012 e de 5% até 2020 (art. 36º do EBF).

Assim, o *tonnage tax* mais não é do que uma tributação presuntiva do lucro dessas empresas que, em vez de ter por base o lucro real determinado com base na contabilidade, acaba por assentar num lucro normal correspondente à capacidade de transporte dos navios[37].

O que configura uma tributação verdadeiramente alternativa à tributação pelo lucro, a qual, impõe-se sublinhar, se encontra apoiada nas orientações comunitárias sobre os auxílios estatais aos transportes marítimos adotadas pela Comissão Europeia para fazer face à necessidade do aumento da competitividade dos pavilhões da União Europeia face à frota registada sob pavilhão de conveniência em países terceiros[38]. Um carácter que se encontra bem patente nessas orientações em que o imposto sobre a arqueação é definido como o montante que o armador paga directamente associado à capacidade de transporte explorada, devendo o mesmo ser pago independentemente dos rendimentos ou gastos reais da empresa. Uma configuração que explica também que a opção por essa tributação especial se encontre sujeita ao escrutínio da União Europeia para efeitos da observância da disciplina comunitária relativa aos auxílios de Estado, evitando que a mesma origine distorções significativas à concorrência dentro da União[39].

2. A tributação em sede dos impostos sobre do consumo

Mas os transportes também são objecto dos impostos sobre o consumo. Mais especificamente, encontram-se sujeitos ao IVA tanto os meios de transporte na medida em que são objecto de transmissão onerosa como as prestações de

[37] V. a esse respeito, os escritos sobre a introdução do *tonnage tax* em Itália de G. Puoti, «La fiscalita marittima nella Unione Europeia: la prospettiva italiana anche alla luce della delega per la riforma del sistema tributário», M. Leo, «La cosidetta "tonnage tax" – Ipotese di introduzione in Italia», e A. S. Bergantino, «La "tonnage tax": il progetto italiano e le esperienze europee», *Rivista di Diritto Tributario Internazionale*, 3/2001, p. 9 e ss., 33 e ss. e 49 e ss.; bem como Pietro Adonnino, Profili impositivi delle emprese di trasporto aereo e marittimo», *cit.*, p. 30 e ss..

[38] Nos termos da Comunicação C (2004) 43 da Comissão, de 17 de Janeiro de 2004 – Orientações comunitárias sobre auxílios estatais aos transportes marítimos. V. também a Comunicação COM (2009) 279, de 17 de Junho de 2009 – Um futuro sustentável para os transportes: rumo a um sistema integrado, baseado na tecnologia e de fácil utilização. Cf. o Despacho nº 11183/2010, de 8 de Julho, Diário da República, II Série, que, baseado nessas orientações, veio estabelecer um subsídio aos armadores nacionais.

[39] Para maiores desenvolvimentos relativos ao imposto sobre a arqueação, v. José Casalta Nabais/Catarina Gouveia Alves, «O imposto sobre a arqueação líquida no quadro do direito da União Europeia», *cit.*, p. 197 e ss.

serviços de transporte. Para além disso, tendo em conta que os veículos utilizam como energia combustíveis fósseis, o sector dos transportes encontra-se onerado também pelo já referido ISP.

2.1. A tributação dos transportes em IVA

No que concerne ao IVA, devemos começar por referir muito sumariamente algumas das suas características para, depois, aludirmos à sua incidência sobre os transportes, considerando tanto os meios de transporte como a prestação de serviços de transporte e dando conta do que de específico tem essa tributação. Complementarmente é de referir o papel que os transportes têm no respeitante à localização da generalidade das transmissões de bens.

2.1.1. Alusão às caraterísticas do IVA

Quanto às características do IVA, limitamo-nos aqui a algumas notas sumárias, salientando que se trata de um imposto geral sobre o consumo, de matriz comunitária, que opera em todas as fases do processo produtivo segundo o método indirecto subtractivo, dominado pela pretensão de ser neutro nos seus efeitos sobre o consumo e sobre a produção e baseado, no respeitante ao comércio internacional e comunitário (embora neste a título transitório) no princípio da tributação no país de destino[40]. A que é de acrescentar uma referência às regras gerais sobre a localização das operações sujeitas a IVA.

Em primeiro lugar, é um imposto geral sobre o consumo, porque o IVA, diversamente do que sucede com os impostos especiais sobre o consumo, que oneram apenas determinado tipo de bens, incide, por via de regra, sobre todas as transações económicas realizadas a título oneroso. Depois, é de matriz comunitária em virtude de termos, ao nível da União Europeia, um sistema comum do IVA, o qual, por constituir um «adquirido comunitário», não pode deixar de ser adotado por todos os Estados Membros.

Em terceiro lugar, o IVA é um imposto plurifásico que opera segundo o método indirecto subtractivo[41], pois incide sobre todas as fases do processo produtivo, desde o produtor ao retalhista, e a sua liquidação e cobrança assentam numa técnica em que cada sujeito passivo liquida o correspondente IVA nas vendas e entrega ao Estado a diferença positiva entre esse montante e o IVA que o mesmo suportou nas compras, deduzindo este

[40] V. sobre essas características do IVA, por todos, Clotilde Celorico Palma, *Introdução ao Imposto sobre o Valor Acrescentado*, 5ª ed., Almedina, Coimbra, 2011, p. 17 e ss.

[41] Também designado por método das faturas, do crédito de imposto ou dos pagamentos fracionados.

daquele. Uma técnica que contribui para a verificação da outra característica apontada, a sua pretensão de neutralidade, uma vez que, para além de favorecer a atuação dos sujeitos passivos no sentido de faturarem o IVA nas vendas para poderem deduzir o IVA suportado nas compras, não distorce o consumo e a produção de bens, pois, incidindo o imposto sobre o valor acrescentado em cada uma das fases do circuito produtivo, não se corre o risco de haver imposto sobre imposto como sucede nos impostos cumulativos.

Enfim, o IVA devido nas transações intracomunitárias de bens, cuja disciplina consta do Regime do IVA nas Transações Intracomunitárias (RITI), diversamente do que decorreria da realização do mercado interno com a abolição das fronteiras físicas entre os Estados Membros em 1993 a impor a tributação baseada no princípio do país de origem, manteve, nas transações entre sujeitos passivos, a tributação baseada no princípio do país de destino, similarmente ao que acontece com a sua aplicação no comércio internacional não comunitário.

Quanto às regras gerais de localização das operações sujeitas a IVA, a qual é decisiva para determinar o território em que são tributáveis e identificar o Estado com poder para exigir o IVA devido por operações efectuadas entre pessoas ou entidades estabelecidas ou residentes em Estados diferentes, é de referir que, quando se trate de transmissões de bens, nos termos do nº 1 do art. 6º do Código do IVA, são tributáveis as transmissões de bens que estejam situados em território nacional no momento em que se inicia o transporte ou expedição para o adquirente ou, no caso de não haver lugar a expedição ou transporte, no momento em que são postos a disposição do adquirente. Uma regra que, segundo o disposto no nº 3 do art. 6º do Código do IVA, vale também nas transmissões de bens a abordo de um transporte intracomunitário de passageiros, já que a localização depende do Estado Membro de partida do transporte.

Por seu lado, quando se trate de prestação de serviços, há que distinguir, nos termos do nº 6 do referido art. 6º, as realizadas entre sujeitos passivos (*business to business* – B2B) das que tenham lugar entre sujeitos passivos e particulares (*business to consumer* – B2C). Pois, enquanto no primeiro caso, são tributáveis em território nacional as prestações de serviços efectuadas a um sujeito passivo, cuja sede, estabelecimento estável ou, na sua falta, domicílio para o qual os serviços são prestados, se situe naquele território, no caso B2C são tributáveis em território nacional as prestações de serviços efectuadas a partir da sede, estabelecimento estável ou, na sua falta, domicílio do prestador localizados naquele território cujo adquirente seja um consumidor final[42].

2.1.2. O IVA sobre os transportes

Passando mais especificamente ao IVA no sector dos transportes, é de assinalar que não há nenhum regime especial de IVA que tenha por objecto esse sector, pelo menos do tipo dos regimes especiais que o Código do IVA disciplina como o regime de isenção, o regime dos pequenos retalhistas e o regime dos revendedores de combustíveis líquidos, previstos no Código do IVA[43], ou de regimes especiais constantes de legislação avulsa, como os instituídos para o sector da organização de circuitos turísticos por agências de viagens ou outras entidades[44], e para o sector dos bens em segunda mão, objectos de arte, de coleção e antiguidades[45], ou outos[46].

O que não significa, todavia, que o sector dos transportes não tenha importantes especificidades em sede do IVA, relevando a tributação neste imposto de dois modos: de um lado, enquanto actividade traduzida na transmissão de meios de transporte e na prestação de serviços sujeitas a IVA e, de outro lado, na medida em que o transporte desempenha um papel muito relevante relativamente à localização da generalidade das operações sujeitas a imposto, a qual é decisiva para saber se são ou não tributáveis em Portugal.

Pois bem, não há quaisquer dúvidas de que a actividade relacionada com os transportes se encontra sujeita ao IVA, constituindo objecto deste imposto tanto as transmissões dos meios de transporte como as prestações

[42] V., desenvolvidamente, CLOTILDE CELORICO PALMA, *Introdução ao Imposto sobre o Valor Acrescentado*, cit., p. 99 e ss.

[43] Constantes, respetivamente, dos arts. 53º e seguintes, arts. 60º e seguintes e arts. 69º e seguintes do Código do IVA.

[44] Cuja disciplina consta do Decreto-Lei nº 231/85, de 3 de Julho, alterado pelo Decreto-Lei nº 206/96, de 21 de Outubro.

[45] Regulado pelo Decreto-Lei nº 79/98, de 29 de Dezembro.

[46] Como o regime especial de exigibilidade do IVA dos serviços de transporte rodoviário nacional de mercadorias, aprovado pela Lei nº 15/2009, de 1 de Abril, o qual instituiu um «regime de caixa» para esses serviços em derrogação do regime geral de exigibilidade do IVA. Refira-se que, como decorre do que vimos de dizer, os regimes especiais têm por base critérios diversos, reportando-se: umas vezes, à existência ou determinação do imposto a pagar (como os regimes especiais constantes do Código do IVA e os referidos no texto); outras vezes, à exigibilidade do imposto («regime de caixa» ou IVA no recibo face ao regime geral do IVA na fatura); outras vezes ainda, ao sujeito passivo ou devedor do imposto («reverse charge» face ao regime de pagamento pelos transmitentes de bens ou prestadores de serviços).

de serviços de transporte de pessoas, mercadorias ou misto. Assim e relativamente à tributação dos meios de transporte, como bens que são, encontram-se sujeitos à tributação em IVA nos mesmos termos das outras transmissões de bens.

Algumas notas, todavia, se impõem a este respeito. Em primeiro lugar, é de referir que na base de incidência do IVA sobre os veículos está incluído o valor do próprio ISV, uma solução do nosso direito que, como decidiu o TJUE no seu Acórdão de 28 de Julho de 2011, Proc. nº C-106/10, não contraria o direito comunitário[47].

Depois, é de aludir à transacção intracomunitária de meios de transporte novos quando o adquirente não é um sujeito passivo de IVA. Pois bem, esses meios de transporte, cujo sentido decorre das definições de «meios de transporte» e de meios de transporte novos constantes do art. 6º do RITI, quando o adquirente não é sujeito passivo, a sujeição a IVA ocorre no país de destino não obstante a regra ser, para as transações de particulares, a aplicação do princípio da origem. O que resulta da delimitação positiva da incidência do IVA nas aquisições intracomunitárias de meios de transporte novos que integra tanto as realizadas por sujeitos passivos como as efectuadas por um particular (art. 1º, nº 1, alínea *b)*, do RITI).

Em terceiro lugar, é de sublinhar que se encontram isentas de IVA, nos termos do art. 14º, alínea *b)*, e do art. 1º, nº 1, alínea *e)*, do RITI, as transmissões de meios de transportes novos efectuadas por qualquer pessoa, expedidos ou transportados pelo vendedor, pelo adquirente ou por conta destes, a partir do território nacional, com destino a um adquirente estabelecido ou domiciliado em outro Estado Membro. Pelo que, enquanto o art. 1º, nº 1, alínea *e)*, sujeita a IVA essas transmissões de meios de transportes novos, o art. 14º, alínea *b)*,vem depois isentar essas mesmas transmissões quando efectuadas por qualquer pessoa, expedidos ou transportados a partir do território nacional pelo vendedor, pelo adquirente ou por conta destes com destino a adquirente estabelecido ou domiciliado em outro Estado Membro[48]. No caso específico da transmissão ser efectuada por um particular, a transmissão intracomunitária isenta abre direito a dedução nos termos dos artigos 19º e 20º do RITI, sendo certo que esse direito nasce apenas no momento em que

[47] V., sobre este problema, J. Xavier de Basto, «A inclusão do Imposto sobre Veículos no valor tributável do IVA: o fim de uma controvérsia», *Revista de Finanças Públicas e Direito Fiscal*, 09/2011, p. 109 e ss.

[48] V. também Germán Orón Moratal (Dir. e Coord.), *Fiscalidad del Transporte*, cit., p. 343 e s.

o meio de transporte for colocado à disposição do adquirente, e não pode exceder o montante do imposto que seria devido e exigível se a transmissão não estivesse isenta. O exercício do direito a dedução efectiva-se, neste caso, através de reembolso ao particular nos termos do artigo 21º, nº 1, do RITI.

Relativamente à tributação em IVA dos transportes é de mencionar ainda uma exclusão marginal de tributação relativa a algumas actividades de transporte, atendendo à qualificação do prestador e à medida do respectivo exercício, uma isenção respeitante às transmissões de meios de transporte para uso de pessoas com deficiência e uma exclusão do direito à dedução do imposto contido em despesas relativas a veículos. Quanto à exclusão da tributação, dispõem as alíneas *c)* e *d)* do nº 3 do art. 2º do Código do IVA, que não estão sujeitas a IVA as actividades de transporte de bens e de pessoas desenvolvidas pelo Estado e demais pessoas colectivas públicas, quando exercidas de forma não significativa[49]. Por seu lado, nos termos dos nºs 8 e 9 do art. 15º do Código do IVA, estão isentas deste Imposto as transmissões respeitantes a triciclos, cadeiras de rodas, com ou sem motor, e aos automóveis ligeiros de passageiros ou mistos para uso próprio de pessoas com deficiência, de acordo com os condicionalismos previstos no Código do ISV, devendo esse benefício ser requerido nos termos estabelecidos neste Código. Enfim, segundo a alínea *a)* do nº 1 do art. 21º do Código do IVA, exclui-se do direito à dedução o imposto contido nas despesas relativas à aquisição, fabrico ou importação, à locação, à utilização, à transformação e reparação de viaturas de turismo, de barcos de recreio, helicópteros, aviões, motos e motociclos[50], e concomitantemente consignou-se a isenção no caso de transmissão posterior, como determina o nº 32º do art. 9º do Código do IVA.

Porém, como facilmente se compreende, concretizando-se a actividade dos transportes em prestações de serviço de transportes, a sua tributação reporta-se sobretudo a tais prestações de serviço. O que decorre, de resto, da definição negativa ou residual que destas nos dá o próprio Código do IVA no nº 1 do seu art. 4º, ao dispor que são consideradas prestações de ser-

[49] V. sobre o sentido dessa expressão, Clotilde Celorico Palma, *As Entidades Públicas e o Imposto sobre o Valor Acrescentado. Uma Rutptura no Princípio da Neutralidade*, Almedina, Coimbra, 2011, p. 383 e s.

[50] A que é de acrescentar a exclusão do direito à dedução das despesas respeitantes a combustíveis normalmente utilizáveis em viaturas automóveis, constante da alínea *b)* do nº 1 desse mesmo artigo 21º.

viços as operações efectuadas a título oneroso que não constituam transmissões, aquisições intracomunitárias ou importações de bens. Por conseguinte, é sobretudo enquanto prestação de serviços que essa actividade se encontra sujeita à incidência objectiva deste imposto. Tributação que nos impõe algumas considerações em relação à localização dessas prestações de serviço e, bem assim, às isenções de que são objecto e à sua sujeição a taxa ou alíquota reduzida de algumas das prestações. O que, como se compreenderá, não será mais do que uma alusão a tão complexa matéria, onde se cruzam regras com excepções e excepções às excepções que, todavia, não repõem as regras, num intrincado labirinto de regras por vezes de difícil inteligibilidade jurídica.

Ora bem, as prestações de serviços de transporte, como todas as prestações de serviços, são tributáveis, em regra, nos termos do art. 6º, nº 6, do Código do IVA, como já referimos, quando efectuadas a um sujeito passivo cuja sede, estabelecimento estável ou, na sua falta, domicílio se situe em território nacional, ou, quando efectuadas a pessoa que não seja sujeito passivo, se o prestador tiver sede, estabelecimento estável ou, na sua falta, domicílio situado em território nacional.

Regra esta que comporta, todavia, importantes excepções, entre as quais são particularmente visíveis as prestações de serviços de transporte, havendo que distinguir, a este respeito, entre as prestações de serviços de transporte de passageiros, e as prestações de serviços de transporte de bens e, dentro destas, entre o transporte de bens que não seja intracomunitário e o transporte de bens que seja intracomunitário. De referir são também as excepções verificadas no respeitante às prestações acessórias de transporte e na locação de meios de transporte.

Assim, as prestações de serviços de transporte de passageiros quer sejam operações B2B quer operações B2C são tributáveis pela distância percorrida em território nacional, e excluídas no respeitante à distância percorrida fora desse território[51]. Já as prestações de serviços de transporte de bens que sejam operações B2C, são tributáveis pela distância percorrida em território nacional e excluídas no respeitante à distância percorrida fora se não for transporte intracomunitário[52], ou são tributáveis se o lugar de partida ocorrer em território nacional, excluindo-se da tributação se esse lugar ocorrer fora desse território, se se tratar de transporte intracomunitário[53].

[51] Art. 6º, nº 8, alínea *b)*, e nº 7, alínea *b)*, do Código do IVA.

[52] Art. 6º, nº 10, alínea *a)*, e nº 9, alínea *a)*, do Código do IVA.

[53] Art. 6º, nº 10, alínea *b)*, e nº 9, alínea *b)*, do Código do IVA.

Quanto às prestações acessórias de transporte (carga, descarga, manutenção, embalagem, locação de materiais utilizados na protecção de mercadorias durante o transporte, transbordo, conservação e armazenagem das mercadorias e utilização de estações rodoviárias), que se apresentem como operações B2C, são tributáveis as que forem materialmente executadas em território nacional e não tributáveis as que forem materialmente executadas fora desse território[54].

Enfim, no respeitante à locação de meios de transporte, as excepções à mencionada regra reportam-se, por um lado, a operações B2B e B2C, sendo tributável a locação de curta duração de um meio de transporte[55] quando o lugar de colocação à disposição do destinatário se situe no território nacional e excluída da tributação quando esse lugar se situe fora desse território[56]. Embora, quando a locação de curta duração de um meio de transporte se apresente como operação B2C e a colocação à disposição do destinatário ocorra fora do território da União Europeia, seja tributável em território nacional se a utilização ou exploração do meio de transporte ocorrer em território nacional[57]. Um critério de tributação a que se encontra sujeita a locação de um meio de transporte que, apresentando-se como operação B2C, não seja de curta duração, desde que o locador não tenha no território da União Europeia sede, estabelecimento estável ou, na sua falta domicílio, a partir do qual os serviços sejam prestados, sendo tributável em território nacional se ocorrer neste a utilização ou exploração do meio de transporte[58].

Em matéria de isenções no domínio das prestações de serviço de transporte, são de referir as isenções contempladas no Código do IVA, como a do nº 5 do art. 9º, relativa ao transporte de doentes ou feridos em ambulâncias ou outros veículos apropriados efectuado por organismos devidamente autorizados, e a integrada no nº 10 do art. 9º, respeitante aos transportes escolares no entendimento da doutrina fixada pelo Despacho do Secretário de Estado dos Assuntos Fiscais (SEAF) de 23.04.1987, segundo a qual as prestações de serviços de transportes escolares efectuadas pelos estabeleci-

[54] Art. 6º, nº 10, alínea *c)*, e nº 9, alínea *c)*, do Código do IVA.

[55] Que, nos termos da alínea j) do nº 2 do art. 1º do Código do IVA, não seja superior a 30 dias ou, tratando-se de uma embarcação, não superior a 90 dias,

[56] Art. 6º, nº 8, alínea *f)*, e nº 7, alínea *f)*, do Código do IVA.

[57] Art. 6º, nº 12, alínea *b)*, do Código do IVA.

[58] Art. 6º, nº 12, alínea *c)*, do Código do IVA.

mentos integrados no sistema nacional de educação ou reconhecidos como tendo fins análogos pelo ministério competente são prestações de serviços conexas com o ensino e, consequentemente, operações isentas nos termos do nº 10 do artigo 9º do CIVA[59].

Em sede de isenção de prestações de serviço de transporte são de referir também as isenções constantes das alíneas *j)*, *p)*, *q)*, *r)* e *t)* do nº 1 do art. 14º, e a isenção da alínea *f)* do nº 1 do art. 13º do Código do IVA. Nas primeiras, estamos perante: prestações de serviços relativas a embarcações afectas à navegação em alto mar ou à pesca costeira e aeronaves dedicadas ao tráfego internacional; prestações de serviço, incluindo os transportes e operações acessórias, directamente relacionadas com o regime de trânsito comunitário externo; prestações de serviço que se relacionem com a expedição ou transporte de bens destinados a outros Estados Membros; o transporte de pessoas provenientes ou com destino ao estrangeiro, provenientes ou com destino às regiões autónomas dos Açores e da Madeira e entre ilhas nas mesmas regiões; o transporte de mercadorias entre as mesmas ilhas e entre as regiões e o continente ou qualquer outro Estado Membro e vice-versa. Por seu lado, na segunda deparamo-nos com uma isenção que visa obstar à dupla tributação, uma vez que isenta as prestações de serviço conexas com a importação, entre as quais se contam as prestações de serviço de transportes, cujo valor esteja incluído no valor tributável das importações de bens conforme o disposto na alínea *b)* do nº 2 do art. 17º do Código do IVA.

Nesta sede é de assinalar que algumas as prestações de serviço de transportes se encontram sujeitas à taxa ou alíquota reduzida de IVA. O que acontece não só com as já referidas prestações de serviços de transportes escolares, sejam ou não estas directamente facturadas aos alunos, desde que sejam efectuadas por outras entidades que não estabelecimentos integrados no sistema nacional de educação ou reconhecidos como tendo fins análogos pelo ministério competente[60], mas também o transporte de passageiros, incluindo o aluguer de veículos com condutor e compreendendo o transporte e o suplemento pelas bagagens e reserva de lugar, como consta da verba 2.14 da Lista I anexa ao Código do IVA.

[59] Estando, segundo o mesmo despacho, as prestações de serviços de transportes escolares efectuadas por quaisquer outras entidades diferentes das referidas no texto sujeitas à taxa reduzida de IVA.

[60] V. o já mencionado Despacho do SEAF de 23.04.1987.

Mas o relevo dos transportes no domínio da tributação em IVA não se limita aos aspectos mencionados, isto é, à importância que tem na configuração da incidência do IVA relativa às transmissões de meios de transporte ou às prestações de serviços de transporte. De facto, os transportes estão presentes também no que concerne a algumas definições importantes para a aplicação do IVA, bem como no respeitante à localização em território nacional ou em território comunitário das operações sujeitas a IVA, um conceito fundamental para a sujeição ou não ao imposto.

Assim e quanto às definições, o transporte encontra-se implicado em conceitos como os de «lugar de partida» e «lugar de chegada» dos bens, «lugar de partida de um transporte» e «lugar de chegada de um transporte» de passageiros, «transporte intracomunitário de bens», «transporte intracomunitário de passageiros», «transporte de ida e volta» e «locação de curta duração de um meio de transporte», como os mesmos constam dos nºs 2 e 3 do art. 1º do Código do IVA.

Por seu lado, o transporte releva também para efeitos da localização das operações de transmissão de bens sujeitas a IVA, sendo decisivo para essa localização seja o momento do transporte ou expedição dos bens ou lugar de chegada da expedição ou do transporte dos mesmos. Pois, como já referimos, de um lado, segundo o disposto no nº 1 do art. 6º da Código do IVA, são tributáveis as transmissões de bens que estejam situados no território nacional no momento em que se inica o transporte ou expedição para o adquirente ou, no caso de não haver expedição ou transporte, no momento em que são postos à disposição do adquirente, excepto se, nos termos do nº 1 do art. 9º do RITI, se tratar de bens expedidos ou transportados para fora do território nacional com a obrigação de instalação ou montagem no território de outro Estado Membro. De outro lado, segundo o disposto no nº 1 do art. 8º do RITI, são tributáveis as transmissões intracomunitárias de bens quando o lugar de chegada da expedição ou transporte com destino ao adquirente se situe no território nacional.

2.2. A tributação dos transportes através do ISP

Como dissemos, um imposto sobre o consumo ligado à utilização dos veículos automóveis é o ISP. É certo que este imposto não é um imposto sobre os veículos automóveis, como o ISV e o IUC, uma vez que é um imposto sobre os combustíveis, mas integra indiscutivelmente a tributação que onera significativamente a utilização desses veículos.

A este respeito, é de lembrar que se trata de um imposto que comunga de uma caraterística visível na nossa tributação automóvel, qual seja a da preocupação com a tutela do ambiente[61], pois é um imposto que onera de uma maneira mais pesada os combustíveis de origem fóssil[62]. O que tem expressão tanto na isenção de ISP relativa aos biocombustíveis, estabelecida no art. 90º do Código dos Impostos Especiais de Consumo (CIEC), como nas taxas ou alíquotas a fixar nos intervalos estabelecidos anualmente na lei do orçamento do Estado por portaria dos membros do Governo das áreas das finanças e da economia, nos termos do art. 92º do mesmo Código[63]. Uma margem de liberdade na fixação das taxas ou alíquotas deixada pelo legislador para a sua concretização por regulamento dos membros do Governo das áreas das finanças e da economia que bem se compreende dada a natureza estratégica para o funcionamento da economia da estabilidade dos preços dos combustíveis que é preciso assegurar no bem conhecido quadro de volatilidade dos preços do petróleo.

Refira-se, a este respeito, que os veículos utilizados em alguns transportes se encontram comtemplados com isenções do ISP. É o caso das isenções dos produtos petrolíferos e energéticos utilizados nos transportes públicos e nos transportes de passageiros e mercadorias por via férrea, nos termos, respetivamente, da alínea *e)* e da alínea *i)* do nº 1 do art. 89º do CIEC.

[61] O que ganhou visibilidade no próprio nome do imposto, uma vez que com a Lei nº 107-B/2003, de 31 de dezembro (=LOE/2004) passou a designar-se Imposto sobre os Produtos Petrolíferos e Energéticos. Uma designação a que a LOE/2012 acabou por acrescentar específico conteúdo ao alargar aparentemente a incidência do ISP à electricidade, muito embora deva ser sublinhado que temos muitas dúvidas que o mencionado imposto sobre o consumo de electricidade constitua uma subespécie do ISP, já que se nos afigura como um autónomo IEC a acrescer aos demais.

[62] Um peso relativamente ao qual é de lembrar que o ISP e o IVA juntos perfazem perto de 50% do preço dos combustíveis mais usados. Acrescente-se que se trata, todavia, de um regime que tem um efeito marginal, uma vez que os biocombustíveis jamais se poderão constituir, mormente a curto ou médio prazo, num consumo alternativo minimamente significativo, o que explica, de resto, a opção do legislador por outros esquemas de incentivação do seu uso entre os quais é de destacar o regime obrigatório de incorporação de uma percentagem de biocombustíveis nos combustíveis fósseis, aprovado pelo Decreto-Lei nº 117/2010, de 25 de Outubro.

[63] V. a redação dada ao art. 92º do CIEC pela LOE/2012 – Lei nº 64-B/2011, de 30 de Dezembro.

3. Impostos específicos sobre os veículos automóveis

Naturalmente que os impostos sobre os veículos também são impostos sobre o consumo, mais precisamente sobre bens de consumo duradouro. O que tem como consequência serem os mesmos impostos especiais sobre o consumo. Todavia, tendo em conta que tais impostos se reportam especificamente à compra e à propriedade dos próprios veículos automóveis, não integrando assim os impostos especiais de consumo objecto de harmonização comunitária e com a sua disciplina no CIEC, compreende-se facilmente que os autonomizemos.

Pois bem, os veículos automóveis são eles próprios objecto de importantes impostos sobre o consumo como são o ISV, que é um imposto de obrigação única, e o IUC que é um imposto periódico e cuja receita é, em larga medida, da titularidade dos municípios. Resultado da reforma da tributação automóvel levada a cabo em 2007[64], que substituiu os anteriores Imposto Automóvel, Imposto Municipal sobre Veículos, Imposto de Circulação e Imposto de Camionagem, aqueles impostos têm em comum, na lógica que presidiu à referida reforma, apresentarem-se como uma tributação automóvel bastante amiga do ambiente[65]. Daí que ambos os impostos tenham em conta na sua base tributável e na sua taxa ou alíquota, de um lado, a cilindrada dos veículos[66] e, de outro lado, as emissões de dióxido de carbono, sendo de salientar que a componente ambiental é, por via de regra, a mais relevante.

Pois bem, nos termos do nº 1 do art. 2º do Código do ISV estão sujeitos a este imposto os seguintes veículos: a) automóveis ligeiros de passageiros, considerando-se como tais os automóveis com peso bruto até 3500 kg e com lotação não superior a nove lugares, incluindo o do condutor, que se destinem ao transporte de pessoas; b) automóveis ligeiros de utilização mista, considerando-se como tais os automóveis com peso bruto até 3500 kg e com lotação não superior a nove lugares, incluindo o do condutor, que se destinem ao transporte, alternado ou simultâneo, de pessoas e carga; c) automóveis ligeiros de mercadorias, considerando-se como tais os automóveis com peso bruto até 3500 kg e com lotação não superior a nove lugares, que se destinem ao transporte de carga, de caixa aberta,

[64] Pela lei nº 22-A/2007, de 29 de Julho.

[65] V. sobre esses impostos A. Brigas Afonso/Manuel F. Fernandes, *Imposto sobre Veículos e Imposto Único de Circulação. Códigos Anotados*, Coimbra Editora, 2009.

[66] Que foi durante muito tempo a base única da incidência do referido Imposto Automóvel, o imposto que foi substituído pelo actual ISV.

fechada ou sem caixa; d) automóveis de passageiros com mais de 3500 kg e com lotação não superior a nove lugares, incluindo o do condutor; e) autocaravanas, considerando-se como tais os automóveis construídos de modo a incluir um espaço residencial que contenha, pelo menos, bancos e mesa, espaço para dormir, que possa ser convertido a partir dos bancos, equipamento de cozinha e instalações para acondicionamento de víveres; f) motociclos, triciclos e quadriciclos, tal como estes veículos são definidos pelo Código da Estrada.

Relativamente à sua incidência subjectiva, são sujeitos passivos do imposto os operadores registados, os operadores reconhecidos e os particulares, tal como definidos pelo Código do ISV, que procedam à introdução no consumo dos veículos tributáveis, considerando-se como tais as pessoas em nome de quem seja emitida a declaração aduaneira de veículos ou a declaração complementar de veículos.

Por seu turno, segundo nº 1 do art.2º do Código do IUC, este imposto incide sobre os veículos das categorias seguintes, matriculados ou registados em Portugal: a) categoria A: automóveis ligeiros de passageiros e automóveis ligeiros de utilização mista com peso bruto não superior a 2500 kg matriculados desde 1981 até à data da entrada em vigor do presente código; b) categoria B: automóveis de passageiros referidos nas alíneas a) e d) do nº 1 do artigo 2º do Código do Imposto sobre Veículos e automóveis ligeiros de utilização mista com peso bruto não superior a 2500 kg, matriculados em data posterior à da entrada em vigor do presente código; c) categoria C: automóveis de mercadorias e automóveis de utilização mista com peso bruto superior a 2500 kg, afectos ao transporte particular de mercadorias, ao transporte por conta própria, ou ao aluguer sem condutor que possua essas finalidades; d) categoria D: automóveis de mercadorias e automóveis de utilização mista com peso bruto superior a 2500 kg, afectos ao transporte público de mercadorias, ao transporte por conta de outrem, ou ao aluguer sem condutor que possua essas finalidades; e) categoria E: motociclos, ciclomotores, triciclos e quadriciclos, tal como estes veículos são definidos pelo Código da Estrada, matriculados desde 1992; f) categoria F: embarcações de recreio de uso particular com potência motriz igual ou superior a 20 kW, registados desde 1986; g) categoria G: aeronaves de uso particular.

Relativamente à sua incidência subjectiva, são sujeitos passivos do imposto os proprietários dos veículos, considerando-se como tais as pessoas singulares ou colectivas, de direito público ou privado, em nome das quais os mesmos se encontrem registados.

Em sede de benefícios fiscais mais visíveis nestes impostos, são de destacar, entre outros, os correspondentes aos veículos exclusivamente eléctricos ou movidos a energias renováveis não combustíveis, que se encontram excluídos da incidência de ISV (art. 2º, nº 2, alínea *a)*, do Código do ISV) e isentos do IUC (art. 5º, nº 1, alínea *d)*, do Código do IUC), bem como os táxis, os quais, por constituírem um equipamento indispensável ao exercício da correspondente actividade de transporte público, são objecto de isenção em IUC (art. 5º, nº 1, alínea *e)*, do Código do IUC) e em ISV (art. 53º do Código do ISV), muito embora a isenção em ISV, a partir da LOE/2012, não se aplique a todos os táxis e, em relação aos que se aplica, possa ser total ou parcial, nos termos do referido art. 53º[67].

II. Notícia relativa a taxas e outros tributos sobre os transportes

Mas os transportes não são apenas objecto de impostos, encontrando-se também sujeitos a múltiplos outros tributos, ou seja, taxas e demais contribuições financeiras a favor das entidades públicas[68], os quais são frequentemente designados por taxas, embora nem sempre se enquadrem nesses tributos bilaterais, como julgamos ser o caso das taxas de regulação[69]. Com efeito, os transportes apresentam-se sujeitos a taxas, encontrando-se este sector de actividade particularmente exposto a essa figura tributária, na qual, de resto, se apresentam nas três modalidades de taxas conhecidas da doutrina e das

[67] Desde que, nos termos da redacção dada a este artigo pela LOE/2012, não tenham níveis de emissão de CO_2 superiores a 175 g/km, confirmados pelo respetivo certificado de conformidade.

[68] Na terminologia da divisão tripartida dos tributos conhecida do nosso ordenamento desde a Revisão Constitucional de 1997, a qual passou a estar referida na alínea *i)* do nº 1 do art. 165º da Constituição. V. sobre essa divisão tripartida dos tributos o nosso *Direito Fiscal*, cit., p. 20 e ss. Uma divisão que, não sendo conhecida de outros ordenamentos, como o ordenamento brasileiro (que tem uma tipologia de tributos bem mais diversificada), enfrenta actualmente dificuldades, já que a complexidade da vida e a crescente escassez de receitas públicas tem puxado pela imaginação dos Estados que vêm engendrando figuras tributárias cada vez de mais difícil recorte. V., a este respeito, a obra de Suzana Tavares da Silva, *As Taxas e a Coerência do Sistema Tributário*, 2ª ed., Coimbra Editora, Coimbra, 2013.

[69] Sobre a regulação dos transportes, v. Suzana Tavares da Silva, «Notas sobre a regulação dos transportes: um apontamento crítico ao Plano Estratégico de Transportes», em vias de publicação nas citadas *Atas do Colóquio «Novos Caminhos para o Direito dos Transportes»*, IDET – FDUC, 25 de Novembro de 2011.

leis[70] em função da contraprestação específica em que se materializam. Pelo que temos aí: 1) taxas devidas pela prestação de um serviço público, que são a grande maioria das taxas; 2) taxas pela utilização de bens do domínio público, como as portagens e as devidas pela acostagem e uso dos portos pelos navios, pela aterragem de aeronaves e utilização de outras infraestruturas nos aeroportos[71]; e 3) as taxas devidas pela remoção de um obstáculo jurídico à actividade dos particulares como as pagas pela obtenção de licenças relativas ao acesso e exercício da actividade de transporte[72].

Naturalmente que, tendo em conta o enorme número de taxas que se reportam à actividade de transporte ou que visam os meios de transporte, compreende-se que não tenhamos qualquer veleidade em nos referir, mesmo que sumariamente, a todas ou mesmo à maioria delas. Por isso, limitamo-nos aqui a aluir aos serviços ou institutos da administração estadual que, considerando os correspondentes regulamentos, mais taxas podem liquidar e cobrar.

Assim, tendo presente os diversos tipos de transporte, em sede dos transportes terrestres, são de referir: 1) as taxas nos transportes terrestres (rodoviários e ferroviários), cuja disciplina consta do regulamento de taxas do Instituto de Mobilidade e Transportes Terrestres[73], as taxas de acesso à actividade de transporte ferroviário e as taxas de utilização da infraestru-

[70] V. o art. 4º da Lei Geral Tributária, o art. 25º da Lei das Finanças Regionais Autónomas e o art. 3º do Regime Geral das Taxas das Autarquias Locais.

[71] Refira-se que relativamente aos portos e aeroportos há uma grande variedade de taxas, em que, para além de verdadeiros preços, temos também taxas por serviços e até taxas por licenças. Assim no respeitante aos portos, o sector certamente mais complexo no domínio dos transportes, segundo o levantamento feito por Suzana Tavares da Silva e Licínio Lopes, *Estudo de Metodologia de Apreciação dos Tarifários das Administrações Portuárias*, cit., encontramos como tipos de taxas: a taxa de uso do porto, a taxa de pilotagem, a taxa de reboque, a taxa de amarração e de desamarração, a taxa de armazenagem, a taxa de movimentação de cargas e de tráfego de passageiros, a taxa de uso de equipamentos e a taxa de fornecimentos.

[72] Lembramos que estas últimas são correntemente designadas por *licenças*, muito embora este termo designe, em rigor, não as taxas, mas sim a autorização constitutiva, ou seja, o acto administrativo que efectiva a remoção desse obstáculo. Sublinhe-se que também esses três tipos de pressuposto de facto das taxas enfrentam hoje problemas do mesmo tipo dos apontados à divisão tripartida dos tributos.

[73] Constante da Lei nº147/2007, de 27 de maio, Decreto-Lei nº 236/2008, de 12 de Dezembro, e Portaria nº 1165/2010, de 9 de Novembro.

tura[74]. Por seu lado, nos transportes marítimos podem ser cobradas as taxas constantes do regulamento de taxas do Instituto Marítimo-Portuário[75], tendo este sido substituído pelo Instituto Portuário e dos Transportes Marítimos, IP, em 2002[76]. Enfim, nos transportes aéreos, temos as taxas constantes do regulamento de taxas do Instituto Nacional de Aviação Civil[77]. De mencionar é também a taxa de regulação das infraestruturas rodoviárias (TRIR), a qual, criada pelo Decreto-Lei nº 43/2008, de 10 de Março, para financiar a entidade reguladora, o Instituto das Infraestruturas Rodoviárias, IP, incide sobre as concessionárias das autoestradas em função do correspondente tráfego médio[78].

De referir nesta sede é quer a contribuição de serviço rodoviário, criada pela Lei nº 55/2007, de 31 de Agosto, destinada à Estradas de Portugal, EPE, que incide a uma taxa ou alíquota específica de € 64/1000 l de gasolina ou € 68/1000 l de gasóleo, quer os tributos parafiscais cobrados pelas seguradoras aos segurados incidentes sobre os prémios de seguros do ramo automóvel cuja receita se destina ao Instituto Nacional de Emergência Médica, ao Fundo de Garantia Automóvel e à Autoridade Nacional de Proteção Civil. O que revela estarmos perante tributos que, atenta a sua *estrutura* unilateral, se configuram como efectivos impostos, muito embora dada a *titularidade activa* das correspondentes relações tributárias (e o destino da sua receita), tenham clara natureza parafiscal[79].

De mencionar, a respeito dos demais tributos relativos aos transportes, que são as taxas ou tributos que incorporam frequentemente uma função extrafiscal, pois, para além da obtenção de receitas, visam moldar os comportamentos dos seus destinatários, designadamente na perspectiva da pro-

[74] V. os arts. 19º e 66º-J do Decreto-Lei nº 270/2003, de 28 de Setembro, na redacção do Decreto-Lei nº 231/2007, de 14 de Junho.

[75] V. o Decreto-Lei nº 98/2001, de 28 de março.

[76] Criado pelo Decreto-Lei nº 257/2002, de 22 de Novembro. Quanto às taxas portuárias v. a obra já citada de Suzana Tavares da Silva e Licínio Lopes, *Estudo de Metodologia de Apreciação dos Tarifários das Administrações Portuárias*.

[77] V. o Decreto-Lei nº 159/2004, de 30 de Junho.

[78] Como facilmente se pode ver, a referida taxa não é uma verdadeira taxa de regulação, pois não tem por finalidade (extrafiscal) regular as infraestruturas rodoviárias, mas antes obter receitas para financiar o Instituto das Infraestruturas Rodoviárias IP.

[79] Para a distinção dos tipos de tributos com base no critério da estrutura e no critério da titularidade activa das relações tributárias, v. José Casalta Nabais/Suzana Tavares da Silva, «O Estado pós-moderno e a figura dos tributos», *Revista de Legislação e de Jurisprudência*, ano 140, 2010/11, p. 92 e s.

tecção ambiental. O que não surpreende, pois se a actividade e os meios de transporte são especialmente propícios, como vimos, a ser utilizados na realização de objectivos ambientais pela via dos impostos, provavelmente também o são em sede das taxas, uma vez que, dada a natureza de tributos bilaterais destas, possibilita a concretização do princípio modelador do próprio direito ambiental – o *princípio do poluidor pagador*[80]. Por isso, na medida em que seja possível identificar o destinatário dos comportamentos danosos para o ambiente e determinar minimamente a medida do correspondente dano, as taxas apresentam-se como uma importante e eficaz via de realização da tutela ambiental. Condições que, diversamente do que ocorre em muitos outros sectores de actividade, não parecem particularmente difíceis de verificação no respeitante aos veículos automóveis.

O que explica que o sector automóvel seja justamente um dos alvos mais visados pela política ambiental. O que tem expressão, por exemplo, no estabelecimento de taxas de estacionamento urbano com montante penalizador para o estacionamento em zonas mais próximas do centro ou em zonas ambientalmente mais vulneráveis das cidades, como se verificou com a revisão levada a cabo em 2011 das taxas de estacionamento na cidade de Lisboa. Todavia, o exemplo mais paradigmático de taxas ambientais são as *portagens urbanas* erguidas à entrada de automóveis em diversas cidades europeias, entre as quais se destaca, desde logo por ter sido a primeira a ser criada, a *London congestion charge*[81]. De facto, em tributos como esses, é particularmente visível a preocupação ambiental de descongestionamento automóvel das grandes cidades, aparecendo neles a obtenção de receitas municipais como um objectivo de algum modo secundário[82].

[80] V. o nosso estudo os tributos com fins ambientais», agora em *Por um Estado Fiscal Suportável – Estudos de Direito Fiscal*, vol. III, Almedina, Coimbra, 2010, p. 173 e ss.

[81] V. sobre esta portagem MARTA REBELO, «As taxas orientadoras de comportamentos: a ampliação do art. 19º da lei das Finanças Locais e o caso do *Central London Cogestion Carging Scheme*», *Revista Jurídica do Urbanismo e Ambiente*, 21/22, Junho – Dezembro de 2004, p. 143 e ss.

[82] Um fenómeno que, é de acrescentar, se vem estendendo inclusive às taxas devidas pela utilização de bens do domínio público, tradicionalmente avessas ao seu uso com finalidades extrafiscais, pois, nos termos da recente Portaria nº 41/2012, de 10 de Fevereiro, que desenvolve legislação (Decreto-Lei nº 67-A/2010, de 14 de Junho, e Decreto-Lei nº 111/2011, de 28 de Novembro) suportada, de resto, no próprio direito da União Europeia (Directiva 1999/62/CE, de 17 de Julho, alterada pela Directiva 2006/38/CE, de 17 de Maio), o valor das portagens encontra-se modulado também em função das emissões poluentes dos veículos

III. Considerações finais

É, porém, tempo de encerrarmos esta nossa exposição, dando conta, a título de considerações finais, em termos naturalmente muito sintéticos, de algumas ideias base que se encontram esparsas nos desenvolvimentos a que procedemos anteriormente.

Pois bem, uma primeira nota a este respeito é a de que os transportes, seja enquanto sector de actividade económica, seja como prestação de serviços em que essa actividade se materializa, seja como meios de transporte, constituem um objecto particularmente exposto à tributação, isto é, aos impostos, às taxas e demais contribuições financeiras a favor das entidades públicas. Em especial, a propriedade e a utilização de veículos automóveis constituem uma verdadeira "galinha de ovos de ouro" dos diversos fiscos que as múltiplas formas de descentralização e de desconcentração do Estado ou seus desdobramentos, políticos e administrativos, vêm engendrando[83]. De facto os automóveis, os combustíveis, as autoestradas e os parques de estacionamento constituem objectos demasiado rentáveis para que qualquer fisco se possa dispensar de os ter como alvo preferencial da tributação.

Uma exposição à tributação que tem como resultado apresentar-se a carga fiscal sobre os veículos automóveis relativamente elevada, o que tem como contrapartida serem muito significativas as receitas proporcionadas aos titulares activos da correspondente tributação. O que podemos ilustrar, tendo em conta apenas os impostos, com o facto de o ISV e o IVA, de um lado, e o ISP, de outro, terem um peso que em regra ultrapassa, e por vezes em muito, mais de 50% tanto o preço de aquisição dos veículos como o preço dos combustíveis.

Uma situação que, devemos confessar, não é para nós particularmente chocante, desde que se tenha em devida conta a separação que é preciso fazer entre a tributação que se reporta a veículos cuja aquisição e utilização respeita à actividade empresarial, constituindo os veículos basicamente equipamento indispensável ao exercício da mesma, e a tributação relativa a veículos cuja aquisição e utilização releva da esfera pessoal, apresentando-se os veículos principalmente como meros bens de consumo duradouro.

que circulam nas autoestradas. Cf. Suzana Tavares da Silva, *As Taxas e a Coerência do Sistema Tributário*, cit., p. 126 e ss.

[83] Sobre as formas de descentralização e desconcentração do Estado e seus desdobramentos políticos e administrativos, v. o nosso estudo «A autonomia local. (Alguns aspectos gerais)», agora em *Estudos sobre Autonomias Territoriais, Institucionais e Cívicas*, Almedina, Coimbra, 2010, p. 23 e ss.

O que nos permite perguntar se não poderá passar justamente pela tributação destes bens a concretização da imposição constitucional de oneração dos consumos de luxo constante do nº 4 do art. 104º da Constituição. Tanto mais que, por imperativos do direito comunitário, mais especificamente do sistema comum do IVA, essa oneração não pode mais ser feita em sede deste imposto, como aconteceu nos primeiros nove anos da vigência do IVA em Portugal, em que vigorou uma taxa ou alíquota agravada de 30% para uma lista de produtos de luxo[84].

Depois, como dissemos, a tributação de que vimos falando apresenta-se muito aberta à extrafiscalidade, mais especificamente à sua utilização ou consideração ambiental, podendo constituir assim um importante instrumento de proteção do meio ambiente. O que, a seu modo, não admira, pois tanto os veículos automóveis como os combustíveis fósseis que utilizam como energia constituem fontes muito visíveis da poluição atmosférica.

Por isso, compreende-se que a fiscalidade que os tenha por objecto possa ser aproveitada para influenciar a sua aquisição e utilização, penalizando os veículos mais poluentes e incentivando os que se apresentem mais amigos do ambiente. Daí que os veículos exclusivamente eléctricos ou movidos a energias renováveis não combustíveis estejam, como já referimos, excluídos da incidência do ISV, isentos do IUC e da tributação autónoma em IRC e IRS[85]. A que acresce o tratamento favorável, a que aludimos, relativo ao limite de gastos a considerar fiscalmente em sede das correspondentes depreciações nos termos da Portaria nº 467/2010[86].

Enfim, os veículos automóveis naquela exposição à tributação também têm servido de amplo campo de ensaio à aplicação das mais variadas taxas e de outros tributos cuja qualificação, por vezes, está longe de ser um problema de fácil solução. Por isso, àquela carga fiscal consubstanciada nos diversos e onerosos impostos que referimos, há que acrescentar uma outra parcela correspondente a múltiplas taxas e outros tributos cujo montante por certo será difícil, muito difícil mesmo, de calcular ou de apurar. Uma

[84] Ou seja, entre 1986 e 1994. Quanto ao que dizemos no texto, v. o nosso livro *O Dever Fundamental de Pagar Impostos. Contributo para a compreensão do estado fiscal contemporâneo*, cit., p. 598 e s.

[85] V. o art. 88º, nº 3, do Código do IRC, e o art. 73º, nº 2, do Código do IRS.

[86] Um sistema de benefícios que era completado por importantes incentivos financeiros à aquisição de veículos exclusivamente eléctricos e ao abate de veículos em fim de vida, os quais constavam do Capítulo V do Decreto-Lei nº 39/2010, de 26 de Abril, (Regime Jurídico da Mobilidade Eléctrica), capítulo esse que foi revogado pelo art. 139º da LOE/2012.

situação que assim possibilita a ocultação de parte significativa da carga tributária global que efectivamente onera os transportes entre nós.

O que, para além da manifesta falta de transparência que consubstancia, uma tal situação mais não é do que a expressão eloquente da realidade em que se transformou o nosso actual sistema de tributação, o qual, apesar de suportar um Estado fiscal em duplicado, refortado um aos impostos e o outro aos demais tributos, está cada vez mais longe de dispor da capacidade adequada para oferecer os serviços públicos e assegurar as políticas públicas, em quantidade e qualidade, de um efectivo Estado fiscal em singelo.

Crise e sustentabilidade do estado fiscal[1]

Sumário: I. O estado fiscal: 1. Sentido da ideia de estado fiscal; 2. A evolução do estado fiscal; II. A crise do estado fiscal: 3. As novas fronteiras do direito fiscal: 3.1. O contexto global do direito fiscal; 3.2. A descaracterização dos tributos; 3.3. A diversificação da despesa fiscal; III. A sustentabilidade do estado fiscal: 4. Ideia de sustentabilidade; 5. A sustentabilidade nos séculos XX e XXI: 5.1. Reformar a sociedade antes do estado; 5.2. O limite ao endividamento público; 5.3. O ajustamento das políticas públicas.

Falar da crise do estado fiscal não surpreende nesta segunda década do século XXI[2]. O que requer algumas reflexões sobre esse tipo de estado, tendo em conta como este se consolidou durante o século XX na forma de estado fiscal social. Depois, entraremos na problemática da crise do estado fiscal, em que, após darmos conta do advento do que é designado por estado pós-moderno, faremos referência à ruptura das tradicionais fronteiras do direito dos impostos e, bem assim, à sustentabilidade fiscal do estado, a qual, estando no centro da aludida crise, carece de ser compreendida à luz da diferença dessa sustentabilidade no século XX e no século XXI, a implicar reformar a sociedade antes da reforma do estado e a ter em devida conta a limitação do endividamento público, de um lado, e o ajustamento das politicas públicas, de outro.

[1] Texto publicado na *Revista da Faculdade de Direito da Universidade do Porto*, ano XI, 2014.

[2] Estamos cientes que o título deste estudo repete o utilizado em 1918 por Joseph Schumpeter, «Das Krise des Steuerstaat», que podemos colher na sua republicação em *Aufsätze zur Soziologie*, 1953, p. 1 e ss.

I. O estado fiscal

Não constitui novidade afirmar que a quase totalidade dos estados actuais se apresentam, do ponto de vista do seu financiamento, como estados fiscais[3]. O que significa um estado financiado fundamentalmente com base na figura dos tributos unilaterais ou impostos, e não com base em outros tributos ou outro tipo de receitas, acabando, deste modo, estes por terem uma carácter marginal. Uma ideia que, tendo importantes implicações traduzidas na rejeição de um estado patrimonial ou empresarial e na falsa alternativa que representaria um estado financiado por tributos bilaterais ou taxas, requer ter presente a sua evolução ao longo do século XX para um estado fiscal social, bem como dar conta dos problemas que presentemente enfrenta.

1. Sentido da ideia de estado fiscal

Desde logo, a ideia de estado fiscal exclui tanto o *estado patrimonial*, que constituiu a forma característica de financiamento do estado na Idade Média, assente nos rendimentos proporcionados pelos bens (sobretudo imóveis) do Monarca ou da Coroa, como o *estado empresarial* que, tendo tido alguma expressão no estado iluminista, se concretizou sobretudo nos estados socialistas do século XX. Pois bem, em qualquer desses dois tipos de estado, o seu suporte financeiro não assentava, ao menos a título principal, na figura nos impostos ou tributos.

Diversamente, no estado fiscal são os impostos que constituem o seu suporte financeiro. O que se tem expressão eloquente na célebre afirmação do juiz do *Supreme Court* norte-americano *Olivier Wendell Holmes*: «os impostos são o que pagamos por uma sociedade civilizada»[4]. Pelo que os impostos são um preço: o preço que todos, enquanto integrantes de uma dada comunidade organizada em estado, pagamos por termos a sociedade que temos. Ou seja, por dispormos de uma sociedade assente na ideia de liberdade, a qual, ao implicar o reconhecimento, respeito e garantia de um conjunto amplo de direitos (em que se incluem os direitos sociais), acaba por assegurar um mínimo de igual liberdade a todos, ou, por outras palavras, uma base

[3] Sobre a ideia de estado fiscal, v. o nosso livro *O Dever Fundamental de Pagar Impostos. Contributo para a compreensão constitucional do estado fiscal contemporâneo*, Almedina, Coimbra, 1998, p. 191 e ss.

[4] Afirmação essa feita em 1904. Para uma visão do que têm sido os impostos ao longo da história, v. a obra de Charles Adams, *For Good and Evil. The Impact of Taxes on the Course of Civilization*, 2ª ed., Madison Books, Lanham, New York, Oxford, 1999.

mínima de solidariedade[5]. Daí que não possa ser um preço qualquer, mormente um preço de montante muito elevado, pois, a ser assim, não se compreende como possa ser preservada a liberdade que um tal preço visa servir. Nem pode ser um preço que se pretenda equivalente ao preço dos serviços públicos de que cada contribuinte usufrui. Pois, nessa hipótese, ficaria arredada a ideia de solidariedade que está na base de um tal estado, porquanto, embora todos beneficiem dos serviços públicos, apenas contribuem para o seu financiamento os que revelem capacidade contributiva.

Mas a exclusão de um estado patrimonial ou de um estado empresarial, não impõe como única solução a instituição de um estado fiscal, um estado financiado exclusiva ou predominantemente por impostos. Pois, podemos perguntar se não é possível conceber um estado que seja financiado predominantemente através de tributos bilaterais, isto é, através da figura das taxas. Um estado no qual, em vez de serem todos os cidadãos a pagar e suportar o conjunto dos serviços públicos, ser cada um a pagar a sua parte, a pagar a parte dos serviços públicos de que beneficia ou cujos custos causa. O que levaria a um estado predominantemente assente na figura das taxas, o qual pode ser designado por *estado taxador*[6].

Uma ideia que vem entusiasmando alguns autores, não para a aplicar ao conjunto dos tributos e ao conjunto das despesas do estado, mas no respeitante a certos sectores ou segmentos da mais recente actuação do estado, como é o relativo à tutela ou protecção do meio ambiente e, a seu modo, o domínio da actual regulação económica e social implementada no quadro da actual mudança de uma «prestação pública» para uma «provisão pública» através da prestação privada dos serviços públicos, sobretudo os de interesse económico geral. De facto, no chamado domínio da protecção do meio ambiente, há quem defenda que as despesas ambientais podem e devem ser financiadas através de tributos bilaterais, através portanto de eco-taxas, em vez de eco-impostos. Por seu lado, em sede do financiamento

[5] Um preço que, estou certo, muitas das sociedades, que nos antecederam, gostariam de ter pago e algumas das actuais não rejeitariam suportar. Sobre este aspecto, v., por todos, Gabriel Ardant, *Théorie Sociologique de l'Impôt*, vols. I e II, Paris, 1965, e *Histoire de l'Impôt*, vols. I e II, Fayard, Paris, 1972. V. também J. L. Saldanha Sanches, *Justiça Fiscal*, Fundação Francisco Manuel dos Santos, Lisboa, 2010, p. 19 e ss.

[6] V. nesse sentido, Sérgio Vasques, *O Princípio da Equivalência como Critério de Igualdade Tributária*, Almedina, Coimbra, 2008, p. 15 e ss. Uma expressão que assim corresponderá à de *Gebührenstaat* utilizada na Alemanha. Nós, porém, designámo-lo por «estado tributário» – v. o nosso livro *O Dever Fundamental de Pagar Impostos*, cit., p. 199 e ss.

das múltiplas agências de regulação, que vêm sendo instituídas como autoridades administrativas independentes, procura-se a todo o custo lançar mão de tributos ou contribuições que, ao menos aparentemente, não se configurem como impostos[7].

Mas, analisando mais especificamente essa problemática, devemos adiantar que, em rigor, nem em sede do financiamento geral do estado, nem em sede do específico financiamento da protecção do meio ambiente ou da regulação económica e social, a figura das taxas está em condições de se apresentar como suporte financeiro principal do estado nos tempos que correm. O que vale igualmente para os municípios, apesar de o seu financiamento ser crescentemente pretexto para a criação de novas taxas e contribuições ou para o agravamento das já existentes, dando assim suporte à constituição de um «estado taxador municipal», ao lado do «estado fiscal municipal».

Assim e em sede geral, uma tal opção encontra-se arredada porque há todo um conjunto de bens, os *bens públicos*, cujos custos não podem ser repartidos pelos utentes, antes têm de ser suportados pelo conjunto dos cidadãos, por todos os contribuintes. Entre esses bens temos, de um lado, um conjunto de bens, correspondentes às funções clássicas do estado, às funções do estado *tout court*, como os bens públicos constituídos pela defesa nacional, pela política externa, pela política económica, pela política financeira, pela segurança e protecção policiais, etc., os quais, porque se trata de bens públicos por natureza, bens insusceptíveis de divisão nos seus custos pelos que deles beneficiam, não podem ser financiados por taxas, antes têm de ser suportados por impostos. Trata-se de *bens públicos por natureza* que não podem ser financiados senão por impostos.

Porém, ao lado desses bens, temos no estado social um conjunto de bens públicos, que embora os seus custos possam ser repartidos pelos correspondentes utentes, como os relativos à saúde, à educação, à habitação, à segurança social, ou seja, os relativos aos direitos sociais, o certo é que, por exigência das próprias constituições, esses direitos devem ser estendidos a todos os cidadãos, mesmo àqueles que não tenham condições de os

[7] Estamos a referir-nos às taxas de financiamento dessas autoridades independentes que vieram a assumir os tradicionais serviços públicos financiados por receitas fiscais (impostos), muito embora também haja taxas reguladoras de natureza extrafiscal que têm uma função reguladora e não reditícia – v. sobre essas taxas, Suzana Tavares da Silva, *Novas Fronteiras do Estado Fiscal*, Sumários Desenvolvidos de Direito Fiscal I (Mestrado), Faculdade de Direito da Universidade de Coimbra, 2011/2012, p. 44 e ss.

realizar através do funcionamento do mercado. Todo um conjunto de bens que não constituem bens públicos por natureza, antes se apresentam como *bens públicos por imposição constitucional*. Assim, por força da constituição, os custos com esses bens, relativamente àqueles que os não possam realizá-los pelo mercado, têm que ser suportados por todos os contribuintes[8].

Mas o que vimos de dizer vale, em larga medida, também no respeitante aos domínios da protecção do meio ambiente e da regulação e supervisão económicas. É certo que, relativamente ao direito ambiental, o princípio estruturante nele vigente, o *princípio do poluidor-pagador*, parece ir claramente no sentido de um estado taxador, uma vez que concretizaria a ideia de cada um suportar, pagar a poluição que produz, financiando-se as correspondentes despesas públicas através de taxas ecológicas em vez de impostos. Mas essa é uma maneira um pouco superficial de ver a realidade, já que a realização desse princípio depara-se com importantes obstáculos relativos à determinação do poluidor ou a exacta imputação dos custos da poluição aos poluidores[9].

E o mesmo se verifica, a seu modo, em sede dos tributos que suportam o financiamento da actividade de regulação e supervisão económicas, que tem vindo a substituir a intervenção económica. Tributos que terão estado na base da alteração da Constituição Portuguesa, em 1997, mediante a qual esta passou a conhecer em sede das figuras tributárias, ao lado dos impostos e das taxas, também as «demais contribuições financeiras a favor de entidades públicas». O que veio a pôr em causa a tradicional divisão dicotómica dos tributos que levava a integrar as tradicionais «contribuições especiais» na figura dos impostos ou na figura das taxas consoante a sua estrutura fosse unilateral ou bilateral.

2. Referência à evolução do estado fiscal

Mas, sendo o estado fiscal o estado financiado com base na figura dos impostos, vejamos como esse financiamento evoluiu, tendo em conta que um tal suporte financeiro assenta efectivamente na capacidade de pagar por parte

[8] Cf. o nosso livro *O Dever Fundamental de Pagar Impostos*, ob. cit., p. 210 e ss., e «A face oculta dos direitos fundamentais: os deveres e os custos dos direitos», *Por uma Liberdade com Responsabilidade – Estudos sobre Direitos e Deveres Fundamentais*, Coimbra Editora, Coimbra, 2007, p. 163 e ss. (186 e ss.).

[9] V., quanto a este aspecto, o que dizemos no nosso estudo «Da sustentabilidade do Estado fiscal», em José Casalta Nabais/Suzana Tavares da Silva, (Coord.), *Sustentabilidade Fiscal em Tempos de Crise*, Almedina, Coimbra, 2011, p. 44 e ss.

dos contribuintes e na competência para cobrar impostos no presente e no futuro por parte do estado. Uma ideia que tem estado presente no pensamento ocidental desde há séculos. O que reclama algumas considerações a tal respeito, referindo-nos, sucessivamente, à sua visão clássica, ao advento do estado social e à entrada no século XXI.

2.1. A visão clássica

Podemos afirmar que o suporte fiscal do estado esteve efectivamente presente desde a construção das fundações do edifício jurídico fiscal, ou seja, desde o aparecimento dos princípios rectores que integram a chamada constituição fiscal, em que se destacam os princípios que consubstanciam a ideia do autoconsentimento dos impostos e, entre todos eles, o princípio da legalidade fiscal. Pois, como já sublinhámos noutro lugar[10], o princípio da legalidade fiscal, concretização desse autoconsentimento, remonta à Idade Média em que teve expressão em numerosos documentos entre os quais se conta a célebre *Magna Carta Libertatum*, em que claramente se afirmou essa ideia depois vertida na célebre máxima *no taxation without representation*[11].

Uma ideia que, esquecida durante os séculos da centralização do poder real, veio a ser recuperada pelas revoluções liberais e concretizada no estado constitucional ou, numa outra versão, no estado de direito. Uma reposição que, todavia, não foi integral e que se reconduz a dois institutos diferentes: um, a votação anual da cobrança dos impostos através da aprovação anual do orçamento pelo parlamento; outro, a exigência de os impostos serem criados e disciplinados nos seus elementos essenciais através de lei parlamentar, como decorre do princípio da legalidade fiscal.

Uma alteração que, durante os primeiros tempos do constitucionalismo e numa certa perspectiva, não significou uma modificação real da ideia

[10] V. o nosso estudo «O princípio da legalidade fiscal e os desafios da tributação», *Volume Comemorativo do 75º Aniversário do Boletim da Faculdade de Direito de Coimbra*, 2003, p. 1068 e ss.

[11] Pois, ao contrário do que por vezes se afirma, a ideia de autoconsentimento dos impostos está longe de se esgotar na máxima *no taxation without representation* ou da democracia representativa concretizada no parlamento. Na verdade, aquela ideia mais não era do que uma expressão, para o específico campo dos impostos, da concepção mais ampla, típica dos sistemas inspirados na *rule of law*, de que os direitos individuais, enquanto direitos naturais reconduzidos fundamentalmente à liberdade e à propriedade (*liberty and property clause*), constituíam um *prius* face ao poder do estado susceptíveis, por isso, apenas de autolimitação por parte do indivíduo – v., neste sentido, L. Antonini, *Dovere Tributario, Interesse Fiscale e Diritti Costituzionali*, Milano, 1996, p. 34 e ss.

medieval de autoconsentimento dos impostos. Pois o parlamento, ao aprovar a lei de cada imposto, de um lado, e o orçamento relativo às receitas, que o mesmo é dizer relativo aos impostos, de outro, no quadro de um sistema fiscal constituído por impostos de repartição, o que, afinal de contas, aprovava era o nível da despesa pública. Uma situação que, em rigor, não se alterou significativamente com o advento de um sistema fiscal assente preferentemente em impostos de quotidade, pelo menos enquanto perdurou o entendimento liberal do estado que o reconduzia a um estado mínimo a implicar finanças públicas ditas neutras assentes numa despesa pública moderada e, portanto, numa carga fiscal baixa. Pelo que o princípio da legalidade fiscal, que durante o estado liberal congregou as exigências que actualmente integram a constituição fiscal, tinha o alcance de controlar a despesa pública, limitando-a ao montante das receitas dos impostos, o que fornecia um efectivo suporte fiscal ao estado.

2.2. O estado social

Mas todo esse quadro se alterou profundamente com a chegada do estado social. Na verdade, à medida que se foi impondo a ideia de umas finanças públicas funcionais, baseadas em elevada despesa social e numa alta tributação, bem como no recurso amplo ao crédito público, o poder parlamentar prático ou efectivo sobre o conjunto das despesas e, por conseguinte, sobre o suporte financeiro do estado enfraqueceu significativamente.

Assim e em relação às despesas públicas, para além da subtracção ao conhecimento do parlamento de montantes significativos destas, através de variadas e, por vezes, subtis ou imaginativas formas de desorçamentação, não restam dúvidas de que o poder parlamentar é muito diminuto, já que se limita a aprovar ou a fazer pequenos acertos aos montantes apresentados pelo governo, sem poder efectivo para limitar o recurso ao crédito e, por conseguinte, para controlar realmente os défices públicos. O que, atendendo à rigidez apresentada pelas despesas, afectas em larga medida ao pagamento das remunerações dos servidores públicos e às políticas públicas suporte da realização dos direitos sociais, tem-se revelado, na prática, uma verdadeira impossibilidade.

Deste modo, com o advento do estado social, o controlo das despesas públicas pelo parlamento degradou-se significativamente. De um lado, num quadro de finanças funcionais e de ampla intervenção económica do estado, decorrente das ideias de *John Meynard Keynes*, o recurso ao crédito converteu-se num importante segmento das receitas públicas, ao lado das receitas efectivas constituídas pelos impostos ou, mais em geral, pelos tributos. Um segmento em relação ao qual o controlo dos parlamentos, quando não mesmo dos próprios estados, acabou por nunca ser o que deveria ser, designadamente em termos de salvaguardar a «regra de ouro das finanças públicas», segundo a qual o valor do défice orçamental não deve ser superior ao valor das despesas de investimento aptas a gerar no futuro receitas fiscais suficientes para fazer face aos encargos com os empréstimos contraídos.

Ao que acresce o contínuo aumento da carga fiscal implicada no desenvolvimento e consolidação do estado social nos anos sessenta e setenta do século passado. Daí que a partir dos anos oitenta e noventa se tenha começado a reivindicar nos países mais desenvolvidos, onde o problema dos limites da carga fiscal mais se fazia sentir, um limite a esse aumento da carga fiscal, o qual passou a ser objecto de discussão em dois planos. Num *plano jurídico*, em que se procurava uma solução jurídica, a qual, em geral, resultou na tentativa de introdução nos próprios textos constitucionais de alguns limites à tributação, abrangendo uma diversidade de propostas, tais como a previsão de limites à despesa pública, ao número de servidores públicos, à taxa ou alíquota de certos impostos, com destaque para o imposto sobre o rendimento pessoal, etc. O que teve expressão visível na discussão do *balanced budget ammendement* norte-americano, objecto de rejeição pelo Senado em 2 de Março de 1995[12].

E, num *plano político*, em que se pugnou por uma solução política a encontrar na arena democrática do estado, traduzida em os partidos políticos, através dos seus candidatos ao governo, apresentarem programas de redução ou de limitação dos impostos. Foi por este caminho que enveredaram os Estados Unidos da América, com a eleição de *Ronald Reagan*, o Reino Unido, com a eleição de *Margaret Thatcher*, e a Suécia, com a eleição de um governo conservador ao fim de décadas de governos sociais democratas. De facto, todas as forças políticas que ganharam as eleições nesses países apresentaram ao eleitorado programas de redução significativa da carga fiscal. Solução que levou ao esquecimento daquela proposta jurídica que desapareceu da preocupação da doutrina e das propostas de alteração constitucional.

[12] V. o nosso livro *O Dever Fundamental de Pagar Impostos*, ob. cit., p. 590 e ss, e Abel L. Costa Fernandes, *A Economia das Finanças Públicas*, Almedina, Coimbra, 2010, p. 524 e ss.

2.3. A entrada no século XXI

Todavia, este tipo de resposta deixou de ser solução eficaz no século XXI. Por isso, não admira que assistamos hoje a um revivalismo focado naquelas soluções jurídicas, que foram discutidas nos anos oitenta e noventa do século passado. Com efeito, sob a batuta da Alemanha, que introduziu em 2009 na *Grundgesetz* um limite para o défice orçamental, para valer a partir de 2016[13], foram adoptados limites aos défices orçamentais e à dívida pública na União Europeia. Pois, através do Tratado sobre a Estabilidade, Coordenação e Governação na União Económica e Monetária[14], os Estados Membros que o subscreveram[15], vincularam-se a introduzir na respectiva constituição ou em lei de valor reforçado, de limites muito estritos em sede orçamental, impondo orçamentos equilibrados ou cujo défice estrutural não ultrapasse os 0,5% do PIB e determinando que a dívida pública não exceda os 60% do PIB.

Uma solução em relação à qual temos fundadas dúvidas. Pois não nos podemos esquecer que a disposição alemã referida não é verdadeiramente nova, já que a *ratio constitutionis* de um tal normativo não deixou de estar presente no pensamento constitucional alemão do segundo pós-guerra, na medida em que se entendeu que a *Grungesetz* impunha que o recurso ao crédito fosse apenas para fazer face a despesas de investimento, segundo a regra conhecida por *junctim* recurso ao crédito/investimento. Muito embora essa racionalidade tenha acabado por ser neutralizada, na prática, por disposições legais que impediram a efectiva concretização da vinculação do recurso ao crédito a despesas de investimento[16].

De outro lado, não podemos esquecer o que se passou nos países da União Europeia que integram a União Económica e Monetária, os quais, no quadro das *binding rules* do Pacto de Estabilidade e Crescimento, já se encontravam sujeitos a rigorosos limites no que respeita ao défice público e à dívida pública, não podendo ultrapassar, respectivamente, 3% e 60% do PIB, sob pena de abertura do Procedimento por Défices Excessivos. Pois,

[13] Que será reduzido a 0 a partir do ano 2020. V., para mais detalhe, o artigo 115º da *Grundgesetz*.

[14] De 2 de Março de 2012, que veio a entrar em vigor em 1 de Janeiro de 2013.

[15] Que foram 25 Estados Membros da UE, tendo ficado de fora o Reino Unido e a República Checa.

[16] Regra que, apesar de estabelecida, não obstou a défices orçamentais resultantes do recurso ao crédito muito para além do correspondente ao investimento – v. Christoph Gröpl, «Schwächen des Haushaltsrechts – Wege zu einer nachhaltigen Finanzwirtschaft», *Die Verwaltung*, 2006/2, p. 220 e ss.

embora o cumprimento desses limites tenha sido exigido a pequenos países (caso de Portugal[17]), quando chegou a vez da violação dos mesmos pelos grandes países (caso da Alemanha e da França), procedeu-se à flexibilização do Pacto[18].

Para além de que o respeito desses limites numa situação de crise económica e financeira como a actual, se depara com obstáculos de monta. Com efeito, estando os Estados desprovidos dos instrumentos da política monetária, agora monopolizada no BCE e estritamente orientada para a estabilidade dos preços, e fortemente limitados nos instrumentos de política orçamental, têm como única via o aumento das receitas e a diminuição das despesas, vias largamente impraticáveis: a primeira, por a carga fiscal dos países mais afectados pela crise estar muito próxima do insustentável e insuportável; a segunda, em virtude de uma parte muito significativa das despesas públicas se revelar de elevada rigidez.

A que acresce a circunstância de a referida «regra de ouro das finanças públicas» ter presentemente por pano de fundo a nova *governance* financeira pública, em que a coexistência permanente da tradicional lógica político-jurídica com a actual lógica técnico-económica ou de gestão acaba por limitar o alcance da constitucionalização de normas financeiras respeitantes a um efectivo equilíbrio orçamental. Pois, para além de a lógica económica ou de gestão contemporânea restringirem significativamente as iniciativas e escolhas políticas ou jurídicas, tais normas não podem deixar de ter uma adequada flexibilidade.

Por conseguinte, apesar das dúvidas que vimos de exprimir, admitimos, todavia, que a consagração constitucional ou em lei de valor reforçado de um limite ao endividamento público possa ter um papel importante enquanto parâmetro supralegal para legitimar a adopção de medidas, a seu modo de natureza excepcional, naquelas situações que podemos designar por «estado de necessidade financeiro» ou «estado de necessidade económico-financeiro». O que possibilitará passar a dispor de uma abertura constitucional ou supralegal expressa para este tipo de estado de necessidade, situado, de algum modo, entre o excepcionalíssimo «estado de neces-

[17] O primeiro país a ser objecto do Procedimento dos Défices Excessivos, em 2002.

[18] Através do Regulamentos nº 1055/2005 e nº 1056/2005. Alteração levada a cabo depois de o Pacto ter sido suspenso no ECOFIN de 25 de Novembro de 2003.

sidade constitucional» e o ordinário ou corrente «estado de necessidade administrativo»[19].

II. A crise do estado fiscal

Entrando, porém, mais especificamente no nosso tema, ou seja, na crise do estado fiscal, vejamos como as tradicionais fronteiras do direito dos impostos estão sendo postas em causa, dando suporte ao redesenhar de novas fronteiras, bem como destacar, num tal quadro, um dos mais prementes problemas que o estado actual enfrenta, o da sua sustentabilidade.

3. As novas fronteiras do estado fiscal

Comecemos, então, pelas novas fronteiras do estado fiscal no quadro do que é designado por estado pós-moderno. Antes, porém, uma alusão ao momento em que começou a verificar-se a realidade estadual face à qual faz algum sentido falar em estado pós-moderno, ou seja, quando se iniciou o século XXI, em que a perturbação do estado moderno passou a ser claramente visível. Pois bem, a este respeito, é de assinalar que o fim do século XX político e jurídico não coincide com o fim do século XX em termos cronológicos. Com efeito, temos para nós que o século XX foi um século muito curto, cronologicamente falando. Com efeito, embora tenha sido muito longo do ponto de vista dos acontecimentos dramáticos que nele tiveram lugar, o século XX foi, contudo, do ponto de vista da duração dos quadros de compreensão política e jurídica da sociedade e do estado e da duração das concepções políticas e jurídicas em que se apoiou, um século relativamente curto, pois, tendo começado em 1919 com a aprovação Constituição de Weimar, terminou no ano de 1989, com a queda do Muro de Berlim e a consequente implosão da União Soviética.

Afinal um século de 70 anos, durante o qual houve tempo para destruir e reconstruir a Europa e modelar o estado social que, é de sublinhar, permitiu a maior prosperidade e bem-estar alcançados pela Humanidade[20]. Pois foi no século XX que se ergueu e consolidou o estado social, tendo sido, no quadro deste, que se desenvolveram sistemas fiscais paradigmas do pro-

[19] Regulados em Portugal, respectivamente, no artigo 19º da Constituição e no artigo 3º, nº 2, do Código de Procedimento Administrativo.

[20] V. o nosso texto «A reforma fiscal num Estado fiscal suportável», *Por um Estado Fiscal Suportável – Estudos de Direito Fiscal*, vol. II, Almedina, Coimbra, 2008, p. 67 e ss. (76 e ss.).

gresso do estado, o qual se sedimentou sobre os pressupostos da «teoria de soberania» e do «monopólio de poder»[21].

O que conduziu a um estado fiscal correspondente, ao estado fiscal social, o qual, depois de tanto sucesso, enfrenta presentemente a ameaça real de ruptura das suas tradicionais fronteiras[22]. Entre os fenómenos que concretizam essa ruptura podemos apontar o contexto global em que actua o direito dos impostos, a descaracterização da figura dos tributos e a diversificação da despesa fiscal.

3.1. O contexto global do direito fiscal

Sendo o direito fiscal um direito eminentemente territorial compreende-se facilmente a perturbação que o fenómeno da globalização económica veio causar. O que tem múltiplas expressões. Desde logo, o direito fiscal deixou de ser produção monopolística do estado, porque respeitante a factos tributários totalmente localizados no seu território. De facto, nessa produção participam agora, de forma mais ou menos intensa, diversos operadores supranacionais e internacionais que produzem directamente direito fiscal como acontece com a União Europeia que vem, de resto, desenvolvendo uma verdadeira europeização do direito fiscal, ou limitam fortemente o mundo dos impostos como sucede com o sistema GATT/OMC que obsta a que os estados concedam auxílios fiscais às empresas que exportam[23]. A que acresce o papel de diversas empresas transnacionais que vêm sendo o suporte de inúmeras soluções legais em sede do direito fiscal das empresas, em que sobressaem as regras relativas à contabilidade empresarial com destaque para as IAS e IFRS, que os ordenamentos da União Europeia e dos estados têm vindo a adoptar. O que proporciona um patamar de soluções normativas tendencialmente globais de diversa proveniência que, estabelecido a montante dos estados, acaba consti-

[21] A este propósito é de destacar Christoph Möllers, autor que procurou esclarecer o sentido do conceito de estado no dealbar do século XXI, destacando que este perdeu força como conceito aglutinador e referencial da Sociedade, tendo ganho inúmeros qualificativos (de direito, social, cooperativo, informal), que mais não são do que propostas paliativas para uma «realidade» que se aproxima cada vez mais de uma mera construção jurídica, distante, assim, de uma «certa ideia material de comunidade», em *Staat als Argument*, Beck, München, 2000.

[22] Para maiores desenvolvimentos, v. Suzana Tavares da Silva, *Novas Fronteiras do Estado Fiscal*, Sumários Desenvolvidos de Direito Fiscal I (Mestrado), Faculdade de Direito da Universidade de Coimbra, 2011/2012.

[23] Nos termos do Acordo sobre as Subvenções e as Medidas de Compensação adoptado pelo GATT/OMC.

tuindo o primeiro nível de um direito dos impostos efectivamente multinível. A que acresce tratar-se de direito produzido, em larga medida, à margem dos órgãos políticos legitimados para essa produção, e integrado crescentemente por normas de *soft law* que coloca diversos problemas novos, designadamente em sede da sua aplicação.

Um outro segmento decorrente da globalização económica tem a ver com a concorrência entre os sistemas fiscais que se instalou, a qual mais não é do que uma resposta individual dos estados ao quadro alargado em que as empresas exercem a sua liberdade de empresa, em que naturalmente se inclui a liberdade de gestão fiscal traduzida em incorrer nos menores gastos possíveis. Uma resposta que, sendo expressão de um direito tributário claramente à deriva, está longe de ultrapassar os magnos problemas que essa concorrência coloca. O que tem particular expressão nos limites dentro dos quais a referida liberdade de gestão fiscal há-de conter-se, uma vez que esta liberdade, como qualquer direito ou liberdade fundamental, não pode ser exercida de forma abusiva, assumindo manifestações ou concretizações que vão além do seu âmbito ou conteúdo próprio. É que, enquanto a referida liberdade é exercida em ambiente global, a resposta concretizada nos limites a essa liberdade continua a ser dada fundamentalmente no quadro de cada estado, através da consagração de cláusulas gerais antiabuso, com longa tradição jurisprudencial nos EUA e no Reino Unido, e de outras disposições legais dirigidas ao combate à evasão e fraude fiscais. Daí que a concorrência fiscal tenha um significado totalmente diverso para as empresas e para os estados, já que, enquanto para as primeiras se trata, de facto, de obter o preço fiscal mais baixo a pagar pela sua actividade, para os estados, que antes tinham um preço fiscal de monopólio, assente na sua soberania territorial, passam a ter de praticar um preço do mercado fiscal cuja regulação não dominam nem tem qualquer sucedâneo internacional ou supranacional adequado para a mesma

Pelo que, em consequência disso, presentemente os estados têm presentemente dois tipos de poder tributário: o exercido sobre os contribuintes e situações deslocalizáveis e o exercido sobre os contribuintes e situações resistentes à deslocalização. Assim, no primeiro caso, em que o poder tributário tem por destinatários sobretudo o rendimento das empresas e dos trabalhadores com maiores qualificações e rendimentos, os estados dispõem de um poder bastante limitado, porquanto têm que o exercer no quadro dos fortes constrangimentos decorrentes da concorrência entre as jurisdições fiscais, o que, de algum modo, desfigura o poder tributário tradicionalmente ancorado na ideia de soberania fiscal e, por conseguinte, da própria soberania *tout court*[24]. Já em relação aos contribuintes e situações não deslocalizáveis, os trabalhadores pouco qualificados e os bens imóveis, o poder tributário continua a poder ser exercido segundo o figurino tradicional da soberania territorial. O que pode conduzir a consequências bastante nefastas, uma vez que a perda de receitas implicada na limitação de tributação dos detentores das manifestações de capacidade contributiva mais significativas tende a ser compensada pela sobretributação dos contribuintes que não podem beneficiar do fenómeno da globalização.

Aliás esta destruição do poder tributário dos estados tem particular incidência no respeitante aos países membros da União Europeia através da chamada harmonização fiscal negativa protagonizada pelo Tribunal de Justiça da União Europeia (TJUE). Pois, embora a União Europeia não tenha logrado avançar no caminho da harmonização positiva, através da aprovação dos correspondentes actos de natureza legislativa (directivas ou regulamentos), em virtude sobretudo da regra da unanimidade que continua a vigorar para a matéria fiscal, o certo é que os estados têm vindo a ver o seu poder tributário, com destaque para a tributação das empresas, fortemente limitado pela actuação activista do TJUE, o qual vem julgando incompatível com o direito europeu numerosas soluções dos sistemas fiscais nacionais.

O que nos leva a questionar se, face à jurisprudência fiscal deste Tribunal, não nos deparamos com uma verdadeira situação de «esquizofrenia» de todo inaceitável e de consequências particularmente nefastas, uma vez que essa jurisprudência põe em risco os sistemas fiscais nacionais, os quais, podem morrer, assim, às mãos de uma discutível extrafiscalidade europeia[25]. Pois, de um lado, exige-se aos estados que tenham finanças saudáveis, nos termos já referidos, o que, obviamente, pressupõe a autonomia de organização e funcionamento dos correspondentes sistemas fiscais, mas, de outro lado, subvertem-se largamente estes sistemas com o argumento ou o pretexto de os compatibilizar com a realização do mercado interno e o respeito pelas liberdades fundamentais europeias. Por conseguinte, boicota-se, por esta via, o exercício da soberania fiscal que, à face dos tratados e do direito

[24] Sobre o sentido e alcance com que ainda se pode falar em soberania estadual e, naturalmente, soberania fiscal, v. o nosso livro *O Dever Fundamental de Pagar Impostos*, cit., p. 290 e ss.

[25] Cf. A. Carlos dos Santos, *L'Union Européenne et la Régulation de la Concurrence Fiscale*, Buylant/LGDJ, Bruxelles/Paris, 2009, p. 120 e ss.

derivado europeu, os estados continuam a manter[26], e subverte-se a relação de «cidadania fiscal» em que a mesma assenta traduzida no dever fundamental de suportar financeiramente o estado, isto é, no dever fundamental de pagar impostos, o qual, como dever fundamental que é, constitui naturalmente um limite imanente também à realização do mercado interno e às liberdades fundamentais europeias que o Tribunal de Justiça, todavia, não tem em consideração.

3.2. A descaracterização dos tributos

Porém, a ruptura das fronteiras do actual estado fiscal vem ocorrendo também em sede da figura dos tributos, a qual se vem descaracterizando. O que é visível em dois planos: no plano da arrumação das diversas figuras tributárias e no plano dos impostos paradigmáticos dos sistemas fiscais.

No primeiro plano, é de assinalar que vimos assistindo ao questionar da arrumação tradicional dos tributos bem como à alteração do âmbito de cada uma das suas espécies. O que encontramos nas diversas arrumações que os tributos tradicionalmente comportam, as quais, a nosso ver, se reconduzem a três critérios: o clássico critério da estrutura da relação tributária[27], com base no qual temos impostos, taxas e contribuições especiais; o critério do sujeito titular activo da relação tributária, em que se ancora a distinção entre tributos fiscais e tributos parafiscais; e o critério da finalidade dos tributos quando esta seja definida em termos amplos, com base no qual se contrapõem os tributos fiscais aos tributos extrafiscais.

Podemos dizer que esta descaracterização se revela antes de mais e principalmente nos tipos de tributos segundo a estrutura da correspondente relação jurídica, em que, atenta a importância que essa arrumação tem tido e ao facto de se reportar ao universo da generalidade dos tributos, vem ganhando maior visibilidade. Realidade que opera quer essa arrumação assente numa divisão dicotómica ou binária, segundo a qual os tributos ou

[26] V. a este respeito, A. Carlos dos Santos, *L'Union Européenne et la Régulation de la Concurrence Fiscale*, cit., p. 117 e ss.; e Pietro Boria, *Diritto Tributario Europeo*, Giuffrè, Milano, 2010, p. 61 e ss. e 413 e ss., autor que se refere ao TJUE, enquanto protagonista da harmonização fiscal negativa, como «o antisoberano», ou seja, como um destruidor da soberania fiscal dos estados.

[27] Ou, porventura melhor, das relações tributárias, porquanto a relação tributária comporta simultaneamente uma relação de direito constitucional, uma relação de direito administrativo e uma relação de direito obrigacional, como referimos no nosso *Direito Fiscal*, 7ª ed., Almedina, Coimbra, 2012, p. 227 e ss.

são tributos unilaterais ou impostos ou tributos bilaterais ou taxas, quer na versão tricotómica ou ternária, nos termos da qual os tributos se dividem entre tributos unilaterais ou impostos, tributos bilaterais ou taxas e contribuições ou tributos especiais.

Trata-se de uma descaracterização que tem expressão não só em sede do aparecimento de novas figuras intermédias entre o imposto e a taxa, concretizada em Portugal pela autonomização de parte das contribuições especiais, mas também na crescente diluição da própria figura das taxas. No respeitante às contribuições especiais, figura tradicionalmente conhecida da doutrina no quadro da referida divisão tripartida dos tributos, embora não dispusesse de verdadeira autonomia em sede do seu regime jurídico-constitucional face aos impostos, podemos assinalar que conhecem presentemente duas modalidades: as *contribuições especiais* clássicas ou em sentido estrito[28], que continuam a ser tidas por impostos nos termos da Lei Geral Tributária[29], e as demais *contribuições financeiras* a favor de entidades públicas, uma categoria que, introduzida na Constituição na Revisão Constitucional de 1997, si situa claramente em termos do seu regime jurídico, entre a figura dos impostos e a figura das taxas.

Relativamente à diluição da figura das taxas, é de lembrar que estas eram tradicionalmente cobradas com base em um dos três factos tributários, a saber: a prestação concreta de um serviço público, a utilização de bens do domínio público ou a remoção de um obstáculo jurídico à actividade dos particulares (as chamadas licenças)[30]. Pois bem, quanto a estes tributos bilaterais assistimos presentemente quer à ampliação quer à restrição do

[28] Que conhecem ainda dois subtipos: as *contribuições de melhoria*, que têm lugar naqueles casos em que é devida uma prestação, em virtude de uma vantagem económica particular resultante do exercício de uma actividade administrativa, por parte de todos aqueles que tal actividade indistintamente beneficia; e as *contribuições por maior despesa*, que ocorrem naquelas situações em que é devida uma prestação em virtude de as coisas possuídas ou de a actividade exercida pelos particulares darem origem a uma maior despesa.

[29] Pois dispõe no nº 3 do seu artigo 4º: "[a]s contribuições especiais que assentam na obtenção pelo sujeito passivo de benefícios ou aumento de valor dos seus bens em resultado de obras públicas ou da criação ou ampliação de serviços públicos ou no especial desgaste de bens públicos ocasionados pelo exercício de uma actividade são considerados impostos".

[30] Ou, como estabelece o artigo 4º, nº 2, da Lei Geral Tributária, «as taxas assentam na prestação concreta de um serviço público, na utilização de um bem do domínio público ou na remoção de um obstáculo jurídico ao comportamento dos particulares».

seu âmbito, uma vez que, se no respeitante às situações suportes de taxas devidas pela utilização de bens do domínio público e às situações base das taxas devidas pela remoção de um obstáculo jurídico à actividade dos particulares, assistimos à sua ampliação, já nas relativas à prestação concreta de um serviço público nos deparamos com uma certa restrição.

Assim, nas devidas pela utilização do domínio público, encontramos as devidas pela utilização do domínio privado dos entes públicos, que não passam de preços, e nas devidas pela remoção de um obstáculo jurídico à actividade dos particulares, encontramos algumas que, por se reportam à remoção de obstáculos artificiais permanentes ao exercício de actividades, mais se assemelham a impostos porquanto são devidos pela capacidade contributiva revelada nessas actividades. Já quanto às taxas devidas por serviços públicos, dada a redução do campo destes, em virtude da deslocação do estado para o mercado da realização dos direitos base do estado social, concretizada na entrega ao mercado da satisfação dos serviços de interesse económico geral ou até de alguns serviços de interesse geral, os quais não surpreende que tendam a ser financiados mais por preços do que por tributos bilaterais.

Porém, a descaracterização em apreço não releva apenas face à arrumação dos tributos segundo a estrutura da relação jurídica, manifestando-se também quando considerados a partir do critério do sujeito activo dessa relação ou da finalidade dos tributos, o que, valendo relativamente aos três tipos de tributos, assume particular expressão no respeitante aos impostos que, assim, são objecto de significativa expansão no quadro da presente reconfiguração do estado social.

Limitando-nos aqui apenas à figura dos impostos, é de sublinhar que estes se expandiram tanto para os impostos parafiscais como para os impostos extrafiscais. Quanto aos primeiros, os impostos parafiscais, que têm de específico constituírem impostos especiais com receitas consignadas a entes não territoriais, devemos assinalar que os mesmos se multiplicaram nos últimos anos devido sobretudo ao fenómeno da desorçamentação que foi uma das bases da derrapagem das contas públicas e do endividamento público excessivo. Tendo em conta, porém, que este fenómeno tende a ser combatido pelo direito europeu, obrigando os estados a contas consolidadas de todo o sector público, sejam estas contas estaduais, regionais, municipais ou parafiscais, não é espectável que tais impostos possam continuar a prosperar como no passado. Um combate que se tem incentivado particularmente no contexto de actual crise da dívida soberana dos estados endividados[31]. Uma limitação que, ainda assim, não obstará à continuação da criação dos mais imaginativos tributos parafiscais normalmente designados por taxas, como acontece, por exemplo, no domínio dos seguros.

Por seu lado, no referente aos impostos extrafiscais é de referir que, como dissemos noutro lugar, não é de esperar muito deles, porquanto no domínio em que porventura teriam maior projecção, o domínio da protecção do meio ambiente, a preocupação ambiental, apresenta-se aí, por via de regra, mitigada, dominando como principal objectivo desses impostos o da obtenção de receitas públicas. É que os tributos que, à partida, teriam maior aptidão nesse domínio, não seriam os impostos, mas as taxas porquanto concretizariam o princípio do poluidor pagador, embora estas enfrentem obstáculos operacionais que limitam o seu campo de acção. O que resulta não só da inadequação à partida das taxas para se constituírem em tributos extrafiscais[32], mas sobretudo pela dificuldade em identificar o poluidor ou determinar o grau de poluição provocada para servir de base ao montante dos tributos. Por isso, os tributos ambientais serão na maior parte dos casos impostos e impostos em que o carácter extrafiscal é limitado, constituindo a obtenção de receitas públicas o objectivo claramente dominante como acontece em Portugal com os impostos sobre veículos automóveis e sobre os combustíveis[33].

Passando agora ao segundo nível de descaracterização dos tributos, ou seja, a descaracterização dos impostos paradigmáticos da actual estrutura dos sistemas fiscais, podemos dizer que um tal nível de descaracterização se verifica em Portugal relativamente tanto aos impostos sobre o rendimento – o Imposto sobre o Rendimento das pessoas Singulares (IRS) e o Imposto sobre o Rendimento das Pessoas Colectivas (IRC), como face ao imposto geral sobre o consumo – o Imposto sobre o Valor Acrescentado (IVA). O que tem expressão na limitação do carácter pessoal do IRS, no progres-

[31] V. o nosso estudo «Considerações sobre a figura dos tributos», *Estudos de Homenagem ao Prof. Doutor Aníbal de Almeida*, Coimbra, 2012, p. 753 e ss., e Suzana Tavares da Silva, *As Taxas e a Coerência do Sistema Tributário*, 2ª ed., Coimbra Editora, 2013, esp. p. 70 e ss. e 133 e ss.

[32] Nesse sentido, v. Suzana Tavares da Silva, *Novas Fronteiras do Estado Fiscal*, cit., p. 46.

[33] Ou seja, o Imposto sobre Veículos (ISV), o Imposto Único de Circulação (IUC) e o Imposto sobre os Produtos Petrolíferos e Energéticos (ISP).

sivo afastamento do IRC do rendimento real das empresas e na perda das características do IVA em segmentos significativos.

No respeitante ao IRS, a limitação e, em alguns casos, a efectiva eliminação das deduções de natureza pessoal, sobretudo das deduções à colecta das despesas dos contribuintes com a realização dos direitos sociais, que têm vindo a ser criadas ou ampliadas nos últimos anos, principalmente através das leis do orçamento do Estado, desfiguram esse imposto tanto face ao paradigma recortado no nº 1 do art. 104 º da Constituição, como da sua concretização legal no Código do IRS. O que leva a que este imposto seja cada vez menos um imposto sobre o rendimento disponível quando não se aproxima mesmo de um imposto sobre o rendimento bruto dos contribuintes[34].

Desfigurado tem vindo a ser também o IRC, pois cada vez mais incide sobre um lucro tributável que se afasta do rendimento real, ou seja, do rendimento revelado pela contabilidade regularmente organizada segundo os sãos princípios contabilísticos. Pois que, muito embora o modelo de relação entre a contabilidade e a fiscalidade sempre tenha sido o da dependência parcial desta face àquela, nos últimos anos vem-se acentuado significativamente a não consideração fiscal de grandezas económicas e contabilísticas, em que sobressaem os gastos económicos e contabilísticos não considerados gastos fiscais como os constantes dos arts. 23º, nº 2 a 5, 34º, 45º, 51º e 67º do Código do IRC. A que acrescem as preocupantes tributações avulsas que têm vindo a ser instituídas, entre as quais se contam as tributações autónomas, eufemisticamente designadas por "taxas de tributação autónoma", a derrama estadual, etc.[35].

Um fenómeno que tem vindo a verificar-se inclusive no respeitante ao IVA, um imposto geral sobre o consumo que tanto sucesso teve, o qual está patente no facto de ter sido adoptado pela generalidade dos países. Pois bem, também relativamente a este imposto, se vem assistindo a dificuldades que tornam a sua continuação problemática em alguns sectores. O que tem expressão eloquente no domínio das chamadas transacções intracomunitárias, decorrentes da abolição das fronteiras físicas decorrente da criação do mercado interno em 1992, em que tem proliferado uma verdadeira "indústria da fraude" cada vez mais complexa e sofisticada, protagonizada sobretudo pela vem conhecida fraude em carrocel. Mas não só, já que em

[34] Daí que nos interroguemos sobre se ainda fará sentido o art. 104º da Constituição – v. o nosso estudo «Ainda fará sentido o artigo 104º da Constituição», neste volume, p. 135 e ss.

[35] V. o nosso *Direito Fiscal*, cit., p. 521 e ss, e 543 e ss., e o nosso estudo «Investir e tributar: uma relação simbiótica?», *Revista de Legislação e de Jurisprudência*, 141, 2011/12, p. 165 e ss.

alguns sectores, mais expostos ao risco de fraude ou de evasão fiscal, se teve de introduzir, contra a lógica do sistema de um imposto sobre o consumo tipo IVA, a inversão do sujeito (*reverse charge*) que desfigura tributação geral do consumo na União Europeia.

3.3. A diversificação da despesa fiscal

Um outro aspecto do actual estado fiscal é a diversificação da despesa fiscal. Trata-se de derrogações deliberadas ao sistema normal de tributação, através do reconhecimento ou concessão de benefícios fiscais, permitindo-se aos estados actuarem sobre a economia privada de modo equivalente àquele ao levado a cabo pelas despesas públicas directas (subvenções ou subsídios).

As despesas fiscais representam, assim, um pagamento passivo realizado pelos entes públicos detentores de poder tributário a favor dos agentes económicos e sociais mediante a redução dos impostos a pagar por estes, ou seja, trata-se de despesas públicas levadas a cabo pelo sistema fiscal. Justamente porque constituem despesas, compreende-se que sejam objecto de controlo sob os mesmos parâmetros das despesas públicas directas. O que tem expressão, por exemplo, na exigência de a sua previsão constar de um específico anexo à proposta de Orçamento do Estado, nos termos da alínea *g)* do nº 2 do atrigo da 106º da Constituição Portuguesa[36].

Duas observações a tal respeito. Uma para assinalar que, embora todos os benefícios fiscais se configurem, ao menos à primeira vista, como «despesas fiscais», há que ter em conta a distinção entre os benefícios fiscais estáticos e os benefícios fiscais dinâmicos, incentivos ou estímulos fiscais. É que, visando estes estimular determinadas actividades, no quadro de uma relação entre as vantagens fiscais atribuídas e as actividades estimuladas em termos de causa-efeito, compreende-se que, porque incentivam actividades que, de outro modo, não chegariam a ter lugar, vão efectivamente originar um aumento das receitas fiscais no futuro, as quais terão por suporte o resultado económico dessas actividades. Por isso mesmo, numa tal situação, estamos, em rigor, perante *despesas fiscais impróprias* ou *despesas fiscais aparentes* cujo significado económico-financeiro é completamente diferente do das

[36] O que tem concretização legal nomeadamente no nº 3 do artigo 2º do Estatuto dos Benefícios Fiscais, em que se dispõe: "[o]s benefícios fiscais são considerados despesas fiscais, as quais podem ser previstas no Orçamento do Estado ou em documento anexo e, sendo caso disso, nos orçamentos das Regiões Autónomas e das autarquias locais".

efectivas despesas fiscais[37]. O que, de resto, deve ser tomado em conta na sua consideração como auxílios de estado no quadro da União Europeia, já que tais benefícios fiscais apenas numa perspectiva estática e totalmente desfasada da realidade podem ser tidos como suporte de distorções à concorrência.

Outra, para dar conta de que a atenção dispensada à despesa fiscal, decorrente da circunstância de tal despesa se concretizar na própria tributação, não pode continuar ausente em relação à generalidade da despesa pública, uma vez que esta é o segundo momento da tributação e a verdadeira razão de ser das exigências da constituição fiscal, sobretudo do princípio da legalidade fiscal. Impõe-se, por isso, uma consideração (mais) unitária do fenómeno financeiro, de modo a que o poder tributário e o poder de gastar não sejam olhados como estranhos um ao outro, e evitar assim as consequências nefastas que essa separação provocou com abundante expressão nas actuais dívidas dos estados. Uma visão que, repondo o sentido genuíno do princípio da legalidade fiscal, que visava limitar a despesa pública através da limitação do poder tributário, reclama uma recentragem do poder parlamentar em torno da despesa pública, dado que a limitação desta, num quadro de finanças funcionais, há muito deixou de ser adequadamente obtida através da disciplina constitucional restrita ao poder tributário.

Mas a consideração (mais) unitária do fenómeno financeiro não se aplica apenas ao poder financeiro do estado, valendo a mesma também face aos destinatários do poder tributário, isto é, face aos contribuintes, sobretudo as empresas, no quadro da sua capacidade contributiva. Pois esta deve ser vista na sua globalidade, ou seja, tendo em conta não apenas a sua capacidade de pagar impostos (revelada no rendimento ou no património em si mesmos ou utilizados na aquisição de bens ou serviços), mas também a concretizada na sua contribuição para o interesse público através da realização de despesas de carácter comunitário, mormente de natureza social, as quais, na medida em que não sejam realizadas por esses contribuintes, terão de ser satisfeitas por despesas do estado, ou seja, por impostos. Uma realidade que, estando presente na menor tributação com que são contempladas as entidades que integram o terceiro sector, faz todo o sentido que possa ter expressão também relativamente às micro, pequenas e médias empresas, na

[37] V. neste sentido Guilherme Waldemar Oliveira Martins, *A Despesa Fiscal e o Orçamento do Estado no Ordenamento Jurídico Português*, Almedina, Coimbra, 2004, p. 93 e ss.

medida em que estas, ao contrário do que em geral acontece com as grandes empresas, por via de regra multinacionais, contribuem para a comunidade nacional em termos bem mais amplos e diversificados do que o concretizado no pagamento dos impostos que as têm por destinatárias[38].

O que nos dá conta de como a despesa pública pode ter diversas vias de realização, nem todas elas obedecendo ao figurino de, numa primeira fase, obter as receitas tributárias e, numa segunda fase, realizar a despesa, podendo esta ser realizada pelos contribuintes e como tal, a seu modo, considerada pelo estado.

III. A sustentabilidade do estado fiscal

Uma perspectiva pela qual pode, porém, ser encarada a crise do estado fiscal, é a da sua sustentabilidade. Um problema que transcende o problema da sustentabilidade ou insustentabilidade financeira dos estado, que é apenas uma das suas dimensões.

4. Ideia de sustentabilidade

Pois bem, a sustentabilidade, no seu quadro mais amplo, reporta-se à ideia de homeostase como a capacidade biológica e institucional de promover o equilíbrio dinâmico que propicie o bem-estar sustentável num quadro de longevidade e qualidade subjectiva de vida. Tendo aqui em conta, naturalmente, a capacidade institucional de promover o mencionado equilíbrio, a sustentabilidade apresenta diversas dimensões entre as quais se conta a económico-financeira, a político-jurídica, a social e a ambiental[39].

A primeira, a dimensão económico-financeira da sustentabilidade reporta-se ao desenvolvimento económico, que, para ser sustentável não pode pautar-se por um crescimento linear e permanente, como chegou a ser paradigma no passado, e a uma sustentação financeira do estado e demais entes públicos minimamente adequada a uma economia de mercado sem o crescimento conhecido no passado. O que mais não significa do que um desenvolvimento sustentável, em que a eficiência dos mercados não ponha de lado a equidade, assegurando a todos um rendimento mínimo

[38] Para maiores desenvolvimentos sobre esta consideração unitária do fenómeno financeiro das empresas, v. a nossa *Introdução ao Direito Fiscal das Empresas*, Almedina, Coimbra, 2013, p. 172 e ss.

[39] V., para os diversos aspectos da sustentabilidade, e por todas, as obras de Wolfgang Kahl (Ed.), *Nachhaltigkeit als Verbundbegriff*, Tübingen, 2008, p. 497 e ss., e de Juarez de Freitas, *Sustentabilidade. Direito ao Futuro*, Editora Fórum, Belo Horizonte, 2011, p. 53 e ss.

que seja adequado ao respeito pela dignidade humana, nem abdique da consideração devida à complexidade do mundo natural. Nesta sede impõe-se um mínimo de coerência entre a dimensão do País e o correspondente PIB, de um lado, e a sua máquina política e administrativa, de outro, de modo a adaptarem-se os seus custos à correspondente capacidade económico-financeira.

Relativamente à sustentabilidade económico-financeira, é de assinalar ainda que a mesma pode ser encarada a partir de duas perspectivas: uma que, tendo em conta uma visão macro, se reporta à dimensão e custos globais, procurando reduzir uma e outos; outra que, tendo em consideração uma visão mais micro, se refere sobretudo à obtenção de economia e eficiência na gestão dos serviços públicos através, designadamente, do recuso às diversas potencialidades proporcionadas pela "nova gestão pública" que vem penetrando a actividade administrativa das três últimas décadas[40].

Depois, a sustentabilidade social, tem por base a ideia de que não pode aderir-se a um modelo de natureza excludente que legitime a sobrevivência condigna apenas de alguns, reduzindo os restantes à situação de miséria seja esta imposta ou consentida. O que confere particular relevo à consagração e efectividade dos direitos sociais que, limando as arestas dos extremos da escala social, impeçam a desumanização tando dos mais ricos como dos mais pobres. A que acresce a consideração da perspectiva intergeracional, que o equilíbrio requerido pela sustentabilidade não pode deixar de ter presente, pois quer, como também já o dissemos, se bem que a propósito da preservação, defesa e valorização do património cultural, que «parece-nos óbvio que nem o passado pode tramar o presente nem o presente pode tramar o futuro»[41]. Por conseguinte, os enormes custos que a actual situação de emergência económico-financeira comporta hão-de ser repartidos pela cadeia de gerações – a geração passada, a geração presente e a geração futura – em conformidade com um estrito princípio de solidariedade intergeracional.

Por seu turno, a dimensão político-jurídica tem a ver com o papel que as decisões políticas e a sua correspondente roupagem jurídica têm para a sustentabilidade, em que esta aparece, logo à partida, como sendo objecto de um direito e de um dever fundamental, o qual tem, depois, numerosas

[40] V. sobre esta e por todos, Vital Moreira, «"Nova gestão pública" e direito administrativo», *Revista de Legislação e de Jurisprudência*, 142, 2012/13, p. 173 e ss.

[41] V. o nosso livro *Introdução ao Direito do Património Cultural*, 2ª ed., Almedina, Coimbra, 2010, p. 24.

concretizações nos específicos direitos e deveres económicos, sociais e culturais que assegurem um adequado nível de bem-estar a todos os membros da comunidade. Nesta dimensão da sustentabilidade trata-se de saber o que é que a política e a sua veste jurídica podem fazer pelo desenvolvimento sustentável que proporcione uma vida longa e de qualidade subjectiva. Um domínio em que releva de sobremaneira a capacidade operacional do sistema político para produzir normas que, nos diversos níveis em que operam, proporcionem um sistema jurídico minimamente coerente e competitivo no quadro da arena global em que os sistemas jurídicos hoje se movem. O que implica uma aturada e permanente preocupação com aprovação de normas jurídicas que sejam simples e estáveis de modo, a evitar, designadamente, os preocupantes níveis de litigação que, actualmente, enfrentamos. Ou seja, que também em sede da modelação e aplicação do ordenamento jurídico estejam presentes as preocupações que referimos relativamente à adequada dimensão da máquina do estado, evitando o excesso insustentável das estruturas e dos correspondentes agentes jurídicos e judiciários.

Enfim, na sua dimensão ambiental, aquela que, por via de regra, mais vezes é tida em consideração, tendo estado na base do actual protagonismo da temática da sustentabilidade, tem-se em vista a protecção do meio ambiente de modo a que este proporcione às pessoas, individual e colectivamente, uma vida digna de ser vivida. O que pressupõe viver em paz e harmonia com os nossos mais diversos companheiros ambientais da aventura humana. Num tal quadro, a assunção de uma adequada responsabilidade ambiental pelas emissões que produzimos e a evitação de qualquer retrocesso no domínio da biodiversidade constituem os vectores mais importantes da preservação do meio ambiente. Uma exigência que, ao pautar-se sempre pela conhecida tríade da sustentabilidade, concretizada em reduzir, reutilizar e reciclar os bens, proporciona, desde logo, uma base muito importante para a sustentabilidade económico-financeira dos estados e respectivas comunidades.

5. A sustentabilidade nos séculos XX e XXI

Constituindo a sustentabilidade um requisito indispensável para a salvaguarda do estado de direito democrático e social, essa instituição que tanto sucesso teve na segunda metade do século XX, tendo sido erigida em verdadeira aquisição civilizacional, torna-se necessário algumas considerações que nos forneçam pistas para a compreensão que a sustentabilidade presentemente deve ter, a qual, ultimamente e sobretudo na Europa do Sul, vem sendo associada à ideia de austeridade. Com um tal propósito, é imperioso destacar a diferença de sentido entre a sustentabilidade do século XX e a sustentabilidade do século XXI, para daí retirarmos as devidas consequências em sede das reformas que se impõem, começando pela necessidade de repensar a sociedade antes de proceder à reforma do estado relativamente ao qual faz sentido falar de limites ao endividamento público e no ajustamento das políticas públicas.

Assim e antes de mais, é de esclarecer porque é que, em sede política e jurídica, de uma concepção própria do século XX, em que o dinheiro não era verdadeiro problema, se passou para uma outra, a do século XXI, em que o dinheiro corre o risco de ser o único problema. Uma pergunta cuja resposta implica aludir aos alicerces que suportaram a construção política e jurídica do estado social do segundo pós-guerra, que não são os que suportam o actual estado. Com efeito o estado de direito democrático e social, paulatina e progressivamente construído na segunda metade do século passado, teve por inequívoco suporte económico o crescimento contínuo que se verificou nas economias ocidentais, permitindo a construção, em termos políticos e jurídicos, de um estado orientado para o reconhecimento crescente de direitos, liberdades e garantias aos indivíduos, ou melhor, às pessoas.

O que tem diversas manifestações entre as quais a limitada revogabilidade dos actos constitutivos de direitos, a intangibilidade não só para o passado mas também para o futuro dos direitos adquiridos e a protecção do futuro com base na confiança criada pelo estado no passado, constituem exemplos mais marcantes. Institutos que, à luz da configuração do estado da época, faziam todo o sentido, porquanto no futuro, desde que se mantivesse o crescimento ao ritmo que se verificava, haveria sempre dinheiro para satisfazer esses direitos ou para honrar a confiança depositada na actuação estadual. Uma ideia que, mesmo em épocas de estagnação ou de recessão económica, que, por serem interregnos de não crescimento ou de decrescimento dentro do ciclo longo de crescimento, não era posta em causa, porquanto, ao menos formalmente, não faltava dinheiro para assegurar o funcionamento daqueles institutos, ainda que através de dinheiro desvalorizado pela inflação necessariamente decorrente da emissão monetária. Enfim, porque no futuro sempre haveria dinheiro para satisfazer o «adquirido social» que o estado social implicava, a compreensão política e jurídica do estado não podia ser senão a que conhecemos.

Porém, todo esse quadro desapareceu com a entrada do século XXI. Pois, embora aquela linha de desenvolvimento houvesse naturalmente de confrontar-se um dia com um qualquer limite, o certo é que não se vislumbrava que o referido quadro soçobrasse a curto prazo e nos termos em que veio a acontecer. Com efeito, como dissemos mais acima, não é mais credível que nas economias desenvolvidas do Ocidente se venham a verificar níveis de crescimento económico como os ocorridos no passado. Ora, num tal quadro, compreende-se facilmente que o dinheiro tenha passado a ser um problema. Mais, em países com um já longo histórico de défices orçamentais e consequentes dívidas públicas excessivas, como acontece nos países do Sul da Europa, o dinheiro corre o risco de passar a ser o problema.

É que, face a um crescimento económico muito fraco, nulo ou mesmo negativo, não se pode esperar que no futuro haja dinheiro para satisfazer a crescente constituição e aquisição de direitos ou a progressiva protecção da confiança ancorada na actuação do estado em época de prosperidade[42]. Por isso mesmo, num tal quadro de desenvolvimento económico, as perspectivas para o futuro não podem deixar de ser no sentido de uma certa desconsideração dos direitos constituídos ou adquiridos, de um lado, e de diminuição das expectativas quanto à protecção da confiança digna de protecção, de outro lado. Por outras palavras, uma certa austeridade, a qual, não sendo, obviamente, uma austeridade pela austeridade[43], pode vir a revelar-se adequada ao reajustamento da sociedade e do estado que vai implicado na actual sustentabilidade.

Assim, reconstruir o estado de direito democrático e social neste quadro de sustentabilidade, que se não impõe austeridade exige sobriedade, implica reformar a sociedade antes de reformar o estado e abrir este aos limites do endividamento público e ao ajustamento das políticas públicas. Uma palavra muito rápida sobre cada um destes aspectos.

5.1. Reformar a sociedade antes do estado

Enfrentar o quadro em que seja possível a estabilidade financeira do estado ancorada numa adequada sustentabilidade implica, a nosso ver, uma profunda reforma tanto da sociedade como do estado, sendo que, apenas a par-

[42] Isto ainda que não se partilhe da ideia do "decrescimento sustentável" que, remontando, em rigor, à obra de Nicholas Georgescu-Roegen, *The Entropy Law and the Economic Process*, 1971, tem actualmente em Serge Latouche um dos sue mais destacados representantes.

[43] Para cujos malefícios chamam as atenções obras tão célebres como as de Mark Blyth, *Austeridade. A História de uma Ideia Perigosa*, Quetzal, 2013, e Joseph E. Stiglitz, *O Preço da Desigualdade*, Quetzal, 2013.

tir da primeira, será viável obter a segunda[44]. E reformar a sociedade passa actualmente por confrontar as pessoas (e não apenas os indivíduos) perguntando: se querem serviços públicos e, sobretudo, se estão dispostas a financiá-los e, além disso, a fruir deles colectivamente; se o nosso objectivo colectivo futuro é o crescimento económico entendido como um aumento nominal do PIB ou antes uma melhoria do bem-estar social, no contexto de um novo modelo económico inclusivo, sustentável e justo; se existe efectivo "amor aos filhos e aos netos" e se esse "amor" se materializa na vontade de lhes deixar um futuro melhor ou se se contenta com a visão míope de lhes transmitir quinhões hereditários estritamente monetários e patrimoniais. Isto se e na medida em que a herança deixada às futuras gerações não seja fundamentalmente endividamento, como sucederá se se mantiver o plano inclinado em que presentemente nos encontramos, sobretudo nos países a braços com enormes dívidas soberanas.

Naturalmente que a resposta a estas questões tem expressão na corrente da filosofia moral da *sustentabilidade*. Embora formulada primeiramente no Relatório Brundtland, de 1987, como um novo informador de políticas públicas ambientais, foi sobretudo na sequência da crise financeira de 2008, que a sustentabilidade é "resgatada" e "reinventada", sendo inclusive erigida por alguns como princípio fundamental. Todavia, nem todos pareçam dispostos a assumir inteiramente o que esta corrente pressupõe. Sobretudo porque a sustentabilidade aponta para soluções difíceis de aceitar pelo homem médio ocidental, inspirado por um século de "conquistas" de bem-estar e pela fé no progresso contínuo, medido quase exclusivamente pelo PIB e sem atentar nos dados relativos ao endividamento.

Ora o desenvolvimento sustentável apresentado pelo referido Relatório Brundtland é coisa diferente do desenvolvimento económico interpretado como crescimento contínuo do PIB, e em alguns casos tende mesmo a assentar em pressupostos de decrescimento controlado, como a redução do consumo, a poupança energética, a redução da despesa pública e o limite do endividamento público, ou seja, adoptando mudanças político-económicas estruturais do lado da procura. Finalidades que, todavia, só podem ser eficazes com decisões em larga medida à escala global e, mesmo assim, se e na medida em que essas decisões consigam assimilar os *inputs* da escala local, o que exige um aperfeiçoamento da denominada *governance*, com um cor-

[44] As considerações que se seguem foram colhidas no texto de José Casalta Nabais/Suzana Tavares da Silva, «Pensar a austeridade no século XXI», Eduardo Paz Ferreira (Coord.), *Austeridade cura? Austeridade mata?*, AAFDL, Lisboa, 3013, p. 741 e ss.

respectivo enfraquecimento do tradicional *government*. Por essa razão, tornou-se imperioso reinventar, quer instrumentos de negociação para além do Estado, num quadro portanto de "transestadualidade", quer reforçados esquemas de cooperação baseados fundamentalmente, quer orientações da *governance* para a formação das decisões de política económica.

Num tal quadro, uma das notas mais visíveis a retirar da leitura de economistas contemporâneos, que procuram estabelecer pontes entre a "retoma económica do pós-guerra" e a "retoma económica do pós-crise de 2008", é justamente a de que estas realidades não são comparáveis. E a grande diferença decorre, em primeiro lugar, da Sociedade, que é hoje completamente diferente. Pois é relativamente fácil verificar que os seus membros estão interligados em rede, mas são mais individualistas; têm um nível médio de bem-estar mais elevado, mas são mais egoístas e vivem mais insatisfeitos; partilham a intimidade com estranhos em plataformas cibernéticas, mas desconhecem quem está próximo fisicamente, temendo "o outro" que com eles viaja nos transportes colectivos, frequenta a escola dos filhos, é utente do mesmo hospital ou, simplesmente, usa o mesmo jardim público; dispõem de maior acesso à informação, mas são mais ignorantes; têm acesso a mais serviços públicos, mas valorizam a propriedade privada; vivem na paz que permite a prosperidade económica, mas arriscam tudo o que conquistam pela expectativa de acumular mais e mais; sofrem porque procuram fazer tudo para integrar o "grupo dos ricos", desprezando assim o ideal da "classe média"[45].

Assim e quanto à reforma da sociedade, parece-nos essencial que a defesa do estado social ou modelo social europeu não passa hoje por uma contestação estéril à austeridade, pois ela só será efectiva e bem-sucedida se partir de uma (re)valorização do público e do colectivo pela classe média, e isso exige uma mudança cultural que as elites, à altura do século XXI, não podem deixar de exigir. Pois, mais do que imaginar mundos melhores, ancorados no admirável mundo do crescimento contínuo e elevado da segunda metade do século XX, há que apostar em mundos diferentes onde a autenticidade e a sobriedade da vida colectiva em paz com todos os nossos companheiros da aventura humana nos ofereçam um grau de felicidade idêntico ao proporcionado pelo estado social do século XX.

[45] Como se sublinha na inquietante conversa que Tony Judt manteve com Timothy Snyder em Tony Gudt/Timothy Snyder, *Pensar o Século XX*, Edições 70, 2012.

5.2. O limite do endividamento público

Num tal quadro, importa sublinhar que a imposição de limites máximos à dívida pública não consubstancia nem um postulado de origem neoliberal decorrente exclusivamente do chamado "consenso de Washington", nem uma criação europeia do Pacto de Estabilidade e Crescimento, agora juridicamente reforçado pelo Tratado sobre Estabilidade, Coordenação e Governação na União Económica e Monetária, nem é, no respeitante a Portugal, uma qualquer imposição arbitrária da Troika. Bem ao contrário, num quadro de natural limitação às ambições de realização humana, em que os *commoda* se encontram limitados pelos correspondentes *incommoda*, a liberdade pela responsabilidade e os direitos pelos deveres, a limitação ou restrição ao endividamento público deve ser analisada como uma verdadeira "regra de ouro" da economia contemporânea dos Estados desenvolvidos, cujo propósito é, precisamente, o de evitar as situações de bancarrota – assumam estas as suas formas tradicionais, que nos habituamos a estudar nos manuais de história económica em que encontramos numerosos exemplos, seja nas suas formas mais recentes e subtilmente mais enganadoras, porquanto de aparente pendor indolor, como a que tem sido protagonizada em diversos momentos e em diferentes países pelos conhecidos fenómenos de efectiva hiperinflação.

É que a "garantia" das dívidas públicas dos países desenvolvidos em tempo de paz é resultante da conjugação de diversos *indicadores*[46] (com especial destaque para o Produto Interno Bruto e para o rendimento nacional) com a confiança depositada nos dados económicos e financeiros divulgados, esta última assente no pressuposto de que os mesmos correspondem à verdade. Essa é, pelo menos, a *escolha europeia*, que neste particular diverge claramente da *solução americana*, onde se continua a garantir parte substancial do endividamento público através da emissão de moeda que, gozando de tendencial aceitação universal, é, em alguma medida, independente da real situação económica e financeira dos EUA. Realidade a que não é estranha à natureza de superpotência económica que os EUA continuam a ser, a qual encontra o seu efectivo suporte sobretudo na manutenção de um "generoso exército à escala mundial".

[46] Os *indicadores* são os mais modernos instrumentos da ciência política contemporânea, que nos transmitem elementos de avaliação através da agregação de um conjunto de dados económicos, sociais e estatísticos, a partir dos quais as entidades políticas nacionais, internacionais e supranacionais se orientam em matéria de programação, estratégia e avaliação das políticas públicas dos Estados.

Assim, concordando com a *escolha europeia*, impõe-se no imediato uma redução do endividamento público. Isto não significa, contudo, que não seja defensável e virtuoso fazer uma *auditoria à dívida pública* e rastrear o capital que foi gasto com esse endividamento, pois impõe-se saber se alguém, e, em caso afirmativo, quem, lucrou desproporcionadamente com o dinheiro público em dívida. Medida de resto essencial para que as soluções a propor tenham uma base de justiça, ou seja, para que não se limitem a partir da premissa da necessidade de redução da dívida, mas tenham devidamente em conta os resultados do ajustamento, isto é, os instrumentos mais adequados na reconstituição ou reconstrução de uma situação de equilíbrio (nível adequado de endividamento).

5.3. O ajustamento das políticas públicas

De outro lado, é de assinalar que a austeridade, uma expressão que empregamos com o sentido de um conjunto de medidas político-económicas adoptadas com o propósito de reduzir a despesa pública, tem sido interpretada como um "ajustamento" das políticas sociais pelo lado da despesa[47], geradora de desemprego e de desinvestimento em serviços públicos e prestações sociais. Alegam os seus principais críticos, que este "ajustamento" deveria ter lugar pelo lado da receita, proporcionando opções para o crescimento económico e o emprego, embora nunca deixem muito clara a forma como é possível obter o financiamento necessário para prosseguir estas políticas, tendo em conta quer os actuais níveis do endividamento público, quer a carga e esforço fiscais já atingidos.

De todo o modo, a troca de argumentos entre partidários e críticos desta acepção de austeridade deixa-nos algumas dúvidas quanto ao quadro em que vem sendo discutida, a saber: i) o modelo de desenvolvimento económico para a retoma há-de ser ainda o do crescimento da economia à maneira do século XX, independentemente do que a mesma venha a produzir? Isto é, basta fazer girar o dinheiro sem atender ao que se produz, a quem se destina e que redistribuição de capital pode proporcionar?; ii) o elevado nível de endividamento público e privado que se atingiu não revela que a nossa economia não estava estruturalmente bem organizada? Por outras palavras, basta reanimá-la e pô-la a crescer, repetindo a receita, se bem que agora aplicada a uma doença diferente?; iii) a austeridade aliada

[47] Despida, portanto, do sentido que adquiriu nos últimos tempos em Portugal consubstanciada numa verdadeira arma de arremesso da arena político-partidária, ao que parece com o claro intuito de nos aterrorizar, como se não passássemos de crianças.

ao aumento da carga e esforço fiscais não está a agravar o fosso entre ricos e pobres? E um tal resultado é uma decorrência directa da redução da despesa pública (todos os novos pobres eram, directa ou indirectamente, dependentes de dinheiro público) ou a revelação de que a redistribuição do rendimento no actual modelo social está pervertida?

Na verdade, é nossa intuição que a crise veio agravar e pôr em evidência algumas fragilidades estruturais das políticas económicas e sociais adoptadas nas últimas décadas e cujo rumo importa agora alterar radicalmente. A austeridade é, nesta medida, indissociável de uma profunda reforma do Estado, a qual, adequando-o à nova Sociedade em que actualmente vivemos, bem diferente da do século passado, lhe há-de proporcionar uma configuração capaz de assegurar a respectiva *sustentabilidade* económico-financeira e social. Por conseguinte, antes e para além da aceitação ou não da austeridade e da medida e conformação com que venha a ser implementada, se imponha confrontar a Sociedade com algumas perplexidades decorrentes das profundas alterações sofridas pelo quadro da modernidade que suportou o sucesso do Estado até finais do século XX. Com efeito, não nos podemos esquecer que a modernidade se baseou numa profunda confiança no progresso, assente, em larga medida, na pré-compreensão racional da Sociedade. Um pressuposto falacioso, como a história acabaria por demonstrar, mas do qual as ideologias construídas sobre os valores do humanismo acabaram por não cuidar devidamente. Embriagados pelo "bom viver" do crescimento económico, políticos, indivíduos, organizações, empresas e até os intelectuais, poucos teorizaram o "bem viver", e ninguém cuidou dos limites ao crescimento ou das políticas alternativas de desenvolvimento. Não admira, portanto, que sejam hoje escassos os recursos financeiros, e, em igual medida, as ideias para a dinamização de políticas públicas diferentes.

Ainda fará sentido o artigo 104º da Constituição?[1]

Sumário: I. O programa de reforma fiscal do artigo 104º; II. A concretização legal do programa de reforma fiscal: 1. A concretização do programa de reforma fiscal: 1.1. A unicidade do imposto sobre o rendimento pessoal; 1.2. A tributação das empresas pelo rendimento real; 2. Alusão às múltiplas alterações posteriores do IRS e do IRC; III. Em conclusão

Para respondermos à pergunta formulada que titula estas reflexões sobre o programa de reforma fiscal da Constituição de 1976 e o seu sentido actual, impõe-se que comecemos por ver qual era efectivamente esse programa e como o mesmo foi concretizado ao longo dos anos pelo legislador. Pois, apenas após essas considerações, estaremos em condições de saber se o recorte constitucional do sistema fiscal português contido no actual artigo 104º da Constituição ainda fará sentido nos tempos que correm.

I. O programa de reforma fiscal do artigo 104º

Pois bem, como dissemos noutro lugar, a novidade mais marcante da Constituição de 1976 encontra-se, sem dúvida, no programa de reforma fiscal que estabeleceu no então artigo 107º. Um programa em que encontramos as seguintes exigências:

1) a instituição de um imposto sobre o rendimento pessoal que fosse único, progressivo e tivesse em conta as necessidades e os rendi-

[1] Estudo publicado nos *Estudos de Direito Público em Homenagem a Régis Fernandes de Oliveira*, Quartier Latin, São Paulo, 2014.

mentos do agregado familiar de modo a limitar os rendimentos a um máximo nacional a definir anualmente por lei;

2) a tributação das empresas que incidisse fundamentalmente sobre o seu rendimento real;
3) um imposto sobre sucessões e doações progressivo que contribuísse para a igualdade entre os cidadãos e tomasse em conta a transmissão por herança dos frutos do trabalho;
4) uma tributação do consumo que visasse a adaptação da estrutura do consumo às necessidades da socialização da economia, isentando os bens necessários à subsistência dos mais desfavorecidos e suas famílias e onerando os consumos de luxo.

Um quadro de exigências que, depois das alterações que sofreu a Constituição nas revisões constitucionais de 1982 e 1997[2], tendo passado a ser o artigo 104º e ficado com a actual apresentação, que é literalmente a seguinte:

1. O imposto sobre o rendimento pessoal visa a diminuição das desigualdades e será único e progressivo, tendo em conta as necessidades e os rendimentos do agregado familiar.
2. A tributação das empresas incide fundamentalmente sobre o seu rendimento real.

[2] Refira-se que as alterações em sede da constituição fiscal (geral) foram mais importantes, sendo de mencionar: 1) a integração nas incumbências do Estado respeitantes ao ambiente e qualidade de vida a de "assegurar que a política fiscal compatibilize desenvolvimento económico com protecção do ambiente e qualidade de vida" (artigo 66º, nº 2, al. *h)*); 2) a indicação expressa da política fiscal como meio através do qual o Estado deve "promover a justiça social, assegurar a igualdade de oportunidades e operar as necessárias correcções das desigualdades na distribuição da riqueza e do rendimento" (artigo 81º, al. *b)*); 3) a interdição de impostos que tenham natureza retroactiva (artigo 103º, nº 3); 4) a inclusão na reserva absoluta da Assembleia da República do "regime de finanças das regiões autónomas" e da imposição para este regime da forma de lei orgânica (arts. 164º, al. *t)* e 166º, nº 2); 5) a inclusão na reserva relativa da Assembleia da República do "regime geral das taxas e demais contribuições a favor das entidades públicas" (artigo 165º, nº 1, al. *i)*); 6) a ligação da titularidade regional de receitas fiscais às receitas fiscais geradas (e não, como antes, às receitas fiscais cobradas) nas regiões autónomas e a previsão de uma participação das regiões nas receitas tributárias do Estado a estabelecer em consonância com o princípio da solidariedade (artigo 227º, als. *i)* e *j)*); 7) a introdução de previsão expressa da possibilidade de a lei atribuir poderes tributários às autarquias locais (artigo 238º, nº 4); 8) a atribuição aos municípios de receitas tributárias próprias nos termos da lei (artigo 254º, nº 2).

3. A tributação do património deve contribuir para a igualdade entre os cidadãos.
4. A tributação do consumo visa adaptar a estrutura do consumo à evolução das necessidades do desenvolvimento económico e da justiça social, devendo onerar os consumos de luxo.

A este respeito, devemos assinalar que um programa de reforma fiscal, recortando a estrutura do sistema fiscal, como o constante no artigo 104º da Constituição portuguesa, não tem tradição nem paralelo nas constituições dos países que nos são mais próximos, ao contrário dos princípios clássicos da constituição fiscal que todas as constituições, com maior ou menor desenvolvimento, contêm. De resto, a referência aos impostos que podem ser estabelecidos e cobrados no respectivo país, quando as constituições a têm, reporta-se normalmente à repartição das receitas fiscais entre os diversos níveis da estrutura federal ou regional dos Estados, como acontece, por exemplo, nas constituições da Alemanha e do Brasil[3], e não um específico programa de reforma fiscal ou um rígido recorte do correspondente sistema fiscal.

Um programa que se explica com a contexto histórico relativo ao sistema fiscal em que a Constituição de 1976 foi elaborada e aprovada. Com efeito, o sistema fiscal então vigente, resultado da reforma fiscal da década de sessenta do século XX, era claramente um sistema fiscal de natureza transitória, correspondente a um país com um grau intermédio de desenvolvimento, cujas taxas de crescimento económico então verificadas permitiam prever uma evolução relativamente rápida no sentido de um país desenvolvido a reclamar, a prazo, um sistema fiscal correspondente. Daí que as soluções engendradas em sede da tributação do rendimento tivessem sido pensadas para essa etapa de desenvolvimento, mas de modo a adaptarem-se gradualmente com o andar do tempo.

O que, sendo visível em sede da tributação do consumo, que conheceu, pela primeira vez, um imposto geral sobre o consumo – o Imposto de Transacções incidente sobre os grossistas[4] –, tinha particular expressão em sede da tributação do rendimento assente num conjunto de impostos cedulares de natureza real sobre cada tipo de rendimento (contribuição predial, contribuição industrial, imposto profissional, imposto sobre o rendimento

[3] V. os artigos 145º a 162º da Constituição Brasileira e os artigos 106º e 107º da *Gundgesetz* Alemã.

[4] Pois antes havia apenas conhecido impostos especiais de natureza cumulativa.

de capitais, imposto sobre a indústria agrícola e imposto de mais-valias) e um imposto de natureza pessoal – o imposto complementar – que tributava de novo os rendimentos já objecto de tributação cedular (com excepção dos tributados no imposto de mais-valias), pessoalizando a tributação do rendimento. Uma tributação do rendimento que, se esperava, que evoluísse no sentido de ir ganhando gradualmente maior peso a tributação pessoal concretizado no imposto complementar face à tributação real consubstanciada nos impostos cedulares que, simetricamente, iria diminuindo o seu peso. Uma previsão que, todavia, por vicissitudes várias, não veio a verificar-se.

Por conseguinte, quando na Assembleia Constituinte de 1975 se tratou das normas relativas aos impostos que haviam de integrar a constituição, para além dos princípios constitucionais que tradicionalmente figuram na constituição fiscal, o poder constituinte entendeu por bem estabelecer nesta o recorte do futuro sistema fiscal português, impondo, por esta via, ao legislador ordinário a adopção de um sistema fiscal mais consentâneo com a evolução económico-social que se havia verificado e correspondente à evolução que era de esperar da reforma fiscal dos anos sessenta caso essa evolução de algum modo não tivesse sido contrariada pela evolução legislativa e prática administrativa.

Estamos assim perante um programa de reforma fiscal que, devemos sublinhar, não sofreu modificações de monta com as alterações levadas a cabo pelas já referidas revisões constitucionais de 1982 e 1997, uma vez que, na realidade, se limitaram a retoques ao texto do então artigo 107º. Efectivamente, tirando a substituição da referência ao imposto sobre as sucessões e doações pela da tributação do património, na revisão constitucional de 1997, reportam-se todas as alterações a aspectos que tinham por base o dualismo da constituição económica existente ao nível do texto da versão original da Constituição que colocava, ao lado de uma economia de mercado, uma economia em transição para o socialismo. O que, em sede da constituição fiscal, tinha como expressão uma certa concepção socialista do imposto, bem patente nas exigências: que o "imposto sobre o rendimento pessoal" fosse progressivo e tivesse em conta as necessidades e os rendimentos do agregado familiar "de modo a limitar os rendimentos a um máximo nacional a definir anualmente por lei"; que o "imposto sobre sucessões e doações progressivo contribuísse para a igualdade entre os cidadãos e tomasse em conta a transmissão por herança dos frutos do trabalho"; e que "a tributação do consumo visasse a adaptação da estrutura do consumo às necessidades da socialização da economia, isentando os bens necessários à subsistência dos mais desfavorecidos e suas famílias". Toda uma linguagem que, como é fácil de compreender, logo foi eliminada pela primeira revisão constitucional, em 1982[5].

II. A concretização legal do programa de reforma fiscal

A este respeito, é de começar por referir que se trata de um programa de reforma fiscal que o legislador apenas veio concretizar bastante mais tarde, o qual, por outro lado, não sofreu modificações de monta com as alterações levadas a cabo pelas já referidas revisões constitucionais de 1982 e 1997, uma vez que, na realidade, se limitaram a retoques ao texto ao então artigo 107º. Assim e quanto à concretização do programa da reforma fiscal, devemos dizer que começou pela tributação do consumo, através da criação do IVA em 1985, que entrou em vigor 1986, tendo-se seguido, depois, a reforma da tributação do rendimento, mediante a criação do IRS e do IRC em 1988, que entraram em vigor em1989, a qual se veio a concluir com a reforma tributação do património em 2003/2004[6]. A que podemos acrescentar ainda a reforma da tributação automóvel, em 2007, a qual não se reportando àquele preceito constitucional, veio colocar a tributação dos automóveis sobre o princípio do desenvolvimento sustentável a que fazem claro apelo os artigos 66º, nº 2, alínea *h)*, e 81º, alíneas *a)* e *m)*, da Constituição[7], concebendo-a como uma tributação amiga do meio ambiente, de uma tributação assim objecto de manifesta ambientalização[8].

[5] V. o nosso estudo «A constituição fiscal de 1976, sua evolução e seus desafios», *Por um Estado Fiscal Suportável – Estudos de Direito Fiscal*, Almedina Coimbra, 2005, p. 122 e ss.

[6] Já que a substituição da contribuição predial, um imposto sobre o rendimento, pela contribuição autárquica, um imposto sobre o património, levada a cabo no contexto da referida reforma da tributação do rendimento, não operou uma verdadeira alteração real, dado sobretudo não ter sido aprovado o código de avaliações que essa reforma exigia. O que apenas veio a suceder na reforma de 2003/2004.

[7] Em que, no quadro das incumbências do Estado, dispõem: no primeiro, para "assegurar o direito ao ambiente, no quadro de um desenvolvimento sustentável", cabe ao Estado "assegurar que a política fiscal compatibilize desenvolvimento com protecção do ambiente e a participação dos cidadãos"; no segundo, que compete ao Estado "promover o aumento do bem-estar social e económico e da qualidade de vida das pessoas, no quadro de uma estratégia de desenvolvimento sustentável", bem como "adoptar uma política nacional de energia, com preservação dos recursos naturais e do equilíbrio ecológico".

[8] Pela Lei nº 22-A/2007, de 29 de Julho. V. sobre esses impostos A. Brigas Afonso/Manuel F. Fernandes, *Imposto sobre Veículos e Imposto Único de Circulação. Códigos Anotados*, Coimbra Editora, 2009.

Olhando agora mais atentamente para a mencionada concretização, é de referir que a mesma, de um lado, não foi inteiramente consentânea com as exigências constitucionais do então artigo 107º, e, de outro lado, que a posterior evolução do sistema fiscal vem protagonizando o afastamento gradual do figurino constante desse preceito da Constituição. Aspectos que merecem as reflexões mais aprofundadas que se seguem

1. A concretização do programa de reforma fiscal

Nesta sede é de sublinhar que a concretização do programa constitucional relativamente ao imposto sobre sucessões e doações, de um lado, e da tributação do consumo, de outro lado, não colocam problemas. Pois, quanto ao primeiro, pura e simplesmente nada foi feito até à sua substituição, na revisão constitucional de 1997, da referência a esse imposto pela relativa à tributação do património. E, relativamente à tributação do consumo, porque, para além das correspondentes exigências constitucionais[9], serem de carácter muito amplo e bastante flexíveis, ter por parâmetro mais o direito da União Europeia, a que aderimos em 1986[10], do que a Constituição. Por isso, a análise vai reportar-se apenas à concretização legal do programa de reforma da tributação do rendimento pessoal e do rendimento das empresas, cujo parâmetro constitucional consta dos nºs 1 e 2 do mencionado artigo 104º. Ou seja, vamos ver em que medida a instituição do IRS e do IRC respeitou o mencionado parâmetro constitucional.

Pois bem, a esse propósito, verificou-se um desfasamento entre o parâmetro constitucional e a correspondente concretização legal, o qual se reporta, de um lado, à exigência da unicidade do imposto sobre o rendimento pessoal e, de outro lado, à tributação do rendimento empresarial, que veio a ser distribuída pelo IRS e pelo IRC, consoante sejam empresas individuais ou empresas colectivas.

1.1. A unicidade do imposto sobre o rendimento pessoal

A este respeito devemos começar por dizer que, ao contrário da ideia que prevaleceu no seio da Comissão que preparou a reforma da tributação do rendimento[11], a exigência de unicidade da tributação do rendimento pessoal, não

[9] Depois de expurgadas, em 1982, da linguagem própria do modelo socialista que referimos.

[10] Ano em que entrou em vigor o IVA, que concretizou a reforma da tributação do consumo, tendo em conta justamente o correspondente regime comunitário.

[11] A que presidiu o Professor Paulo de Pitta e Cunha.

implica a tributação em sede do IRS das empresas individuais. A nosso ver, não tem razão a ideia sufragada pela maioria dessa Comissão que entendeu, no seguimento da posição adoptada pelo *Prof. José Joaquim Teixeira Ribeiro*[12], que a exclusão da tributação em IRS do rendimento empresarial das empresas singulares seria inconstitucional por violação a unicidade da tributação das pessoas singulares que esse preceito imporia. Daí a inclusão da tributação do rendimento dos empresários individuais no IRS. Pois bem, vários argumentos são, a nosso ver, invocáveis a favor da não exigência constitucional da tributação das empresas individuais ou singulares em IRS

De um lado, o nº 1 do artigo 104º da Constituição, ao falar em imposto sobre o *rendimento pessoal* e ao exigir que este seja único, progressivo e tenha em conta as necessidades e os rendimentos do agregado familiar, nada diz quanto à *tributação das empresas.* Desta trata apenas no nº 2, para dizer que, a haver tributação do rendimento das empresas, ela assentará fundamentalmente sobre o seu rendimento real. Ora, se a Constituição pretendesse referir-se naquele nº 1 a pessoas singulares, porque é que não utilizou então, no mencionado nº 2, a expressão pessoas colectivas, uma expressão que ela usa, de resto, nos arts. 12º, nº 2, 82º, nº 3, e 87º?

Depois, se o mencionado preceito implicasse a integração da tributação do rendimento dos empresários individuais no IRS, isso significaria que a Constituição, embora por via indirecta, impunha uma determinada forma jurídica para o exercício da actividade económica por parte dos indivíduos e suas organizações empresariais, as quais, para integrarem o domínio da incidência do IRC, teriam de adoptar a forma de pessoa colectiva. Todavia, segundo quanto nos é dado saber, a Constituição em lado algum impõe a forma de pessoa colectiva para o exercício de quaisquer actividades económicas ou sociais. Com efeito, face às diversas realidades e situações da vida a moldar pelo direito, tirando naturalmente as pessoas humanas que, por força do respeito pela sua eminente dignidade, se impõem ao direito, não podendo este deixar de as reconhecer como pessoas jurídicas, rege o princípio da liberdade de organização colectiva e da sua configuração jurídica.

Segundo esta os indivíduos, enquanto agentes económicos e sociais, dispõem de liberdade para se organizarem ou estruturarem na forma jurídica que entenderem, designadamente para constituírem ou não pessoas colec-

[12] V. o seu estudo «As opções fiscais da Constituição», *Boletim de Ciências Económicas*, XXVIII, 1985, p. 91 e ss.

tivas. Isto é, para exercerem a liberdade de organização colectiva, constituindo associações, fundações, sociedades, cooperativas, etc. Pois, muito embora a Constituição consagre expressamente apenas a liberdade de associação (artigo 64º) e a liberdade de cooperativa (artigo 61º, nº 1), não há dúvida de que estas liberdades não passam de concretizações ou explicitações daquela liberdade mais geral[13]. Uma Liberdade de configuração jurídica, a qual, constituindo corolário do princípio do Estado fiscal, constitui uma importante manifestação da liberdade de disposição económica dos indivíduos e suas organizações cujo exercício anda frequentemente associado ao planeamento fiscal que essa liberdade integra.

Do que resulta, nomeadamente, que o legislador goza de ampla liberdade para exigir ou não a forma jurídica da personalidade colectiva. Verdadeiramente ele apenas está impedido de configurar essa exigência como uma restrição inadmissível às liberdades e direitos fundamentais que a mesma possa afectar, como são a liberdade de escolha e exercício do género de trabalho ou de profissão e a liberdade de iniciativa económica e de empresa.

De resto, se a Constituição pretendesse integrar no IRS a tributação das empresas singulares, excluindo-as portanto da tributação das empresas colectivas, perante a não coincidência da personalidade colectiva no direito em geral e no direito fiscal, sempre haveria que questionar qual a personalidade aqui relevante – se a do direito em geral, se a do direito fiscal. Pois a separação entre as primeiras, tributadas em IRS, e a tributação das segundas, tributadas em IRC, não é tão estanque quanto, à primeira vista, se possa pensar. Na verdade, a distribuição da tributação das empresas entre o IRS e o IRC é, a seu modo, bastante artificial[14]. Para além de que não deixa de surpreender que a aplicação de tão importante preceito constitucional esteja dependente, afinal de contas, da vontade do próprio legislador ao atribuir personalidade jurídica a determinada realidade. O que se reforça se se tiver em conta que a personalidade colectiva não passa de um instrumento de realização do direito que pode ser utilizado em maior ou menor

[13] V. neste sentido, embora tendo em consideração as fundações, o nosso estudo «O regime fiscal das fundações», *Por um Estado Fiscal Suportável – Estudos de Direito Fiscal*, cit., p. 254 e ss.

[14] Uma afirmação que tem diversas manifestações nas nossas leis fiscais – v. o nosso estudo «Alguns aspectos da tributação das empresas».

dose (personalidade total ou parcial) consoante as necessidades, em relação ao qual o legislador não pode deixar de gozar de ampla liberdade[15].

Por quanto vimos de dizer, a Constituição não exige a tributação em IRS do rendimento das empresas singulares. Uma solução que, para além de a Constituição a não exigir, pode revelar-se, em algumas das suas concretizações, mesmo inconstitucional. Pois, de um lado, pode conduzir a um tratamento discriminatório do rendimento empresarial dos empresários individuais face ao rendimento dos empresários colectivos ou societários.

Um fenómeno que se fica a dever à crescente baixa da taxa geral de IRC (que está em 23%). Uma discriminação que será patente se tivermos em conta que as empresas individuais se encontram presentemente sujeitas a uma taxa marginal máxima de IRS de 48%. Pelo que pode afectar a manifestação da liberdade de iniciativa e actividade económicas traduzida na liberdade de configuração jurídica da actividade empresarial. Uma afectação que, embora possa ser atenuada pela possibilidade, actualmente reconhecida, de constituição de sociedades unipessoais, não é totalmente afastada[16]. Ora, essa liberdade, como é fácil de ver, não pode deixar de comportar a importantíssima variável fiscal, concretizada na liberdade de planeamento fiscal.

Em suma, o artigo 104º da Constituição prescreve que o imposto sobre o *rendimento pessoal* seja único, progressivo e não discriminatório negativamente da família. Não exige, por conseguinte, qualquer imposto com tais características sobre o *rendimento empresarial*. Pois a contraposição do nº 1 com o nº 2 desse preceito é entre "o imposto sobre o rendimento pessoal" e "a tributação das empresas" e não entre "o imposto sobre o rendimento das pessoas singulares" e "o imposto sobre o rendimento das pessoas colectivas". A Constituição consagra, assim, uma estrita neutralidade do direito fiscal face à liberdade de configuração jurídica da actividade empresarial dos indivíduos. Nem outra, a bem dizer, podia ser a solução constitucional[17].

[15] Isto quando a sujeição a um imposto, em vez da sujeição a outro, não resulte, na prática, da própria administração fiscal, como no caso do Estabelecimento Individual de Responsabilidade Limitada considerado sujeito passivo de IRS pela Circular nº 19/92, de 19 de Outubro.

[16] V. também Rogério Fernandes Ferreira, *Fiscalidade e Contabilidade. Estudos Críticos, Diagnósticos e Tendências*, Editorial Notícias, Lisboa, 2003, p. 34 e ss.

[17] V. o nosso estudo *O Dever Fundamental de Pagar Impostos. Contributo para a Compreensão Constitucional do Estado Fiscal Contemporâneo*, Almedina, Coimbra, 1998, p. 439 e s. Sobre

Uma outra manifestação que não quadra com a exigência constitucional da unicidade do imposto sobre o rendimento pessoal é a que se revela na tributação dos rendimentos do capital que foram desde o início sujeitos a uma tributação separada. Uma tributação separada que, hoje em dia, em virtude da livre circulação de capitais engendrada em larga medida pelo fenómeno da globalização, se impõe por razões de praticabilidade[18].

1.2. A tributação das empresas pelo rendimento real

Por seu lado, quanto à tributação das empresas pelo se rendimento real, a esta reporta-se apenas o nº 2 do artigo 104º, ao prescrever que a mesma incide fundamentalmente sobre o seu rendimento real. Um princípio que, embora inserido no específico recorte constitucional do sistema fiscal, mais não é do que uma concretização, uma explicitação dos princípios da capacidade contributiva e da igualdade fiscal, os quais, como é fácil de ver, serão observados ao seu mais elevado nível se a tributação do rendimento empresarial incidir sobre o seu rendimento real.

O que implica que a tributação do rendimento real seja, por imposição constitucional, a regra da tributação do rendimento empresarial. Mas isso não exclui qualquer possibilidade de recurso à tributação dos rendimentos empresariais baseada em rendimentos normais, seja este o rendimento médio de uma série de anos, que uma empresa poderia obter operando em condições normais (isto é, nas condições mais frequentes nessa época e lugar e com a diligência, técnica e preços geralmente praticados), seja o rendimento de determinado ano, que uma empresa poderia obter operando em condições normais[19].

Uma ideia a favor da qual militam diversos argumentos. Desde logo, é de chamar a atenção para o facto de que mais do que uma divisão cortante ou uma separação estanque entre, de um lado, o rendimento real e, de outro, o rendimento normal, o que temos é uma realidade, ou melhor, a apresentação contabilística e fiscal de uma realidade que exprime, ao fim e ao cabo, uma graduação que, num extremo, se aproxima mais do real e, no

este problema, que naturalmente também se discute lá fora, v., por todos, Patrick Serlooten, *Droit Fiscal des Affaires*, 5ª ed., Paris, 1997 (Tome 3 do *Traité de Droit Commercial* de G. Ripert e R. Roblot), p. 45 e ss., e Emilio Cencerrado Milan, *La Tributación del Patrimonio Empresarial y Profesional de la Persona Fisica*, Marcial Pons, Madrid, 1995.

[18] V. o nosso livro *O Dever Fundamental de Pagar Impostos*, cit., p. 594 e ss.

[19] V., neste sentido, J. J. Teixeira Ribeiro, *Lições de Finanças Públicas*, cit., p. 307.

outro extremo, se aproxima mais do normal. Na verdade, o próprio rendimento real não deixa de ser, em alguma medida, um rendimento normal, na medida em que o integram componentes apuradas mais em termos de normalidade do que em termos de exacta e rigorosa realidade. Pois a própria, contabilidade em que assenta, tem por base múltiplos pressupostos mais construídos ou ficcionados do que verificados.

Se é que a procura do rendimento real, através do apuramento contabilístico da base tributável, não é um puro mito, uma vã glória, em que só os contabilistas verdadeiramente acreditam, como observou *Luigi Einaudi*[20]. Aliás, um entendimento do princípio da tributação pelo rendimento real, a ser levado à risca ou demasiado a sério, conduziria mesmo à conclusão de que o próprio rendimento real, apurado com base na contabilidade, porque ainda assim afastado da realidade, não satisfaria a exigência constitucional da tributação pelo rendimento real.

Depois, no apuramento do sentido do preceito constitucional, exige-se que se atente também no seu cariz dirigente. A este respeito, é de salientar que o preceito em causa se insere numa "constituição fiscal" que integra, para além dos princípios delimitadores e orientadores da actividade do legislador fiscal, o quadro constitucional do nosso sistema fiscal, estabelecendo um verdadeiro programa constitucional de reforma fiscal.

Ora, ao estabelecer um programa de reforma fiscal, compreende-se que se tenha orientado para a instituição de um sistema fiscal que se aproximasse tanto quanto possível de um sistema fiscal correspondente a um elevado grau de desenvolvimento económico e social típico dos países economicamente mais desenvolvidos. Por conseguinte, não se pretendeu estabelecer um modelo acabado e fechado para o sistema fiscal português, mas, antes e tão-só, recortar ou estabelecer os contornos desse mesmo sistema. Uma ideia que, tendo validade geral para o conjunto dos quatro preceitos que compõem o artigo 104º da Constituição, é visível sobretudo relativamente ao disposto no nº 2 em análise.

Trata-se, assim, de um programa não tem de se concretizar de uma só vez e, menos ainda, que seja logo realizado ao seu mais elevado grau, mas antes que o mesmo se ponha em prática gradual e progressivamente.

20 L. Einaudi, *Mite e Paradossi della Giustizia Tributaria*, Torino, 1938, p. 201 e ss. V. também A. Carlos Santos, «Sobre a colecta mínima», em *Da Questão Fiscal à Reforma da Reforma Fiscal*, Lisboa, 1999, p. 125 e ss. (129 e s.), e R. Fernandes Ferreira, «Tributação do rendimento – IRC. Tendências fiscais – deterioração ou melhoria?», *Ciência e Técnica Fiscal*, 398, Abril-Junho de 2000, p. 123 e ss. (131 e s.).

Para além de que leva implícita a ideia de que a sua concretização pode ser objecto de ensaios, de experiências, que podem, nomeadamente, vir a revelar-se excessivamente ambiciosas face à realidade que os suporta, permitindo-se, por conseguinte, que as fasquias de realização legalmente estabelecidas possam, num momento de menor *performance* económica e empresarial, ser alteradas e mesmo baixadas[21]. Por conseguinte, o que o preceito constitucional em causa exige é que, na sua concretização legal, o nosso sistema de tributação das empresas se aproxime tanto quanto possível do ideal, ou seja, consagre uma tributação das empresas que incida fundamentalmente sobre o seu rendimento real. O que significa que o legislador fiscal, de um lado, encontra-se constitucionalmente vinculado à instituição da regra, do princípio, da tributação das empresas pelo seu rendimento real, mas, de outro lado, mantém uma razoável dose de liberdade conformadora para estabelecer excepções a essa regra.

Finalmente, há que ter em conta o momento histórico em que esse preceito foi adoptado e o específico ambiente em que a Constituição foi elaborada e aprovada. Com efeito, parece não restar qualquer dúvida de que se pretendeu introduzir e impor como regra de tributação do rendimento das empresas a sua tributação pelo rendimento real, excluindo, por conseguinte, a regra da sua tributação pelo rendimento normal, um modelo com grande tradição no direito fiscal português.

Modelo esse que, muito embora a reforma fiscal dos anos sessenta tenha pretendido alterar no sentido de diminuir gradual e progressivamente o seu âmbito, alargando a aplicação do modelo assente na tributação do rendimento real, o certo é que tal modelo não foi significativamente modificado. O que se ficou a dever fundamentalmente ao aspecto mais marcante daquilo a que o *Professor José Joaquim Teixeira Ribeiro* designou por "contra-reforma fiscal"[22]. Na verdade, a falta de implementação do modelo de tributação pelo rendimento real por parte da administração fiscal, de um lado,

[21] Um voltar atrás (embora só ao nível da lei que não da realidade) se verificou, por exemplo, na reforma fiscal de 1929 face à reforma fiscal de 1922. No domínio do recorte constitucional do futuro sistema fiscal português, passa-se algo de semelhante ao fenómeno, bem conhecido da teoria dos direitos fundamentais, que ocorre em sede dos direitos económicos, sociais e culturais, cuja determinação e determinabilidade constitucionais não podem deixar de ser bastante limitadas. V., por todos, J. C. Vieira de Andrade, *Os Direitos Fundamentais na Constituição Portuguesa de 1976*, 5ª ed., Almedina, Coimbra, 2012, p. 172 e ss.

[22] V. J. J. Teixeira Ribeiro, «A contra-reforma fiscal», *Boletim de Ciências Económicas*, vol. 11, 1968, p. 115 e ss.

e o retrocesso legislativo e administrativo que nesse domínio se veio a verificar, de outro, conduziram ao abandono, na prática, do objectivo de se avançar para o modelo de tributação das empresas pelo rendimento real.

Perante esta história do desenvolvimento da reforma fiscal anterior, não admira que o legislador constituinte tenha tomado em mãos a missão de impor um modelo de tributação das empresas. Daí que a medida da tributação do rendimento das empresas, tenha passado a ser, por exigência constitucional, o seu rendimento real, isto é, o rendimento revelado pela contabilidade.

Tendo, porém, em conta a nossa realidade económica e empresarial, própria de um país em desenvolvimento, largamente dominado por PME, o legislador constituinte foi cauteloso, adoptando uma disposição aberta bem patente no advérbio "fundamentalmente" usado no preceito constitucional. O que significa que, a partir da aprovação da Constituição actual, a base ou a medida da tributação do rendimento das empresas deve ser, em princípio ou por via de regra, a base ou a medida fornecida pelo seu rendimento real. O que obsta, claro está, a que haja retrocesso neste domínio.

Mas não impede que haja empresas que não sejam tributadas pelo seu rendimento real, mas sim pelo seu rendimento normal. Pois o que o preceito constitucional impede é que as empresas que tenham todas as condições para revelarem o seu rendimento real, mormente porque estão sujeitas ou porque optaram pela contabilidade organizada e disponham desta em termos aceitáveis para a administração fiscal, venham a ser tributadas, não por essa medida do rendimento, mas pela medida apurada pela administração a partir de outras realidades ou de outros elementos[23].

O legislador está assim proibido de directamente, isto é, mediante legislação fiscal, ou por via indirecta, isto é, através da disciplina de qualquer um dos outros sectores do direito empresarial, mormente através da disciplina contabilística das empresas, subtrair ao modelo de tributação pelo rendimento real empresas relativamente às quais, consideradas na sua realidade empresarial e económica, nenhum motivo ou fundamento se vislumbra que possa suportar uma excepção.

[23] Aliás, uma das críticas apontadas ao *minimum tax* italiano (designado *contributo diretto lavorativo*), objecto de revogação em 1996, foi a de não prever a possibilidade de o contribuinte demonstrar a falta de correspondência do seu rendimento com o rendimento atribuído automaticamente. Cf. Brunella Bellè, «La "minimum tax": prime considerazioni», *Diritto e Pratica Tributaria*, LXIV, 1993, 2, p. 403 e ss. (412 e s.).

Fora, porém, desse domínio, o legislador goza de liberdade para estabelecer excepções ao princípio, desvios ao modelo. Excepções ou desvios cuja legitimidade constitucional há-de ter por suporte nomeadamente o princípio da praticabilidade das soluções. Um princípio que, atento o nosso universo empresarial, constituído sobretudo por PME, só se estranha que não tenha dado origem a importantes segmentos de tributação empresarial com base no rendimento normal antes da "reforma" da tributação do rendimento levada a cabo pela Lei nº 30-G/2000 e espelhada agora nos arts. 87º e seguintes da LGT[24].

2. Alusão às múltiplas alterações posteriores do IRS e do IRC

Mas o recorte constitucional tal como foi objecto de concretização legal nos termos em que vimos, foi objecto de sucessivas e amplas alterações que, em larga medida, o desfiguraram. Entre essas alterações temos umas de natureza legal e outras que têm a ver com a realidade subjacente que se modificou tremendamente Assim e no respeitante ao IRS verificaram-se, entre outras, as seguintes alterações: 1) a substituição, na dupla tributação económica, do anterior crédito de imposto em IRS pela consideração em sede da determinação do rendimento colectável de 50% desses lucros distribuídos a título de rendimentos de capitais em IRS; 2) a conversão da generalidade dos abatimentos em deduções à colecta operada pela LOE/99[25]; 3) a eliminação prática das deduções respeitantes a despesas com a saúde, educação, habitação e outras de natureza social[26]; 4) a introdução e ampliação das chamadas tributações autónomas relativas aos rendimentos empresariais e profissionais que tornam a carga fiscal sobre

[24] Uma afirmação que deve, todavia, ser atenuada, por duas ordens de razões: de um lado, a tributação normal sempre conheceu manifestações na tributação indirecta, mais precisamente no regime dos pequenos retalhistas do IVA – cf. A. Carlos Santos, «As dimensões micro e macro, público e privado na regulação fiscal», em *Da Questão Fiscal à Reforma da Reforma Fiscal*, cit., p. 257; de outro lado, o regime de tributação com base em métodos indirectos quando a matéria colectável indicada pelo contribuinte se afastasse, sem razão justificada, significativamente para menos da que resultaria da aplicação dos indicadores objectivos de actividade de base técnico-científica, previsto na versão originária al. *c*) do artigo 87º da LGT, não deixava, a seu modo, de basear-se numa matéria colectável "normal" – v., neste sentido, F. Sousa da Câmara, «A avaliação indirecta da matéria colectável e os preços de transferência», em Diogo Leite Campos e outros, *Problemas Fundamentais do Direito Tributário*, Vislis, Lisboa, 1999, p. 337 e ss., esp. p. 353 e ss.

[25] LOE/99 = Lei do Orçamento do Estado para o Ano de 1999.

[26] V. o nº 7 do artigo 78 do Código do IRS.

tais rendimentos, que suportam uma taxa legal progressiva que vai de 14,5% a 48%, verdadeiramente confiscatória.

Por seu turno, no respeitante ao IRC, podemos indicar: 1) a diminuição da taxa para 30% a partir de 2002 e para 23% em 2014; 2) a substituição, na dupla tributação económica, do crédito de imposto pela dedução de 50% desses lucros na base tributável; 3) o alargamento para 6 anos do período para proceder ao reporte de prejuízos (entretanto reduzido para 5 anos); 4) a ampliação, a partir de 1994, da previsão do crédito de imposto por dupla tributação internacional a situações não cobertas por convenções para eliminar a dupla tributação celebradas por Portugal, a que inicialmente o mesmo se reconduzia; 6) a crescente instituição e ampliação das tributações autónomas em IRC; etc.

De todas estas e outras alterações de que aqui nem sequer damos conta, importa salientar, relativamente ao IRS, a crescente perda da natureza pessoal deste imposto, e, no respeitante ao IRC, o afastamento visível da tributação das empresas pelo rendimento real, na medida em que, ao lado do IRC normal, se vai constituindo um IRC anómalo suportado na crescente tributação avulsa constituída pelas chamadas tributações autónomas.

Relativamente à crescente perda da natureza pessoal do IRS, é de mencionar que a mesma se revela sobretudo em três manifestações: na limitação da incidência deste imposto sobre o rendimento global das pessoas singulares, na quase eliminação das deduções à colecta relativas às despesas com a realização dos direitos sociais e nas tributações autónomas que vêm sendo estabelecidas no respeitante aos rendimentos empresariais e profissionais.

De um lado, o rendimento sobre o qual incide actualmente o IRS está cada vez mais longe de ser o rendimento global. O que se fica a dever a razões de praticabilidade, uma vez que a tributação concretizada nesse imposto não é mais aplicável relativamente a rendimentos facilmente deslocalizáveis num quadro de globalização económica, como são a generalidade dos rendimentos de capital e os rendimentos do trabalho altamente qualificado.

Depois, as deduções relativas aos gastos com a realização dos direitos sociais, isto é, dos direitos à saúde, à educação, à habitação e à segurança social, não têm parado de diminuir, tendo as mesmas sido praticamente eliminadas com a aprovação da LOE/2012 e da LOE/2013. Uma evolução que torna problemática a característica do IRS como um imposto sobre o rendimento disponível, uma das notas mais importantes de um imposto de natureza pessoal. Particularmente chocante é, a este respeito, a crescente desconsideração das despesas socais realizadas com os membros do agregado familiar, o que vai inteiramente no sentido oposto à exigência constitucional de o imposto sobre o rendimento pessoal ter em conta as necessidades e os rendimentos da família. O que, pela discriminação fiscal negativa da família que materializa, viola frontalmente o disposto no nº 1 do artigo 104º da Constituição. Pois, embora este preceito não imponha o favorecimento fiscal da família[27], interdita a sua discriminação negativa. Uma interdição que tem um outro importante suporte na alínea *f)* do nº 2 do artigo 67º da Constituição, ao estabelecer como incumbência do Estado para a protecção da família, «regular os impostos e os benefícios sociais, de harmonia com os encargos familiares». Pois estes preceitos constitucionais exigem, a nosso ver, a consideração das despesas sociais e em montantes minimamente realistas de cada um dos membros que compõem o agregado familiar.

A que acresce a discriminação, de todo inadmissível, da família baseado no casamento face à família baseada em uniões de facto, já que nos termos do disposto nos artigos 13º 3 14º do Código do IRS, enquanto os cônjuges não separados judicialmente de pessoas e bens se encontram sujeitos à tributação conjunta, as pessoas que vivam em união de facto podem optar por esse regime ou serem tributados separadamente. O que concretiza uma discriminação dos agregados familiares baseados no casamento em total desconformidade com o estabelecido nos artigos 36º e 104º, nº 1, da Constituição, preceitos que não autorizam que a liberdade de contrair casamento seja limitada através de normas de tributação.

Enfim, também o rendimento empresarial em sentido amplo, isto é, o rendimento empresarial e profissional, vem sendo objecto em sede do IRS de diversas tributações autónomas, se bem que em menor medida do que vem acontecido com o rendimento das empresas colectivas em IRC. O que descaracteriza a tributação do rendimento empresarial em sede do IRS quer enquanto inserida no imposto sobre o rendimento pessoal, quer enquanto tributação do rendimento das empresas, a qual deve configurar-se como uma tributação pelo rendimento real.

Mas é em sede do IRC que a descaracterização desse princípio constitucional mais se faz sentir. De facto, as numerosas tributações avulsas que vêm incidindo sobre as empresas colectivas, criaram ao lado do IRC, uma

[27] O qual é exigido, todavia, pelo disposto na artigo 67º da Constituição, embora sem impor a via dos instrumentos fiscais.

outra tributação constituída pelas tributações autónomas, pela chamada derrama estadual e pela contribuição sobre o sector bancário que estão longe de configurarem uma tributação sobre o *rendimento* empresarial.

Assim e no concernente às tributações autónomas, designadas curiosamente pelo legislador por «taxas de tributação autónoma», que se encontram previstas no artigo 88º do Código do IRC (bem como, para as empresas singulares, no artigo 73º do Código do IRS), devemos dizer que as mesmas começaram por se reportar a situações susceptíveis de elevado risco de evasão fiscal, como as relativas à tributação das despesas confidenciais e não documentadas, configurando as normas que as previam não verdadeiras normas de tributação, mas antes normas que, directamente, tinham por função o acompanhamento, vigilância e fiscalização da actuação fiscal dos contribuintes e, por conseguinte, de luta contra o crescente fenómeno de evasão fiscal.

Todavia, com o andar do tempo, a função dessas tributações autónomas, que, entretanto, se diversificaram extraordinariamente e aumentaram de valor, alterou-se profundamente passando a ser progressivamente a de obter (mais) receitas fiscais, assumindo-se, assim, como efectivos impostos sobre a despesa, se bem que enxertados, em termos totalmente anómalos, na tributação do rendimento.

Pois essas tributações incidem agora não só sobre as despesas confidenciais e não documentadas, como foi no início, ou sobre as despesas não documentadas, despesas com viaturas ligeiras de passageiros ou mistas e despesas de representação como foi depois, mas também sobre as despesas com importâncias pagas a pessoas singulares ou colectivas residentes em países com regime fiscal claramente mais favorável[28], sobre as despesas com encargos relativos a certas ajudas de custo, sobre os lucros distribuídos por entidades isentas de IRC, sobre certas indemnizações, compensações, bónus e outras remunerações pagas aos gestores, administradores ou gerentes, etc. Sendo certo que algumas dessas tributações se encontram sujeitas a taxas relativamente elevadas, como é o caso da incidente sobre as indemnizações, compensações, bónus e outras remunerações dos gestores, administradores ou gerentes, sujeitas a uma taxa de 35%, nos termos do artigo 88º, nº 13, do Código do IRC[29].

[28] Ou seja, os vulgarmente designados por paraísos fiscais.

[29] A qual ainda é elevada para 45% no caso as empresas apresentarem prejuízos.

Uma série de situações que nos leva a concluir que, ao lado do IRC (e do IRS empresarial), se está erguendo progressivamente um outro imposto sobre as empresas, um imposto de todo anómalo que, incidindo sobre certas despesas, acaba por duplicar tendencialmente, sem qualquer fundamento racional que a sustente, a tributação das empresas, o que é de todo inadmissível.

Particularmente chocante é a aplicação desses impostos, que constituem inequívocos impostos de obrigação única ou impostos instantâneos, a despesas realizadas antes da sua aprovação legal, embora no período de tributação a que se reporta esse dito IRC, como o fez a a Lei nº 64/2008, de 5 de Dezembro, relativamente ao aumento das taxas de tributação autónoma sobre despesas de representação e encargos com viaturas ligeiras de passageiros. Efectivamente, não vemos como tais impostos, enquanto aplicados a despesas realizadas no passado, possam não ser considerados impostos retroactivos e, por conseguinte, inconstitucionais por violação do nº 3 do artigo 103º da Constituição, como veio a reconhecer o Tribunal Constitucional no seu Acórdão 310/2012[30].

Por seu lado, quanto à assim chamada derrama estadual, devemos dizer que a mesma não passa de uma sobretaxa sobre o IRC. Criada pela Lei nº 12-A/2010, de 30 de Junho, que aditou o artigo 78º-A ao Código do IRC[31]. Uma sobretaxa que, na redacção resultante da LOE/2012, se apresente como uma sobretaxa progressiva em três escalões com taxas de 2,5%, 3% e 5% sobre o lucro tributável de mais de € 1.500.000.

Sublinhe-se que, segundo o disposto no nº 2 daquele artigo, quando seja aplicável o RETGS, a derrama estadual incide sobre o lucro tributável apurado na declaração periódica individual de cada uma das sociedades do grupo, incluindo a da sociedade dominante. Um regime legal que, dominado pela necessidade de obtenção de receitas, nos suscita a questão da sua inconstitucionalidade, pois que, tratando-se claramente de um imposto[32] acessório face ao IRC, não vemos porque é que o mesmo não

[30] Depois de ter tomado posição contrário no Acórdão 18/2011.

[31] Que aprovou um conjunto de medidas adicionais de consolidação orçamental com o objectivo de reforçar e acelerar a redução de défice excessivo e o controlo do crescimento da dívida pública previstos no Programa de Estabilidade e Crescimento (PEC).

[32] Uma solução estendida à derrama municipal pelo artigo 57º da LOE/2012 que, para o efeito, alterou o artigo 14º da Lei das Finanças Locais, depois de ter falhado a tentativa de a Administração Fiscal a impor sem base legal, como foi julgado pelo STA no Acórdão de 2 de Fevereiro de 2011, Processo nº 909/10.

segue inteiramente as vicissitudes deste imposto principal, segundo o bem conhecido ditado *asessorium principale sequitur*. Com efeito, as empresas integrantes de grupos que tenham optado pela RETGS, certamente com o objectivo de verem diminuído o correspondente IRC, resultante da compensação lucros/prejuízos dentro do respectivo grupo, acabam sendo oneradas e discriminadas em razão dessa opção, porquanto ficam sujeitas a essa sobretaxa de IRC em termos de não poderem beneficiar da referida compensação de lucros/prejuízos verificados no seio do grupo de empresas. Um resultado que, para além de frustrar as expectativas das empresas depositadas na opção que fizeram pelo RETGS, pode brigar com os princípios constitucionais da igualdade fiscal e liberdade de gestão fiscal das empresas.

Uma outra tributação avulsa, que veio onerar algumas empresas, é a contribuição extraordinária sobre o sector bancário introduzida pelo artigo 141º do LOE/2011 que aprovou o seu regime, na redacção do artigo 182º da LOE/2012. Pois, nos termos do artigo 3º desse regime, a contribuição sobre o sector bancário incide sobre: *a)* o passivo apurado e aprovado pelos sujeitos passivos deduzido dos fundos próprios de base (Tier 1) e complementares (Tier 2) e dos depósitos abrangidos pelo Fundo de Garantia de Depósitos e pelo Fundo de Garantia do Crédito Agrícola Mútuo e os depósitos na Caixa Central constituídos por Caixas de Crédito Agrícola Mútuo pertencentes ao Sistema Integrado do de Crédito Agrícola; *b)* o valor nocional dos instrumentos financeiros derivados fora do balanço apurado pelos sujeitos passivos». Incidência cuja base se encontra, depois, mais concretizada, a título de regulamentação, no artigo 4º da Portaria nº 121/2011, de 30 de Março, no qual, sob a epígrafe «quantificação da base de incidência», se prescreve, designadamente, no que respeita ao que deve entender-se por «passivo» e por «instrumento financeiro derivado». Uma situação que configura um quadro normativo que, a nosso ver, não respeita o princípio da legalidade fiscal, violando a ideia de determinabilidade que esse princípio impõe, pois, nos termos dos arts. 165º, nº 1, al. *i)*, e 103º, nº 2, da Constituição, a lei ou o decreto-lei autorizado que crie um imposto deve conter a disciplina da sua incidência e taxa em termos tão determinados ou determináveis quanto seja possível. O que parece não ter sucedido no caso desta contribuição, em que a lei, mais especificamente o artigo 8º do referido regime, a título de regulamentação, remeteu para portaria do Ministro das Finanças «a base de incidência definida pelo artigo 3º» desse regime e «as taxas»[33]. Tendo em conta, todavia, o facto de a Contribuição para o Sector Bancário ter sido objecto de reconfiguração pelo Decreto-Lei nº 31-A/2012, de 10 de Fevereiro, que consignou a sua receita ao Fundo de Resolução, aproximando-a assim de figuras tributárias adoptadas noutros países, interrogamo-nos se, por uma tal via, não se converteu esse tributo numa verdadeira contribuição financeira.

III. Em conclusão

Não há dúvida de que, em 1976, fazia sentido a adopção de um programa de reforma fiscal e a sua introdução na Constituição. De facto, o desejo de implementar um sistema fiscal alinhado com os vigentes nos países economicamente mais desenvolvidos, que era inteiramente legítimo, acabou, todavia, sendo elevado ao texto constitucional em virtude sobretudo do carácter dirigente que a constituição económica assumiu na versão originária da nossa Constituição.

Um programa que, descontados um ou outro termo de cariz marxista visível no texto dos originários artigos 106º e 107º, correspondia por inteiro ao quadro dos sistemas fiscais dos países desenvolvidos da então Europa Ocidental. O que terá contribuído para que a reforma do sistema fiscal por etapas, que se seguiu, não tenha levantado problemas de maior e tenha constituído mesmo um verdadeiro êxito, sobretudo no que à reforma da tributação do consumo e do rendimento dizem respeito (em 1985/6 e 1988/9, respectivamente). Algo que já não sucedeu com a reforma da tributação do património que, para além de ter sido tardia (apenas em 2003/4), se limitou basicamente à actualização do valor dos prédios segundo uma forma de carácter marcadamente objectivo[34].

Todavia, como vimos, esse programa foi sendo implementado, esgotando-se, por conseguinte, a força normativa dos preceitos constitucionais em causa enquanto consubstanciavam a imposição ao legislador desse específico programa de reforma fiscal. É certo que o quadro constitucional de recorte do sistema fiscal português, que esses preceitos contêm, não se esgotou nessa imposição constitucional, indo assim para além do cumprimento primário desse programa. Porém, enquanto parâmetro permanente de conformação do sistema fiscal português, não há dúvida de que o mesmo

[33] V. o nosso livro *O Dever Fundamental de Pagar Impostos*, cit., p. 351 e ss.

[34] A qual, face à crise profunda que presentemente atinge o sector da construção e do imobiliário e à consequente desvalorização dos imóveis, vem conduzindo a uma injusta e inadequada sobretributação desses bens.

tem sido em larga medida desconsiderado pela mais recente evolução do sistema fiscal, designadamente em sede da tributação do rendimento, como vimos. Uma desconsideração que, na parte mais significativa, é hoje uma inevitabilidade, porquanto em consequência do fenómeno da globalização e da internacionalização das relações tributárias mais importantes, estas encontram-se subtraídas à soberania do Estado Português, a qual actualmente apenas pode ser exercida plenamente relativamente a rendimentos de elementos de produção de bens e serviços avessos à deslocalização como são os rendimentos do trabalho com excepção dos do muito qualificado, dos rendimentos empresariais e profissionais das micro, pequnas e médias empresas e os rendimentos dos imóveis. Por conseguinte, apenas estes podem ser objecto da modelação legal implicada no recorte constitucional do imposto sobre o rendimento pessoal.

Muito embora essa desconsideração também se esteja verificando relativamente a segmentos da tributação que é uma opção do legislador nacional, como acontece com a tributação conjunta dos cônjuges e a opção pela tributação separada ou conjunta das pessoas vivendo em união de facto, o que conduz a um resultado totalmente oposto ao pretendido pelo princípio da não discriminação da família baseada no casamento, bem como as numerosas e diversificadas tributações autónomas que incidem sobre as empresas individuais e colectivas. O que consubstancia um claro desrespeito tanto da natureza do IRS e do IRC, enquanto impostos sobre o rendimento, como do princípio da tributação das empresas pelo seu rendimento real.

Por conseguinte, perante um programa de reforma fiscal já concretizado e face a um parâmetro constitucional do sistema fiscal em parte impossível de respeitar e em parte efectivamente desrespeitado pelo legislador sem consequências de maior, parece-nos que a atitude mais adequada é a de eliminar o artigo 104º da Constituição. Na verdade, não se justifica manter um conjunto de preceitos que, enquanto programa de reforma fiscal se esgotaram com a implementação lograda da mesma, e, na medida em que pretendem constituir-se em parâmetro permanente para a actuação do legislador, ou se revelam inúteis ou constituem objecto de violação sistemática sem consequências.

Tanto mais que o programa de reforma fiscal contido na Constituição da República Portuguesa de 1976 mais não era do que o programa para alinhar o sistema fiscal português com os sistemas fiscais dos países mais desenvolvidos da então Europa Ocidental, num momento de coroação do Estado social proporcionado pelo crescimento e desenvolvimento económicos da segunda metade do século XX. Uma realidade que, como é evidente, já não é a do século em que vivemos, pois o carácter cada vez mais multinível do sistema fiscal, de um lado, e a necessidade de ajustamento do Estado, mormente do Estado social, à nova realidade económica caracterizada por um crescimento muito fraco ou mesmo nulo, por outro lado, não se compaginam mais com o recorte do sistema fiscal contido no artigo 104º da Constituição. Por isso mesmo, o recorte do sistema fiscal deve ser hoje em dia o mais aberto possível à conformação do legislador, de molde a este o poder estruturar atempadamente no quadro de exigente concorrência fiscal que o fenómeno da globalização económica definitivamente veio alicerçar.

Reflexões sobre a constituição económica, financeira e fiscal portuguesa[1]

Sumário: 1. Uma observação preliminar. 2. A constituição económica, financeira e fiscal portuguesa; 2.1. A constituição económica; 2.2. A constituição financeira; 2.2.1. O Tratado Orçamental; 2.2.2. Algumas críticas ao Tratado; 2.3. A constituição fiscal. 3. A total falta de harmonização da constituição económica com as constituições fiscais.

1. Uma observação preliminar

Comecemos por uma observação preliminar que, a nosso ver, se impõe. Prende-se ela com a necessidade de assinalar que as constituições já não constituem o parâmetro em termos de totalidade ou de exclusividade das respectivas ordens jurídicas. O que acontece tanto em geral como em sede das constituições de que vamos falar. Efectivamente, para além e ao lado das constituições, o topo total e exclusivo das ordens jurídicas perspectivadas segundo o modelo da pirâmide normativa de Hans Kelsen, têm-se constituído complexos normativos que, às vezes formalmente, mas sobretudo materialmente, limitam ou condicionam a completude que a mencionada visão das ordens jurídicas encimadas pela constituição comportaram durante o século XX[2].

Um fenómeno que é particularmente visível no que respeita ao domínio das constituições fiscais dos Estados membros da União Europeia for-

[1] Texto publicado na *Revista de Legislação e de Jurisprudência*, ano 140º, 2014/15,.

[2] Para a alteração profunda dos actuais sistemas jurídicos, v., no sentido de sistemas jurídicos em rede, François Ost/Michel van der Kerkove, *De la Pyramide au Reseau? Pour une Théorie Diacletique du Droit*, Presses des Facultés Universitaires Saint Louis, Bruxelles, 2002, e tendo em conta o «tetralema do direito global», Galf-Peter Calliess, «Reflexive international law – The privatization of civil law and civilization of private law», *Zeischrift für Rechtssoziologie*, nº 23(2), 2002, p. 185 e ss.

tementе limitadas pela constituição económica europeia e pelas constituições financeiras em larga medida europeizadas. Trata-se, todavia, de algo que transcende largamente o espaço europeu[3]. Pois não podemos esquecer as vinculações das mais diversas origens e legitimidades com que hoje em dia se deparam os Estados em matéria de tributação, decorram estas de mecanismos do clássico direito internacional público, adoptadas portanto ainda no quadro da soberania fiscal estadual, ou acabem impostas através de disposições de direito que, na prática, são cada vez mais alheias à vontade dos Estados.

Na primeira situação encontram-se, por exemplo, tanto as relativas a subvenções e compensações decorrentes do regime do sistema GATT/OMC como as integrantes das cláusulas das redes de convenções de dupla tributação de que os Estados não podem presentemente prescindir[4]. E algo idêntico se bem que mais visível se verifica no respeitante ao direito, tanto originário como derivado da União Europeia, porquanto, embora seja direito supranacional, resulta da decisão soberana dos Estados membros em integrar essa organização.

Já na segunda situação encontramos tanto as imposições constantes do direito transnacional como as decorrentes de puro direito estrangeiro. Nesta última posição se apresentam, de resto com visível protagonismo, as imposições resultantes do *Foreign Tax Complaince Act*, geralmente referido pela sigla FATCA. Uma lei extraterritorial de combate à fraude e evasão fiscal cuja adopção pelo Congresso dos EUA veio desencadear efeitos tanto na esfera das instituições financeiras e não financeiras com relações económicas com empresas norte-americanas como na política fiscal dos Estados[5] e organizações como a OCDE e a União Europeia, proporcionando

[3] E que, obviamente, se não limita ao plano normativo-constitucional, repercutindo-se também na governação dos Estados, em que tanto a estrutura e o exercício das funções estaduais como o funcionamento e a actuação dos correspondentes órgãos, segundo o modelo de uma bem demarcada divisão ou separação de poderes típica do constitucionalismo moderno, enfrentam grandes dificuldades. O que é visível na existência de órgãos estaduais que, embora formalmente localizados na função e organização administrativas, concentram em si, por razões técnicas e de operacionalidade, algo indistintamente as funções de legislar, administrar e julgar, como é o caso, por exemplo, das agências ou autoridades de regulação e supervisão económica.

[4] As quais, para os Estados membros da OCDE, não podem deixar de estar em consonância com o Modelo de Convenção Fiscal sobre o Rendimento e o Património e os compromissos assumidos no seio dessa Organização.

[5] O que já levou a um acordo multilateral de troca de informações entre os EUA, a França, a Alemanha, a Itália, a Espanha e o Reino Unido.

um ambiente de cooperação no domínio fiscal até há pouco impensável[6]. A este respeito, e de sublinhar que, em relação a estas organizações económicas internacionais, a FATCA está a ter claras implicações no sentido da adopção de uma política fiscal clara e efectiva de luta contra a fraude e evasão fiscal.

O que é visível no relatório e plano de acção da OCDE, adoptados em 2013, de luta conta a erosão da base tributável e transferência de resultados das empresas[7], e, mais recentemente, já em 2014, na adopção de uma espécie de FATCA global, o documento *Global Standard for Automatic Exchange of Financial Account Information* constituído pelo *Competent Autority Agreement* (Model Competent Authority Agreement – CAA) e pelo *Common Reporting Standard* (Common Reporting and Due Diligence Standard – CRS). E, em relação à União Europeias, as medidas que esta vem planeando nesse domínio, todas elas, como as da OCDE, no sentido de uma efectiva troca automática e irrestrita de informações tributárias sem a possibilidade de invocação de entraves internos (tradicionalmente tão eficazes) como são, por exemplo, os relativos ao sigilo bancário e cambial[8].

2. A constituição económica, financeira e fiscal portuguesa

Esquecendo, porém, essas dimensões extranacionais e procurando versar a matéria que o título desta nossa intervenção sugere, vejamos, então, como se

[6] .V., neste sentido, NUNO SAMPAYO RIBEIRO, «O *New Cooperative Tax Environment* e as políticas fiscais pública e societária», *Revista da Banca*, nº 72, Julho – Dezembro de 2011, p. 45 e ss. Mais em geral, v. RAQUEL GONÇALVES MOTA, *Cooperação Transnacional: a troca de informações entre administrações fiscais*, Curitiba, 2012.

[7] Conhecida pela sigla BEPS (*Base Erosion and Profit Shifting*), em que temos o relatório – *Addressing Base Erosion and Profit Shifting*, de Fevereiro de 2013, e o plano – *Action Plan on Base Erosion and Profit Shifting*, Julho de 2013. V. sobre a mesma MARIA ODETE OLIVEIRA, «Algumas reflexões sobre as questões de fiscalidade conexas com a erosão das bases tributárias e transferência de lucros», *Para Jorge Leite – Escritos Jurídicos II*, Coimbra, 2014, p. 583 e ss.; e SÉRGIO VASQUES, «BEPS e o sistema fiscal português», *Cadernos de Justiça Tributária*, 4, Abril-Junho, 2014, p. 3 e ss.

[8] V. Comissão Europeia, Recomendação de 6 de Dezembro de 2012, relativa ao planeamento fiscal agressivo (2012/772/EU), e Recomendação de 6 de Dezembro de 2012, relativa a medidas destinadas a encorajar os países terceiros a aplicar normas mínimas de boa governação em matéria fiscal (2012/771/EU). V. também as conclusões do Conselho Europeu de Maio de 2013 relativas às alterações da Directiva 2011/16/UE, no sentido de ampliar e reforçar a cooperação administrativa no domínio da fiscalidade, e à revisão da Directiva 2011/96/EU, (Directiva "Mães/Filhas"), tendo em conta as disposições antiabuso na legislação da UE.

configuram e articulam actualmente a constituição económica, a constituição financeira e a constituição fiscal portuguesa.

2.1. A constituição económica

Começando naturalmente pela constituição económica a primeira ideia a revelar é a de que não há uma constituição económica portuguesa, uma vez que a nossa constituição económica é a constituição económica europeia. Daí que as disposições, que a Constituição Portuguesa formalmente ainda contém em sede da constituição económica[9], não façam hoje em dia qualquer sentido. Pois essa constituição emigrou para norte, emigrou para a União Europeia. Uma emigração que se fez, de resto, em duas etapas, com a nossa adesão às então Comunidades Europeias, em 1986, e sobretudo com a nossa integração na União Económica e Monetária quando esta foi constituída. De facto, a nossa constituição económica que tinha uma feição dirigente na sua primeira versão, a qual foi sendo atenuada nas revisões constitucionais de que foi objecto em 1982 e 1989, viu-se praticamente esvaziada com a revisão constitucional extraordinária de 1992 necessária para a aprovação do Tratado de Maastricht ou Tratado da União Europeia (que entrou em vigor a 1.1.1993) base do processo de harmonização das políticas económicas e monetárias com vista à instituição da moeda única.

A este respeito, bem podemos dizer que a constituição económica portuguesa cessou com a revisão constitucional de 1992 e com a extinção do Banco de Portugal enquanto banco central e detentor do exclusivo da emissão de moeda e colaborador qualificado das políticas monetária e financeira, uma vez que o restou com o mesmo nome, atentas as funções que deixou de ter, é algo bem diferente. O que resulta muito claro se se comparar a redacção anterior com a posterior à referida revisão do artigo 102º da Constituição[10].

[9] Pois não nos devemos esquecer de que a nossa Constituição contém quatro constituições, ordenadas de resto no texto constitucional pelas quatro partes em que este se estrutura: a constituição do indivíduo (ou melhor, da pessoa) – «direitos e deveres fundamentais», a constituição da sociedade ou constituição económica – «organização económica», constituição do Estado ou constituição política – «organização do poder político» e constituição da constituição – «garantia e revisão da constituição».

[10] Que até à revisão constitucional de 1997 era o art. 105º. Pois bem, dispunha esse preceito antes: «O banco de Portugal, como banco central, tem o exclusivo de emissão de moeda e colabora na execução das politicas monetária e financeira, de acordo com a lei do Orçamento, os objectivos definidos nos planos e directivas do Governo»; e passou a dispor

Isto significa que a constituição económica portuguesa terminou ou, em outros termos, deixou de ter sede na constituição portuguesa, transferida que foi para a ordem jurídica comunitária, para o nível normativo a montante dos Estados membros. O que tem como um dos significados mais visíveis a verdadeira impossibilidade de o Estado português dar cumprimento ao mandato constitucional contido na alínea *a)* do artigo 80º da Constituição, em que se estabelece o princípio da subordinação do poder económico ao poder político democrático. Um princípio cujo respeito, atento o poderio alcançado pelas grandes empresas multinacionais, temos dúvidas que possa ser integralmente cumprido mesmo ao nível europeu para onde transitou a constituição económica. Pois não temos por inteiramente descabida a afirmação no sentido de que, atento o relevo verdadeiramente decisivo que o estabelecimento e funcionamento do mercado interno tem, acabam por ser as grandes empresas que suportam e efectivamente moldam juridicamente o governo económico da União Europeia.

De resto, é de sublinhar que as mudanças a tal respeitão não se ficaram por esta deslocação do plano nacional para o plano supranacional, uma vez que elas se reportam também ao sentido que a própria constituição económica tinha em Portugal e ao que passou a deter enquanto componente do direito comunitário. Efectivamente, de uma constituição dirigente ao serviço da construção de uma economia dita socialista, como constava na versão originária da Constituição de 1976, passou-se para uma constituição, igualmente dirigente, mas agora ao serviço da instituição e funcionamento do mercado interno, o que continua a dominar a União Europeia que, não obstante o discurso em contrário, dada a ainda fraca dimensão política da integração europeia, mormente aquela que seria adequada à exigida pela União Económica e Monetária, permanece, fundamentalmente, como um espaço cujo protagonista é o mercado, não passando, por conseguinte, do que, afinal de contas, sempre foi – um mercado comum[11].

Uma alteração em relação à qual, não obstante a profundidade e o relevante significado que teve e tem, pois concretizou-se no abandono de um

depois: «O Banco de Portugal é o banco central nacional e exerce as suas funções nos termos da lei e das normas internacionais a que o Estado Português se vincule».

[11] Daí a "morte da constituição dirigente" reconhecida por um dos autores que mais a estudou e analisou – J. J Gomes Canotilho, morte cujo sentido, como ele explica, não anda longe do que, a tal respeito, dizemos no texto – v. J. J. Gomes Canotilho, «Estado adjectivado e teoria da constituição», *Revista da Academia Brasileira de Direito Constitucional*, nº 3, 2003, p. 453 e ss.

poder intrínseco ao Estado que remonta basicamente à fundação da nossa nacionalidade, não foi nem vem sendo dado o devido relevo. Pois que, aquando da sua aprovação, as forças políticas que suportam o nosso regime democrático estranhamente dispensaram o povo de se pronunciar sobre a mesma. E, depois de adoptada, em geral continua a olhar-se para a Constituição fazendo de conta que essa alteração não teve lugar, já que, quanto ao que nos é dado saber, nem a doutrina nem a jurisprudência constitucional a convocou fosse para o que fosse[12]. Ora, do que não há quaisquer dúvidas é de que a apreciação da conformidade constitucional do direito ordinário que vai dando corpo à nossa ordem jurídica não pode ser feita, depois dessa alteração, nos mesmos termos em que vinha sendo feita antes.

Na verdade, o parâmetro normativo, que a Constituição é, mudou radicalmente no que à constituição económica diz respeito. Bem podemos dizer que com essa alteração, levada a cabo por quem exerce, mas não é titular, da soberania[13], sucumbiu a 3ª República sem qualquer golpe ou pronúncia do Povo, em quem esse poder jurídico supremo reside nos termos do art. 3º da Constituição, tendo-se dado início efectivamente à 4ª Republica Portuguesa[14]. Uma realidade que foi reforçada pelo Tratado Reformador ou Tratado de Lisboa, em vigor desde 1 de Dezembro de 2009, em que, tendo-se posto fim à igualdade dos Estados, se instituiu um verdadeiro directório, decorrente sobretudo das numerosas matérias que deixaram de estra sujeitas à regra da unanimidade para passarem a ser votadas por maioria qualificada[15].

Pois, a nosso ver, nem a adesão à União Económica e Monetária nem a aprovação do Tratado Reformador dispunham de abertura constitucional

[12] V. as anotações mais ou menos anódinas, como se nada de importante se tivesse passado, a esse artigo em J. J. Gomes Canotilho/Vital Moreira, *Constituição da República Portuguesa Anotada*, 4ª ed., Volume I, Coimbra Editora, 2007, p. 1083 e ss., e Jorge Miranda/Rui Mederos, *Constituição da República Portuguesa*, Tomo II, Coimbra Editora, 2006, p. 290 e ss.

[13] Sobre o sentido e utilidade actuais da ideia de soberania, tendo em conta sobretudo a ideia de soberania fiscal, v. o nosso livro *O Dever Fundamental de Pagar Impostos. Contributo para a compreensão constitucional do estado fiscal contemporâneo*, Almedina, Coimbra, 1998, p. 191 e ss.

[14] Isto para não dizer, dado os poderes com que efectivamente o Estado português ficou, uma espécie de "República das Bananas".

[15] V. as oportunas considerações constantes dos textos de Paulo de Pitta e Cunha, «O Tratado reformador e a Constituição europeia», e «A ractificação do Tratdo de Lisboa», em *Sombras sobre a Integração Europeia*, Coimbra Editora, 2013.

suficiente – a concretizada, de um lado, no empenhamento de Portugal na construção europeia (art. 7º, nº 5) e, de outro lado, na subordinação, por via de regra, do ordenamento jurídico português ao ordenamento jurídico da União Europeia (art. 8º, nºs 3 e 4).

2.2. A constituição financeira

Mas as coisas não melhoram muito se da constituição económica passarmos para a constituição financeira. É certo que esta ainda parece ser uma constituição nacional, uma vez que, ao menos formalmente, não se deslocou tão descaradamente para o nível da União Europeia. Ou melhor, ainda consta de normas aparentemente nacionais, muito embora elaboradas nos termos e dentro dos limites bastante estritos que foram fixados pelo direito comunitário, mais precisamente pelo chamado Tratado Orçamental, ou, tendo em conta o seu nome canónico, o Tratado sobre a Estabilidade, Coordenação e Governação na União Económica e Monetária[16]. Algumas palavras sobre este Tratado, tendo em conta não só a sua adopção e conteúdo, mas também a crítica que ele nos suscita.

2.2.1. O Tratado Orçamental

Pois bem, este Tratado limita, e muito, os poderes financeiros dos Estados membros que o subscreveram[17], uma vez que a sua aprovação implicou para estes a introdução, na respectiva constituição ou em lei de valor reforçado, de limites muito estritos em sede da política orçamental, impondo orçamentos equilibrados ou cujo défice estrutural não ultrapasse os 0,5% do PIB, de um lado, e determinando que a dívida pública não exceda os 60% do PIB, de outro lado[18]. Exigências estas que, vistas a partir de um outro ângulo, mais não são do que a consagração de um quadro normativo de sustentabilidade financeira ao mais elevado nível normativo de cada um dos Estados membros da União Europeia, o qual tem como consequência mais visível, mormente em

[16] De 2 de Março de 2012, que veio a entrar em vigor em 1 de Janeiro de 2013.

[17] Que foram 25 Estados membros da UE, tendo ficado de fora o Reino Unido e a República Checa.

[18] Exigências que deviam ser consagradas em cada um dos ordenamentos internos dos Estados membros Partes no Tratado Orçamental o mais tardar um ano após a entrada em vigor do Tratado (em 1 de Janeiro 2013), "através de disposições vinculativas e de carácter permanente, de preferência a nível constitucional, ou cujos respeito e cumprimento possam ser de outro modo plenamente assegurados ao longo dos processos orçamentais nacionais" (nº 2 do artigo 3º do Tratado).

confronto com as duas décadas anteriores, a imposição de uma razoável dose de austeridade que se prolongará pelos anos necessários ao restabelecimento de uma situação de reequilíbrio minimamente adequada a uma duradoura estabilidade financeira.

O que, bem vistas as coisas, tem o significado de uma profunda limitação da soberania fiscal dos Estados porquanto a possibilidade de estes poderem dispor de uma margem de manobra em matéria orçamental, permitindo-lhe ter défices orçamentais mais folgados do que os permitidos pelo Tratado Orçamental, no quadro de uma gestão financeira inteiramente responsável e sustentável, mais não significa do que a possibilidade do exercício da soberania fiscal em termos dinâmicos e de longo prazo. Com efeito, o recurso ao endividamento público para satisfazer necessidades de financiamento público no presente, que não possam ser asseguradas pelos impostos actuais, conquanto que os recursos assim obtidos sejam afectos a despesas de investimento, que com toda a probabilidade proporcionem adequado desenvolvimento económico futuro e por, conseguinte, a correspondente base de tributação, mais não é, ao cabo e ao resto, do que trocar impostos actuais que não é possível cobrar por impostos futuros proporcionados no quadro do exercício dinâmico da soberania fiscal, isto é, no quadro do exercício da soberania a longo prazo integrando o presente de forma inteiramente articulada com o futuro. Pois o que o Tratado Orçamental efectivamente impede é que os Estados exerçam o poder tributário correspondente à soberania fiscal, que, ao menos formalmente, se mantém na sua órbita, mas que acaba por ser muito limitada ou mesmo praticamente eliminada pelas exigências drásticas relativas ao equilíbrio orçamental e à limitação da dívida pública.

Pelo que o exercício da soberania fiscal, nos termos que vimos de referir como sendo os impostos pela União Europeia, apenas poderá ser levado a cabo por parte dos Estados quando se encontrem numa situação de mínimo desafogo financeiro, o que, atenta a situação financeira muito deficitária da generalidade dos Estados membros que esteve presente e serviu de base ao Tratado, apenas num futuro relativamente longínquo será possível. Pelo que, num quadro minimamente realista e adequado ao ponto de partida, que, não nos podemos esquecer, foi o de uma década e meia de alegre endividamento dos Estados, das empresas e das famílias, seria de esperar que fossem estabelecidos limites menos estritos e menos rígidos e mais consentâneos com essa realidade.

Designadamente não se percebe bem porque é não se mantiveram os limites constantes do Pacto de Estabilidade e Crescimento (PEC), considerados, de resto, demasiado exigentes por parte de alguma doutrina, embora exigindo o seu efectivo cumprimento aos Estados. O que no passado não se verificou, pois, como é sabido, tendo-se começado a exigir o seu cumprimento a pequenos países (caso de Portugal[19]), quando chegou a vez da sua violação por parte dos grandes países (caso da Alemanha e da França) não se retiraram as devidas consequências, tendo-se antes procedido à flexibilização do Pacto[20]. Ora, nada nos leva a crer que os limites do Pacto não fossem suficientes e adequados para a sustentabilidade económico-financeiras dos Estados membros e, por conseguinte, da União Europeia. O que nos parece uma inaceitável fuga para a frente, num quadro, de resto, muito frequente, que é o de, face a um défice de aplicação e execução de uma lei ou de um quadro normativo, se responder com o aumento do patamar ou grau de exigências dessa mesma lei ou desse mesmo quadro normativo, como que compensando um défice de execução da lei mediante um claro excesso de legislação. O que, como é óbvio, em vez de resolver os problemas, agrava-os e muito.

2.2.2. Algumas críticas ao Tratado

Mas o Tratado Orçamental tem sido e é objecto de muitas críticas, as quais abarcam muitos aspectos, pois reportam-se quer à necessidade e ao procedimento e forma adoptados, quer ao seu conteúdo, quer ainda à adequação das soluções que estabelece[21]. Pois bem, limitando-nos aqui apenas às mais relevantes, que são as que se reportam ao seu conteúdo, devemos dizer este está longe de ir no sentido da construção de uma verdadeira União Europeia. Ora, as disposições mais importantes do Tratado, que são as que exigem orçamentos equilibrados ou cujo défice estrutural não ultrapasse os 0,5% do PIB e determinam que a dívida pública não exceda os 60% do PIB, são mais do que discutíveis, atento os pressupostos que as suportam. Pois os Estados membros da União Económica e Monetária, depois de terem perdido a soberania no respeitante aos instrumentos da política económica e monetária, vêm-se agora confrontados com o efectivo confisco da política orçamental, o que

[19] O primeiro país a ser objecto do Procedimento dos Défices Excessivos, em 2002.

[20] Através do Regulamentos nº 1055/2005 e nº 1056/2005. Alteração essa levada a cabo depois de o Pacto ter sido suspenso no ECOFIN de 25 de Novembro de 2003.

[21] V., a esse respeito e por todos, Eduardo Paz Ferreira, «Um tratado que não serve a União Europeia», em *Crónicas dos Anos de Chumbo. 2008-2013*, Edições 70, p. 227 e ss.; e Sérgio Gonçalves do Cabo «A austeridade e controlo financeiro» em Eduardo Paz Ferreira (Coord.), *A austeridade cura? A austeridade mata?*, AAFDL, 2013, p. 1373 e ss.

levará, por certo, a uma constante limitação ou mesmo redução das despesas públicas, a uma política fiscal sem qualquer margem de manobra relevante.

Situação que se agrava, e muito, no caso de se verificar a ultrapassagem dos referidos limites do défice orçamental e da dívida pública. Com efeito, nos termos dos artigos 3º e 5º do Tratado impõe a instituição, a nível nacional, de mecanismos de correcção automática dos desequilíbrios orçamentais com base em princípios comuns a propor pela Comissão Europeia, o que tem como consequência, desde logo, a limitação do papel e independência das instituições nacionais responsáveis pelo controlo do cumprimento das regras orçamentais. Depois estabelece a obrigação de redução da dívida pública à razão de 5% ao ano (1/20) sempre que esta exceda 60% do PIB. De outro lado, segundo o disposto nos artigos 5º e 6º, o Tratado Orçamental impõe aos Estados membros a obrigação de implementar um programa de reformas estruturais, económicas e orçamentais, que é vinculativo em caso de se ter verificado défice excessivo, bem como a apresentação antecipada ao Conselho e à Comissão dos planos de emissão de dívida pública.

Uma perda de soberania financeira dos Estados membros que sai altamente reforçada, nos termos dos artigos 7º e 8º, em que se estabelece uma maioria qualificada para que uma proposta ou recomendação apresentada pela Comissão Europeia, quando esta considere que um Estado membro viola o critério do défice no quadro de um procedimento relativo a um défice excessivo, não prossiga, ou se atribui ao Tribunal de Justiça da União Europeia a aplicação de sanções aos Estados membros que não cumprirem as disposições do Tratado, bem como poderes de controlo quanto à consagração, a nível constitucional ou equivalente, do princípio do equilíbrio ou excedente orçamental estrutural e respectivos mecanismos de correcção automática, incluindo a sua vertente institucional.

Enfim, igualmente no respeitante às soluções que estabelece, o Tratado Orçamental não desperta elogios. Na verdade, trata-se de um conjunto de soluções em que a austeridade parece dispor de claro protagonismo nada consentâneo com uma União Europeia que se queira uma verdadeira comunidade de direito. Desde logo, a austeridade não pode ser perspectivada como um fim ou um objectivo que suporte uma sociedade e um Estado realinhados para baixos níveis de desenvolvimento e bem-estar social. Antes há-de ser vista como um instrumento da sustentabilidade da sociedade e do Estado nestes tempos do século XXI, em que os níveis de crescimento económico que conhecemos na segunda metade do século XX não são mais realistas. Por isso, a manutenção e sustentação do Estado social, nos termos em que foi construído e consolidado no século passado, não é actualmente mais viável, impondo-se um outro referente ou, pelo menos, uma atenuação do relevo dado ao crescimento económico contínuo e significativo[22]. De resto, não nos podemos esquecer de que o Estado social em Portugal, no desenvolvimento que teve após 25 de Abril de 1974, se ficou a dever mais às maciças transferências financeiras com que fomos contemplados pela então Comunidade Europeia, do que ao crescimento e desenvolvimento económicos que foram sempre bem menores do que o crescimento e desenvolvimento económicos verificados no período que vai de 1940 a 1973.

Do mesmo jeito, a austeridade não pode ser a única receita e uma receita igual para todos os países como se apresenta no Tratado, devendo antes ser adoptada e doseada em função da real situação económica e social de cada país. Nomeadamente não faz sentido que a austeridade seja a receita tanto para os países com dificuldades económicas traduzidas em desequilíbrios externos e orçamentais, caso dos da periferia sul da Europa, como para os países em que tais desequilíbrios se não verificam, caso da Alemanha, que devem optar por políticas orçamentais expansionistas indispensáveis para a manutenção da zona euro e seu crescimento económico. Depois, a dose de austeridade a aplicar tem que ser diferenciada em função da concreta situação económica de cada país, nomeadamente de molde a proporcionar os resultados que se pretende alcançar de uma maneira suportável para os cidadãos, o que implica que, de um lado, não se vote ao esquecimento a solidariedade comunitária que é a argamassa que liga os membros da União Europeia e, de outro lado, não se dispense uma adequada compatibilização da austeridade com o crescimento económico e a competitividade da economia em causa. Preocupações que, infelizmente, parecem estar ausentes da Tratado, uma vez que este se limita à disciplina orçamental, uma disciplina orçamental em que têm claro protagonismo as sanções a aplicar aos Estados que não cumpram os limites do défice e da dívida pública[23].

[22] Nos termos que referimos no nosso estudo «Estabilidade financeira e o Tratado Orçamental» publicado nos *Estudos em Memória do Conselheiro Artur Maurício*.

[23] Pois que o título sobre a Coordenação das Políticas Económicas não vai além da enunciação ascética de objectivos. V., a este respeito e por todos, os textos de Paulo de Pitta e Cunha, «Depois do tratado sobre a disciplina orçamental» e «Sobre o tratado orçamental europeu», em *Sombras sobre a Integração Europeia*, cit., p. 333 e ss.

Enfim, a maneira como o Tratado foi preparado e aprovado não se compagina inteiramente com a defesa dos valores da democracia e do Estado de direito, bases proclamadas como fundacionais da União Europeia. De facto, o processo que conduziu à sua adopção, que marginaliza esses valores fundacionais, é mais uma das manifestações que acentua o visível divórcio entre os cidadãos e as instituições europeias. A que acresce a circunstância de as soluções consagradas nele darem suporte à ideia de que a integração económica, como vimos largamente funcionalizada às finanças equilibradas, é uma questão fundamentalmente técnica sem verdadeira dimensão política e social[24]. Por isso, o Tratado constitui a mais recente e superlativa manifestação do que vem sendo designado por "federalismo técnico-burocrático" base de uma "construção europeia" inteiramente à margem dos cidadãos, dos povos e dos Estados da Europa que, evidentemente, não augura nada de bom.

2.3. A constituição fiscal

É, porém, em sede da constituição fiscal que as contradições de uma construção europeia largamente às avessas é mais visível e perigosa para o projecto europeu, que tanto êxito alcançou no passado, mais especificamente nas três primeiras décadas da integração europeia, e que tantos e sérios perigos vem enfrentando nas duas últimas décadas. De facto, a constituição fiscal continua, ao menos formalmente, a ser matéria integrada na soberania dos Estados membros. O que se encontra proclamado e está prescrito tanto nos tratados fundacionais como no direito derivado da (agora) União Europeia. Muito embora essa soberania fiscal seja totalmente negada, na prática, pela aplicação que os órgãos comunitários, com claro destaque para a Comissão e, sobretudo, para o TJ da União Europeia, vêm fazendo do direito comunitário, tanto originário como derivado, no quadro de um federalismo técnico-burocrático alimentado por um voluntarismo largamente desfasado da realidade multifacetada que, apesar de tudo, continua a ser a marca dos países e dos povos europeus.

Assim quanto aos tratados, estes contêm diversas manifestações, directas e indirectas, dessa reserva da soberania fiscal aos Estados membros. Desde logo, isso decorre dos princípios relativos à delimitação e exercício das competências da União Europeia, ou seja, dos princípios da atribui-

[24] V. Eduardo Paz Ferreira, «Um tratado que não serve a União Europeia», em *Crónicas dos Anos de Chumbo. 2008-2013*, ob. e loc. cits.

ção, da subsidiariedade e da proporcionalidade, constantes dos arts 4º e 5º do Tratado da União Europeia (TUE) e do Protocolo Anexo aos Tratados sobre a Aplicação dos Princípios da Subsidiariedade e da Proporcionalidade. Assim, segundo o disposto no referido art. 4º, «as competências que não sejam atribuídas à União nos Tratados pertencem aos Estados membros». Por seu lado, o art. 5º do TUE prescreve: no nº 1 que a delimitação das competências da União se rege pelo princípio da atribuição e o respectivo exercício pelos princípios da subsidiariedade e da proporcionalidade; e no nº 2, desenvolvendo o art. 4º, explicita que «[e]m virtude do princípio da atribuição, a União actua unicamente dentro dos limites das competências que os Estados membros lhe tenham atribuído nos Tratados para alcançar os objectivos fixados por estes últimos», e, insistindo no já referido do art. 4º, estabelece que «[a]s competências que não sejam atribuídas à União nos Tratados pertencem aos Estados membros». Pelo que a competência da União Europeia é, assim, uma competência definida no TUE por defeito. Trata-se de um princípio bem conhecido que, em geral, é designado por princípio da especialidade das atribuições e competências das pessoas colectivas, princípio a que constitui excepção justamente o Estado que tem atribuições e competências genéricas, dispondo de uma *Allzustandigkeit*. O tem o alto significado, que deve ser sublinhado, de o TUE conceber a União como uma organização que não constitui um Estado, sendo, pois, uma organização de Estados.

Mas vejamos o que é que os Tratados estabelecem no domínio fiscal. E naturalmente o que, em sede da averiguação das atribuições e competências reconhecidas pelos Tratados à União no domínio fiscal, nos interessa é o Tratado sobre o Funcionamento da União Europeia (TFUE), no qual detectamos diversas normas que afirmam e sublinham essa ideia de manutenção da soberania fiscal na esfera dos Estados. Trata-se, assim: da norma contida no art. 65º que se reporta às excepções à livre circulação de capitais e à proibição de pagamentos, constantes do Capítulo IV (os capitais e os pagamentos) do Título IV (livre circulação de pessoas, de serviços e de capitais); das normas estritamente fiscais dos arts. 110º a 113º, que integram o Capítulo II (disposições fiscais) do Título VII (as regras comuns relativas à concorrência, à fiscalidade e à aproximação das legislações); as normas relativas à proibição dos auxílios de Estado, constante dos arts. 107º a 109º que formam a 2ª Secção (os auxílios concedidos pelos Estados) do Capítulo I (regras da concorrência) do referido Título VII; e as normas de carácter fiscal integradas nos complexos normativos respeitantes à energia e ao ambiente, contidas mais especificamente nos arts. 192º e 194º[25].

Assim e no respeitante ao art. 65º, estabelece este preceito excepções à proibição de quaisquer restrições aos movimentos de capitais entre Estados membros e entre estes e países terceiros, bem como à proibição de quaisquer restrições aos pagamentos entre Estados membros e entre estes e países terceiros, dispondo o referido preceito que essas proibições não prejudicam o direito de os Estados membros: a) aplicarem as disposições pertinentes do seu direito fiscal que estabeleçam uma distinção entre contribuintes que não se encontrem em idêntica situação no que se refere ao seu lugar de residência ou ao lugar em que o seu capital é investido; b) tomarem todas as medidas indispensáveis para impedir infracções às suas leis e regulamentos, nomeadamente em matéria fiscal. Pelo que aquelas proibições não prejudicam a possibilidade de aplicação de restrições ao direito de estabelecimento que sejam compatíveis com os Tratados, muito embora as referidas medidas em matéria fiscal não devam constituir um meio de discriminação arbitrária, nem uma restrição dissimulada à livre circulação de capitais e pagamentos, tal como definida no artigo 63º do TFUE.

Passando às normas estritamente fiscais, temos os art. 110º a 112º, que se reportam aos impostos aduaneiros, e o art. 113º que diz respeito aos impostos sobre o consumo. Assim, estabelece: o art. 110º que nenhum Estado Membro fará incidir, directa ou indirectamente, sobre os produtos dos outros Estados membros imposições internas, qualquer que seja a sua natureza, superiores às que incidam, directa ou indirectamente, sobre produtos nacionais similares. Além disso, nenhum Estado-Membro fará incidir sobre os produtos dos outros Estados membros imposições internas de modo a proteger indirectamente outras produções. Por seu lado, o art. 111º prescreve que os produtos exportados para o território de um dos Esta-

[25] A que são de acrescentar o disposto no nº 2 do art. 104º, no disposição final do nº 3 do art. 173º e na parte final do nº 2 do art. 179º do TFUE. O nº 2 do art. 114º excepciona as disposições em matéria fiscal da aplicação do processo legislativo relativo à aproximação das disposições legislativas respeitantes à realização e funcionamento do mercado interno. A disposição final do nº 3 do art. 173º estabelece que a União não pode invocar o título relativo à política industrial comunitária para introduzir quaisquer medidas que comportem disposições fiscais. Por fim, a parte final do art. 179º dispõe que o apoio da União à cooperação das empresas, centros de investigação e universidades nos seus esforços de investigação e de desenvolvimento tecnológico, no quadro da incentivação comunitária destas actividades, contará, nomeadamente, com a abertura dos concursos públicos nacionais, a definição de normas comuns e a eliminação dos obstáculos jurídicos e fiscais a essa cooperação.

dos membros não podem beneficiar de qualquer reembolso de imposições internas, superior às imposições que sobre eles tenham incidido, directa ou indirectamente. Proibições estas que, todavia, podem comportar atenuações limitadas no tempo nos termos do art. 112º que estabelece que, relativamente às imposições que não sejam impostos sobre o volume de negócios, sobre consumos específicos e outros impostos indirectos, só podem ser concedidas exonerações e reembolsos à exportação para outros Estados membros, ou lançados direitos de compensação às importações provenientes de Estados membros, desde que as medidas projectadas tenham sido previamente aprovadas pelo Conselho, sob proposta da Comissão, para vigorarem por um período de tempo limitado.

Relativamente aos impostos sobre o consumo, dispõe o art. 113º que o Conselho, deliberando por unanimidade, de acordo com um processo legislativo especial, e após consulta do Parlamento Europeu e do Comité Económico e Social, adopta as disposições relacionadas com a harmonização das legislações relativas aos impostos sobre o volume de negócios, aos impostos especiais de consumo e a outros impostos indirectos, na medida em que essa harmonização seja necessária para assegurar o estabelecimento e o funcionamento do mercado interno e para evitar as distorções à concorrência. Um preceito que deve ser lido tendo presente o disposto no já referido nº 2 do art. 114º, que excepciona a aplicação do processo legislativo relativo à aproximação das disposições legislativas respeitantes à realização e funcionamento do mercado interno às disposições em matéria fiscal.

No respeitante à proibição dos auxílios de Estado, temos os arts. 107º a 109º. Limitamo-nos a reproduzir aqui apenas o nº 1 do art. 107º, o qual dispõe que, salvo disposição em contrário dos Tratados, são incompatíveis com o mercado interno, na medida em que afectem as trocas comerciais entre os Estados membros, os auxílios concedidos pelos Estados ou provenientes de recursos estatais, independentemente da forma que assumam, que falseiem ou ameacem falsear a concorrência, favorecendo certas empresas ou certas produções. Depois os nºs 2 e 3 indicam, respectivamente, os auxílios de Estado que são compatíveis com o mercado interno e os auxílios de Estado que podem vir a ser considerados compatíveis com o mercado interno[26]. Disposições que deixam à Comissão um enorme poder em sede

[26] Pois dispõe o nº 2 – «São compatíveis com o mercado interno: a) Os auxílios de natureza social atribuídos a consumidores individuais com a condição de serem concedidos sem qualquer discriminação relacionada com a origem dos produtos; b) Os auxílios destinados a remediar os danos causados por calamidades naturais ou por outros acontecimentos extra-

da interpretação e aplicação do direito comunitário relativo ao que deva ser considerado ou não auxílio de Estado. Pois, muito embora esse poder já não seja exclusivo, como o foi até à adopção do Regulamento (CE) nº 994/1998 do Conselho, de 7 de Maio, relativo à aplicação dos preceitos do então TCE a determinadas categorias de auxílios de Estado, continua a ser predominante e muito amplo, já que a disciplina comunitária relativa a esses auxílios e, bem assim, a respeitante aos auxílios *de minimis* não põe em causa minimamente o enorme poder que a Comissão mantém nesse domínio[27].

O que tido consequências inaceitáveis entre as quais sobressai a irracionalidade na aceitação ou rejeição dos auxílios por parte da Comissão, em que às motivações de natureza económica não raro se têm sobreposto motivações de carácter político, o que é agravado pela circunstância de esse regime ter conhecido um desenvolvimento muito para além do que seria de esperar a partir da ideia de incompatibilidade[28]. A que acresce a diver-

ordinários; c) Os auxílios atribuídos à economia de certas regiões da República Federal da Alemanha afectadas pela divisão da Alemanha, desde que sejam necessários para compensar as desvantagens económicas causadas por esta divisão. Cinco anos após a entrada em vigor do Tratado de Lisboa, o Conselho, sob proposta da Comissão, pode adoptar uma decisão que revogue a presente alínea».
Por seu lado prescreve o nº 3 – Podem ser considerados compatíveis com o mercado interno: a) Os auxílios destinados a promover o desenvolvimento económico de regiões em que o nível de vida seja anormalmente baixo ou em que exista grave situação de subemprego, bem como o desenvolvimento das regiões referidas no artigo 349º, tendo em conta a sua situação estrutural, económica e social; b) Os auxílios destinados a fomentar a realização de um projecto importante de interesse europeu comum, ou a sanar uma perturbação grave da economia de um Estado-Membro; c) Os auxílios destinados a facilitar o desenvolvimento de certas actividades ou regiões económicas, quando não alterem as condições das trocas comerciais de maneira que contrariem o interesse comum; d) Os auxílios destinados a promover a cultura e a conservação do património, quando não alterem as condições das trocas comerciais e da concorrência na União num sentido contrário ao interesse comum; e) As outras categorias de auxílios determinadas por decisão do Conselho, sob proposta da Comissão.

[27] Disciplina essa que consta agora do Regulamento (CE) nº 800/2008, de 6 de Agosto, no que respeita aos auxílios por categoria, e do Regulamento (CE) nº 1998/2006, de 15 de Dezembro, no que concerne aos auxílios *de minimis* (que, em rigor, não são auxílios).

[28] V. neste sentido, Tânia Luísa F. Faria, «O regime dos auxílios de Estado na União Europeia – entre a crise e a modernização», em Eduardo Paz Ferreira (Coord.), *A austeridade cura? A austeridade mata?*, ob. cit., p. 1405 e ss. Relativamente ao tratamento verdadeiramente fundamentalista dos auxílios de Estado por parte dos órgãos comunitários com especial destaque para a Comissão, v., por todos, as excelentes obras de António Carlos dos Santos, *Auxílios de Estado e Fiscalidade*, Almedina, Coimbra, 2003, e *L'Union Eu-*

sidade de tratamento que o TJUE vem dispensado aos auxílios de natureza fiscal face aos auxílios directos, sendo muito mais exigente em relação aos primeiros não obstante ambos terem exactamente os mesmos efeitos económicos e, por conseguinte, deverem ser igualmente testados em sede do respeito pela neutralidade económica requerida pelo mercado interno ou mercado único[29]. Aliás, a admitir-se alguma diferenciação, faria mais sentido ela implicar maior exigência para os auxílios directos, que relevam fundamentalmente da constituição económica (europeia), do que para os auxílios fiscais, os quais, porque integram o "direito económico fiscal," não podem deixar de ter por suporte uma importante intersecção da constituição económica com a correspondente constituição fiscal[30].

Finalmente, no que concernente às normas de carácter fiscal integradas nos complexos normativos respeitantes à disciplina comunitária do ambiente e da energia, temos mais especificamente os arts. 192º e 194º. De um lado, nos termos da alínea *a)* do nº 2 do art. 192º, é afastada a aplicação do processo legislativo ordinário, a adoptar pelo Parlamento Europeu e pelo Conselho para as acções a empreender pela União para a realização dos objectivos no domínio da política do ambiente[31], quando estejam em causa disposições de carácter fundamentalmente fiscal. Pois que, quando se tratar de disposições deste tipo, o Conselho delibera por unanimidade, de acordo com um processo legislativo especial e após consulta ao Parlamento Europeu, ao Comité Económico e Social e ao Comité das Regiões.

Por seu lado, o nº 3 do art. 194º, em derrogação do estabelecido no nº 2 deste preceito, que prescreve que o Parlamento Europeu e o Conselho,

ropéenne et la Régulation de la Concurrence Fiscale, Bruylant/LGDJ, Bruxelles/Paris, 2009, Titulo III.

[29] Nesse sentido, tendo em conta os benefícios fiscais reconhecidos ou concedidos às entidades não lucrativas, despesas fiscais que, nos termos da jurisprudência do TJUE, para não serem consideradas incompatíveis com o direito comunitário ou são alargadas a todos os concorrentes ou são eliminados, v. LILIAN V. FAULHABER, «Charitable giving, tax expenditures and the fiscal future of the European Union», *Boston University School of Law, Working Paper nº 13-17*, (May 20, 2013).

[30] Quanto ao sentido e alcance do "direito económico fiscal", v. o nosso *Direito Fiscal*, 7ª ed., Almedina, 2012, p. 383 e ss.

[31] Que são os objectivos previstos no nº 1 do art. 191º do TFUE, ou seja: a preservação, a protecção e a melhoria da qualidade do ambiente; a protecção da saúde das pessoas; a utilização prudente e racional dos recursos naturais; a promoção, no plano internacional, de medidas destinadas a enfrentar os problemas regionais ou mundiais do ambiente, e designadamente a combater as alterações climáticas.

deliberando de acordo com o processo legislativo ordinário, estabelecem as medidas necessárias à realização dos objectivos comunitários no domínio da energia[32], dispõe que o Conselho, deliberando de acordo com um processo legislativo especial, por unanimidade e após consulta ao Parlamento Europeu, estabelece as medidas relativas àqueles objectivos que tenham carácter essencialmente fiscal.

O que revela bem que, em sede da matéria fiscal, atento o expressamente disposto nos Tratados é escassa e limitada a competência da União Europeia. Sendo certo que, tendo em conta o alcance das disposições em causa, temos aí três tipos de disposições fiscais bem diferenciados, três zonas dispostas em círculos concêntricos que, caminhando do mais intensamente comunitário para o menos, temos: 1) a zona do direito fiscal exclusivamente comunitário, o qual, porque se integra mais na política comercial externa do União Europeia do que no direito fiscal propriamente dito, foi inteiramente comunitarizado, como é o caso do direito aduaneiro a que se reportam os arts. 110º a 112º; 2) a zona do que podemos designar por direito económico fiscal, como são, de um lado, as disposições relativas aos auxílios de Estados de natureza fiscal constantes dos arts. 107º a 109º[33], e, de outro lado, as disposições fiscais em sede da política europeia da energia e do ambiente, em que, nos termos dos arts. 192º e 194º, se impõe o processo legislativo especial e a deliberação por unanimidade do Conselho, quando as mesmas tenham carácter essencialmente fiscal; e 3) a zona do direito fiscal comunitariamente harmonizado constituído pelas disposições respeitantes à harmonização das legislações relativas aos impostos sobre o volume de negócios, aos impostos especiais de consumo e a outros impostos indirectos, prevista no art. 113º.

Além destas disposições, que têm por objecto a atribuição positiva de competências no domínio fiscal, temos disposições que se limitam a explicitar, concretizando os princípios comunitários da atribuição, da subsidiariedade e da proporcionalidade, o que não cabe nessas competências à União Europeia, como é designadamente o domínio fiscal. É justamente o

[32] Que constam do nº 1 desse art. 194º e que são: a) assegurar o funcionamento do mercado da energia; b) assegurar a segurança do aprovisionamento energético da União; c) promover a eficiência energética e as economias de energia, bem como o desenvolvimento de energias novas e renováveis; e d) promover a interconexão das redes de energia.

[33] No que se assemelham às restrições das subvenções e compensações já referidas impostas pelo GATT/OMC e que constam do Acordo sobre Subvenções e Compensações, que têm a ver sobretudo com a tutela de uma ordem económica favorável ao comércio mundial.

que acontece com o art. 65º, quando entre as excepções que estabelece à proibição de quaisquer restrições aos movimentos de capitais entre Estados membros e entre estes e países terceiros, bem como à proibição de quaisquer restrições aos pagamentos entre Estados membros e entre estes e países terceiros, se contam as que apliquem disposições pertinentes do direito fiscal que estabeleçam uma distinção entre contribuintes e, bem assim, as que se materializem em medidas indispensáveis a impedir infracções às leis e regulamentos, nomeadamente às leis e regulamentos em matéria fiscal.

3. A total falta de harmonização da constituição económica com as constituições fiscais

Vistas as coisas relativamente ao lugar tendencialmente hegemónico que a constituição económica ocupa na ordem jurídica comunitária face às constituições financeiras europeizadas e às constituições fiscais nacionais, impõe-se revelar as razões porque é que as constituições fiscais dos Estados membros acabam sendo funcionalizadas à constituição económica, subvertendo assim todo o equilíbrio desenhado nos tratados entre a União Europeia e os Estados membros. O que tem a ver, desde logo e em certa medida, com o facto de a constituição económica e as constituições fiscais se encontrarem em níveis normativos diferentes: a primeira no nível normativo comunitário que prevalece enquanto direito supranacional; as segundas que, como constituições fiscais dos Estados membros que são, têm de ceder em caso de conflito com aquela. Um problema em relação ao qual temos, todavia, dois aspectos a considerar, a saber: um relativo a quem há-de proceder à harmonização entre a constituição económica europeia e as constituições fiscais estaduais; outro, respeitante aos critérios que hão-de servir de suporte à essa harmonização, os quais não é pelo facto de se reportarem a constituições desniveladas que hão-de deixar de proporcionar um equilíbrio para todo o edifício jurídico da União Europeia integrado que é tanto pelo direito (económico) desta como pelos diversos direitos (fiscais) nacionais, de modo a configurar uma verdadeira ordem jurídica minimamente harmónica.

Quanto ao primeiro dos aspectos parece não haver a menor dúvida de que a quem cabe solucionar o conflito ou contenda entre a constituição económica inteiramente ao serviço do estabelecimento e funcionamento do mercado interno ou mercado único é à União Europeia, ou melhor aos órgãos da União Europeia. Com efeito, estando esta a um nível superior ao das ordens jurídicas nacionais, cabe-lhe solucionar os conflitos que se venham a verificar entre a constituição económica europeia, inteiramente à sua guarda e, portanto, com carácter supranacional, e as constituições fiscais nacionais mantidas formalmente na soberania dos Estados. Pois a diversidade de níveis em que se situam os titulares, ou melhor os responsáveis, das ordens jurídicas em questão, leva necessariamente à solução baseada numa ideia de hierarquia, prevalecendo, por conseguinte, o direito supranacional face ao direito nacional, sem a menor possibilidade de uma harmonização segundo uma ideia de concordância prática que, operando a um mesmo nível, conduziria inequivocamente a uma distribuição minimamente equitativa dos custos do conflito pelas duas ordens jurídicas em contenda.

O que não significa que o conflito, ainda assim, não pudesse ser resolvido em termos de um adequado equilíbrio dos interesses ou valores em litígio, conquanto que a instância a quem cabe resolvê-lo tivesse presente uma visão equilibrada dos interesses ou valores em presença, designadamente se tivesse minimamente em conta os referidos princípios da atribuição, da subsidiariedade e da proporcionalidade pelos quais se pauta a distribuição das atribuições e competências entre a União Europeia e os Estados membros, ou seja, entre as exigências do mercado interno adequadamente entendido e as da soberania fiscal dos Estados. Concretização paradigmática das exigências decorrentes de um tal equilíbrio seria, por exemplo, ter em devida conta a perda significativa de receitas fiscais por parte dos Estados membros, expressa numa percentagem do PIB ou do conjunto das receitas fiscais[34], dentro da concreta situação financeira, normal ou anormal, apresentada pelo correspondente Estado membro, de modo a que essa perda pudesse ser tida por compatível com a violação ou violações limitadas das liberdades de concorrência, de estabelecimento ou de circulação de capitais e de pessoas. Uma consideração que, deve ser devidamente sublinhado, tem sido surpreendentemente rejeitada em absoluto pelo TJUE, cujas decisões que, como é sabido, comportam uma efectiva eficácia material *erga omnes*, parecem ter na base como slogan: *europäisches Wirtscaftungsverfassung über alles* ou, numa versão porventura mais próxima da realidade, *inner Market über alles*[35].

[34] Cujo peso e repercussão é proporcionalmente maior para os países mais pequenos ou com níveis de desenvolvimento e saúde financeira menores.

[35] V., neste sentido e por todos, João Félix Pinto Nogueira, *Direito Fiscal Europeu – O Paradigma da Proporcionalidade. A proporcionalidade como critério central da compatibilidade de normas tributárias internas com as liberdades fundamentais*, Wolters Kluwer/Coimbra Editora, 2010, p. 238 e ss., e João Sérgio Ribeiro, «A coerência como principal causa de justifica-

Certamente que por detrás dessa desconsideração total pelo TJUE da perda de fiscais por parte dos Estados não deixará de estar o verdadeiro desdém com que o dinheiro tem sido visto, não constituindo a falta dele qualquer verdadeiro problema político e jurídico. Uma ideia que, embora tivesse alguma base compreensível no século XX, não a tem mais no século XXI. Com efeito, no século passado, foi-se construindo no segundo pós-guerra uma confiança quase ilimitada no futuro, a qual tem numerosas expressões jurídicas, entre as quais se contam institutos jurídicos como os da limitada revogabilidade dos actos administrativos constitutivos de direitos, a intangibilidade não só para o passado mas também para o futuro dos direitos adquiridos e a protecção do futuro com base na confiança criada pelo Estado e demais entidades públicas no passado ainda que relativamente remoto[36]. O que fazia todo o sentido, porquanto no futuro, desde que se mantivesse o crescimento e desenvolvimento económicos ao ritmo que então se verificava, haveria sempre dinheiro para satisfazer esses direitos ou para honrar a confiança depositada na actuação estadual no quadro de um permanente e crescente adquirido histórico.

Por outras palavras, no futuro sempre haveria dinheiro para satisfazer o «adquirido social» que o Estado social ou o modelo social europeu implicava[37]. Uma realidade que tem particular visibilidade, por exemplo, na total

ção das restrições às liberdades de circulação: tributação directa», *Cadernos de Justiça Tributária*, 3, Janeiro – Março de 2014, p, 36 e ss. Uma falta de consideração da realidade que tem outras expressões como a traduzida no desprezo a que o Tribunal vota as dificuldades práticas invocadas pelas administrações fiscais como fundamento do não cumprimento da obrigação de troca de informações em sede do IVA – v. a indicação da jurisprudência relevante para esta afirmação em Maria Odete Oliveira, *O Intercâmbio de Informação Tributária. Nova disciplina comunitária. Estado actual da prática administrativa. Contributos para uma maior significância deste instrumento*, Almedina, Coimbra, 2012, p. 127 e ss. O que, de algum modo, não deixa de ser estranho, pois sendo o Tribunal de Justiça, enquanto órgão jurisdicional, o suporte máximo do *case law*, apresenta-se neste domínio como legislador apócrifo tão afastado da realidade quanto imune ao princípio da praticabilidade das soluções jurídicas. V. também a nossa *Introdução ao Direito Fiscal das Empresas*, Almedina, 2013, p. 87 e ss.

[36] Uma outra expressão dessa realidade jurídica é a traduzida na exclusão da possibilidade de invocação de causa legítima de inexecução das sentenças em sede da jurisdição administrativa quando de trate do pagamento de quantia certa, como decorre dos artigos 171º, nº 2, e 175º, nº 3, do Código de Processo nos Tribunais Administrativos e Fiscais (CPTA). V., porém, o que dizemos no nosso *Direito Fiscal*, cit., p. 381 e s.

[37] Uma ideia que, mesmo em épocas de estagnação ou de recessão económica, que, por serem interregnos de não crescimento ou de decrescimento dentro do ciclo longo de crescimento, não era posta em causa, porquanto, ao menos formalmente, não faltava dinheiro

insustentabilidade dos sistemas de pensões, que evoluíram para o sistema de repartição na segunda metade do século XX, pois este pressupunha o crescimento económico e populacional contínuo de modo a que as contribuições dos novos trabalhadores, dos novos activos dessem para suportar essa repartição[38].

Mas todo esse quadro desabou com a entrada do século XXI. Pois, embora aquela linha de desenvolvimento houvesse naturalmente de confrontar-se um dia com um qualquer limite, o certo é que não se vislumbrava que o referido quadro soçobrasse a curto prazo e nos termos em que veio a acontecer, para o que não deixou de contribuir a tão proclamada desindustrialização e o acelerado envelhecimento populacional. Com efeito, não é mais credível que nas economias desenvolvidas do Ocidente se venham a verificar níveis de crescimento e desenvolvimento económicos como os ocorridos no passado[39]. Ora, num tal quadro, compreende-se facilmente que o dinheiro, ou melhor a falta dele, tenha passado a ser um grande problema[40].

para assegurar o funcionamento daqueles institutos, ainda que através de dinheiro desvalorizado pela inflação necessariamente decorrente da correspondente emissão monetária.

[38] Sobre essa problemática, em que "cada vez menos pagam cada vez mais para receber cada vez menos", v., por todos, os textos de João Carlos Loureiro, nomeadamente «Contribuição de sustentabilidade & Companhia. Linhas para uma discussão constitucional», 2014, disponível em http://apps.uc.pt/mypage/faculty/fd_loureiro/pt/escritos. Uma ideia que, é de sublinhar, em rigor, não se limita à situação das pensões, sendo válida para o que se passa com os sistemas fiscais, em que, como dizemos noutro lugar, é preciso ter presente a "consideração unitária do fenómeno financeiro" ou a "conta corrente" que cada um dos cidadãos ou residentes tem com o respectivo Estado – v. a nossa *Introdução ao Direito Fiscal das Empresas*, cit. p. 194 e ss.

[39] Diversamente do que vem acontecendo nos chamados países emergentes, em que o crescimento e desenvolvimento económicos conhecem presentemente níveis que, em alguma medida, são idênticos aos experimentados nas economias dos países ocidentais durante o segundo pós-guerra. Muito embora aí o Estado social ainda esteja largamente por construir e a regularidade do crescimento seja bem diversa da que ocorreu da segunda metade do século XX na Europa Ocidental.

[40] Mais, em países com um já longo histórico de défices orçamentais e consequentes dívidas públicas excessivas, como acontece nos países do Sul da Europa, o dinheiro corre o risco de passar a ser o problema. Para mais desenvolvimento, v. o nosso estudo «Crise e sustentabilidade do estado fiscal», em Mizabel Derzi/Onofre Batista Júnior/André Mendes Moreira (Coord.), *Federalismo e Tributação*, Universidade Federal de Minas Gerais, 2014.

É certo que, retomando o fio à meada e entrando no segundo dos aspectos mencionados, o TJUE vem tendo em consideração interesses que se reportam ou suportam mesmo a soberania fiscal dos Estados, ponderando-os com os interesses comunitários respeitantes ao estabelecimento e funcionamento do mercado interno, como são os interesses dos Estados respeitantes ao controlo das receitas fiscais, prevenindo a fraude e evasão fiscal e assegurando a coerência do sistema fiscal e um determinado grau de coesão fiscal. O que sendo indiscutivelmente alguma coisa, é manifestamente insuficiente para garantir que a soberania fiscal que, à face tando dos Tratados como do direito derivado, se mantém efectivamente na esfera dos Estados membros, não esteja a transitar de uma forma silenciosa e subreptícia para o nível da União. Nível este a que, depois e surpreendentemente, não é de facto exercida em virtude da verdadeira absolutização da constituição económica europeia.

De resto, a ponderação em causa, para ter minimamente em conta o significado e alcance da perda de receitas fiscais por parte dos Estados, em larga medida nem precisava de se apresentar desnivelada nos termos que vimos, uma vez que esse significado e alcance também se encontra assumido ao nível comunitário, designadamente em virtude das exigências de estabilidade financeira constante das constituições financeiras europeizadas suportadas antes no PEC a agora no Tratado Orçamental. Por outras palavras, impõe-se que os órgãos comunitários, com destaque para o TJUE e para a Comissão, na ponderação dos valores e interesses comunitários em confronto, que inevitavelmente têm de fazer, não se esqueçam de pôr na balança da definição e realização do direito comunitário, de um lado, o mercado interno e, de outro lado, a necessidade de receitas fiscais dos Estados para assegurar que o défice estrutural do correspondente orçamento não ultrapasse 0,5% do PIB nem a dívida pública exceda 60% do PIB.

Um conflito entre valores e interesses que, por se encontrarem ao mesmo nível, ou seja, no patamar comunitário, há-de ser resolvido com o recurso a uma regra de harmonização segundo a ideia de concordância prática dos valores ou interesses em colisão, com a consequente repartição dos custos do conflito entre esses valores ou interesses, e não com base em uma qualquer ideia de hierarquia que sacrifique os valores e interesses considerados menos valiosos aos tidos por mais valiosos. Mas para que assim seja, torna-se necessário que os órgãos comunitários, o TJUE e a Comissão, se assumam como verdadeiros órgãos da União Europeia e não como órgãos fundamentalmente ao serviço do mercado interno, como é o que, inequivocamente, vem acontecendo.

É que, mesmo que a União Europeia ainda esteja longe de se configurar como um Estado, que a constituir-se como tal será sempre um Estado de nações, apresenta-se, todavia, como uma entidade política supranacional suficientemente forte e sólida que se não reconduz mais ao mercado comum das três primeiras décadas da aventura europeia, nem ao mercado interno implementado posteriormente. Por isso mesmo, a ponderação a que há-de proceder-se, seja no quadro do mesmo nível entre a constituição económica europeia e as constituições financeiras europeizadas, seja no quadro do diverso nível entre a referida constituição económica e as constituições fiscais nacionais, tem que se pautar por um verdadeiro equilíbrio entre os valores e interesses em conflito e não pela prevalência, à partida, da constituição económica sobre as constituições financeiras e fiscais. Tanto mais que na defesa fundamentalista da realização do mercado interno ou único europeu o TJUE não está disposto a ter minimamente em conta a diferente capacidade técnica e financeira dos diversos Estados membros para arcarem com o cumprimento das exigências superlativas impostas pela constituição económica europeia nos termos que esta vem sendo entendida.

Obviamente que não ignoramos o papel manifestamente federalizador que cabe naturalmente aos tribunais supremos dos Estados compostos ou com estrutura federal, na medida em que tendem a decidir de preferência a favor da afirmação do direito da federação ou união face ao direito dos Estados federados. O que está intimamente associado à sua razão de ser, constituídos que foram para solucionar fundamentalmente as inevitáveis *federal questions*. Todavia, não podemos ignorar a radical diferença que se verifica entre o contexto da actuação dos supremos tribunais, cujo paradigma é constituído pelo *Supreme Court* dos EUA, e o da actuação do TJUE. Com efeito, enquanto à acção de eliminação do direito dos Estados federados e a consequente afirmação do direito da federação ou união por parte do Tribunal se segue a actuação positiva dos órgãos político-legislativos daquela, substituindo o direito estadual julgado incompatível com o direito federal pelo correspondente direito da federação ou união, no caso do TJUE, à sua acção destruidora dos direitos fiscais nacionais, não se tem seguido qualquer actuação positiva dos órgãos politico-legislativos da União, em virtude sobretudo das dificuldades práticas decorrentes da regra da unanimidade a que se encontram sujeitas as decisões relativas à matéria fiscal.

Actuação jurisprudencial do TJUE a que, é de referir, acresce, por vezes, a postura pouco esclarecida da específica função dos próprios tribunais nacionais, os quais, no exercício da sua competência no respeitante às pronúncias prejudiciais contidas nas sentenças daquele Tribunal, traduzida no facto de nem sequer ousarem exercer a liberdade que lhes é permitida ou reservada nas mencionadas sentenças, como aconteceu, por exemplo, no acórdão do Supremo Tribunal Administrativo (STA), de 16 de Novembro de 2011 (proc. nº 363/11). Com efeito, no seguimento da jurisprudência constante do acórdão do TJUE de 5 de Julho de 2007 (proc. C-181/06), que considerou que o direito europeu se opunha a uma regulamentação nacional como a que então regulava a taxa de assistência administrativa em terra e de supervisão liquidada e cobrada pela ANA[41], a menos que essa taxa "fosse devida como contrapartida pela totalidade ou parte dos serviços definidos no ponto 1 do anexo da Directiva nº 96/67 e não constituísse uma segunda tributação por serviços já remunerados por outra taxa ou imposição", o STA no já mencionado acórdão não procedeu a um qualquer teste da bilateralidade que tivesse em conta as contraprestações referidas no mencionado ponto 1 do anexo da Directiva nº 96/67. Pois que, ao menos à primeira vista, levantam-se dúvidas de se a mencionada taxa de assistência administrativa em terra e de supervisão não tinha por facto tributário efectivas prestações realizadas pela ANA ainda não atingidas por qualquer outra tributação[42].

Daí que, voltando ao TJUE, se nos afigure totalmente descabido o activismo judicial que vem revelando, na medida em que funcionaliza as constituições fiscais nacionais à constituição económica europeia inteiramente dominada pela ideia de mercado interno ou mercado único no quadro de uma concorrência concebida praticamente como uma concorrência pura ou perfeita, uma realidade que, obviamente, nunca existiu e, com toda a probabilidade, nunca existirá. Pelo que estamos perante uma actuação que, desde logo, é expressão de um total desfasamento entre o actual modelo de

[41] Aeroportos e Navegação Aérea, concessionária dos aeroportos de Portugal Continental.

[42] V., neste sentido, Suzana Tavares da Silva, *As Taxas e a Coerência do Sistema Tributário*, 2ª ed., Coimbra Editora, 2013, p. 98 e ss. De resto, num tal quadro interrogamo-nos mesmo sobre se a invocação de causa legítima inexecução de sentença, bem conhecida da jurisdição administrativa, não constitui um instituto de recorte mais geral com operacionalidade face a todas as jurisdições públicas, portanto face, nomeadamente, à jurisdição constitucional e às jurisdições europeias (do Luxemburgo e de Estrasburgo).

construção europeia, engendrado pela tecno-burocracia europeia[43], e a realidade que pretende moldar, pois que, ao contrário do planeado na Agenda de Lisboa, adoptada no ano 2000, a economia europeia não é, nem é previsível que venha a ser, pelo menos enquanto perdurar o actual estado e desenvolvimento comunitários, a mais competitiva do planeta.

Depois, caso a actuação do TJUE tenha por objectivo (inconfessado) pressionar os órgãos político-legislativos da União no sentido de os levar a agir e a avançar com a necessária harmonização fiscal positiva, se revela completamente inútil, na medida em que esta, pela razão apontada, se encontra totalmente bloqueada. De resto, não podemos esquecer que, como assinalámos noutro lugar, mesmo nos EUA, a plena afirmação do federalismo não dispensou uma guerra civil[44], não tendo sido suficiente a sua defesa militante levada a cabo pela aplicação reiterada e constante do princípio da supremacia do direito da União sobre os direitos dos Estados praticada pelo *Supreme Court* sob as longas presidências dos *Chiefs of Justice* John Marshall e Roger B. Taney[45].

Por isso, como temos dito a outros propósitos, estranha construção europeia a protagonizada pelo TJUE no domínio fiscal, em que, face à inacção dos órgãos político-legislativos, em vez de contribuir para a construção do sistema fiscal da União, se limita a destruir segmentos crescentes dos sistemas fiscais nacionais, porquanto a essa acção destruidora se não segue a construção do correspondente sistema comunitário pelos competentes órgãos político-legislativos[46]. Ora, como é óbvio, não pode erguer-se um sistema fiscal supra-

[43] Em que, numa sobranceria atrelada a uma superioridade moral que continua, em larga medida, por demonstrar, tudo na Europa é grande e perfeito. Daí que talvez não ficasse mal aos órgãos europeus um pouco mais de humildade, de modo a pensaram na Europa real, onde há dezenas de milhões de pobres, e não na que permanentemente ficcionam, onde toda a gente é supostamente feliz.

[44] A qual, embora tenha tido outras causas igualmente importantes e visíveis, não deixou de ter bem presente a disputa entre a visão federal e a visão confederal na construção dos EUA.

[45] Que foram presidentes de 1801 a 1836 e de 1836 a 1864, respectivamente. V. o nosso estudo «Região Administrativa Especial de Macau: federalismo ou regionalismo?», agora em *Estudos sobre Autonomias Territoriais, Institucionais e Cívicas*, Almedina, Coimbra, 2010, p. 7 e ss.

[46] De resto, que a acção de harmonização fiscal do TJUE vai muito para além da do *Supreme Court* norte-americano é em geral reconhecida. Uma realidade que tem expressão superlativa no respeitante aos benefícios fiscais reconhecidos ou concedidos às entidades não lucrativas, como o demonstra Lilian V. Faulhaber, «Charitable giving, tax expenditures and the fiscal future of the European Union», *ob. cit.*

nacional europeu tendo por base apenas a demolição dos aspectos dos sistemas fiscais nacionais que se revelem incompatíveis com o direito comunitário. Pois a consequente tentativa de adaptação dos sistemas fiscais nacionais à referida linha da jurisprudência comunitária tem resultado crescentemente na conversão destes em verdadeiros amontoados labirínticos de normas muitas delas sem qualquer sentido[47]. Face à situação muito sumariamente referida, bem podemos dizer, sem grandes receios de errar, que o TJUE se apresenta actualmente como uma das mais perigosas e eficazes térmitas que corroem os sistemas jurídico-fiscais nacionais, sem nos dar em troca um qualquer sistema fiscal europeu à altura das exigências da construção europeia[48].

Num tal quadro, o Tribunal de Justiça contribui, e muito, para a erosão das bases tributáveis e a transferência de resultados fiscais de uns Estados membros para outros, favorecendo claramente as grandes empresas multinacionais, não obstante a União Europeia se apresentar empenhada, como já referimos, na luta contra esses fenómenos na senda das mais recentes iniciativas da OCDE. Um empenho que, todavia, tendo presente a actual realidade de desarmonização fiscal existente na União Europeia, que permite no seu seio a existência dos mais descarados e agressivos paraísos fiscais, como indiscutivelmente o são países como o Luxemburgo e a Holanda, não parece que venha a ter qualquer êxito significativo[49].

Daí que não vejamos como fugir à imperiosa urgência de uma efectiva construção europeia assumida pela positiva e suportada numa estratégia clara e corajosa, isto é, protagonizada pelos órgãos dotados de legitimidade democrática europeia ou nacional. Ou, dito por outras palavras, a uma mais empenhada e consequente integração comunitária a nível orçamental e fiscal[50]. Muito embora seja de reconhecer que a recente evolução da

[47] O que, naturalmente, contribui, e muito, para agigantar o "polvo" da actual "indústria" do direito e dos juristas que ameaça ser a próxima "bolha" a rebentar.

[48] Quanto às térmitas fiscais, v. o criador desta expressão – Vito Tanzi, «Globalization, technological developments, and the work of fiscal termites», *IMF Paper*, 2000.

[49] De resto, o histórico da actuação da OCDE e da União Europeia nesse domínio vai mais no sentido da "indústria" dos fóruns, congressos e comissões, do que de uma efectiva vontade política de mudar. Para uma análise realista da total falta, a nível internacional e europeu, de uma política fiscal capaz de salvaguardar o poder tributário do Estados, v., por todos, Gabriel Zucman, *A Riqueza Oculta das Nações. Inquérito sobre os Paraísos Fiscais*, Circulo de Leitores, 2013.

[50] V. o nosso estudo «A soberania fiscal no actual quadro de internacionalização, integração e globalização económicas», agora em *Por um Estado Fiscal Suportável – Estudos de Direito Fiscal*, vol. I, Almedina, Coimbra, 2005, p. 183 e ss. (200 e s.).

União Europeia, com especial destaque para a verificada após a emergência da crise das dívidas soberanas, em que a solidariedade europeia escasseia e sobram os egoísmos nacionais, não se apresente nada propícia ao desenvolvimento federal da construção europeia[51].

O que não significa – é importante sublinhá-lo – que o problema identificado se resolva a contento através de uma maior expansão dos poderes, sobretudo político-legislativos, do Parlamento Europeu face aos do Conselho da União Europeia e aos da Comissão. É que o Parlamento Europeu, ao menos no actual quadro de desenvolvimento da construção europeia, e não obstante a reconhecida (sobre)cidadania europeia que acresce e se encontra para além da cidadania nacional reportada a cada um dos Estados membros[52], está longe de representar plenamente os europeus e, muito menos, os contribuintes. Com efeito, estes não estabelecem quaisquer relações fiscais com a União Europeia, mas apenas com os Estados membros, sobretudo com o respectivo Estado Membro[53]. Pois o que é óbvio é que a União Europeia continua a financiar-se basicamente à maneira das organizações internacionais, as quais têm por contribuintes apenas os Estados que as integram, enquanto membros das mesmas. Uma realidade que contrasta bem com a aquisição histórica, actualmente sem discussão de maior, da ligação profunda entre a existência e o funcionamento da instituição parlamentar e do Estado de Direito e a necessidade de instituir e cobrar os impostos necessários ao financiamento da respectiva comunidade estadual.

E isto sem contar com as exigências que a actual governação económica impõe nada consentânea com a actuação de órgãos do tipo parlamentar, em que, pela sua composição e complexidade, de um lado, e em virtude dos próprios processos de deliberação, de outro, constituem órgãos pesados e lentos incapazes de proporcionar em tempo soluções

[51] V. as reflexões de Paulo de Pitta e Cunha, «O euro e a crise das dívidas soberanas» e «A utopia europeia», em *Sombras sobre a Integração Europeia*, cit., p. 293 e ss. e p. 343 e ss.

[52] Sobre essa cidadania, v. o nosso estudo «Algumas considerações sobre s solidariedade e a cidadania», agora em *Por uma Liberdade com Responsabilidade – Estudos sobre Direitos e Deveres Fundamentais*, Coimbra Editora, Coimbra, 2007, e, sobretudo, Vital Moreira, «Cidadania para além do Estado. Cidadania da União Europeia e direitos de cidadania depois do Tratado de Lisboa», *Estudos em Homenagem a António Barbosa de Melo*, Almedina, Coimbra, 2013, p. 887 e ss.

[53] Na tríplice relação em que, como vimos referindo, se desdobram as relações fiscais, a saber: a relação de direito constitucional, a relação de direito administrativo e a relação de direito obrigacional – v. o nosso *Direito Fiscal*, cit., p. 229 e ss.

verdadeiramente eficazes e praticáveis. O que não surpreende de todo, mesmo sem ter em conta a actual problemática da governação, dado a União Europeia continuar a ser mais uma instância económica – um mercado (interno) – do que uma instância política – um organização política e, menos ainda, um Estado.

Considerações sobre o ensino e a evolução do direito fiscal nos últimos cem anos[1]

Sumário: I. O ensino do direito fiscal na FDUC: 1. O ensino do direito fiscal até 1945; 2. O ensino do direito fiscal como disciplina autónoma; II. A evolução do direito fiscal e dos seus actores: 1. Alusão à evolução do sistema fiscal português; 2. A alteração do papel dos actores tributários

Antes de mais, cabe-me agradecer o convite que os organizadores do ciclo de conferências das comemorações dos 100 anos do FBDC me dirigiram para participar através de uma exposição relativa ao direito fiscal. Muito obrigado aos doutores Moura Ramos e João Loureiro.

Quanto ao tema que escolhi para esta minha intervenção, devo dizer que vou limitar-me a tecer algumas considerações, um tanto ou quanto avulsas, sobre o direito fiscal dos últimos 100 anos. Mais especificamente, vou procurar revelar como foi o ensino do direito dos impostos na FDUC e, depois, referir-me, à evolução que o direito fiscal foi experimentou ao longo desses anos, tendo conta tanto a evolução do sistema fiscal português como a alteração do papel dos actores que suportam o sistema.

I. O ensino do direito fiscal na FDUC

No respeitante ao ensino do direito fiscal retomando em parte um escrito de há alguns anos[2], vamos ver como as matérias do direito dos impostos têm

[1] Texto para a publicação *100 Anos de direito vistos através do Boletim da Faculdade de Direito de Coimbra.*

[2] «Breves notas sobre o ensino do direito fiscal na Faculdade de Direito da Universidade de Coimbra», recolhido no nosso livro *Por um estado Fiscal Suportável. Estudos de Direito Fiscal*, Almedina, Coimbra, 2005, p. 544 e ss. Embora essas notas se reportassem aos últimos cento e cinquenta anos, devemos dizer que, como nos cinquenta anteriores aos cem anos

sido estudadas e ensinadas na Faculdade de Direito de Coimbra ao longo dos últimos cem anos. E a tal propósito, devemos começar por referir que, o direito fiscal, como disciplina jurídica autónoma no currículo da licenciatura em direito, tem uma história curta ou, ditas as coisas de outro modo, é uma disciplina ainda jovem. Efectivamente, como disciplina autónoma, e descontado o período de vai de 1922 a 1928, em que houve um curso de Direito Fiscal, criado em substituição do anterior curso de Estatísticas[3], o Direito Fiscal apenas surgiu no ano de 1945, com a reforma das faculdades de direito desse ano[4].

O que, como é óbvio, não significa, nem pode significar, que anteriormente as matérias do direito dos impostos fossem absolutamente ignoradas dos cultores do direito e estivessem totalmente excluídas do ensino na licenciatura em direito. Pois que as mesmas, embora em termos a seu modo modestos, não só eram cultivadas pelos juristas como eram objecto de

aqui tidos em conta nada de relevante há a assinalar, praticamente coincidem com as considerações que fazemos agora.

[3] Pela Lei nº 1370, de 21 de Setembro de 1922. V. também MANUEL PORTO, «A Universidade de Coimbra e o ensino da Economia Política», *Actas do Congresso "História da Universidade"* (no 7º Centenário da sua Fundação), 5 a 9 de Março de 1990, vol. I, Coimbra, 1991, p. 297 e ss. (306).

[4] Uma falta de autonomia que, todavia, não obstou a que em 1923 tenha sido publicada com a chancela da Imprensa da Universidade uma dissertação de doutoramento versando justamente matéria de direito fiscal. Trata-se de uma obra de XXII – 806 páginas de ARTUR ÁGUEDO DE OLIVEIRA, *O Imposto de Rendimento na Teoria e na Prática*, Imprensa da Universidade, Coimbra, 1923. Uma obra que, assinale-se, não obstante a sua extensão, a sua notável documentação e a sua profundidade, pouco comuns de resto em dissertações de doutoramento nessa época, ao que nos é dado saber, não constituiu objecto da menor atenção por parte dos nossos jusfiscalistas. O que, a nosso ver, se terá ficado a dever à pouca ou mesmo nula importância que a temática da tributação pessoal do rendimento, concretizada na adopção de um imposto único sobre o rendimento, teve durante muito tempo entre nós. Pois é sabido como a reforma fiscal de 1929, inflectindo a filosofia da legislação dos últimos anos da I República, mormente a da chamada reforma fiscal de 1922, em que se tentou evoluir, sem qualquer êxito, no sentido de uma tributação pessoal e progressiva do rendimento, se pautou pelo realismo e prudência, repondo uma tributação simples, normal e proporcional do rendimento. Isto não obstante "o imposto de rendimento em Portugal" constituir um dos temas com que a Cadeira de Finanças contribuía para a série de ternas sobre os quais podia incidir o interrogatório nos exames de doutoramento – cf. as actas das reuniões do Conselho da Faculdade de 30 de Novembro de 1923, 16 de Outubro de 1924, 8 de Dezembro de 1925, 25 de Novembro de 1926 e 26 de Novembro de 1928, ARQUIVO DA UNIVERSIDADE DE COIMBRA, *A Universidade de Coimbra no Século XX. Actas da Faculdade de Direito*, vol. II (1919-1947), 1995, p. 75, 87, 104, 125 e 175.

estudo na Faculdade de Direito em sede da cadeira de Finanças. Mas vamos por partes, referindo primeiro o estudo do direito fiscal em sede da disciplina de Finanças e, depois, o seu estudo enquanto disciplina autónoma.

1. O ensino do direito fiscal até 1945

Como já referimos, o Direito Fiscal, como disciplina autónoma, apenas surgiu no ano de 1945, com a reforma das faculdades de direito desse ano. Até aí e descontado o também já mencionado período que vai de 1922 a 1928, as matérias, ou melhor algumas das matérias do direito fiscal, eram leccionadas, em termos que, pela própria natureza das coisas, não podiam deixar de ser modestos ou mesmo muito modestos, na disciplina de Finanças.

Isto não obstante, desde 1928, por imposição da reforma das faculdades de direito desse ano, a disciplina de Finanças se ter passado a designar por Finanças e Direito Fiscal, uma mudança que teve por objectivo dar visibilidade às matérias de direito fiscal no currículo da licenciatura em direito[5]. Mas, como observou oportunamente o Professor José Jaoquim Teixeira Ribeiro, com a autoridade que mais ninguém por certo pode reivindicar, anexo às Finanças, pouco ou nada se ensinava do Direito Fiscal[6]. Daí a solução adoptada em 1945, que passou pela autonomização do Direito Fiscal, convertendo-se este num curso, isto é, numa disciplina com a duração de um semestre lectivo. Por conseguinte, há cem anos as matérias de direito fiscal eram objecto de ensino na Faculdade de Direito em sede da disciplina que tratava das finanças públicas, independentemente do nome que esta ostentasse, o qual, podemos adiantar, foi sucessivamnte designada por Ciência e Legislação Financeira (1865), Ciência das Finanças e Dierito Financeiro (1901), Finanças (1911), Finanças e Direito Fiscal (1928).

O que obviamente não significa que tais matérias não fossem objecto de estudo. Uma afirmação em abono da qual basta-nos referir as decanas revistas jurídicas portuguesas, que vêm sendo publicadas desde 1868 – a *Revista de Legislação e de Jurisprudência*, de Coimbra, e *O Direito*, de Lisboa. Com efeito, nelas tiveram as matérias relativas aos impostos, desde o início da sua publicação no ano de 1868, um tratamento que não pode ser considerado despiciendo. Um tratamento concretizado, de um lado, nas consultas

[5] Através da reforma das faculdades de direito operada pelo Decreto nº 16.044, de 27 de Outubro de 1928, em que se distingiu um curso geral, de bacharelato, de quatro anos, de um curso complementar, de um ano, com a alternativa entre duas especializações.

[6] «A reforma das faculdades de direito», separata do *Boletim da Faculdade de Direito*, vol. XXI, 1946, p. 15 e ss. (19).

que os assinantes das revistas colocavam e nas respostas dadas às mesmas pelas redacções e, de outro lado, na publicação de decisões jurisdicionais e de documentos legislativos respeitantes a questões fiscais[7].

Aliás o ensino das matérias de direito fiscal em sede da disciplina que cuidava das finanças públicas na Faculdade de Direito teve lugar desde o início de funcionamento desta disciplina, a qual foi criada em 1865, sob a designação de Ciência e Legislação Financeira[8]. O que é visível sobretudo a partir do momento em que a regência desta disciplina foi confiada a Assis Teixeira, que começou no ano lectivo de 1878/79, uma vez que a parte do programa da dessa cadeira dedicada à legislação tributária era muito vasta, correspondendo a mesma a 42 lições num conjunto de 80 para toda a disciplina[9]. A que acrescia a ciurcunstância de, para a preparação da disciplina de Ciência e Legislação Financeira, ser obrigatória a aquisição da *Colecção de Legislação Fiscal* organizada, de resto, pelo próprio Assis Teixeira por incumbência da própria Faculdade. O que está na base da afirmação de Marnoco e Sousa de que se deve a Assis Teixeira "a primeira tentativa para construir cientificamente o nosso direito fiscal"[10].

[7] V, neste sentido, GUILHERME BRAGA DA CRUZ, *A Revista de Legislação e de Jurisprudência – Esboço da sua História*, vol. 1, Coimbra, 1975, p. 653 e s., no respeitante à "Revista de Legislação e de Jurisprudência", e SALDANHA SANCHES, *Direito Fiscal. Relatórios sobre o programa e conteúdo do curso de Direito Fiscal*, polic., Lisboa, 1998, p. 18 e ss., no respeitante à revista "O Direito".

[8] Exactamente dezanove anos após a criação da Faculdade de Direito, a qual, como é sabido, foi instituída, na sequência do triunfo da revolução de Setembro, e resultou da unificação das anteriores faculdades de Cânones e de Leis. V., por todos, PAULO MERÊA, «Esboço de uma história da Faculdade de Direito», *Boletim da Faculdade de Direito*, vol. XXX, 1954, p. 143 e ss. (159), e ANÍBAL ALMEIDA, *Relatório com o programa, os conteúdos e os métodos de ensino teórico e prático da disciplina* de *Economia e Finanças Públicas, elaborado com vista a um concurso para professor associado do Grupo e Ciências Económicas da Faculdade de Direito da Universidade de Coimbra*, polic., Coimbra, 1991, p. 39.

[9] Aliás, porque era tão vasta, nunca era dado integralmente – v. PAULO MERÊA, «Esboço de uma história da Faculdade de Direito», *Boletim e vol. cits.*, p. 163.

[10] *Apud* PAULO MERÊA, «Esboço de uma história da Faculdade de Direito», *Boletim e vol cits.*, p. 163. V. também ANÍBAL ALMEIDA, *Relatório com o Programa, os conteúdos e os métodos de ensino teórico e prático da disciplina de Economia e finanças públicas*, cit., p. 43 é ss. Uma ideia de que faz eco a acta da reunião do Conselho da Faculdade de Direito de 5 de Maio de 1914, em que salienta os serviços que a Faculdade fica a dever ao professor Assis Teixeira no domínio do ensino e da literatura jurídica, "particularmente no campo do direito fiscal" – cf. ARQUIVO DA UNIVERSIDADE DE COIMBRA, *A Universidade de Coimbra no Século XX. Actas da Faculdade de Direito*, vol. I (1911-1919), 1991, p. 141.

Uma situação que se não terá alterado até 1922, ano em que foi criado um curso de Direito Fiscal[11]. Com efeito, através da Lei nº 1370, de 21 de Setembro de 1922, foi trocado o anterior curso de Estatísticas pelo curso de Direito Fiscal[12]. Uma alteração que, devemos assinalar, durou pouco tempo, pois, logo na reforma das faculdades de direito de 1928, esse curso desapareceu, sendo o ensino do direito fiscal agregado ao das finanças, tendo, para esse efeito, esta cadeira passado a designar-se, como já referimos, por Finanças e Direito Fiscal.

Segundo cremos, a disciplina do Direito Fiscal foi regida durante esse período, primeiro, pelo Professor António de Oliveira Salazar e, depois, pelo Professor João Pinto da Costa Leite (Lumbrales). É a conclusão a que chegamos a partir quer da ausência de qualquer referência nas actas do Conselho Escolar da Faculdade ao Direito Fiscal no curso geral[13], quer na "advertência" com que António Batoque abre o seu pequeno livro – *Direito Fiscal Português* –, publicado em 1926, em que este autor escreveu que não se trata, como desejava, de uma compilação absoluta das lições feitas pelo Professor Oliveira Salazar, uma vez que para tanto lhe faltavam elementos de vária ordem[14], quer ainda das *Lições de Direito Fiscal Português* do Professor Lumbrales que vieram a ser publicadas em 1930[15].

[11] Não obstante a cadeira se ter passado a designar, na reforma de 1901, por Ciência das Finanças e Direito Financeiro e, na reforma de 1911, por Finanças. Cf. MÁRIO JÚLIO DE ALMEIDA E COSTA, «O ensino do Direito em Portugal no séc. XX. Notas sobre as reformas de 1901 e 1911», *Boletim da Faculdade de Direito,* vol. XXXIX, 1963, p. 31 e ss., e MANUEL PORTO, «A Universidade de Coimbra e o ensino da Economia Política», *cit.*, p. 302 e s.

[12] V a Base I da mencionada Lei nº 1370.

[13] Na verdade as escassas referências a um curso de Direito Fiscal que encontramos nas mencionadas actas, todas elas dizem respeito ao elenco das disciplinas ou à distribuição das regências (confiadas ao professor José Joaquim Teixeira Ribeiro) do curso complementar de ciências económico-políticas – cf. ARQUIVO DA UNIVERSIDADE DE COIMBRA, *A Universidade de Coimbra no Século XX. Actas da Faculdade de Direito,* vol. II, cit., p. 120, 374 e 560.

[14] Cf. ANTÓNIO BATOQUE, *Direito Fiscal Português.* Tomo I: *Princípios Gerais. Contribuições Predial e Industrial,* Coimbra Editora, Coimbra, 1926, p. II. Segundo cremos, terão sido estas as primeiras lições de direito fiscal a merecer esse nome que foram objecto de publicação, uma vez que a publicação, anos antes, da importante obra de FRANCISCO ANTÓNIO CORRÊA, *Elementos de Direito Fiscal,* Lisboa, 1913, no quadro da sua leccionação no Curso Superior de Comércio, para além de conter um excurso sobre a história dos impostos em Portugal, versa basicamente os impostos e os regimes aduaneiros.

[15] Coligidas por MANUEL ANSELMO e JOAQUIM A. TOMÁS MORGADO no ano de 1929/30. Lições estas compostas por: uma pequena introdução respeitante ao conceito de direito fiscal e ao ordenamento fiscal, em que, a propósito das relações entre o direito fis-

E o que vimos de dizer dá-nos já azo para uma primeira observação, qual seja a de assinalar que, ao contrário que ocorreu noutros países, designadamente na Alemanha[16], em que os manuais de direito administrativo frequentemente incluíam uma parte em que tratavam da disciplina jurídica dos impostos, por via de regra integrada no domínio mais amplo do direito financeiro, entre nós o direito fiscal não foi ensinado nem cultivado em sede da disciplina do Direito Administrativo.

O que facilmente se confirma através de uma rápida vista de olhos pelo que se ensinava na cadeira de direito administrativo. Na verdade, começando pelas que, segundo o que nos é dado saber, terão constituído as primeiras verdadeiras lições de direito administrativo pátrio publicadas – as *Instituições de Direito Administrativo Portuguez,* de Justino António de Freitas, publicadas pela Imprensa da Universidade, em 1857 – nelas não encontramos a menor referência a matérias de direito fiscal[17].

cal e o direito privado, se trata dos elementos essenciais da obrigação tributária, e por três capítulos relativos, respectivamente, à contribuição predial, à contribuição industrial e ao imposto sobre as sucessões e doações.

16 V. Otto Mayer, *Deutsches Vervaltungsrecht,* 3ª ed., Berlin, 1924, II secção da parte especial (correspondente ao vol. II da tradução francesa da 1ª ed. – *Le Droit Administratif Allemand,* Paris, 1903-1905, e ao II vol. da tradução espanhola, que é uma tradução do referido vol. II francês – *Derecho Administrativo Alemán,* Buenos Ayres, 1982). Relativamente à Alemanha, é de assinalar que o tratamento do direito dos impostos, como uma parte ou um capítulo do direito administrativo, se manteve muito para além do momento em que o direito fiscal se autonomizou em termos didácticos do direito administrativo e se começaram a publicar manuais de direito fiscal, como os de F. von Myrbach-Rheinfeld, *Grundriss des Finanzrechts,* München, 1ª ed. de 1906 e 2ª ed. de 1916, e de A. Hensel, *Steuerrecht,* Berlin, 1ª ed. de 1924 e 2ª ed. de 1933, uma vez que tanto Jerusalem, *Grundriss des Verwaltungsrechts,* 1947, p. 61 e ss., como H. Peters, *Lehrbuch der Verwaltung,* Berlin. Gottingen. Heidelberg, 1949, Cap. XV, p. 331 e ss., ainda tratam do direito fiscal no seus manuais de direito administrativo ou de ciência dadministração.

17 V a sua recensão feita por Adriano d'Abreu Cardoso Machado, no *Instituto,* nº 6, 1858, p. 103 e s. Acrescente-se que, embora de verdadeiras lições de direito administrativo se não pudesse falar, já antes das referidas lições de Justino António de Freitas, haviam circulado os *Apontamentos de Direito Administrativo com referência ao Código Administrativo de 18 de Março de 1842, redigidos segundo as prelecções oraes do Ilmo. Sr. Basílio de Sousa Pinto,* feitas no ano de 1844 a 1845, por Lopo José Dias de Carvalho e Francisco de Albuquerque Couto, Coimbra, 1849 – cf. Paulo Merêa, «Esboço de uma história da Faculdade de Direito», *Boletim da Faculdade de Direito,* vol. XXVIII, 1952, p. 99 e ss. (150 e ss.), e Mário Júlio de Almeida e Costa, *História do Direito Português,* 3ª ed., Almedina, Coimbra, 1996, p. 463 e s.

Uma situação que não se alterou posteriormente, como facilmente se pode concluir através da consulta do profundo e exaustivo levantamento feito pelo Professor Paulo Merêa[18]. Ora, aí se pode ver, que, quer no programa da disciplina do direito administrativo, quer no seu ensino pelos diversos professores que regeram a disciplina, jamais houve qualquer lugar para o tratamento das matérias relativas ao direito dos impostos.

Pelo que e em conclusão, o tratamento das matérias de direito fiscal, quando ao mesmo se procedeu, teve sempre lugar no quadro do grupo de ciências económicas. E nisto reside uma segunda nota que não podemos deixar de assinalar aqui. A sua integração na cadeira de Finanças, primeiro sem qualquer alusão no nome da disciplina e, depois, com expressa referência no nome da disciplina, conduziu a que, quando o direito fiscal foi definitivamente autonomizado da cadeira de Finanças, na reforma de 1945, continuasse a integrar o grupo de ciências económicas e que a sua regência tenha sido confiada a quem já vinha tratando a matéria, embora na cadeira de Finanças e Direito Fiscal, portanto a um professor do referido grupo de ciências económicas – o Professor José Joaquim Teixeira Ribeiro. Na verdade foi este insigne mestre que regeu, desde a sua criação e durante vários anos, o curso de Direito Fiscal, o que significa que o regeu desde o ano lectivo de 1947/48[19] até meados da década de cinquenta.

2. O ensino do direito fiscal como disciplina autónoma

Ora bem, a criação do direito fiscal como disciplina autónoma, a partir da sua autonomização da disciplina de finanças, tem duas consequências bem visíveis. De um lado, a regência da nova disciplina vai ficar a cargo durante muito tempo de docentes do grupo de ciências económicas. De outro lado, na leccionação do direito fiscal o que se pretendia era ensinar o essencial da relação jurídica tributária, nos moldes em que esse ensino era feito na Itália e Alemanha, como o Professor José Joaquim Teixeira Ribeiro, na sua qualidade de relator, escreveu no *Relatório e Projecto da Faculdade de Direito de Coimbra*, elaborado no quadro de reforma das faculdades de direito de 1945[20].

E, para confirmar a primeira das afirmações feitas, basta referir que a regência do curso de Direito Fiscal se manteve a cargo de docentes do

[18] V. Paulo Merêa, «Esboço de uma história da Faculdade de Direito», *Boletim da Faculdade de Direito,* vol. XXX, 1954, p. 152 e ss.

[19] Ano em que os alunos que começaram o curso da licenciatura em 1945/46, já ao abrigo da nova reforma, atingiram o 3º ano em que tinha lugar a leccionação do Direito Fiscal.

[20] J. J. Teixeira Ribeiro, «A reforma das faculdades de direito», *cit.*, p. 19 e s.

grupo de Ciências Económicas sem interrupção desde a sua criação até ao ano lectivo de 1964/65, ano em que a mesma foi entregue a um juspublicista – ao Dr. José Manuel M. Cardoso da Costa. Com efeito, depois de ter estado a cargo do Professor José Joaquim Teixeira Ribeiro até meados dos anos cinquenta, foi essa regência colocada sob a responsabilidade do Dr. Alexandre Pinto Coelho do Amaral[21], durante vários anos, e do Dr. José Guilherme Xavier de Basto durante o ano lectivo de 1963/64.

Por seu turno, quanto ao conteúdo do ensino do direito fiscal dessa época, podemos dizer que andou o mesmo à volta da relação jurídica tributária. O que, acrescente-se, mais não representou do que trazer para o ensino das faculdades de direito a construção doutrinal do direito fiscal que, entre nós, havia sido iniciada por Oliveira Salazar nos anos vinte[22].

Um entendimento que tem expressão nas lições do Professor José Joaquim Teixeira Ribeiro, que foram coligidas sob o título de *Apontamentos das Lições de Direito Fiscal,* no ano lectivo de 1951/52[23]. Na verdade, nelas encontramos uma introdução relativa ao conceito e natureza do direito fiscal, em que, no quadro das relações do direito fiscal com o direito privado, se trata da interpretação e integração das normas jurídico-fiscais e, bem assim, do momento do nascimento da obrigação tributária e dos elementos essenciais desta, reservando para um § 1º as "linhas gerais do sistema tributário", em que são tratados os seguintes impostos directos: a contribuição predial, a contribuição industrial, o imposto profissional, o imposto sobre a aplicação de capitais e o imposto complementar.

Uma visão das coisas, que é de acentuar, não se modificou significativamente com a regência do Dr. Alexandre Pinto Coelho do Amaral. Na verdade, no ensino deste docente continua a ser facilmente identificável aquele apontado desiderato, que era o de o Direito Fiscal tratar essencialmente da relação jurídica tributária.

[21] Um docente que foi sobretudo um juslaborista, pois orientou a sua investigação para matérias da área do direito laboral, na altura leccionadas no curso de Direito Corporativo, o qual, porque fora herdeiro, em 1933, do anterior curso de Economia Social, também integrava o grupo das ciências económicas. Para a justificação desta afirmação, v. os seus estudos sobre o contrato colectivo de trabalho: «O Contrato Colectivo de Trabalho no Direito Corporativo Português», sep. do Suplemento nº XI ao *Boletim da Faculdade de Direito da Universidade de Coimbra*, 1956, e «O contrato colectivo e a teoria económica do salário», sep. do *Boletim de Ciências Económicas*, vol. V, nºs 1, 2 e 3, 1956.

[22] V, a este respeito e por último, SALDANHA SANCHES, *Direito Fiscal. Relatório sobre o programa e conteúdo do curso de Direito Fiscal*, cit., p. 25 e ss.

[23] Por MÁRIO BENTO e GABRIEL ABRANTES.

O que é visível nas lições que elaborou (sob o título *Direito Fiscal,* segundo as prelecções feitas ao 3º Ano jurídico) seja na versão do ano de 1956/57, seja na versão mais desenvolvida e elaborada do ano de 1959//60. Pois, das três partes em que as lições desta última versão se apresentam divididas, a saber: "Introdução"[24], "A Relação jurídica Fiscal"[25] e "O Sistema Tributário Português"[26], como facilmente se pode ver, a relativa à relação jurídica fiscal ocupa o lugar central, em torno da qual as outras duas partes se encontram polarizadas. Muito embora, deva ser sublinhado, não deixe de ser já detectável na leccionação do Dr. Alexandre Pinto Coelho do Amaral um enquadramento mais amplo e uma visão mais rasgada do direito fiscal, o que é mais visível nas lições de 1959/60, do que nas de 1956/57.

Uma orientação que, segundo nos é dado saber, foi igualmente seguida pelo Dr. José Guilherme Xavier de Basto no ano em que leccionou o Direito Fiscal, isto é, no ano lectivo de 1963/64. Pois, tirando a matéria relativa ao sistema fiscal, para a qual elaborou apontamentos destinados aos alunos[27], guiou o seu ensino pelas lições do Dr. Alexandre Pinto Coelho do Amaral.

Todavia, com a atribuição da regência do Direito Fiscal, no ano de 1964/65, ao Dr. José Manuel M. Cardoso da Costa, o direito fiscal passou a ser ensinado por um juspublicista, o que se nota nas lições que publicou sob o título *Curso de Direito Fiscal* em 1970, a que se seguiu a 2ª edição logo no ano de 1972[28]. Umas lições que, diga-se em abono da verdade e com inteira justiça, constituíram um verdadeiro marco no tratamento e ensino do direito fiscal no nosso país.

Por isso, se compreende que, não obstante a sua manifesta desactualização decorrente sobretudo da profunda reforma fiscal levada a cabo em

[24] Dividida em quatro parágrafos: § 1º – O Direito Fiscal, § 2º – Fontes do Direito Fiscal, § 3º – Aplicação do Direito Fiscal, e § 4º – O Imposto. Como se vê, a teoria geral do direito fiscal objectivo aparece aí integrada na Introdução.

[25] Dividida em dois capítulos: cap. 1 – A Obrigação Fiscal, e cap. II – Elementos da Relação Fiscal (estando esta última dividida, por sua vez, em cinco parágrafos: § 1º – O facto jurídico, § 2º – Sujeitos, § 3º – Objecto, §4º – Extinção da Obrigação Fiscal, e § 5º – Garantia).

[26] Em que trata dos seguintes impostos directos: Contribuição Predial, Contribuição Industrial, Imposto Profissional, Imposto sobre a Aplicação de Capitais e Imposto Complementar.

[27] V. José Guilhrme Xavier de Basto, *Sistema Tributário Português,* de harmonia com as Lições ao ano jurídico de 1963/64, Coimbra, 1964.

[28] V. J. M. Cardoso da Costa, *Curso de Direito Fiscal,* 1ª ed., 1970, e 2ª ed., 1972, Atlântida, Coimbra.

Portugal na segunda metade dos anos oitenta do século passado[29], as lições publicadas pelo Dr. José Manuel M. Cardoso da Costa tenham continuado a ser a base do ensino do direito fiscal na Faculdade de Direito de Coimbra. Algo que, a bem dizer, se manteve praticamente até ao presente, já que as nossas próprias lições não deixam, em muitos aspectos, desde logo no que diz respeito ao esquema base que suporta a exposição das matérias constantes da parte geral, de ser tributárias do *Curso de Direito Fiscal*[30].

Pois bem, é efectivamente com a regência do Dr. José Manuel M. Cardoso da Costa, que o ensino do direito fiscal passa a ter a marca que jamais perderá, mesmo quando a sua regência foi confiada a docentes de outras secções, mormente a docentes da secção de ciências económicas como aconteceu com o Dr. Manuel Lopes Porto, que regeu o Direito Fiscal a seguir ao Dr. José Manuel M. Cardoso da Costa[31].

Com efeito, olhando para a maneira como as matérias estão estruturadas no referido *Curso,* que cobre apenas a teoria geral do direito fiscal[32], muito embora a matéria leccionada incluísse também uma digressão sobre o sistema fiscal português[33], facilmente descortinamos que ela obedece a um esquema expositivo frequentemente utilizado pelos cultores do direito administrativo. Ou seja, a sua estrutura segue a de parte significativa dos manuais de direito administrativo geral da época. O que tem diversas e significativas expressões.

Desde logo, a relação jurídica fiscal perdeu a centralidade que tinha na anterior exposição das matérias, a qual não deixava de ter na base um certo entendimento que remetia a domesticação jurídica do poder tribu-

[29] Já que a pequena desactualização causada pela revolução de 1974 foi praticamente anulada pelas *Notas de Actualização,* que elaborou em 1977.

[30] Como, de resto, o afirmamos em diversos locais do nosso *Direito Fiscal,* 8ª ed. Almedina, 2015. E isto, acrescente-se, vale tanto para 1ª como para a 2ª edição.

[31] Que elaborou, aliás, apontamentos para os alunos relativos ao sistema fiscal – v. Manuel Lopes Porto, *Sistema Fiscal Português,* Apontamentos ao 3º ano jurídico de 1970/71, polic., Coimbra, 1971.

[32] Composta por: Introdução e Teoria Geral do Direito Fiscal, apresentando-se esta dividida em quatro capítulos (em que temos: as normas jurídico-fiscais, a relação jurídico fiscal, a actividade administrativa fiscal e garantias da legalidade dos actos fiscais).

[33] Matéria esta, pela qual, de resto, o Dr. José Manuel M. Cardoso da Costa iniciou a elaboração de apontamentos para os alunos, uma vez que, logo no primeiro ano em que regeu o direito fiscal, 1964/65, procedeu à actualização das lições do Dr. Alexandre Pinto Coelho do Amaral na parte relativa ao sistema fiscal – v. J. M. Cardoso da Costa, *Apontamentos às Lições de Direito Fiscal,* polic., Coimbra, 1964/65.

tário basicamente para os quadros do direito privado, ou seja, mais especificamente, para os quadros do direito obrigacional fiscal, uma vez que essa domesticação passa a ser encarada sobretudo pela via do direito dos quadros do direito público público, ou seja, pela via do direito constitucional fiscal, por um lado, e pela via do direito administrativo fiscal, poroutro. Daí que, no ensino do direito fiscal, o protagonismo da matéria respeitante à relação jurídica fiscal tenha passado a partilhar o palco com a matéria das fontes do direito fiscal em que, por força da importância da "constituição fiscal," têm um papel do maior relevo os princípios jurídico-constitucionais que recortam o poder tributário do Estado e demais entes púbicos, recortando o quadro dentro do qual o legislador há-de confromar e concretizar o dever fundamental de pagar impostos[34], de um lado, e com a matéria relativa a organização e actuação administrativas fiscais e correspondente tutela dos contribuintes[35].

E assim se vão manter as coisas praticamente até que veio a revolução de 1974. E dizemos praticamente porque, devemos recordar, entretanto teve lugar a reforma das Faculdades de Direito de 1972[36], em que, ao menos *prima fatie, o* Direito Fiscal aparece bem tratado, já que, de um lado, integrava o 4º ano da licenciatura, o lugar que, como já referimos, julgamos ser o adequado para uma disciplina da natureza do direito fiscal e, de outro lado, previa-se para ele o período lectivo de um ano, muito embora atenta a opção nela feita pela repartição dos estudos por semestres, se apresentasse dividida em dois semestres, prevendo assim o Direito Fiscal I (1º semestre) e o Direito Fiscal II (2º semestre)[37]. Todavia, dada uma outra opção, igualmente assumida nessa reforma, de instituição do bacharelato, equivalente aos três primeiros anos do curso, que habilitaria para o exercício de certas actividades jurídicas[38], desvalorizando-se assim e nessa medida a obtenção da licenciatura, é fácil de ver que, afinal de contas, podia haver formados em direito, isto é bacharéis, sem a frequência de qualquer disciplina de direito fiscal.

[34] Tendo o seu tratamento lugar, como bem se compreende, na parte respeitante ao ordenamento jurídico-fiscal, mais especificamente em sede das fontes do direito fiscal.

[35] Matérias essas que se encontram repartidas pelo capítulo respeitante à actividade administrativa fiscal e pelo capítulo referente às garantias dos contribuintes.

[36] A chamada reforma Veiga Simão, constante do Decreto nº 364/72, de 28 de Setembro.

[37] Integradas como disciplinas obrigatórias do 4º ano.

[38] Actividades essas a definir em legislação especial – v. o art. 21º, nº 1, do Decreto-Lei nº 364/72. Legislação especial que, deve acrescentar-se, não chegou a ser editada.

Mas fosse qual fosse o mérito ou demérito da reforma de 1972, o certo é que a sua execução não chegou a concretizar-se no que ao direito fiscal diz respeito, dado ter sobrevindo a revolução de 1974 antes de os alunos, que frequentavam o curso de direito ao abrigo desse plano de estudos, terem alcançado o 4º ano, em que o Direito Fiscal haveria de ser leccionado[39]. Por isso, dissemos que o lugar do direito fiscal no plano de estudos resultante da reforma de 1945 se manteve até à revolução de 1974, mais exactamente até à reforma do plano de estudos levado a cabo em 1975.

Foi, com efeito, neste ano e em consequência das novas ideias trazidas pela revolução, ou melhor do processo revolucionário então em curso, que se procedeu a uma reforma do plano de estudos da Faculdade, a qual, no que ao direito fiscal diz respeito, constituiu uma verdadeira revolução às avessas, o que vale por dizer um lamentável retrocesso, uma vez que o ensino do direito fiscal foi atirado para uma situação, a seu modo, pior do a que tinha no plano de estudos anterior à reforma de 1945. Em rigor, para uma situação anterior à que efectivamente tinha antes de 1922. Pois, nessa reforma não só se juntou o direito fiscal às finanças públicas, sob a designação de Finanças Públicas e Direito e Fiscal, como se reservou para esta disciplina apenas um semestre lectivo, mais exactamente o 1º semestre do 3º ano da licenciatura.

O que teve por consequência inevitável que nela se não desse, na prática, nem direito financeiro, nem direito fiscal. De facto, como é óbvio, o tempo lectivo de um semestre não dava para leccionar, com um mínimo de seriedade, nem uma matéria nem outra[40].

É certo que do plano de estudos de 1975 constava uma cadeira anual de direito fiscal no Curso Complementar, integrado pelos 4º e 5º anos[41]. Mas tratava-se de uma cadeira que nem todos os alunos tinham que frequentar, pois, de um lado, era uma cadeira que apenas figurava nas variantes de Ciências Jurídico-Políticas e de Ciências Jurídico-Económicas, as variantes

[39] Que só seria alcançado no ano lectivo de 1975/76 – v. o art. 22º, nº 1, do Decreto nº 364/72.

[40] O que facilmente se confirma através da leitura dos sumários elaborados pelo Dr. Eduardo Manuel Bebiano Correia, que teve a seu cargo a regência de Finanças Públicas e Direito Fiscal nos anos em que esta disciplina funcionou, isto é, nos anos de 1975/76 a 1978/79. Uma afirmação que, de resto, podemos confirmar e corroborar também pela experiência que tivemos, uma vez que nós próprios tivemos a cargo aulas práticas de Finanças Públicas e Direito Fiscal no ano lectivo de 1977/78.

[41] Que foi regida pelo Dr. António José Pinto Loureiro.

na prática menos escolhidas pelos alunos, uma vez que a maior parte dos alunos optava pela outra variante – a variante de Ciências Jurídicas.

De outro lado, o Direito Fiscal não integrava o "núcleo obrigatório" dessas variantes, que todos os alunos da respectiva variante tinham que frequentar, mas a chamada "opção específica", constituída pelo Direito Fiscal e por mais duas disciplinas em cada variante, conjunto de três disciplinas esse dentro do qual os alunos tinham que escolher duas[42]. Por conseguinte, o Direito Fiscal estava longe inclusive de ser disciplina obrigatória para os alunos que optassem no curso complementar por frequentar a variante de Ciências Jurídico-Políticas ou a variante de Ciências Jurídico-Económicas.

Daí que, a necessidade de uma nova reforma não tenha demorado muito a fazer-se sentir. O que efectivamente veio a acontecer, tendo-se concretizado uma nova reforma do plano de estudos logo no ano de 1979/80, na qual se alargou de três para quatro anos o curso geral e se reduziu o curso complementar ao 5º ano, cursos que, de resto, passaram a designar-se, na linguagem corrente, por ciclo básico e por ciclo complementar.

Pois bem, esta reforma veio repor uma cadeira semestral de direito fiscal, que colocou, porém, no 2º semestre do 2º ano[43]. Ao mesmo tempo que manteve no curso complementar, agora reduzido ao 5º ano, o ensino do direito fiscal, embora convertido numa cadeira semestral[44].

E assim se regressou a uma situação muito idêntica à resultante da reforma de 1945, embora com duas diferenças que são de assinalar: uma para pior, traduzida no facto de o Direito Fiscal ter passado a ser leccionado no 2º e não no 3º ano[45]; outra para melhor, consistente no facto de se man-

[42] Tais disciplinas eram: para a variante de Ciências Jurídico-Económicas, o Direito do Trabalho e o Direito Agrário e, para a variante de Ciências Jurídico-Políticas, o Direito do Trabalho e a Economia Financeira. V. O Plano de Estudos de 1975.

[43] Direito fiscal este que, depois de ter sido regido por nós nos anos de 1980/81 e 1981/82, ficou a cargo do Professor Diogo Leite de Campos.

[44] Cadeira esta que veio a ser regida pelo Professor Diogo Leite de Campos, para a qual elaborou, de resto, lições – v. DIOGO LEITE DE CAMPOS, *Lições de Direito Fiscal*, Sumários desenvolvidos das lições ao Curso Complementar em 1981/82, Coimbra, 1982.

[45] O que, naturalmente, agrava de sobremaneira a crítica que já antes fazíamos à sua localização no 3º ano no quadro da licenciatura de cinco anos. Pois, como escrevemos essa localização não era a adequada, uma vez que, sendo o direito fiscal um verdadeiro direito de sobreposição relativamente a diversos outros ramos de direito da licenciatura, a sua cabal compreensão passa por conhecimentos que devem ser administrados e adquiridos antes da sua frequência ou, na pior das hipóteses, simultaneamente à sua frequência. Designadamente seria importante que o direito fiscal fosse leccionado depois ou, na pior das hipóte-

ter uma cadeira de Direito Fiscal no 1º semestre do 5º ano para os alunos da variante de Ciências Jurídico-Politicas[46].

Uma situação que, em rigor, foi a vigorou depois na situação resultante da reforma do plano de estudos de 1989/90, pois que, descontados o facto de a sua leccionação ter passado para o 3º ano e do seu casamento sob a desigançäo de Direiro Administrativo e Fiscal, com o direito processual administrativo, temos uma disciplina semestral de direito fiscal ou, se utilizarmos a linguagem da reforma de 1945, um curso de direito fiscal. Com a diferença naturalmente de nesse quadro não subsistir qualquer disciplina de direito fiscal no 5º ano, o que, de algum modo, não deixou de constituir uma agravante em relação à situação imediatamente anterior.

As coisa, porém, não haveraim de melhorar com a reforma decorrente do chamado processo de Bolonha, que entrou em vigor no ano lectivo de 2007/08, em que o Direito Fiscal no quadro da redução do 1º cilco de estudos em direito – licenciatira – a 4 anos, continuou reduzido a um semestre, passando, todavia, a ser leccionado no 2º semestre do 2º ano. Uma realidade que apenas foi melhorada pela a criação, em 2008/09, da unidade curricular optativa de Direito Fiscal II, a leccionar no 2º semestre do 3º ano, a qual, todavia, apenas viria a ser aberta à frequência pela primeira vez no ano lectivo de 2013/14.

Melhores a seu modo se nos deparam as coisas em sede do 2º ciclo – mestrado – em que temos, desde há alguns anos, o Mestrado em Ciências Jurídico-Políticas, menção em Direito Fiscal, cujas unidades curricualres anuais obrigatórias são o Direito Fiscal I e o Direito Fiscal II, em que no Direito Fiscal I, sob a regência da Doutora Suzana Tavares da Silva, se tem optado por conteúdos diversos de ano para ano, e no Direito Fiscal II em que eu venho leccionando Direito Fiscal das Empresas., unidade que, por óbvias razões de praticabilidade, tem tido por objecto uma introdução ao

ses, simultaneamente, com disciplinas tais como o Direito das Obrigações, O Direito Processual Admuinistrativo, o Direito Processual Civil, o Direito Comercial, etc. V. o nosso texto «Breves notas sobre o ensino do direito fiscal na Faculdade de Direito da Universidade de Coimbra», *ob. cit.*, p. 540.

[46] Pelo que o direito fiscal do curso complementar passou de anual a semestral e a integrar apenas a variante de Ciências jurídico-Políticas, muito embora se tenha tornado obrigatória para os alunos desta variante.

direito fiscal das empresas[47] e a uma parte dedicada à tributação do rendimento das empreas, ou seja, ao IRS empresarial e ao IRC[48].

II. O desenvolvimento do sistema fiscal e seus actores

Deixemos, porém, a evolução do ensino de que tem sido objecto o direito fiscal para, durante alguns momentos, nos fixarmos na evolução do próprio direito fiscal reflectida naturalmente no seu ensino. Trata-se agora de analisar a evolução da realidade normativa respeitante ao conjunto dos impostos, isto é, a evolução que foi experimentando o sistema fiscal e, bem assim, a alteração do papel dos diversos actores que têm suportado e dinamizado o direito dos impostos. Ou, por outras palavras, como evoluiu o sistema fiscal português e o papel dos correspondentes actores.

1. Alusão à evolução do sistema fiscal português

Pois bem, no respeitante ao sistema fiscal português, podemos dizer que há cem anos tínhamos um sistema fiscal resultante da reforma de 1845, constituído por impostos parcelares sobre o rendimento, pela contribuição de registo (que integrava a sisa e o imposto sobre sucessões e doações)[49], bem como por diversos impostos específicos sobre o consumo. Relativamente à tributação do rendimento tínhamos a contribuição predial e a contribuição industrial, tendo esta resultado da integração em 1860 da anterior contribuição de maneio (que abrangia a tributação dos rendimentos da actividade industrial e das actividades profissionais) e a contribuição pessoal.

É de assinalar que essas contribuições, designação adoptada em 1845 no quadro da filosofia do liberalismo baseada na ideia de contrato social, mais não eram do que as anteriores décimas em que se veio a desdobrar a célebre décima militar, um imposto geral que, criado em 1641 com carácter extraordinário para fazer face às despesas com a Guerra da Restauração[50], veio, depois, a tornar-se permanente no que não deixou de consti-

[47] Que foi objecto de objecto de publicação sob o título de *Introdução ao Direito Fiscal das Empresas*, Almedina, 2013, com uma 2ª edição em 2015.

[48] Para uma ideia da vastidão das matérias que essa unidade curricular comporta, veja-se o sumário constante do meu *Direito Fiscal das Empresas – Relatório sobre o Programa, os Conteúdos e os Métodos do Ensino*, apresentado em 2012 nas Provas de Agregação em Direito Público na FDUC, p. 217 e ss.

[49] O imposto através do qual, durante um século, de 1860 a 1959, foram tributadas as transmissões de imóveis (a título oneroso e a título gratuito).

[50] Portanto no quadro ainda de uma concepção de financiamento patrimonial Estado.

tuir uma novidade para a época em que a tributação continuava por toda a parte a incidir sobretudo sobre o povo, excluindo-se dela tanto o clero como a nobreza[51].

Um sistema fiscal que não foi objecto de qualquer alteração significativa com a implantação do regime republicano em 1910, uma vez que este se limitou proceder à publicação de um novo código da contribuição predial em 1913 sem proceder a alterações de maior. Realidade que veio a ser alterada apenas com a reforma fiscal de 1922, em que se procurou acertar o passo com o que vinha sendo adoptado nos países mais desenvolvidos, como a Alemanha, os Estados Unidos da América e a França, criando, de um lado, um imposto pessoal sobre o rendimento, designado por imposto pessoal de rendimento, e, de outro lado, um imposto geral sobre o consumo, designado imposto sobre o valor das transacções[52]. Impostos estes que, por não terem por suporte uma realidade económica minimamente correspondente, não chegaram a ser implementados na prática, pouco tempo tendo sobrevivido. De facto, o imposto pessoal de rendimento foi revogado logo em 1926 e o imposto sobre o valor das transacções suprimido na reforma fiscal de 1929 por, nos temos em que este vinha sendo aplicado, constituir uma espécie de segunda contribuição industrial sobre as empresas industriais e comerciais. De resto, como era de prever, a aplicação da reforma de 1922 foi um completo fracasso. O que tornou premente uma nova reforma.

Compreende-se assim que a reforma de 1929 se tenha pautado por uma visão menos ambiciosa e bem mais realista do nosso sistema fiscal. Protagonizada pelo Professor Oliveira Salazar, esta reforma, tendo presente a impossibilidade de seguir a filosofia da reforma fiscal de 1922, pelo menos

[51] Onde tínhamos a décima predial (rendimentos prediais), a décima de juros (rendimentos de empréstimos de capitais) e a décima de maneio (rendimentos das actividades comerciais, industriais ou profissionais). V. a este respeito, VITOR ANTÓNIO DUARTE FAVEIRO, *Noções Fundamentais de Direito Fiscal Português*. II Volume *Estrutura Jurídica do Sistema Fiscal Português. Impostos sobre o Rendimento*, Coimbra Editora, 1986, p. 16 e ss.

[52] Reforma fiscal essa que teve por suporte uma certa visão utópica das potencialidades do nosso sistema fiscal alimentada pelo ambiente proporcionado pelas reformas fiscais levadas a acabo nos países mencionados no texto. O que não deixou de ter base na própria doutrina, como o demonstra o facto de nessa altura sido apresentada e defendida na nossa Faculdade de Direito uma dissertação de doutoramento centrada na defesa de um imposto único sobre o rendimento. Referimo-nos à dissertação de ARTUR ÁGUEDO DE OLIVEIRA, *O Imposto de Rendimento na Teoria e na Prática*, a qual veio a ser publicada em 1923 com a chancela da Imprensa da Universidade.

enquanto não houvesse lugar a um desenvolvimento económico minimamente consentâneo, optou por uma tributação simples, normal e proporcional do rendimento.

Assim o sistema fiscal português depois desta reforma, passou a se integrado, no respeitante à tributação do rendimento, pelos impostos parcelares constituídos pela contribuição predial, contribuição industrial, imposto sobre a aplicação de capitais e imposto profissional, aos quais se sobrepunha um imposto complementar incidente sobre o rendimento dos agregados familiares. Por seu lado, em sede da tributação do consumo, continuámos a ter diversos impostos específicos e, em sede da tributação do património, mantivemos o imposto de registo integrado pela sisa e pelo imposto sobre sucessões e doações.

Embora seja de acrescentar, no referente à tributação do rendimento, que já na Reforma Fiscal de 1929 se pensou, em sede da tributação do rendimento predial, em separar o rendimento locativo dos prédios, depois designado por rendimento fundiário, do lucro do cultivador que devia ser objecto de um outro imposto parcelar, permitindo-se assim tributar separadamente os rendimentos das explorações agrícolas baseadas em prédios alheios[53]. Pretensão que apenas viria a ter consagração legal na Reforma de 1963 e, como veremos, sem consequências práticas.

E assim chegamos à primeira verdadeira reforma fiscal do século XX, a Reforma Fiscal dos anos sessenta, em que se tentou adaptar o sistema fiscal português ao grau de desenvolvimento intermédio que a nossa economia entretanto veio revelar decorrente sobretudo da abertura da economia portuguesa implicada na nossa participação em organizações económicas como a OCDE e a EFTA. Não admira, por isso, que o sistema de impostos, então adoptado, tenha também essa marca de um sistema intermédio próprio de uma economia em desenvolvimento, mas ainda não suficientemente desenvolvida. O que era visível especialmente na tributação do rendimento em que temos uma tributação claramente dualista, pois ao lado da tributação parcelar ou cedular, de natureza real e taxas proporcionais, integrada pela contribuição predial, contribuição industrial, imposto profissional, imposto de capitais, imposto sobre a indústria agrícola e imposto de mais-valias, tínhamos um imposto de sobreposição, o imposto complementar, um imposto de natureza pessoal que tributava, de novo, os rendimentos já

[53] V. Vitor António Duarte Faveiro, *Noções Fundamentais de Direito Fiscal Português. II Volume Estrutura Jurídica do Sistema Fiscal Português. Impostos sobre o Rendimento*, cit., p. 369 e ss.

objecto dos impostos parcelares ou cedulares, com exclusão dos rendimentos objecto do imposto de mais-valias e, na prática, dos rendimento sujeitos ao imposto sobre a indústria agrícola[54].

Por seu lado, em sede da tributação do consumo, foi criado em 1966 um imposto geral, o imposto de transacções, que tinha como características mais importantes ser um imposto monofásico e objecto de liquidação e cobrança no grossita. Um imposto que vigorou durante 20 anos, ou seja, até 1986, ano em que entrou em vigor o actual Imposto sobre o Valor Acrescentado (IVA).

Finalmente, no que concerne à tributação do património, manteve-se o quadro da tributação anterior, embora abandonando a designação de imposto de registo e referindo-se à sisa e ao imposto sobre sucessões e doações. Uma tributação portanto limitada à tributação dinâmica do património porquanto relativa à transmissão onerosa ou gratuita do património, ou melhor à aquisição onerosa ou gratuita do património porquanto incide sempre sobre o adquirente.

E assim chegamos à reforma dos anos oitenta que veio concretizar o programa de reforma fiscal constante do art. 107º (depois 104º) da Constituição de 1976, a qual começou pela tributação do consumo, tendo-se criado o IVA em 1985, que entrou em vigor em 1986, tendo prosseguido ainda nessa mesma década com a reforma da tributação do rendimento através do estabelecimento de uma tributação única do rendimento mediante a criação do Imposto sobre o Rendimento das Pessoas Singulares (IRS) e do Imposto sobre o Rendimento das Pessoas Colectivas (IRC)[55] em 1988, com entrada em vigor em 1989, tendo terminado já em 2003/04 com a reforma da tributação do património, a qual se traduziu basicamente na instituição de uma fórmula objectiva de definição e determinação do valor patrimonial tributário dos prédios urbanos. A que acresce a abolição do imposto sobre sucessões e doações, o qual foi substituído, no respeitante às transmissões gratui-

[54] Isto porque o Imposto sobre a Indústria Agrícola não chegou a ter vigência efectiva, uma vez que as duas vezes que foi posto em vigor não chegou a ser cobrado por posteriormente ter sido suspenso – v. VITOR ANTÓNIO DUARTE FAVEIRO, *Noções Fundamentais de Direito Fiscal Português. II Volume* *Estrutura Jurídica do Sistema Fiscal Português. Impostos sobre o Rendimento*, cit., p. 367 e ss. e 436 e ss.

[55] Embora nessa reforma da tributação do rendimento, em substituição da anterior contribuição predial, se tenha criado uma tributação dinâmica sobre o património, a contribuição autárquica, que passou a coexistir com a tributação do rendimento predial em IRS embora limitada às rendas dos prédios arrendados.

tas a favor de pessoas singulares, por um especial imposto de selo, integrado no correspondente Código, e, no respeitante às pessoas colectivas, pelo IRC imposto cuja matéria colectável passou a integrar também os incrementos patrimoniais resultantes de aquisições gratuitas.

E, para concluirmos no respeitante à evolução do actual recorte do sistema fiscal português, é de mencionar ainda a reforma da tributação automóvel, em 2007[56], a qual não se reportando ao recorte constante do art. 104º da Constituição, veio colocar a tributação dos automóveis sobre o princípio do desenvolvimento sustentável a que fazem claro apelo os arts. 66º, nº 2, alínea *h)*, e 81º, alíneas *a)* e *m)*, da Constituição[57], concebendo-a como uma tributação amiga do meio ambiente, de uma tributação assim objecto de uma manifesta ambientalização[58].

E aqui temos um pequeno retrato de como o nosso sistema fiscal foi evoluindo ao longo dos últimos cem anos. Uma evolução que, obviamente, não acaba aqui, uma vez que os sistemas fiscais dos países desenvolvidos, paulatinamente erguidos ao longo da segunda metade do século XIX e durante todo o século XX, no sentido de uma tributação global e pessoal do rendimento em que progressivamente se devia polarizar a tributação em consonância com a construção do Estado social ou do modelo social europeu, não se revelam minimamente sustentáveis perante a realidade própria do século XXI. Com efeito a globalização económica, resultante da crescente globalização dos mercados, e a consequente internacionalização das relações tributárias vieram pôr à prova definitivamente a tradicional soberania fiscal dos Estados, único quadro em que aquele modelo de tributação podia operar com plenitude.

[56] Operada pela Lei nº 22-A/2007, de 29 de Julho. V. sobre esses impostos A. Brigas Afonso/Manuel F. Fernandes, *Imposto sobre Veículos e Imposto Único de Circulação. Códigos Anotados*, Coimbra Editora, 2009.

[57] Em que, no quadro das incumbências do Estado, dispõem: no primeiro, para "assegurar o direito ao ambiente, no quadro de um desenvolvimento sustentável", cabe ao Estado "assegurar que a política fiscal compatibilize desenvolvimento com protecção do ambiente e a participação dos cidadãos"; no segundo, que compete ao Estado "promover o aumento do bem-estar social e económico e da qualidade de vida das pessoas, no quadro de uma estratégia de desenvolvimento sustentável", bem como "adoptar uma política nacional de energia, com preservação dos recursos naturais e do equilíbrio ecológico".

[58] V. o nosso estudo «Ainda fará sentido o art. 104º da Constituição?», no presente volume, p. 135 e ss.

Devemos acrescentar, todavia, a este respeito, que, em Portugal, o modelo de sistema fiscal que foi implementado no último quartel do século passado, esteve relativamente longe do que viu a sua concretização na segunda metade do mesmo século nos países mais desenvolvidos da Europa Ocidental. Desde logo, o IRS nunca alcançou o estatuto de primeiro imposto em termos de receitas, um protagonismo que coube sempre ao IVA. Depois, o carácter pessoal do IRS foi sempre limitado, pois apresentou-se desde o início como um imposto de natureza dual(ista) porquanto os rendimentos de capital foram excluídos do englobamento e sujeitos a uma taxa relativamente baixa e proporcional, mesmo quando a abertura da economia portuguesa ainda permitia esse englobamento[59]. Natureza essa que se agravou, e muito, com o tempo, estando hoje em dia o IRS praticamente condenado a ser um imposto sobre os rendimentos do trabalho e das pensões. De resto, olhando para o nosso actual sistema fiscal, bem podemos dizer que o mesmo assenta quase totalmente na tributação dos rendimentos do trabalho, na tributação do consumo e na tributação estática e dinâmica dos imóveis.

Pelo que estamos perante um sistema fiscal que, apesar de ter cada vez menos quem o possa suportar, atinge níveis em termos tanto de carga fiscal como de esforço fiscal nunca vistos entre nós. Efectivamente Portugal assistiu ao agravamento desses indicadores, ao ponto de o último se apresentar muito superior ao da média da União Europeia. Pois, tendo em conta os dados do ano de 2013 e a União Europeia a 27, verificamos que se a carga fiscal foi 35% do PIB, quando a média da União era de 40% do PIB, já o esforço fiscal dos portugueses foi de 49% do PIB quando a média da União era de 41% do PIB.

Mas isto tem a ver com problemas que já não se inscrevem bem na evolução dos últimos cem anos, de que venho tratando, respeitando antes às interrogações sobre a evolução futura dos sistemas fiscais que não poderá deixar de ter em conta a realidade empírica que as mencionadas globalização e internacionalização revelam. O que integra já o tema que cabe à Doutora Suzana Tavares da Silva que não deixará de o tratar com a desenvoltura e profundidade que é seu timbre.

[59] V. sobre o problema, o nosso livro *O Dever Fundamental de Pagar Impostos. Contributo para a compreensão constitucional do estado fiscal contemporâneo*, Almedina, Coimbra, 1998, p. 594 e s.

2. A alteração do papel dos actores tributários

Passemos agora ao papel dos diversos actores tributários, o qual, como é sabido, foi-se alterando nos últimos tempos, tendo em conta a sequência temporal da intervenção de cada um deles. Comecemos, porém, por identificar esses actores e referir as tarefas que cada um tem tido a cargo.

Assim, alinhando os referidos actores pela ordem temporal em que eles intervêm na dinâmica ou momentos da vida dos impostos, temos a seguinte ordenação: em primeiro, tem de actuar o legislador, um legislador aliás qualificado por força das exigências do princípio da legalidade fiscal, criando, estabelecendo ou instituindo o imposto, cuja verificação concreta depende, depois, de uma actuação dos destinatários das leis que definem a incidência fiscal *lato sensu*, os quais, na qualidade de contribuintes praticam os correspondentes factos tributários, factos geradores ou pressupostos de facto do imposto, os quais não podem deixar de se reconduzir a expressões ou manifestações da capacidade contributiva revelada na obtenção de um rendimento, na titularidade ou aquisição de bens de natureza patrimonial ou na aquisição onerosa de bens e serviços, terminando, por fim, pela intervenção da administração tributária a quem cabe a responsabilidade pelo lançamento, liquidação e cobrança dos impostos.

Pois bem, o papel que a cada um desses actores tem cabido foi objecto nos últimos tempos de significativas alterações das quais é do maior interesse dar nota aqui, muito embora seja de assinalar, desde já, que o essencial do que a cada um deles cabia se mantenha como o exige a armadura de princípios constitucionais estruturantes que suportam o Estado de Direito. A este respeito é de sublinhar que o actor tributário que, ao menos aparentemente, mais transformado viu o seu papel, foi, sem dúvida, o tradicional actor operacional do sistema – a administração tributária. O que, naturalmente, teve reflexos muito importantes no papel dos outros actores, pois a administração tributária não só ampliou significativamente a sua actuação face à do legislador fiscal, que, de algum modo, foi constrangido a alguma autocontenção, como viu profundamente modificada a sua acção em sede do lançamento, liquidação e cobrança dos impostos ou, por outras palavras, no domínio da administração ou gestão dos impostos.

Assim, no respeitante ao legislador, por evidentes razões de praticabilidade, foi-se aceitando com alguma latitude uma progressiva abertura no referente à ideia de tipicidade em que se concretiza o princípio da legalidade fiscal[60]. O que decorre fundamentalmente da crescente complexidade das actuais situações tributárias, em que é visível uma certa osmose entre a fase da definição (incidência) dos impostos e a fase da determinação (liquidação) dos mesmos.

Uma situação que tem como consequência a transferência para a órbita da administração tributária da disciplina jurídica de alguns aspectos que, por integrarem a incidência dos impostos ou, mais amplamente, os chamados elementos essenciais dos impostos, haveriam de dispor, no contexto da clássica e, a seu modo, rígida interpretação do princípio da legalidade fiscal, de completa regulação na lei do imposto. Daí que à administração tributária, em consequência dessa transferência, caiba proceder à regulação desses aspectos intencionalmente deixados em aberto pelo legislador fiscal. O que vem fazendo pelas duas vias tradicionais de actuação da administração, que no direito dos impostos são, de um lado, os regulamentos, que tradicionalmente se apresentem na forma de regulamentos internos, e, de outro lado, a conclusão de acordos com os destinatários das normas de definição/determinação do imposto.

Uma realidade que, atento o seu significado e alcance, não tem sido, a nosso ver, devidamente tomada em consideração[61]. Por isso mesmo, justifica-se que aqui lhe dediquemos algumas linhas, para dar conta da profunda modificação que essa actuação prática revela face aos quadros clássicos da constituição fiscal, sobretudo face ao princípio da legalidade fiscal, que viu o protagonismo parlamentar, que suporta esse princípio, ser objecto de visível atenuação. Daí que a concretização normativa protagonizada pela administração tributária da crescente abertura que as leis do imposto vêm adoptando, não possa mais ser deixada numa espécie se limbo como acontece ao ser remetida inteiramente para a problemática dos chamados regulamentos internos, uma vez que estes, na medida em que desenvolvem ou complementam aspectos dos próprios elementos essenciais dos impostos, apenas

[60] Naturalmente que nos limitamos aqui a referir apenas o legislador interno, sendo certo que, no actual contexto de internacionalização e globalização das situações tributárias, o seu papel se encontra cada vez mais limitado pelos legisladores supranacional, internacional e transnacional. E se, relativamente aos legisladores supranacional e internacional, ainda se pode dizer, a seu modo, que não deixam de ser integrados pelo legislador nacional, já em relação ao legislador transnacional isso de todo não ocorre.

[61] Com algumas honrosas excepções, com destaque para João Taborda Gama, «Tendo surgido dúvidas sobre o valor das circulares e outras orientações genéricas...», *Estudos em Memória do Prof. Doutor J. L. Saldanha Sanches*, Vol. III, Coimbra Editora, 2011, p. 157 e ss.

no quadro de pura ficção, podemos continuar a considerar terem toda a sua disciplina normativa contida na lei. Na verdade, esta acaba cada vez mais em circulares da administração tributária.

O que, para além de revelar uma visão das coisas totalmente artificial e sem qualquer adesão à realidade jurídico-tributária em que presentemente vivemos, pois consideram como meros regulamentos internos normas administrativas da maior importância, porquanto substituem inclusive a normação reservada à lei parlamentar au a decreto-lei parlamentarmente autorizado, tem como inevitável consequência que a sua impugnação judicial não possa ser autonomamente levada a cabo, tanto em sede da sua (i) legalidade como em sede da sua (in)constitucionalidade. Com efeito, ao partir-se da ideia de que as referidas circulares constituem meras orientações administrativas, encontrando-se, por conseguinte, excluídas do universo das normas jurídicas, aquela impugnação apenas poderá operar conjuntamente com a que for dirigida ao acto tributário em que cada circular seja objecto de aplicação. Uma visão das coisas que não só conduz a um esvaziamento do significado e alcance do princípio constitucional da legalidade fiscal, como constitui uma inequívoca degradação das garantias jurisdicionais dos contribuintes e demais sujeitos passivos das relações jurídico-tributárias, concretizando-se assim uma efectiva inversão da posição reforçada destes face à dos administrados em geral, o que anula o mais importante suporte da especialização do direito dos impostos desenvolvida desde a segunda década do século XX.

Pois a referida visão das circulares da administração tributária, a que nós próprios, no quadro da utilização rotineira de fórmulas tipo *passe partout* e em termos acríticos, acabámos por aderir[62], obsta a que as ilegalidades e inconstitucionalidades normativas praticadas pela administração tributária possam ser objecto de impugnação judicial. O que, se em relação ao controlo da constitucionalidade levada a cabo pelo Tribunal Constitucional, ao considerar que tais circulares não constituem normas jurídicas e não integram assim o seu objecto de controlo[63], não se revela muito grave, porquanto isso apenas limita a intervenção do referido Tribunal, não impedindo os outros tribunais de exercer o controlo difuso da constitucionalidade, já a impossibilidade da sua impugnação autónoma limita e muito a

[62] V. o nosso *Direito Fiscal*, 7ª ed., Almedina, Coimbra, p. 196 e s.

[63] V., por exemplo, o acórdão 42/2014.

garantia jurisdicional dos contribuintes e demais sujeitos passivos das relações jurídico-tributárias perante circulares ilegais ou inconstitucionais.

Com efeito estes não podem assim obstar à prática de actos tributários ilegais ou inconstitucionais por terem por base circulares ilegais ou inconstitucionais com o pretexto de que estas não produzem efeitos jurídicos externos, efeitos na esfera dos contribuintes e demais sujeitos passivos tributários, uma vez que tais efeitos apenas serão produzidos aquando da prática dos correspondentes actos tributários, dando assim por demonstrado o que é preciso demonstrar, investigando circular a circular se, de facto, produzem efeitos autónomos que se não reconduzem à lei que é suposto limitarem-se a interpretar e aplicar. Por outras palavras, não nos podemos agarrar a uma visão exclusivamente formal, bastando-nos com o circuito que, partindo do *nomen iuris* dado a tais regulamentos, leva à conclusão de que não estamos perante normas jurídicas, mas face a orientações administrativas que não produzem quaisquer efeitos jurídicos autónomos face aos contribuintes. Bem pelo contrário, perante cada circular há que fazer justamente o circuito inverso, qual seja o de, face a cada uma delas, verificar se e em que medida as disposições nela contidas se limitam a interpretar e aplicar a lei do imposto, ou se, como é cada vez mais frequente, completam ou desenvolvem a disciplina jurídica da lei deixada nesta propositadamente por completar ou desenvolver.

Passando agora à transformação do papel da administração tributária em sede da administração ou gestão dos impostos, podemos referir dois aspectos. O mais visível é, sem dúvida, o relativo ao lançamento, liquidação e cobrança dos impostos, tarefa que passou fundamentalmente para os particulares, em especial para as empresas, no quadro do fenómeno que vimos designando por "privatização" da administração ou gestão da generalidade dos impostos. O que transformou a tradicional administração tributária, que era uma administração activa em sede de lançamento, liquidação e cobrança dos impostos, em uma administração basicamente de controlo, fiscalização e supervisão, no quadro de uma administração tributária em dois degraus orgânicos: um primeiro degrau de administração privada, a cargo sobretudo das empresas que tem a seu cargo sobretudo a administração operacional dos impostos, e um segundo degrau de administração pública a quem cabe sobretudo um papel de controlo e supervisão[64]. Sendo

[64] V. a tal respeito, o nosso *Direito Fiscal*, cit., p. 326 e ss.

certo que à transformação acabada de mencionar, acresce uma outra respeitante à a administração tributária neste seu novo papel, que tem a ver com o relacionamento com os contribuintes e demais sujeitos passivos das relações tributárias, pois é cada vez mais visível um certo dualismo na sua actuação, já que temos uma administração tributária cooperativa com os grandes contribuintes e a tradicional administração tributária actuando segundo o modelo mais interventivo com os demais contribuintes[65].

Uma privatização que apenas não vale, como bem se compreende, no respeitante à cobrança coerciva dos impostos, pois esta, mais por tradição do que por qualquer outra coisa, continua a ser objecto de um processo, o processo de execução fiscal, embora caiba hoje inteiramente à administração tributária, já que são os órgãos de execução integrantes desta os competentes para a prática, em primeira mão, de todos os actos de execução fiscal, não cabendo aos tribunais tributários outra intervenção que não seja a de decidir as eventuais reacções ou reclamações que sejam dirigidas aos actos primários de execução. Com efeito vem-se assistindo, neste domínio, a um alargamento considerável da actuação da administração tributária traduzido na constante ampliação da aplicação do processo de execução fiscal, o qual, com o objectivo de obter uma cobrança coerciva mais rápida e eficaz de diversas dívidas, tem presentemente um âmbito que vai muito para além do da execução das dívidas decorrentes das relações fiscais ou, mais amplamente, das relações tributárias.

O que tem expressão clara na abertura do art. 148º do CPPT, que integra no âmbito da execução fiscal, ao lado das dívidas provenientes de tributos ou de coimas e outras sanções pecuniárias relativas a contra-ordenações tributárias, que constituem por assim dizer o âmbito natural do processo da execução fiscal, também, nos termos expressamente previstos na lei, outras dívidas ao Estado e a outras pessoas colectivas de direito público que devam

[65] O que tem expressão na criação da Unidade de Grandes Contribuintes (UGC) pela lei orgânica da Autoridade Tributária (Decreto-Lei nº 118/2011, de 15 de Dezembro) e regulada no artigo 68º-A da Lei Geral Tributária (aditado pela Lei nº 6/2013, de 17 de Janeiro). V. também o Despacho nº 6999/2013, de 30 de Maio, da Autoridade Tributária, no qual são identificados os contribuintes objecto de acompanhamento pela UGC. Assinale-se que o dualismo apontado não deixa, a seu modo, de constituir uma manifestação do que vimos designando sob a expressão "*aparatheid* fiscal" – cf. o nosso estudo «Da sustentabilidade do estado fiscal», em José Casalta Nabais/Suzana Tavares da Silva, (Coord.), *Sustentabilidade Fiscal em Tempos de Crise*, Almedina, Coimbra, 2011, p. 40 e ss.

ser pagas por força de acto administrativo[66] ou constituam reembolsos ou reposições. A que foi acrescentado, em 2010, pela LOE/2010[67], as dívidas por coimas e outras sanções pecuniárias decorrentes da responsabilidade civil determinada nos termos do Regime Geral das Infracções Tributárias. Uma disposição legal adoptada na sequência de se ter verificado a falta de base legal, nos termos do CPPT, para essas dívidas poderem ser cobradas através do processo de execução fiscal[68], um problema resultante da consolidação da jurisprudência do Tribunal Constitucional que julgou não inconstitucional o art. 8º do RGIT, que estabelece a responsabilidade civil por multas e coimas dos administradores e gerentes de empresas societárias[69].

Uma extensão do processo de execução fiscal que não deixa, todavia, de constituir uma solução algo anómala, na medida em que constitui mais um segmento da crescente expansão desse processo para a execução de dívidas que têm pouco ou nada a ver com as que estiveram na base da instituição desse processo tão especial de execução, pois um tal processo devia limitar-se à execução de dívidas decorrentes de tributos ou dívidas que devam ser pagas por força de um acto administrativo. Assim temos dúvidas sobre a utilização do processo de execução fiscal para a cobrança de dívidas decorrentes de preços, como os preços respeitantes às actividades de exploração de sistemas municipais ou intermunicipais como os cobrados pelo abastecimento público de água, pelo saneamento de águas residuais, gestão de resíduos sólidos e transportes colectivos de pessoas e mercadorias[70], nos termos do nº 3 do art. 21º do Regime de Financiamento das Autarquias Locais e das Entidades Intermunicipais[71].

[66] O que está em articulação com o disposto no art. 179º do novo Código de Procedimento Administrativo que estabelece a aplicação do processo de execução fiscal à execução coerciva das obrigações pecuniárias que devam ser pagas por força de um acto administrativo.

[67] Lei nº 3-B/2010, de 28 de Abril (LOE/2010), que aditou a alínea *c)* ao nº 1 do referido art. 148º, na sequência da referida rejeição pelos tribunais tributários desse alargamento antes tentado pela actuação da administração tributária.

[68] Como veio julgar o STA em diversos acórdãos – v. os acórdãos de 28.05.2008, recurso 31/08, de 14.04.2010, recurso 64/10, de 08.09.2010, recurso 186/10, de 16.12.2009, recurso 1147/09, de 08.09.2010, recurso 186/10, e de 10.11.2010, recurso 767/10.

[69] V., por todos, o acórdão do Tribunal Constitucional 437/2011.

[70] Pois, quanto aos preços respeitantes à distribuição de energia eléctrica em baixa tensão, o poder dos municípios é actualmente bem mais aparente do que real – v. Suzana Tavares da Silva, *Direito da Energia*, Coimbra Editora, 2011, p. 92 e s.

[71] Aprovado pela – Lei nº73/2013, de 3 de Setembro.

Com efeito, o recurso ao processo de execução fiscal para a cobrança coerciva das dívidas decorrentes desses preços municipais, como vêm estabelecendo diversos regulamentos municipais e vem sendo entendido pela jurisprudência em continuação da situação anterior, em que esses preços se encontravam legalmente configurados como taxas, na modalidade de tarifas[72], parece não ter mais base legal que o suporte, designadamente a que tinham antes como taxas, constante do disposto no art. 148º do CPPT e do disposto no art. 12º do Regime Geral das Taxas das Autarquias Locais[73].

[72] Isto é, de taxas em que à equivalência jurídica correspondia também uma equivalência económica – v. a nossa anotação a um acórdão do STA com o título «Tarifas e questões tributárias», *Cadernos de Justiça Administrativa*, 6, Novembro-Dezembro de 1997, p. 48 e ss. Refira-se que expressão tarifas deixou de constar da Lei das Finanças Locais, na versão de 2007, passando esta a mencionar apenas taxas e preços municipais.

[73] V. também Suzana Tavares da Silva, «Tarifas portuárias: uma visão no contexto do actual sistema tributário e regulatório português», em *Novos Desafios da Política Portuária*, Instituto Jurídico/FDUC, 2015, p. 180.

Justiça fiscal, estabilidade financeira e as recentes alterações do sistema fiscal português[1]

Como será fácil de intuir, a partir do título que ostenta este escrito, vamos procurar reflectir sobre a realização da ideia de justiça fiscal no actual quadro de estabilidade financeira do Estado, percorrendo algumas das medidas mais importantes de reforma fiscal adoptadas recentemente em Portugal. O que implica que comecemos por dar nota, naturalmente muito rápida, do significado que a justiça fiscal teve no contexto do desenvolvimento do Estado social que culminou nos anos noventa do século passado, nos interroguemos sobre a manutenção dessa ideia no século XXI no contexto das exigências da estabilidade financeira que vem sendo imposta pela União Europeia aos seus Estados membros, com particular intensidade aos países mais afectados pelas

[1] Texto elaborado para o livro *Justiça Fiscal* organizado pela OAB/MG, Belo Horizonte.

dívidas soberanas e sujeitos a programas de ajustamento, como Portugal, e, bem assim, referir algumas das mais importantes alterações do sistema fiscal português recentemente adoptadas no sentido de fazer face ao mencionado quadro financeiro. Vejamos então, pela ordem que vimos de referir, cada um destes núcleos problemáticos que a justiça fiscal apresenta nos tempos que nos é dado viver.

I. A ideia de justiça fiscal

Como é sobejamente reconhecido, a justiça fiscal prende-se com a repartição dos encargos necessários ao suporte financeiro da organização e funcionamento da comunidade estadual, de modo a apresentar-se como justa para os membros que integram esta comunidade. A justiça fiscal procura, assim, responder à questão de saber como repartir os encargos com o financiamento do Estado, ou seja, mais especificamente, os encargos de natureza tributária que os cidadãos têm de satisfazer, os quais, num Estado fiscal, como são praticamente todos os actuais, se reconduzem fundamentalmente à figura dos impostos. Pois os demais tributos, em que sobressaem como figuras dominantes as taxas e as demais contribuições a favor de entidades públicas, continuam a constituir receitas com uma importância menor, apesar do peso crescente que estes outros tributos vêm tendo nos últimos tempos, em virtude sobretudo das dificuldades que enfrenta a obtenção de mais receitas através de impostos[2].

Neste domínio verificamos que a repartição dos impostos, que consubstanciou uma ideia de justiça fiscal no século XX, correspondente ao êxito marcadamente civilizacional do Estado social, que atingiu o seu cume nos finais dos anos setenta desse século, enfrenta hoje grandes dificuldades e levanta os maiores problemas. O que podemos ilustrar com uma outra ideia, quase sempre associada à realização da justiça fiscal, a ideia de reforma fiscal, uma realidade hoje em dia presente na generalidade dos Estados na qual encontramos a preocupação praticamente permanente de realização de uma maior igualdade entre os contribuintes enquanto suportes financeiros do Estado. Preocupação tradicionalmente apresentada com o sentido de que cada membro da comunidade estadual contribua para esta de acordo

[2] De facto, atento o carácter tão abrangente das situações já sujeitas à incidência dos impostos e o elevado nível das taxas ou alíquotas que os mesmos atingem, a busca de mais receitas têm-se virado para o recurso a outros tributos que não passam, muitas vezes, de impostos disfarçados, de impostos que não ousam dizer o seu verdadeiro nome.

com a sua capacidade contributiva ou capacidade de pagar, de modo a que os contribuintes com a mesma capacidade contributiva paguem o mesmo imposto (igualdade horizontal) e os contribuintes com capacidade contributiva diferente paguem impostos diferentes na medida dessa diferença (igualdade vertical)[3].

Olhando, pois, para as perspectivas de realização da ideia de justiça fiscal, a partir da maneira como se vem encarando a reforma dos actuais sistemas fiscais, verificamos que a referida ideia não apresenta hoje os mesmos contornos nem desperta os mesmos entusiasmos do passado, mais especificamente os que estiveram associados à concretização do Estado social[4] no terceiro quartel do século passado, que vieram concretizar o que podemos designar por Estado fiscal social que teve o êxito a que já nos referimos[5].

Naturalmente que o sistema fiscal é simultaneamente resultado e factor que contribui para a realização do correspondente modelo de Estado. O que, obviamente, não poderia deixar de se verificar também no que respeita ao Estado social, contribuindo para a intervenção económica e social em que esta forma de Estado se concretiza. Foi, de resto, no quadro do Estado social que se aceitou mais claramente que o sistema de impostos pudesse ser colocado ao serviço da mencionada intervenção. O que conduziu a uma tributação mais diversificada e intensa de modo a obter as receitas acrescidas que o Estado intervencionista exigia, tendo, por conseguinte, aumentado significativamente o nível da carga fiscal.

Assim o sistema fiscal, quer no seu conjunto, quer sobretudo através dos impostos sobre o rendimento, foi convocado para ser suporte de uma empenhada redistribuição do rendimento. O que significou a defesa da evolução dos sistemas fiscais no sentido de deslocar a carga fiscal dos impostos indirectos, sobretudo dos impostos sobre o consumo, para os impostos sobre o rendimento e, dentro destes, para além da substituição mais ou menos generalizada do princípio do benefício pelo princípio da capacidade contributiva ou capacidade de pagar[6], a defesa de impostos de natureza

[3] Sobre a repartição dos impostos, v., por todos José Joaquim Teixeira Ribeiro, *Lições de Finanças Públicas*, 5ª ed., Coimbra Editora, Coimbra, 1995, p. 260 e ss. e «A justiça na tributação», *Boletim de Ciências Económicas*, XXX, 1987, p. 157 e ss.

[4] No que constitui paradigma sobretudo a (então designada) Europa Ocidental.

[5] V. o nosso estudo «A reforma fiscal num Estado fiscal suportável», *Por um Estado Fiscal Suportável – Estudos de Direito Fiscal*, vol. II, Almedina, Coimbra, 2008, p. 67 e ss.

[6] Um princípio que assim ficou reservado para os tributos com estrutura bilateral ou de natureza comutativa, as taxas e as demais contribuições financeiras a favor das entidades

pessoal caracterizados sobretudo por serem impostos com uma taxa ou alíquota progressiva. Por isso, nas reformas fiscais levadas a cabo nesse período, pretendeu-se sempre que o sistema fiscal assentasse cada vez mais em impostos directos e impostos de natureza pessoal, diminuindo, em contrapartida, progressivamente o tradicional peso dos impostos indirectos.

Assim, em sede dos impostos directos, os impostos sobre o rendimento deviam ser objecto de uma personalização tão grande quanto possível. Um desiderato que se obteria através do alargamento da base tributável e de taxas ou alíquotas progressivas. De facto, uma evolução no sentido dessa personalização seria um importante factor de justiça fiscal, uma vez que o sistema fiscal conseguiria, através da via da tributação do rendimento pessoal, a redistribuição dos rendimentos, corrigindo, deste modo, a distribuição primária feita pela remuneração levada a cabo pelo mercado dos factores de produção e demais acréscimos patrimoniais.

Depois, em sede dos impostos indirectos, os impostos sobre o consumo, que todavia não podiam ser de todo eliminados e substituídos por impostos directos, impostos sobre rendimento ou o património, defendeu-se que os mesmos fossem substituídos por um imposto geral sobre o consumo de bens e prestações de serviços, acabando assim com os múltiplos impostos especiais que tradicionalmente oneravam o consumo. O que praticamente foi conseguido na Comunidade Económica Europeia, actual União Europeia, em que por razões que se prendem com a existência e o funcionamento do próprio mercado interno foi instituída a harmonização da tributação do consumo, tendo sido exigida aos Estados membros a adopção do Imposto sobre o Valor Acrescentado (IVA)[7], bem como a harmonização da legislação dos impostos especiais sobre o consumo que subsistiram, os impostos sobre consumos específicos como são o imposto sobre o tabaco, o imposto sobre o álcool e as bebida alcoólicas e o imposto sobre os óleos minerais[8].

públicas. V. a tal respeito, José Joaquim Teixeira Ribeiro, *Lições de Finanças Públicas*, cit., p. 161 e ss. e Sérgio Vasques, *O Princípio da Equivalência como Critério de Igualdade Tributária*, Almedina, Coimbra, 2008, esp. cap. 3.

[7] Lembramos que o IVA foi inventado em 1954 pelo francês *Maurice Lauré*, tendo sido adoptado primeiramente em França e, depois, na então Comunidade Económica Europeia e, mais tarde, em mais de centena e meia de países, de resto com diverso grau de desenvolvimento económico. Sobre a história da adopção do IVA, v. o próprio M. Lauré, *Science Fiscale*, Puf, 1993, p. 248 e ss.

[8] Que em Portugal são o Imposto sobre o Tabaco, o Imposto sobre o Álcool e as Bebidas Alcoólicas e o Imposto sobre os Produtos Petrolíferos e Energéticos.

Pelo que os sistemas fiscais foram evoluindo nesse quadro até à década de oitenta do século passado, o que levou praticamente a um contínuo aumento do nível da carga fiscal. Aumento esse que foi o preço a pagar para termos um estado fiscal social, um estado fiscal comprometido com determinado tipo de sociedade, uma sociedade em que se garantem não só os clássicos direitos de liberdade, mas também os mais modernos direitos económicos e sociais a um nível muito satisfatório.

Mas toda esta evolução, sinteticamente acabada de referir, foi posta em causa com o advento do século XXI, tendo presente que, em termos políticos e jurídicos, que são os aqui pertinentes, este século começou efectivamente nos finais dos anos oitenta do século XX, quando os alicerces económicos, políticos e jurídicos do que conhecemos por Estado moderno começaram a ser efectivamente abalados, sobretudo pelo conhecido fenómeno da globalização. O que tem tido visibilidade em sede da sustentabilidade financeira do Estado, aquela de que trataremos nas páginas que se seguem. Para o que vamos começar por aludir ao facto de a sustentabilidade financeira do Estado, que é a base da mencionada estabilidade, se apresentar hoje em dia em moldes diferentes dos que teve na segunda metade do século XX, para, depois, aludirmos às mais importantes alterações fiscais levadas acabo nos últimos anos, em que Portugal esteve sob um severo programa de ajustamento económico e financeiro e, assim, podermos ajuizar se e em que medida tais alterações podem apresentar-se sustentáveis a longo prazo, compaginando-se com a realização da ideia de justiça fiscal.

I. O actual quadro da sustentabilidade financeira

Pois bem, a estabilidade financeira a longo a prazo que, depois da crise em que as dívidas soberanas se tornaram indiscutíveis protagonistas[9], é reclamada um pouco por toda a parte e é imposta aos Estados membros da União Europeia pelo direito supranacional, não constitui mais do que a exigência da sustentabilidade financeira do Estado[10]. Exigência que, independentemente

[9] Dívidas soberanas, uma expressão que não deixa de ser, em larga medida, uma contradição nos próprios termos, porquanto as dívidas públicas, quando atingem elevados rácios face ao correspondente PIB, que foi o que aconteceu quando tais dívidas viraram vedeta pelos piores motivos, constituem certamente uma das mais visíveis manifestações materiais de degradação da soberania dos Estados.

[10] Falamos apenas da sustentabilidade financeira porque é desta que se trata no presente estudo, sendo de esclarecer que estamos certos de que a sustentabilidade financeira mais não é do que uma das componentes da sustentabilidade económico-financeira, e que esta é

dos específicos contornos jurídicos que venha a assumir, não pode deixar de ser respeitada pelo Estado a longo prazo, sob pena, desde logo, de não conseguir angariar meios de financiamento junto dos mercados que lhe permitam financiar-se normalmente. Neste sentido, podemos dizer que se trata, em rigor, de uma regra de bom senso que não pode deixar de ser respeitada. Coisa bem diversa é a de saber se e em que medida a estabilidade financeira necessária para a sustentabilidade financeira dos Estados passa pela adopção de regras nos moldes e com o conteúdo das constantes, do Pacto de Estabilidade e Crescimento e do Tratado Orçamental.

Antes, porém, de qualquer outra consideração, impõe-se ter em devida conta o diferente suporte e sentido da ideia de sustentabilidade que serviu de suporte às comunidades nacionais no século XX e aqueles com que teremos de aprender a conviver no século XXI.

1. A sustentabilidade nos séculos XX e XXI

Constituindo a sustentabilidade requisito indispensável para a salvaguarda do Estado de direito democrático e social, essa instituição que tanto sucesso teve na segunda metade do século XX, tendo sido erigida em verdadeira aquisição civilizacional, torna-se necessário algumas considerações que nos forneçam pistas para a compreensão que a sustentabilidade presentemente deve ter, a qual, ultimamente e sobretudo na Europa do Sul, vem sendo associada à ideia de austeridade. Com um tal propósito é importante destacar a diferença de sentido entre a sustentabilidade do século XX e a sustentabilidade do século XXI, para daí retirar as consequências em sede das reformas que se impõem, começando pela necessidade de repensar da sociedade antes de proceder à reforma do Estado relativamente ao qual faz sentido falar de limites ao endividamento público e no ajustamento das políticas públicas[11].

Assim e antes de mais, é de esclarecer porque é que, em sede política e jurídica, de uma concepção própria do século XX, em que o dinheiro não era (visto como) verdadeiro problema, se passou para uma outra, a do

uma das sustentabilidades que integram a bem conhecida tetralogia da sustentabilidades, em que temos também a sustentabilidade ambiental e energética, a sustentabilidade social e a sustentabilidade política.

[11] V. sobre este aspecto o nosso texto «Que futuro para a sustentabilidade fiscal do Estado?», em João Carlos Loureiro e Suzana Tavares da Silva (Coord.), *A Economia Social e Civil*, Estudos, Projecto SPES, IJ/FDUC, 2015, p. 113 e ss. V. também o nosso estudo «A crise do Estado fiscal», em Suzana Tavares da Silva e Maria de Fátima Ribeiro, *Trajectórias de Sustentabilidade. Tributação e Investimento*, Instituto Jurídico – UC, 2013, p. 19 e ss.

século XXI, em que o dinheiro corre o risco de ser (visto como) o único problema. Uma pergunta cuja resposta implica aludir aos alicerces que suportaram a construção política e jurídica do estado social do segundo pós-guerra, que não são os que suportam o actual Estado. Com efeito, o Estado de direito democrático e social, paulatina e progressivamente construído na segunda metade do século passado, teve por inequívoco suporte económico o crescimento contínuo que se verificou nas economias ocidentais, permitindo a construção, em termos políticos e jurídicos, de um Estado orientado para o reconhecimento crescente de direitos, liberdades e garantias aos indivíduos, ou melhor, às pessoas.

O que tem diversas manifestações jurídicas[12] entre as quais a limitada revogabilidade ou anulação administrativa dos actos constitutivos de direitos, a intangibilidade não só para o passado mas também para o futuro dos direitos adquiridos, o discurso quantitativo dos direitos e liberdades fundamentais que se vão depositando por camadas e a protecção do futuro com base na confiança criada pelo Estado no passado, constituem exemplos mais marcantes. Institutos que, à luz da configuração do Estado da época, faziam todo o sentido, porquanto no futuro, desde que se mantivesse o crescimento ao ritmo que se verificava, haveria sempre dinheiro para satisfazer esses direitos e liberdades ou para honrar a confiança depositada na actuação estadual. Uma ideia que, mesmo em épocas de estagnação ou de recessão económica, que, por serem interregnos de não crescimento ou de decrescimento dentro do ciclo longo de crescimento, não era posta em causa, porquanto, ao menos formalmente, não faltava dinheiro para assegurar o funcionamento de tais institutos, ainda que através de dinheiro desvalorizado pela inflação necessariamente decorrente da emissão monetária. Enfim, porque no futuro sempre haveria dinheiro para satisfazer o «adquirido social» que o Estado social implicava, a compreensão política e jurídica do Estado não podia ser senão a que conhecemos.

Porém, todo esse quadro desapareceu com a entrada do século XXI. Pois, embora aquela linha de desenvolvimento houvesse naturalmente de confrontar-se um dia com um qualquer limite, o certo é que não se vislumbrava que o referido quadro soçobrasse a curto prazo e nos termos em que veio a acontecer. Com efeito, como já dissemos, não é mais credível que nas economias desenvolvidas do Ocidente se venham a verificar níveis de

[12] Concretizadas em institutos que visam limitar a actuação das entidades públicas no futuro, as quais são visíveis sobretudo em sede do direito administrativo e do direito constitucional.

crescimento económico como os ocorridos no passado. Ora, num tal quadro, compreende-se facilmente que o dinheiro tenha passado a ser um problema. Mais, em países com um já longo histórico de défices orçamentais e consequentes dívidas públicas excessivas, como acontece nos países do Sul da Europa, o dinheiro corra o risco de passar a ser o problema.

É que, face a um crescimento económico muito fraco, nulo ou mesmo negativo, não se pode esperar que no futuro haja dinheiro para satisfazer a crescente constituição e aquisição de direitos ou a progressiva protecção da confiança ancorada na actuação do Estado em época de prosperidade[13]. Por isso mesmo, num tal quadro de desenvolvimento económico, as perspectivas para o futuro não podem deixar de ser no sentido de uma certa desconsideração dos direitos constituídos ou adquiridos, de um lado, e de diminuição das expectativas quanto à protecção da confiança digna de protecção, de outro lado. Por outras palavras, uma certa austeridade, a qual, não sendo, obviamente, uma austeridade pela austeridade[14], pode vir a revelar-se adequada ao reajustamento da sociedade e do Estado que vai implicado na actual sustentabilidade. O que, em sede dos direitos e liberdades fundamentais, passará por assegurar menos direitos todos, em vez de consagrar muitos direitos apenas para alguns.

Assim, reconstruir o Estado de direito democrático e social neste quadro de sustentabilidade, que se não impõe austeridade, exige certamente sobriedade, implica reformar a sociedade antes de reformar o Estado e abrir este aos limites do endividamento público e ao ajustamento das políticas públicas. Daí que a sustentabilidade do Estado actual não disponha de outra alternativa efectiva senão a da redução significativa da despesa pública de modo a restabelecer um equilíbrio adequado tanto às forças da correspondente economia de mercado para gerar resultados tributáveis, como à capacidade contributiva dos contribuintes no quadro de um Estado que possa ainda ser tido como um Estado social.

[13] Isto ainda que não se partilhe da ideia do "decrescimento sustentável" que, remontando, em rigor, à obra de Nicholas Georgescu-Roegen, *The Entropy Law and the Economic Process*, 1971, tem actualmente em Serge Latouche um dos seus mais destacados representantes.

[14] Para cujos malefícios chamam as atenções obras tão célebres como as de Mark Blyth, *Austeridade. A História de uma Ideia Perigosa*, Quetzal, 2013; Joseph E. Stiglitz, *O Preço da Desigualdade*, Quetzal, 2013; e Thomas Piketty, *A Economia das Desigualdades*, Almedina, Coimbra, 2014.

2. O Programa de Assistência Económica e Financeira

Todo um quadro que, entre nós, está longe de ter sido tomado em consideração, não obstante os compromissos assumidos no Programa de Assistência Económica e Financeira, concretizado no Memorando de Entendimento sobre as Condicionalidades da Política Económica assinado com a Troika (CE, BCE e FMI), em 17 de Maio de 2011, na sequência do resgate solicitado por Portugal em 6 de Abril, depois de os mercados terem fechado as portas ao financiamento do Estado português. É que o ajustamento aí previsto fez-se muito mais pelo lado das receitas, com um aumento brutal da carga e do esforço fiscais, do que pelo lado das despesas, como constava dos compromissos decorrentes do Memorando. De facto, a diminuição da despesa pública, além de não ter sido muito significativa[15], apresenta uma feição sobretudo conjuntural, já que a diminuição estrutural implicava levar a cabo as célebres "reformas estruturais" de que muito se falou, mas que praticamente não avançaram e que, depois da dita saída da Troika em 2014, acabaram por ser totalmente abandonadas. Por conseguinte, estamos perante um ajustamento financeiro cuja solidez é mais do que problemática, correndo, assim, o risco de não ser minimamente perene, ou seja, estável.

Como manifestação específica da ausência das referidas reformas estruturais, que constituiriam suporte da redução sustentada da despesa pública, podemos apontar, a título ilustrativo, a falta de uma redução expressiva do que vimos designando por "conselho de administração", o conjunto dos órgãos e instituições que, desempenhando as diversas funções do Estado, formam, no seu conjunto, a máquina estadual que tem a seu cargo a gestão em sentido amplo do país. A esse respeito, impunha-se, como escrevemos noutro lugar, ter presente que um dos magnos problemas do nosso país é, em larga medida, o dos custos avassaladores dessa máquina estadual, constituída pelos órgãos de soberania, das regiões autónomas e das autarquias locais, bem como pelos institutos e entidades com variadas designações e diversa natureza em que esses órgão se desdobram.

Daí que seja de nos interrogarmos sobre a efectiva necessidade da dimensão da máquina que suporta a Presidência da República, do número de deputados da Assembleia da República e das assembleias regionais, do número dos membros do Governo da República e dos governos regionais, do número de tribunais, dos níveis e do número das autarquias locais

[15] Muito longe mesmo da ideia que decorria do Memorando no sentido de o ajustamento se fazer em 2/3 pelo lado das despesas e 1/3 pelo lado das receitas.

(municípios e freguesias), etc. Pelo que se impõe um mínimo de coerência entre a dimensão do País e a sua máquina política e administrativa[16]. Pois, não nos podemos esquecer que somos um país com pouco mais 10 milhões de habitantes, e não com mais de 80 milhões como na Alemanha ou com mais de 60 milhões como em França, e que o nosso PIB anda à volta de 4/5 do da média dos 28 Estados membros da União Europeia. E se é certo que as soluções a encontrar não podem ter por base apenas o número de habitantes e o montante do PIB, sendo mesmo de rejeitar um certo discurso que, nos tempos mais recentes, vem, de algum modo, endeusando este indicador, não é menos certo que a sustentabilidade económico-financeira não pode partir de dados diferentes dos fornecidos por estes indicadores bases indiscutíveis do país que somos.

Nesse quadro não foi levada por diante, designadamente, a reforma constante do Memorando relativa à diminuição do número de municípios, que são presentemente 308[17], tendo sido apenas reduzido o número de freguesias através da sua agregação, tendo passado estas de 4.260 para 3.092[18]. Uma reforma que nós vimos defendendo há muito tempo, muito antes portanto de ser previsível qualquer crise do tipo daquela que nos conduziu ao resgate internacional[19], mas que, não tendo sido realizada enquanto estivemos sob a apertada vigilância da Troika, não vemos como possa ter lugar num sistema democrático cujo ADN é constituído pela manutenção e até reforço das estruturas político-burocráticas que suportam e dão sentido aos aparelhos cada vez mais clientelares dos partidos políticos.

De resto, a extrema dificuldade em realizar reformas que suportem um efectivo emagrecimento dos aparelhos organizacionais, entre os quais se destacam os estaduais, encontra-se teorizada, desde há muito tempo, tanto no que concerne ao seu vector de estruturas burocráticas pela lei de Ceril Northcote Parkinson, como no seu vector financeiro pela lei de Adolf Wagner. Pois segundo Parkinson, as estruturas burocráticas albergam funcioná-

[16] V. o nosso livro *A autonomia financeira das autarquias locais*, Almedina Coimbra, 2007, p. 23.

[17] Se bem que mais de 30 tenham menos de 5.000 habitantes e mais de 100 tenham menos de 10.000 habitantes.

[18] V. a Lei nº 22/2012, de 30 de Maio, e a Lei nº 11-A/2013, de 28 de Janeiro.

[19] Cf. o nosso livro *A autonomia financeira das autarquias locais*, cit., p. 22 e s., em que, já em 2007, defendíamos a extinção das freguesias urbanas situadas nas sedes dos municípios, bem como a redução do número de municípios.

rios que se multiplicam como subordinados e não como rivais, em que uns criam trabalho para os outros independentemente das efectivas necessidades, segundo um modelo em que a oferta cria a correspondente procura. O que dá para compreender a lei Wagner do crescimento contínuo das despesas públicas formulada no século XIX e empiricamente comprovada no século XX, uma vez que esta lei mais não é do que a face financeira da lei de Parkinson, apesar de esta apenas ter sido enunciada nos anos cinquenta do século passado.

Por quanto vimos de dizer, não admira que as mencionadas reformas estruturais, entre as quais se conta a da diminuição do número de municípios, que não foram levadas a cabo enquanto estávamos pressionados pela presença da Troika, não se apresentem viáveis pelo menos nos tempos mais próximos. Por isso, não surpreende de todo que as reformas estruturais, que impliquem uma significativa redução da máquina burocrática e da consequente despesa pública estrutural, tenham nos séculos XIX e XX sido levadas a cabo sobretudo em ambientes revolucionários ou no quadro de regimes sem ou de discutível legitimidade democrática.

Mas, voltando à redução pouco significativa e sobretudo conjuntural das despesas, verificamos que esta se traduziu sobretudo em cortes das remunerações[20] e pensões dos funcionários públicos e na racionalização e reorganização de alguns serviços mediante sobretudo a sua fusão ou agregação, sendo visível, porém, que o seu resultado ficou muito aquém do que seria de esperar, tendo em conta o texto subscrito do Memorando. De resto, em sede da racionalização e reorganização dos serviços, ao mesmo tempo que se mantiveram serviços cuja necessidade é discutível, pois a sua função é de natureza sobretudo burocrática, desmantelaram-se serviços ou a cúpula de serviços cujo funcionamento se revela imprescindível ao desempenho das funções estaduais, o que tem conduzido ao crescente recurso ao *outsourcing* frequentemente desadequado para a realização do interesse público.

Todavia devemos sublinhar que maior êxito teve a redução da chamada *despesa fiscal*, em que se combina a redução da despesa que o Estado faz não

[20] Assim as remunerações dos trabalhadores públicos superiores a € 1.500 foram objecto de cortes progressivos de 3,5% a 10%. Cortes que, em 2014, foram alargados e aumentados, pois passaram a ser aplicáveis às remunerações superiores a € 675 cortes progressivos de 2,5% a 12,5%. Todavia, como estes últimos cortes foram declarados inconstitucionais pelo Tribunal Constitucional em Maio de 2014, foram repostos os cortes que haviam vigorado de 2011 a 2013. Por seu lado, quanto às pensões, estas foram objecto da contribuição extraordinária de solidariedade.

cobrando receitas fiscais que, em princípio, devia arrecadar com a ampliação da incidência dos impostos, através da eliminação ou redução dos múltiplos e diversificados benefícios fiscais, que continuam a enxamear o nosso sistema fiscal, pois que, entre 2011 e 2014 essa despesa foi reduzida em 35%, tendo passado de € 13.750,5 milhões para € 8.941,0 e de 8% para 5,4% do PIB[21]. Sendo que por impostos a maior redução da despesa fiscal se verificou no Imposto sobre o Rendimento das Pessoas Colectivas (IRC), que sofreu uma redução de 70%, tendo passado de € 2.405,0 milhões para € 662,0 milhões.

3. A sustentabilidade financeira do Tratado Orçamental

Como é sabido, a sustentabilidade financeira é agora imposta pelo Tratado sobre a Estabilidade, Coordenação e Governação na UEM, subscrito por 25 dos Estados membros da UE, o qual veio impor uma profunda reforma em sede dos ordenamentos jurídico-financeiros estaduais ao mais alto nível, europeizando as constituições financeiras dos Estados. Trata-se, porém, de um tratado que levanta diversas dúvidas, seja quanto à sua necessidade e ao procedimento e forma como foi adoptado entre nós, seja no concernente ao seu próprio conteúdo e à adequação das soluções que estabelece.

3.1. Da necessidade do Tratado e seu procedimento

Assim e quanto ao primeiro aspecto, é de referir que estamos perante um tratado em larga medida desnecessário porquanto o objectivo que com ele se pretende atingir podia ser obtido, em termos mais flexíveis e, por conseguinte, mais praticáveis, através da aplicação efectiva e consequente do PEC, uma vez que o fracasso da sua aplicação se ficou a dever ao facto de o mesmo não ter sido aplicado, e aplicado com igual rigor ou com igual maleabilidade, a todos os Estados membros. Aliás, não deixa de ser estranho que se queira impor a nível superior, elevando ao nível de tratado, e em termos bem mais exigentes do que os do fracassado PEC, objectivos em sede do equilíbrio orçamental e da dívida pública mais que discutíveis do ponto de vista dos caminhos que a construção e integração europeias devem trilhar para ser uma verdadeira comunidade de direito assente na efectiva solidariedade entre os seus membros base de uma verdadeira vida em comum.

[21] Cf. Governo de Portugal – Ministério das Finanças, *Relatório da Despesa Fiscal 2014*.

Pois limitar a solução dos problemas da União Europeia e, em especial dos Estados membros integrantes da Zona Euro, às questões relativas às finanças públicas, deixando intocadas as questões fundamentais, não vai no sentido do desejável mais federalismo, como por vezes se vê afirmado. Com efeito, a verdadeira obsessão pelas finanças públicas, esquecendo os problemas do crescimento económico e da competitividade da economia europeia e desprezando, por conseguinte, a necessidade de proporcionar elevados níveis de emprego, aliada á efectiva ausência de mecanismos de solidariedade que não deixem os Estados membros em dificuldades financeiras entregues à sua sorte, sujeitos a programas de austeridade desumanos ou permanentemente expostos a sanções por desrespeito do Tratado[22], caminha para a gradual e acelerada desintegração europeia através do crescente afastamento e marginalização dos Estados assolados por específicas dificuldades financeiras.

Por seu turno, também no que concerne ao procedimento seguido na adopção deste Tratado, o mecanismo de cooperação reforçada, devemos assinalar que o mesmo não vai no sentido da verdadeira construção europeia. Pois, pese embora o significado positivo em geral atribuído a esse mecanismo que, desde algum tempo[23], vem permitindo, com base no art. 20º do Tratado da União Europeia e nos arts. 326º a 334º do Tratado sobre o Funcionamento da União Europeia, avançar na integração europeia por parte dos Estados que se encontrem mais preparados[24], no caso em apreço, podemos adiantar, não pode ser considerado muito positivo. Isto se e na medida em que esse procedimento de cooperação não seja, em si mesmo, de considerar, por via de regra, como uma via que não vai genuinamente no sentido da efectiva integração europeia, pois, ao permitir a consagração de uma integração europeia diversificada, concretizando uma Europa a várias

[22] Sanções previstas para todos os Estados membros, mas efectivamente aplicadas apenas a alguns. De facto, um processo por défices excessivos foi levantado a Portugal no domínio do Pacto de Estabilidade e Crescimento, mas quando a violação deste teve por protagonistas a Alemanha e a França, o Pacto foi alterado. E o mesmo parece verificar-se no domínio do Tratado Orçamental, uma vez que a França já foi autorizada a ter um défice orçamental superior ao que devia ter. Cf. o nosso estudo «Reflexões sobre a constituição económica, financeira e fiscal portuguesa», agora nestes *Estudos*, p. 157 e ss.

[23] Mais exactamente desde o Tratado de Amsterdão, de 1999.

[24] Muito embora, tendo em conta a prática de um tal procedimento, que tem permitido e incentivado uma integração europeia a diversas velocidades, nos interroguemos sobre se um tal mecanismo não constitui à partida um instrumento mais de "desintegração" do que de integração europeia.

velocidades, acaba constituindo mais um instrumento de desintegração do que da construção que esteve na mente dos *founding fathers* e foi sendo concretizada nos tratados na segunda metade do século XX. É certo que a ideia subjacente a esse mecanismo em si mesma não é negativa, como de algum modo o demonstra o Tratado de Schengen, mas a sua aplicação num domínio como o visado pelo Tratado de Estabilidade, Coordenação e Governação na União Económica e Monetária, acaba por adicionar mais geometria variável à já existente traduzida, por exemplo, na separação cada vez mais profunda entre os Estados membros que integram a Zona Euro e os que se mantêm fora dela.

Um juízo que não melhora se do nível da União, isto é, do Tratado, passarmos para o nível nacional, isto é, para o nível do seu cumprimento, uma vez que a forma como lhe foi dado cumprimento na ordem jurídica nacional suscita algumas reservas. A sua efectivação, através da alteração à Lei de Enquadramento do Orçamento do Estado (LEOE), levada a cabo pela Lei nº 37/2013, de 14 de Junho[25], permite questionarmo-nos se essa forma de dar cumprimento ao Tratado respeita integralmente as exigências deste quanto à sua aplicação pelos Estados membros. Pois, embora a LEOE seja, nos termos do nº 3 do art. 112º da Constituição, uma lei de valor reforçado, a sua aprovação não exige qualquer maioria específica da Assembleia da República, seja a maioria qualificada de 2/3 como a exigida para as alterações à Constituição (nº 1 do art. 286º) e para as leis que versem as matérias constantes do nº 6 do art. 168º da Constituição, seja a maioria dos deputados em efectividade de funções exigida para as leis orgânicas (nº 2 do art. 166º e nº 5 do art. 168º).

Uma solução que nos parece não quadrar com o que é exigido pelo nº 2 do art. 3º do Tratado, em que se dispõe que as Partes Contratantes devem, o mais tardar um ano após a entrada em vigor do Tratado, aplicar a exigência do equilíbrio orçamental, "através de disposições vinculativas e de carácter permanente, de preferência a nível constitucional, ou cujos respeito e cumprimento possam ser de outro modo plenamente assegurados ao longo dos processos orçamentais nacionais". É que a LEOE não só não integra o nível

[25] Em que foi aditado, nomeadamente, o seguinte: «Artigo 10-D (princípio da sustentabilidade): 1. Os subsectores que constituem as administrações públicas, bem como os organismos e entidades que os integram, estão sujeitos ao princípio da sustentabilidade; 2. Entende-se por sustentabilidade a capacidade de financiar todos os compromissos, assumidos ou a assumir, com respeito pela regra do saldo orçamental estrutural e pelo limite da dívida pública, conforme previsto na presente lei e na legislação europeia».

constitucional, como as suas disposições estão longe de poderem ter-se por equivalentes a disposições constitucionais.

3.2. O conteúdo e o significado do Tratado

Mas as objecções mais fortes ao Tratado são, porém, as que respeitam ao seu conteúdo o qual está longe de ir no sentido da construção de uma verdadeira União Europeia. Ou seja, as que concernem às disposições mais importante do Tratado, que são as que exigem orçamentos equilibrados ou cujo défice estrutural não ultrapasse os 0,5% do PIB e determinam que a dívida pública não exceda os 60% do PIB. Exigências que são mais do que discutíveis, atento os pressupostos que as suportam. Pois os Estados membros da União Económica e Monetária, depois de terem perdido a soberania no respeitante aos instrumentos da política económica e monetária, vêm-se agora confrontados com o efectivo confisco da política orçamental, o que levará, por certo, a uma constante limitação ou mesmo redução das despesas públicas no quadro de uma política fiscal sem margem de manobra.

Situação que se agrava, e muito, no caso de se verificar a ultrapassagem daqueles limites relativos ao défice orçamental e à dívida pública. Com efeito, nos termos dos art. 3º e 5º do Tratado, impõe-se a instituição, a nível nacional, de mecanismos de correcção automática dos desequilíbrios orçamentais com base em princípios comuns a propor pela Comissão Europeia, o que tem como consequência, desde logo, a limitação do papel e independência das instituições nacionais responsáveis pelo controlo do cumprimento das regras orçamentais. Depois estabelece a obrigação de redução da dívida pública à razão de 5% ao ano (1/20) sempre que esta exceda 60% do PIB. De outro lado, segundo o disposto nos arts. 5º e 6º, o Tratado Orçamental impõe aos Estados membros a obrigação de implementar um programa de reformas estruturais, económicas e orçamentais, que é vinculativo em caso de se ter verificado défice excessivo, bem como a apresentação antecipada ao Conselho e à Comissão dos planos de emissão de dívida pública.

Uma perda de soberania financeira dos Estados membros que sai altamente reforçada, nos termos dos arts. 7º e 8º, em que se estabelece uma maioria qualificada para que uma proposta ou recomendação apresentada pela Comissão Europeia, quando esta considere que um Estado membro viola o critério do défice no quadro de um procedimento relativo a um défice excessivo, não prossiga, ou se atribui ao Tribunal de Justiça da União Europeia a aplicação de sanções aos Estados membros que não cumprirem as disposições do Tratado, bem como poderes de controlo quanto à consagração, a nível constitucional ou equivalente, do princípio do equilíbrio ou excedente orçamental estrutural e respectivos mecanismos de correcção automática, incluindo a sua vertente institucional.

Enfim, igualmente no respeitante às soluções que estabelece, o Tratado Orçamental não desperta elogios. Na verdade, trata-se de um conjunto de soluções em que a austeridade parece dispor de claro protagonismo nada consentâneo com uma União Europeia que se queira uma verdadeira comunidade de direito. Desde logo, a austeridade não pode ser perspectivada como um fim ou um objectivo que suporte uma sociedade e um Estado realinhados para baixos níveis de desenvolvimento e bem-estar social. Antes há-de ser vista como um instrumento de sustentabilidade da sociedade e do Estado nestes tempos do século XXI, em que os níveis de crescimento económico que conhecemos na segunda metade do século XX não são mais realistas. Por isso, a manutenção e sustentação do Estado social, nos termos em que foi construído e consolidado no século passado do Estado, não é actualmente viável, impondo um outro referente que não o do crescimento contínuo e significativo[26].

Do mesmo jeito, a austeridade não pode ser a única receita e uma receita igual para todos os países como se apresenta no Tratado, devendo antes ser adoptada e doseada em função da real situação económica e social de cada país. Nomeadamente não faz sentido que a austeridade seja a receita tanto para os países com dificuldades económicas traduzidas em desequilíbrios externos e orçamentais, caso dos da periferia sul da Europa, como para os países em que tais desequilíbrios se não verificam, caso da Alemanha, que devem optar por políticas orçamentais expansionistas indispensáveis para a manutenção da zona euro e seu crescimento económico. Depois, a dose de austeridade a aplicar tem que ser diferenciada em função da concreta situação económica de cada país, nomeadamente de molde a proporcionar os resultados que se pretendem alcançar de uma maneira suportável para os cidadãos, o que implica que, de um lado, não se vote ao esquecimento a solidariedade comunitária que é a argamassa que liga os membros da União Europeia e, de outro lado, não se dispense uma adequada compatibilização da austeridade com o crescimento económico e a competitividade da economia em causa. Preocupações que, infelizmente, parecem estar ostensivamente ausentes do Tratado.

[26] Nos termos que referimos mais acima, no ponto I.1.

Enfim, a maneira como o Tratado foi preparado e aprovado não se compagina inteiramente com a defesa dos valores da democracia e do Estado de direito, bases proclamadas como fundacionais da União Europeia. De facto, o processo que conduziu à sua adopção, que marginaliza esses valores fundacionais, é mais uma das manifestações que acentua o visível divórcio entre os cidadãos e as instituições europeias. A que acresce a circunstância de as soluções consagradas nele darem suporte à ideia de que a integração económica, como vimos largamente funcionalizada às finanças equilibradas, é uma questão fundamentalmente técnica sem verdadeira dimensão política e social. Por isso, o Tratado constitui a mais recente e superlativa manifestação do que vem sendo designado por "federalismo técnico-burocrático" base de uma "construção europeia" inteiramente à margem dos cidadãos, dos povos e dos Estados da Europa que, evidentemente, não augura nada de bom[27].

II. As recentes alterações do sistema fiscal português e a estabilidade financeira

No respeitante às modificações recentes do sistema fiscal português, devemos começar por dizer que a ideia mais visível que delas resulta é a que se traduziu num brutal aumento de impostos para as famílias e um alívio fiscal no respeitante às empresas. Embora o actual sistema de tributação do rendimento das empresas se apresente algo contraditório, já que ao mesmo tempo que se procedeu a uma acentuada diminuição da taxa institucional do Imposto sobre o Rendimento das Pessoas Colectivas (IRC), foram criadas diversas tributações avulsas sobre as empresas. Algumas palavras sobre cada um destes aspectos.

1. O brutal aumento de impostos para as famílias

Na verdade, dado o fraco contributo para a o ajustamento conseguido através da diminuição da despesa pública, o cumprimento do Memorando de Entendimento virou-se para o lado das receitas públicas, para os impostos, o que veio a traduzir-se num aumento brutal de impostos, o qual atingiu de maneira quase dramática as famílias, uma vez que se concretizou sobretudo num enorme aumento do Imposto sobre o Rendimento das Pessoas Singulares (IRS) e no aumento do Imposto Municipal sobre Imóveis (IMI). O que

[27] V. o nosso estudo «Estabilidade financeira e o Tratado Orçamental», *Estudos em Memória do Conselheiro Artur Maurício*, Coimbra Editora, 2015, p. 655 e ss.

se verificou, relativamente ao IRS, através do aumento da sua taxa marginal máxima, que foi elevada para 48% aplicável aos rendimento superiores a € 80.000, da redução drástica das deduções de despesas pessoais à colecta, como as despesas com a saúde, a educação e a habitação[28], e pelas taxas ou alíquotas adicionais ou sobretaxas que acrescem àquela taxa ou alíquota, sendo deste tipo actualmente a *sobretaxa extraordinária* incidente à taxa de 3,5% sobre os rendimentos que excedam o valor anual da retribuição mínima garantida em vigor[29] e a chamada *taxa adicional de solidariedade* que incide sobre os rendimentos superiores a € 80.000 com as taxas de 2,5% para os rendimentos de mais de € 80.000 até € 250.000 e de 5% para os rendimentos de mais de € 250.000[30]. A que acresce, relativamente às pensões, a *contribuição extraordinária de solidariedade* que incide sobre as pensões, subvenções e outras prestações pecuniárias de idêntica natureza, pagas a um único titular, nos seguintes termos: a) 15% sobre o montante que exceda 11 vezes o valor do indexante dos apoios sociais (IAS)[31], mas que não ultrapasse 17 vezes aquele valor; b) 40% sobre o montante que ultrapasse 17 vezes o valor do IAS[32].

Por seu lado, quanto ao IMI, o seu aumento verificou-se fundamentalmente em resultado da reavaliação de todos os prédios urbanos que ainda não haviam sido reavaliados à luz do valor patrimonial tributário apurado em conformidade com a fórmula constante do Código do IMI. Reavaliação que, nos termos do Código do IMI, seria progressivamente levada a cabo aquando da primeira transmissão verificada após a reforma da tributação do património ocorrida em 2003, mas que, em decorrência dos compro-

[28] Que chegaram mesmo a ser eliminadas para os titulares de rendimentos superiores a € 80.000 na LOE/2013, as quais, embora repostas na reforma do IRS a partir de 2015, se limitam a € 1.000 para os os titulares de rendimentos superiores a € 80.000.

[29] Que é de igual a € 7.070 (505 x 14) Refira-se que essa sobretaxa em IRS, que foi criada pela Lei nº 49/2011, de 7 de Setembro, com o aditamento do art. 72º-A ao Código do IRS, para vigorar apenas em 2011, se manteve com base nesse artigo para os anos de 2012 e de 2013 e com base na LOE para 2014 e na LOE para 2015, constituindo a sua base presentemente o art. 191º da LOE/2015. A sua transferência do Código do IRS para a LOE teve por intuito vincar o seu carácter extraordinário, estando, de resto, prevista a sua eliminação gradual a partir de 2016.

[30] Criada pela LOE/2012 com o aditamento do art. 68º-A ao Código do IRS.

[31] Que é igual a € 5.869,08 (419,22 x 14).

[32] Criada pela LOE/2011, foi posteriormente alterada no sentido do alargamento da sua incidência, mantendo-se presentemente em vigor com base no art. 79º da LOE/2015, depois de o Tribunal Constitucional, em controlo preventivo da constitucionalidade, no seu acórdão 575/2014 se ter pronunciado pela inconstitucionalidade da *contribuição de sustentabilidade* que substituiria, em 2015, a contribuição extraordinária de solidariedade.

missos assumidos no Memorando, veio a ser realizada em 2012 e 2013 relativamente a todos os prédios, o que, tendo-se traduzido num significativo aumento do valor patrimonial tributário, conduziu a um expressivo agravamento desse imposto sobre o património imobiliário urbano.

Agravamento que se ficou a dever sobretudo à circunstância de o valor patrimonial tributário, introduzido na referida reforma da tributação do património, assentar numa fórmula em que relevam factores de natureza objectiva[33], entre os quais se destaca o "valor base dos prédios edificados" que corresponde ao custo médio de construção por metro quadrado adicionado do valor do metro quadrado do terreno de implantação fixado em 25% daquele custo. É que o valor base dos prédios edificados, quando foi instituída aquela fórmula, em virtude de se viver um longo período de excessiva valorização dos imóveis que conduziu mesmo à conhecida bolha do imobiliário urbano, acabou por ser fixado em montantes elevados, os quais, todavia, não foram devidamente corrigidos posteriormente.

Mas o agravamento da tributação das famílias deu-se ainda por outras duas vias que, embora já viessem a ser trilhadas há algum tempo, foram objecto de aceleração no quadro do ajustamento imposto pelo Memorando de Entendimento. Trata-se, de um lado, da redução ou eliminação mesmo das deduções de natureza pessoal respeitantes a despesas com a realização dos direitos sociais como a saúde, a educação, a habitação e a segurança social que se concretizam em deduções à colecta do IRS, as quais, se bem que repostas em parte no ano 2015 no quadro da recente reforma do IRS, continuam a ser muito limitadas, o que tem como consequência a desfiguração desse imposto enquanto imposto pessoal, já que não tem em conta que se trata de uma tributação sobre o rendimento disponível[34].

De outro lado, temos a crescente criação de outros tributos para além dos impostos com as mais diversas designações, normalmente conhecidos por taxas ou contribuições, num quadro que nós vimos designando por "duplicação do Estado fiscal". De facto, como escrevemos noutro lugar,

[33] Fórmula que é: $Vt = Vc \times A \times Ca \times Cl \times Cq \times Cv$, em que: Vt – valor patrimonial tributário; Vc – valor base dos prédios edificados; A – área bruta de construção mais a área excedente à área de implantação; Ca – coeficiente de afectação; Cl – coeficiente de localização; Cq – coeficiente de qualidade e conforto; Cv – coeficiente de vetustez.

[34] V. a Lei nº 82-E/2014, de 31 de Dezembro, que aprovou a nova versão do Código do IRS. Quanto às alterações e o seu sentido, v. Comissão para a Reforma do IRS, *Anteprojecto da Reforma do IRS. Uma Reforma do IRS orientada para a Simplificação, a Família e a Mobilidade social*, Julho de 2014.

tendo em conta a proliferação de tributos, sobretudo na modalidade de taxas e de outros tributos comutativos em que se inserem, é de nos interrogarmos sobre se não se está a engendrar uma "duplicação do Estado fiscal", em que embora como cidadãos ou residentes[35] apenas beneficiemos de um Estado, financeiramente acabemos suportando dois Estados: um, o Estado fiscal propriamente dito, expressão do contrato social suporte do Estado comunidade, que é financiado pela figura dos impostos e se encontra sujeito ao escrutínio democrático consubstanciado no funcionamento dos já clássicos princípios da «constituição fiscal», especialmente do princípio da legalidade fiscal; outro, um Estado fiscal paralelo, mascarado de não fiscal que é financiado basicamente por impostos especiais, mormente sobre consumos específicos, em geral com receitas consignadas, muito embora designados por taxas ou contribuições, os quais não só escapam assim à constituição financeira e fiscal, como, do mesmo jeito, se furtam ao escrutínio materializado na comparabilidade internacional da efectiva carga fiscal que suportamos, uma vez que para essa comparabilidade contam apenas os impostos e as contribuições para a segurança social.

Uma realidade que tem expressão acentuada tanto em alguns importantes sectores da actuação estadual como sobretudo em relação aos municípios em que o recurso a novos tributos quase sempre designados por taxas, muitos deles de difícil qualificação, constituindo não raro verdadeiros impostos disfarçados, ou o crescente aumento das taxas já existente, tem sido visível. Assim e no referente à proliferação de taxas e outros tributos normalmente referenciados como contribuições ou tributos parafiscais[36] respeitante à actuação da administração estadual, podemos apontar, a mero título de exemplo, o sector dos transportes bem como o sector da actividade seguradora.

No domínio dos transportes, são de referir as taxas nos transportes terrestres (rodoviários e ferroviários), as taxas nos transportes marítimos, as taxas nos transportes aéreos, as taxas de acesso à actividade de transporte

[35] Uma vez que o decisivo, em sede da ligação dos contribuintes ao seu país, é mais o vínculo de cariz económico traduzido na residência do que o vínculo político expresso na cidadania ou nacionalidade ou, por outras palavras, é mais uma cidadania de natureza económica do que uma cidadania política.

[36] Uma designação que, é de sublinhar, tem apenas a ver com a *titularidade activa* da relação tributária, e não com a *estrutura* dessa relação que decorre, naturalmente, da configuração do correspondente facto gerador do tributo. Daí a nossa preferência pela designação de receitas parafiscais em vez de tributos parafiscais.

ferroviário e de utilização da infra-estrutura, a taxa de regulação das infra-estruturas rodoviárias, a contribuição de serviço rodoviário, etc.

Por seu lado, no concernente ao sector dos seguros, podemos mencionar diversos tributos parafiscais que incidem sobre as próprias seguradoras ou sobre estas e sobre os segurados ou apenas sobre os segurados embora sempre cobradas por aquelas como as "taxas" para o Instituto de Seguros de Portugal, para o Instituto Nacional de Emergência Médica, para Fundo de Garantia Automóvel, para o Fundo de Acidentes de Trabalho, para a Autoridade Nacional de Protecção Civil e a taxa favor do IFADAP[37] destinada ao Sistema Integrado contra as Aleatoriedades Climáticas.

Em sede mais estrita da figura das taxas podemos dizer que se deve sobretudo aos municípios a crescente multiplicação e aumento desses tributos bilaterais. Uma situação que, ao contrário do que era de supor, não foi travada pela adopção do Regime Geral das Taxas das Autarquias Locais[38], cujo objectivo foi justamente o de obstar ao arbítrio na criação das taxas e na fixação do seu montante, designadamente através da exigência do respeito pelo princípio da equivalência jurídica e da imposição da fundamentação económico-financeira do seu valor. Efectivamente, aproveitando o cumprimento da obrigação de adaptação dos regulamentos das taxas imposta no art. 17º do referido Regime, a quase totalidade dos municípios acabou por proceder ao aumento generalizado das taxas municipais.

Por isso, para uma adequada análise da comunidade estadual a que pertencemos, no quadro do correspondente contrato social base do Estado de direito democrático, avaliando e ponderando as correspondentes prestações recíprocas, ou seja, de um lado, o que pagamos ao Estado e, de outro lado, o que recebemos dele, não podemos deixar de contabilizar, com base numa verdadeira "conta corrente", tudo o que pagamos, tanto em sede de fiscalidade como das múltiplas parafiscalidades que vão germinando um pouco por todo o lado. Pois não podemos estar dispostos a ser cidadãos face ao Estado e súbditos dos múltiplos senhores que os desdobramentos verticais (a montante e a jusante) e sobretudo horizontais desse mesmo Estado vêm engendrando, cujos poderes e gastos não votamos e cuja necessidade da correspondente actividade não se percebe.

Pois compreende-se facilmente que, atendendo à reforma do financiamento das despesas incorridas com as novas realidades se possa assistir a

[37] Instituto de Financiamento e Apoio ao Desenvolvimento da Agricultura e Pescas.

[38] Aprovado pela Lei nº 53-E/2006, de 29 de Fevereiro.

uma certa deslocação do Estado fiscal para o "Estado taxador". Uma situação que até pode aceitar-se. O que, porém, já não se afigura aceitável é que, fingindo essa deslocação, se esteja praticando uma verdadeira e inadmissível acumulação do Estado fiscal com um "Estado taxador", duplicando, ao cabo e ao resto, o Estado fiscal. Em suma, condição para que seja admissível uma modificação nesse sentido, uma modificação no sentido de deslocar parte da carga do Estado fiscal para o "Estado taxador", é que o correspondente resultado final seja tendencialmente de soma zero[39].

2. A tributação das empresas

Mas também em relação às empresas colectivas ou societárias verificamos, a seu modo, um certo agravamento de impostos. Não que esta ocorra pela via do imposto que tributa o rendimento dessas empresas, isto é, através do Imposto sobre o Rendimento das Pessoas Colectivas (IRC), pois este tem vindo a ser objecto de desagravamento, mas através de outra via, já que se concretiza em diversas tributações avulsas que se têm multiplicado nos últimos anos. O que nos revela, de um lado, uma contradição entre o desagravamento do IRC e a criação de uma espécie de "IRC paralelo" e de diversas medidas no sentido de uma tributação das empresas mais simples e amiga do investimento empresarial. Uma palavra sobre estes dois tipos de actuação.

2.1. O desagravamento do IRC e a criação de um "IRC paralelo"

Pois bem, de um lado, temos o IRC que tem vindo a ser objecto de acentuado desagravamento patente no facto de a sua taxa institucional ter descido significativamente, pois de 36% em 1989 caiu para 21% em 2015[40]. Uma situação que é consequência do ambiente de concorrência fiscal que se instalou entre os Estados para atrair investimento. Desagravamento que se concretizou em medidas adoptadas pela reforma do IRC de 2014, como são a reintrodução e ampliação do regime simplificado de determinação da matéria colectável em IRC[41], que, tendo vigorado de 2001 a 2010, havia sido revogado a partir de

[39] V. o nosso estudo «Da sustentabilidade do estado fiscal», em José Casalta Nabais/Suzana Tavares da Silva, (Coord.), *Sustentabilidade Fiscal em Tempos de Crise*, Almedina, Coimbra, 2011, p. 40 e ss.

[40] Recorde-se que a taxa de IRC foi sucessivamente: 36% (1989), 34% (1998), 32% (2000), 30% (2002), 25% (2004) e 23% (2014).

[41] Um regime optativo para as micro, pequenas e médias empresas que, em vez de serem tributadas pelo lucro apurado com base na contabilidade organizada, são tribu-

2011, bem como o alargamento do reporte para diante de prejuízos que passaram a poder ser reportados nos doze períodos tributários seguintes àquele em que se verificaram, sendo antes reportáveis apenas nos cinco períodos seguintes[42].

Mas, ao lado deste indiscutível desagravamento da tributação do lucro das empresas, vimos assistindo à crescente criação de diversas tributações avulsas incidentes sobre as empresas que, a seu modo, põem em causa a referida evolução. A respeito dessas tributações avulsas, podemos referir, de um lado, as previstas no Códigos do IRC[43], como são as tributações autónomas, em crescente ampliação nos últimos anos e as derramas, municipal e estadual, que se reportam ao rendimento empresarial, e, de outro lado, as que constam de legislação avulsa, como a contribuição sobre o sector bancário, a contribuição extraordinária sobre o sector energético, a taxa de segurança alimentar e a contribuição sobre a indústria farmacêutica. Em direitas contas, podemos dizer que as mencionadas tributações avulsas se distribuem por três círculos concêntricos: o mais pequeno que integra as assim designada "taxas de tributação autónomas", que mais não são do que tributações autónomas sobre certas despesas; o círculo intermédio que é composto pelas sobretaxas de IRC, como são a derrama municipal e a derrama estadual; e o círculo maior que é constituído pelas tributações de natureza sectorial referidas. Uma palavra sobre cada uma destas tributações avulsas.

Assim e no concernente às tributações autónomas, ditas "taxas de tributação autónoma", que se encontram previstas no art. 88º do Código do IRC (bem como, para as empresas singulares, no art. 73º do Código do IRS), devemos dizer que as mesmas começaram por se reportar a situações susceptíveis de elevado risco de evasão fiscal, como as relativas à tributação das despesas confidenciais e não documentadas, configurando as normas que as previam não verdadeiras normas de tributação, mas antes normas que, directamente, tinham por função o acompanhamento, vigilância e fiscalização da actuação fiscal dos contribuintes e, por conseguinte, de luta contra o crescente fenómeno da evasão fiscal.

tadas com base em coeficientes reportados ao seu volume de vendas ou rendimentos brutos.

[42] Para mais desenvolvimentos, v. a nossa *Introdução ao Direito Fiscal das Empresas*, 2ª ed., Almedina, Coimbra, 2015, p. 142 e ss.

[43] Previstas também, embora em menor medida, no IRS. A que acrescem as já referidas sobretaxa extraordinária e taxa adicional de solidariedade em IRS.

Todavia, com o andar do tempo, a função dessas tributações autónomas, que entretanto se diversificaram e aumentaram de valor, alterou-se profundamente passando a ser progressivamente a de obter receitas fiscais, assumindo-se, assim, como efectivos impostos sobre a despesa, se bem que enxertados, em termos anómalos, na tributação do rendimento.

Pois essas tributações incidem agora não só sobre as despesas confidenciais e não documentadas, como foi no início, ou sobre as despesas não documentadas, despesas com viaturas ligeiras de passageiros ou mistas e despesas de representação como foi depois, mas também sobre as despesas com importâncias pagas a pessoas singulares ou colectivas residentes em países com regime fiscal claramente mais favorável (os designados paraísos fiscais), sobre as despesas com encargos relativos a certas ajudas de custo, sobre os lucros distribuídos por entidades isentas de IRC, sobre certas indemnizações, compensações, bónus e outras remunerações pagas aos gestores, administradores ou gerentes, etc. Sendo certo que algumas dessas tributações se encontram sujeitas a taxas relativamente elevadas, como é o caso das incidente sobre as indemnizações, compensações, bónus e outras remunerações dos gestores, administradores ou gerentes, sujeitas a uma taxa de 35%, nos termos do art. 88º, nº 13, do Código do IRC[44].

Por seu lado, quanto à assim chamada derrama estadual, devemos dizer que a mesma não passa de uma sobretaxa sobre o IRC. Criada pela Lei nº 12-A/2010, de 30 de Junho, que aditou o art. 87º-A ao Código do IRC, apresenta-se actualmente como uma sobretaxa progressiva por escalões incidente sobre o lucro tributável superior a € 1.500.000, com taxas de: 3% (de mais de € 1.500.000 até € 7.500.000), 5% (de mais de € 7.500.00 até € 35.000.000) e 7% (mais de € 35.000.000).

Ainda a respeito das tributações avulsas das empresas, é de aludir a tributos, designados geralmente por contribuições ou taxas, que incidem especificamente sobre as empresas de determinados sectores de actividade, como a contribuição sobre o sector bancário, a contribuição extraordinária sobre o sector energético, a taxa de segurança alimentar e a contribuição sobre a indústria farmacêutica.

A contribuição sobre o sector bancário foi introduzida pelo art. 141º do LOE/2011 que aprovou o seu regime, o qual foi alterado pelo art. 182º da LOE/2012. Nos termos do art. 3º desse regime, a contribuição sobre o sector bancário incide sobre: *a)* o passivo apurado e aprovado pelos sujeitos passivos deduzido dos fundos próprios de base (Tier 1) e complementares (Tier 2) e dos

[44] A qual ainda é elevada para 45% para as empresas que apresentem prejuízos.

depósitos abrangidos pelo Fundo de Garantia de Depósitos e pelo Fundo de Garantia do Crédito Agrícola Mútuo e os depósitos na Caixa Central constituídos por Caixas de Crédito Agrícola Mútuo pertencentes ao Sistema Integrado do Crédito Agrícola; *b)* o valor nocional dos instrumentos financeiros derivados fora do balanço apurado pelos sujeitos passivos».

Incidência cuja base foi, depois, concretizada, a título de regulamentação, no art. 4º da Portaria nº 121/2011, de 30 de Março, no qual, sob a epígrafe «quantificação da base de incidência», se prescrevia, designadamente, no que respeita ao que devia entender-se por "passivo" e por "instrumento financeiro derivado". O que configurava um quadro normativo que, a nosso ver, parecia não respeitar o princípio da legalidade fiscal, violando a ideia de determinabilidade que esse princípio impõe, pois, nos termos dos arts. 165º, nº 1, al. *i)*, e 103º, nº 2, da Constituição, a lei ou o decreto-lei autorizado que crie um imposto deve conter a disciplina da sua incidência e taxa em termos tão determinados ou determináveis quanto seja possível. O que parecia longe de ter sucedido no caso dessa Contribuição, em que a lei, a título de regulamentação, remeteu para portaria do Ministro das Finanças «a base de incidência definida pelo artigo 3º» desse regime e «as taxas». Porém, tendo em conta o facto de a contribuição sobre o sector bancário ter sido objecto de reconfiguração pelo Decreto-Lei nº 31-A/2012, de 10 de Fevereiro, que consignou as suas receitas ao Fundo de Resolução, num quadro da regulação bancária exigido pela União Europeia, interrogamo-nos sobre se não tem a natureza de uma verdadeira contribuição financeira a favor de entidades públicas.

Por seu lado, quanto à contribuição extraordinária sobre o sector energético, consta o seu regime do art. 228º da LOE/2014, tendo por objectivo financiar mecanismos que promovam a sustentabilidade sistémica do sector energético, através da constituição de um fundo que vise contribuir para a redução da dívida tarifária e para o financiamento de políticas sociais e ambientais do sector energético. Fundo esse que veio a ser criado pelo Decreto-Lei nº 55/2014, de 9 de Abril, com o nome de Fundo para a Sustentabilidade Sistémica do Sector Energético. A contribuição incide sobre o valor dos elementos do activo dos sujeitos passivos (isto é, valor dos activos líquidos conforme reconhecidos na contabilidade, com referência a 1 de Janeiro de 2014 ou posterior) que respeitem a: a) activos fixos tangíveis; b) activos intangíveis, com excepção dos elementos da propriedade industrial; c) activos financeiros afectos a concessões ou a actividades licenciadas. Dado o seu carácter extraordinário e o facto de a sua receita se destinar à redução da dívida tarifária, compreende-se que se preveja a sua eliminação gradual nos próximos anos.

A taxa da contribuição extraordinária é de 0,85%, aplicada sobre o valor tributável, excepto no caso da produção de electricidade por intermédio de centrais termoeléctricas de ciclo combinado a gás natural, em que a taxa é de: a) 0,285% para as centrais com uma utilização anual equivalente da potência instalada inferior a 1.500 horas; b) 0,565% para as centrais com uma utilização anual equivalente da potência instalada superior ou igual a 1.500 e inferior a 3.000 horas; c) 0,85% para as centrais com uma utilização anual equivalente da potência instalada superior ou igual a 3.000 horas.

No caso da actividade de refinação de petróleo bruto, a taxa é de: a) 0,285% para as refinarias que apresentem um índice de operacionalidade da refinaria inferior a 0; b) 0,565% para as refinarias que apresentem um índice de operacionalidade da refinaria superior ou igual a 0 e inferior a 1,5; c) 0,85% para as refinarias que apresentem um índice de operacionalidade da refinaria superior ou igual 1,5.

Depois, quanto à taxa de segurança alimentar, cujo nome é Taxa de Segurança Alimentar Mais, é de referir que foi criada pelo Decreto-Lei nº 119/2012, de 15 de Junho. Segundo o disposto no art. 9º deste diploma, como contrapartida da garantia de segurança e qualidade alimentar é devido o pagamento, pelos estabelecimentos de comércio alimentar de produtos de origem animal e vegetal, frescos ou congelados, transformados ou crus, a granel ou pré-embalados, de uma taxa anual, cujo valor é fixado entre € 5 e € 8 por metro quadrado de área de venda do estabelecimento por portaria dos membros do Governo responsáveis pelas áreas das finanças e da agricultura. Um tributo que, ao excluir da sua incidência, apesar de a lei falar em isenção, dos estabelecimentos que pertençam a micro empresas, conquanto que não utilizem uma insígnia comum que no seu conjunto tenham uma área de venda igual ou superior a 6.000m^2, apesar da sua designação legal de taxa e da consignação das suas receitas ao Fundo Sanitário e de Segurança Alimentar Mais, é fundamentalmente um imposto sobre a grande distribuição, como resulta tanto daquele diploma legal como da Portaria nº 215/2012, de 17 de Julho, que contém a sua disciplina complementar.

Por fim, a contribuição sobre a indústria farmacêutica, cujo Regime consta do art. 168º da LOE/2015. Nos termos desse Regime, encontram-se sujeitos à contribuição sobre a indústria farmacêutica as entidades que procedam à primeira alienação a título oneroso, em território nacional, de medicamentos de uso humano, sejam elas titulares de autorização, ou registo, de introdução no mercado, ou seus representantes, intermediários, distribuidores por grosso ou apenas comercializadores de medicamentos ao abrigo de autorização de utilização excepcional ou de autorização excepcional de medicamentos. Por seu turno, em termos de incidência objectiva, essa contribuição incide sobre o total de vendas de medicamentos realizadas em cada trimestre, relativamente a: a) medicamentos comparticipados pelo Estado no seu preço; b) medicamentos sujeitos a receita médica restrita; c) medicamentos que disponham de autorização de utilização excepcional ou de autorização excepcional; d) gases medicinais e derivados do sangue e do plasma humanos; e) outros medicamentos cujas embalagens se destinem ao consumo em meio hospitalar; f) medicamentos órfãos.

No que respeita à taxa, nos termos do art. 4º do referido Regime, a contribuição sobre a indústria farmacêutica está sujeita à taxa de 2,5%, quando se trate de: 1) medicamentos comparticipados incluídos em grupos homogéneos ou não incluídos em grupos homogéneos com autorização de introdução no mercado concedida há 15 ou mais anos e cujo preço seja inferior a € 10; 2) gases medicinais e derivados do sangue e do plasma humanos; 3) medicamentos órfãos. É, porém, de 10,45% nos restantes casos de medicamentos comparticipados, e de 14,3% quando se trate de medicamentos sujeitos a receita médica restrita, bem como aqueles que disponham de autorização de utilização excepcional ou de autorização excepcional ou sejam destinados a consumo em meio hospitalar.

Relativamente a todas estas tributações avulsas é de nos interrogarmos sobre se as mesmas não fazem parte da estratégia fiscal que suporta a já referida "duplicação do Estado fiscal", um fenómeno que, respeitando tendencialmente ao sistema fiscal no seu todo, revela uma particular incidência no domínio da tributação das empresas. Muito embora nos devamos interrogar sobre se a mencionada duplicação do Estado fiscal não é, de algum modo, exigida pela crescente rarefacção das bases tributárias que tradicionalmente suportavam as manifestações da capacidade contributiva, constituídas, como é sabido, pelo rendimento, pelo património e pelo rendimento e património utilizado na aquisição onerosa de bens e serviços. O que tem levado alguma doutrina mais recente a propor uma tributação, tanto a nível estadual como até a nível da União Europeia, que não se reporte apenas às referidas tradicionais manifestações da capacidade contributiva, antes tenha em conta novas capacidades ou capacitações[45] consubstanciadas em qualificadas situações

[45] À maneira de Amartya Sen, *A Ideia de Justiça*, Almedina, Coimbra, 2012, sobretudo p. 345 e ss.

de vantagem economicamente avaliáveis[46]. Mas a ser esse o caminho que se pretende seguir, então impõe-se que se trilhe com transparência e sem subterfúgios, criando impostos especiais com essa fisionomia e não impostos sob a capa de taxas ou de outras contribuições financeiras[47].

2.2. Uma tributação das empresas mais amiga do investimento?

Relativamente às medidas decorrentes da recente reforma da tributação das empresas podemos apontar as seguintes medidas: a *participation exemption*, a *patent box*, uma maior neutralidade no tratamento fiscal do financiamento com recurso a capitais alheios ou a capitais próprios e os incentivos ou estímulos fiscais constantes do Código Fiscal do Investimento (CFI). Uma palavra rápida sobre estas medidas.

2.2.1. A "participation exemption"

Relativamente à primeira das medidas, é de assinalar que com a Reforma do IRC de 2014 passou a vigorar entre nós, relativamente à eliminação da dupla tributação económica, da dupla tributação jurídica internacional e da dupla tributação económica internacional, uma solução diferente da anterior, que assentava no método da imputação ordinária ou do crédito de imposto ordinário, uma vez que se optou pelo método da isenção dos dividendos (lucros e reservas distribuídos) e mais-valias relativos a participações qualificadas (*participation exemption*). Segundo este método, constante dos arts. 51º e seguintes do Código do IRC, não concorrem para a determinação do lucro tributável dos sujeitos passivos de IRC com sede ou direcção efectiva em território português: 1) os lucros e reservas distribuídos a sujeitos passivos de IRC com sede ou direcção efectiva em território português, desde que preenchidos certos requisitos, como o de o sujeito passivo deter directa ou indirectamente uma participação não inferior a 5% do capital social ou dos direitos de voto da entidade que distribui os lucros ou reservas, e o de essa participação ter sido detida, de modo ininterrupto, durante os 24 meses anteriores à distribuição; 2) as mais-valias e menos-valias realizadas mediante transmissão onerosa, qualquer que seja o título por que se opere e independentemente da percentagem da participação transmitida, de partes sociais detidas ininterruptamente por um período não inferior a 24 meses, desde

[46] V. sobre essa temática e por todos, Franco Gallo, *L'Ugualianza Tributária*, Editoriale Scientifica, 2012, esp. p. 7 e ss.

[47] Embora seja de acrescentar que o referido caminho não deixa de estar presente no que deve ser, a nosso ver, a via da actual tributação das empresas multinacionais.

que, na data da respectiva transmissão, se mostrem cumpridos determinados requisitos.

Uma solução que é de saudar, uma vez que, como sublinhou a Comissão da Reforma do IRC, sendo Portugal uma pequena economia muito aberta ao exterior, faz todo o sentido o aprofundamento da aplicação do princípio da territorialidade de que o método da isenção constitui expressão por excelência, surpreendendo que se não tenha optado por ela muito antes[48]. Pois trata-se de uma solução que, pelo nível de eficiência que comporta, em virtude da redução dos custos de contexto, dos custos de transacção e dos comportamentos de substituição que suporta, se revela uma verdadeira opção estratégica com aptidão para ser motor de atracção de investimento e de localização em território nacional da sede de empresas e grupos multinacionais[49]. Solução que, como interna que é, apenas se aplica se e na medida em que não haja convenção de dupla tributação, pois existindo[50], prevalece a convenção sobre a solução do direito interno[51].

2.2.2. A "patent box"

No que se refere este importante incentivo fiscal, regulado no art. 50º-A do Código do IRC que foi aditado pela reforma do IRC de 2014, podemos dizer que se traduz na consideração por metade dos rendimentos de patentes e

[48] Certamente porque, embora sendo um país relativamente pequeno, fraco e pobre, como membro que somos da OCDE, finjamos ser o contrário, ou seja, ser um país grande, forte e rico. De resto, a tributação do rendimento com base na residência ou sede das empresas, segundo o princípio da rendimento mundial, que naturalmente aproveita aos grandes países ricos, que assim tributam os lucros das suas empresas independentemente do lugar onde sejam obtidos, revela-se inoperacional face às grandes empresas transnacionais globais, que, para efeitos da tributação dos seus lucros, acabam por não ter a residência ou a sede em qualquer dos países em que possam ser efectivamente tributadas. Daí a solução para que apontamos *infra* no ponto II.2.4.

[49] V. Comissão para a Reforma do IRC, *Uma Reforma do IRC orientada para a competitividade, o crescimento e o emprego*, 30 de Junho de 2013, esp. p. 122 e ss.

[50] Sendo que Portugal tem actualmente mais de sete dezenas de convenções para evitar a dupla tributação internacional.

[51] A respeito da tributação do rendimento das empresas com base no princípio do rendimento mundial pelo país da residência ou da sede ou, por outras palavras, com base no princípio da neutralidade na exportação de capitais, que tem no Modelo de Convenção da OCDE o seu paradigma e que, naturalmente, beneficia os países mais desenvolvidos como países exportadores de capitais e de multinacionais que são, é de referir que o mesmo enfrenta crescentes problemas face às empresas multinacionais globais que não precisam mais de ter a sua residência ou sede naqueles países, situação que terá estado na base da aprovação do regime extraterritorial *Foreign Account Tax Complaince Act* dos EUA.

outros direitos de propriedade intelectual. Um benefício fiscal ao investimento produtivo que foi adoptado no Reino Unido em 2013, o qual tem por destinatários as sociedades exploradoras de patentes ou outros direitos de propriedade intelectual, como sejam modelos ou projectos industriais protegidos por direitos de propriedade intelectual. Com efeito, segundo o disposto no art. 50º-A do Código do IRC, concorrem para a determinação do lucro tributável em apenas metade do seu valor os rendimentos provenientes de contratos que tenham por objecto a cessão ou a utilização temporária dos seguintes direitos de propriedade industrial sujeitos a registo: a) patentes, b) desenhos ou modelos industriais.

Para poder usufruir desse benefício, têm que se verificar as seguintes condições: a) os direitos de propriedade industrial tenham resultado de actividades de investigação e desenvolvimento realizadas ou contratadas pelo sujeito passivo; b) o cessionário utilize os direitos de propriedade industrial na prossecução de uma actividade de natureza comercial, industrial ou agrícola; c) os resultados da utilização dos direitos de propriedade industrial pelo cessionário não se materializem na entrega de bens ou prestações de serviços que originem gastos fiscalmente dedutíveis na entidade cedente, ou em sociedade que com esta esteja integrada num grupo de sociedades ao qual se aplique o regime especial de tributação dos grupos de sociedades; d) o cessionário não seja uma entidade residente em país, território ou região onde se encontre sujeita a um regime fiscal claramente mais favorável.

Assinale-se que este benefício, embora se limite à concessão a terceiros, através de transmissão ou licença, dos direitos de propriedade intelectual, não abrangendo a utilização destes direitos pelas próprias empresas como acontece no Reino Unido (com o regime designado por *embedded royalties*), ainda assim é mais significativo do que parece dado a tributação por metade se reportar a rendimentos brutos, acabando, por conseguinte, a dedução de todos os gastos se reportar a metade dos rendimentos[52].

2.2.3. Maior neutralidade no tratamento dos gastos com o financiamento

Quanto à maior neutralidade no tratamento fiscal do financiamento com recurso a capitais alheios e a capitais próprios, traduz-se a mesma na limitação à dedutibilidade de gastos com o financiamento constante do art. 76º do Código do IRC. Um preceito em que antes se estabelecia uma limitação à consideração como gastos fiscais do pagamento de juros em caso de

[52] V. a nossa *Introdução ao Direito Fiscal das Empresas*, cit., p. 166 e s.

subcapitalização e agora prescreve que os gastos de financiamento líquidos concorrem para a determinação do lucro tributável até ao maior dos seguintes limites: a) € 1.000.000; ou b) 30% do resultado antes de depreciações, amortizações, gastos de financiamento líquidos e impostos. Uma solução com a qual concordamos, embora seja discutível tanto o momento em que foi aprovada em Portugal, pois entrou em vigor em 2013, quando as empresas se encontravam muito descapitalizadas, como no concernente ao seu âmbito, já que a mesma se aplica a todos os gastos de financiamento e não apenas às operações vinculadas próprias das relações especiais entre empresas dos grupos empresariais[53].

De outro lado, passou a ser considerado em termos fiscais o financiamento empresarial com o recurso a capitais próprios, o que é levado a cabo através de duas vias: 1) pela consideração como gasto fiscal da chamada remuneração convencional do capital social[54], que agora se apresenta como permanente e consta do art. 41ºA do Estatuto dos Benefícios Fiscais[55], em que se dispõe que na determinação do lucro tributável das sociedades comerciais ou civis sob forma comercial, cooperativas, empresas públicas, e demais pessoas colectivas de direito público ou privado com sede ou direcção efectiva em território português, pode ser deduzida uma importância correspondente à remuneração convencional do capital social, calculada mediante a aplicação da taxa de 5% ao montante das entradas realizadas, por entregas em dinheiro, pelos sócios, no âmbito da constituição de sociedade ou do aumento do capital social, desde que a sociedade beneficiária seja qualificada como micro, pequena ou média empresa e os sócios que participem na constituição da sociedade ou no aumento do capital social sejam exclusivamente pessoas singulares, sociedades de capital de risco ou investidores de capital de risco; 2) pela dedução dos lucros retidos e reinvestidos, como consta do arts. 27º e seguintes do CFI, que constitui um regime de incentivos fiscais ao investimento em favor de micro, pequenas

[53] V. sobre esta temática Antolín Fernández Antuña, «Fiscalidad internacional de los gastos financieros: diretiva interna y derecho comparado», Instituto de Estudios Fiscales, Documento 19/2013, Madrid.

[54] Que corresponde à *allowance for corporate equity*, medida que vem sendo proposta no actual quadro de uma tributação mais sensível à capitalização das empresas, ou seja, de uma tributação que não favoreça, como aconteceu no passado, o seu endividamento excessivo.

[55] Pois antes fora adoptada como medida transitória em sede ainda do Contribuição Industrial na década de oitenta do século passado e, já depois, em sede do IRC.

e médias empresas, podendo estas deduzir à colecta do IRC até 10% dos lucros retidos que sejam reinvestidos em aplicações relevantes, no prazo de dois anos contado a partir do final do período de tributação a que correspondam os lucros retidos.

2.2.4. Os incentivos fiscais do CFI

Finalmente, no respeitante aos incentivos ou estímulos fiscais constantes do CFI, dado já termos falado da dedução de lucros retidos e reinvestidos, que é também um incentivo ou estímulo fiscal ao investimento que consta desse Código, são de referir os benefícios fiscais contratuais, o Regime Fiscal de Apoio ao Investimento (RFAI) e o Sistema de Incentivos Fiscais à Investigação e Desenvolvimento (SIFIDE). Uma palavra sobre estes incentivos ao investimento.

Quanto aos benefícios fiscais contratuais, regulados nos arts. 15º a 21º do CFI, devemos dizer que respeitam a grandes investimentos realizados em Portugal. Do ponto de vista material, trata-se de benefícios de natureza excepcional, com carácter temporário, concedidos em regime contratual e limitados em função do investimento realizado, estabelecendo-se uma intensidade mais elevada para os projectos de especial interesse para o país. Assim e de um lado, podem ser concedidos benefícios fiscais, em regime contratual, com um período de vigência até 10 anos a contar da conclusão do projecto, aos projectos de investimento cujas aplicações relevantes sejam de montante igual ou superior a € 3.000.000.

Os projectos de investimento devem ter o seu objecto compreendido, nomeadamente, nas seguintes actividades económicas: a) indústria extractiva e indústria transformadora; b) turismo, incluindo as actividades com interesse para o turismo; c) actividades e serviços informáticos e conexos; d) actividades agrícolas, aquícolas, piscícolas, agro-pecuárias e florestais; e) actividades de investigação e desenvolvimento e de alta intensidade tecnológica; f) tecnologias da informação e produção de audiovisual e multimédia; g) defesa, ambiente, energia e telecomunicações; h) actividades de centros de serviços partilhados.

A esses projectos de investimento podem ser concedidos, cumulativamente, os seguintes incentivos fiscais: a) crédito de imposto, determinado com base na aplicação de uma percentagem entre 10% e 25% das aplicações relevantes do projecto de investimento, a deduzir ao montante da colecta do IRC; b) isenção ou redução de IMI, durante a vigência do contrato, relativamente aos prédios utilizados pelo promotor no âmbito do projecto de investimento; c) isenção ou redução de Imposto Municipal sobre a Transissão Onerosa de Imóveis (IMT) relativamente às aquisições de prédios incluídas no plano de investimento e realizadas durante o período de investimento; d) isenção de Imposto do Selo relativamente a todos os actos ou contratos necessários à realização do projecto.

Relativamente ao RFAI, que consta agora dos arts. 22º a 26º do CFI, reporta-se aos sujeitos passivos de IRC que exerçam uma actividade nos sectores que vimos relevarem para os benefícios fiscais contratuais. Consideram-se aplicações relevantes os investimentos nos seguintes activos, desde que afectos à exploração da empresa: a) activos fixos tangíveis, adquiridos em estado de novo, com excepção de: i) terrenos, salvo no caso de se destinarem à exploração de concessões mineiras, águas minerais naturais e de nascente, pedreiras, barreiros e areeiros em investimentos na indústria extractiva; ii) construção, aquisição, reparação e ampliação de quaisquer edifícios, salvo se forem instalações fabris ou afectos a actividades turísticas, de produção de audiovisual ou administrativas; iii) viaturas ligeiras de passageiros ou mistas; iv) mobiliário e artigos de conforto ou decoração, salvo equipamento hoteleiro afecto a exploração turística; v) equipamentos sociais; vi) outros bens de investimento que não estejam afectos à exploração da empresa; b) activos intangíveis, constituídos por despesas com transferência de tecnologia, nomeadamente através da aquisição de direitos de patentes, licenças, «know-how» ou conhecimentos técnicos não protegidos por patente.

Quanto aos incentivos fiscais a conceder, temos a dedução à colecta do IRC das seguintes importâncias das aplicações relevantes: 1) no caso de investimentos realizados em regiões elegíveis nos termos da al. *a)* do nº 3 do art. 107º do Tratado de Funcionamento da União Europeia: i) 25% das aplicações relevantes, relativamente ao investimento realizado até ao montante de € 5.000.000; ii) 10% das aplicações relevantes, relativamente à parte do investimento realizado que exceda o montante de € 5.000.000; 2) no caso de investimentos em regiões elegíveis nos termos da al. *c)* do nº 3 do art. 107º do Tratado de Funcionamento da União Europeia, 10% das aplicações relevantes; b) isenção ou redução de IMI, por um período até 10 anos a contar do ano de aquisição ou construção do imóvel, relativamente aos prédios utilizados pelo promotor no âmbito dos investimentos que constituam aplicações relevantes; c) isenção ou redução de IMT relativamente às aquisições de prédios que constituam aplicações relevantes; d) isenção de Imposto do Selo relativamente às aquisições de prédios que constituam aplicações relevantes.

Finalmente, no respeitante ao SIFIDE, ou melhor ao SIFIDE II[56], a sua disciplina jurídica consta agora dos arts. 35º a 42º do CFI, em que, depois de definir as despesas de investigação e de desenvolvimento, estabelece as aplicações relevantes e os benefícios fiscais a atribuir, os quais se traduzem na dedução ao montante apurado do IRC de certas despesas. Quanto às aplicações relevantes, consideram-se dedutíveis diversas categorias de despesas, desde que se refiram a actividades de investigação e desenvolvimento que constam, de resto, de uma lista relativamente extensa.

Quanto à extensão da referida dedução, estabelece-se que os sujeitos passivos de IRC residentes em território português que exerçam, a título principal, uma actividade de natureza agrícola, industrial, comercial e de serviços e os não residentes com estabelecimento estável nesse território podem deduzir ao montante da colecta do IRC e até à sua concorrência, o valor correspondente às despesas com investigação e desenvolvimento, na parte que não tenha sido objecto de comparticipação financeira do Estado a fundo perdido, realizadas nos períodos de tributação com início entre 1 de Janeiro de 2014 e 31 de Dezembro de 2020, numa dupla percentagem: a) taxa de base – 32,5% das despesas realizadas naquele período; b) taxa incremental – 50% do acréscimo das despesas realizadas naquele período em relação à média aritmética simples dos dois exercícios anteriores, até ao limite de € 1.500 000.

2.3. A tributação das PME

Quanto à tributação das PME, podemos dizer que estas têm sido objecto de um IRC mais baixo. O que resulta, por um lado, de a taxa ser de 17% para os primeiros € 15.000 do seu lucro tributável e de 21% para o excedente e, de outro lado, na reintrodução do regime simplificado pelo qual podem optar, desde que preenchem os seguintes requisitos: a) no período de tributação imediatamente anterior, tenham tido um montante anual ilíquido de rendimentos não superior a € 200.000; b) o total do seu balanço relativo ao período de tributação imediatamente anterior não exceda € 500.000; c) não estejam legalmente obrigados à revisão legal das contas; d) o respectivo capital social não seja detido em mais de 20%, directa ou indirectamente, por entidades que não preencham alguma das condições previstas nas alíneas anteriores, excepto quando sejam sociedades de capital de risco ou investidores de capital de risco; e) adoptem o regime de normalização contabilística para micro-entidades aprovado pelo Decreto-Lei nº

[56] Aprovado pela Lei nº 55-A/2010, de 31 de Dezembro, pois o SIFIDE I foi o sistema que esteve em vigor de 2006 a 2010.

36-A/2011, de 9 de Março; f) não tenham renunciado à aplicação do regime nos três anos anteriores.

Quanto ao apuramento da matéria colectável, nos termos do art. 86º-B do Código do IRC, assenta nos seguintes coeficientes: a) 0,04 das vendas de mercadorias e produtos, bem como das prestações de serviços efectuadas no âmbito de actividades hoteleiras e similares, restauração e bebidas; b) 0,75 dos rendimentos das actividades profissionais; c) 0,10 dos restantes rendimentos de prestações de serviços e subsídios destinados à exploração; d) 0,30 dos subsídios não destinados à exploração; e) 0,95 dos rendimentos provenientes de contratos que tenham por objecto a cessão ou utilização temporária da propriedade intelectual ou industrial ou a prestação de informações respeitantes a uma experiência adquirida no sector industrial, comercial ou científico, dos outros rendimentos de capitais, do resultado positivo de rendimentos prediais, do saldo positivo das mais e menos-valias e dos restantes incrementos patrimoniais; f) 1,00 do valor de aquisição dos incrementos patrimoniais obtidos a título gratuito determinado nos termos do nº 2 do artigo 21º do Código do IRC.

Embora para as PME venha sendo defendida pela doutrina, na qual nos incluímos, uma tributação mais atenuada, com base em diversos argumentos[57], o certo é que outros, como os que subscrevem o Relatório de James Mirrlees, defendem que não haja lugar a qualquer regime preferencial para as PME, argumentando que a tributação dos rendimentos procedentes do trabalho, seja este trabalho assalariado, trabalho autónomo ou trabalho desenvolvido mediante a constituição de uma pequena sociedade, porque provenientes de fontes de rendimento substancialmente similares, devem ser objecto de tratamento similar[58].

Uma argumentação que, a nosso ver, faz sentido relativamente aos rendimentos que sejam rendimentos do trabalho, isto é, rendimentos da actividade dos trabalhadores autónomos ou profissionais independentes, os quais entre nós são objecto do regime de transparência fiscal a fim de serem objecto de tributação junto dos sócios em IRS em vez de o serem em sede da sociedade em IRC e, depois, junto dos sócios em IRS, se bem que junto destes beneficiem de um mecanismo para atenuar a dupla tributação económica. Muito embora a aplicação desse regime venha sendo totalmente fintado na prática e não por os profissionais independentes passarem serem

[57] V. a nossa *Introdução ao Direito Fiscal das Empresas*, cit., p. 189 e ss.

[58] V. James Mirrlees, *Diseño de un sistema tributário óptimo. Informe Mirrlees*, Editorial Universitaria Ramón Areces, Madrid, 2013, p. 493 e ss.

a tributados em IRC em vez de o serem em IRS, mas antes por, através da interposição de uma sociedade criada precisamente para esse efeito, passarem a ser tributados em IRS por rendimentos de capitais sujeitos a uma taxa liberatória de 28%, em vez de o serem pelos rendimentos da categoria B – rendimento empresariais e profissionais – sujeitos à taxa geral progressiva que vai até 48%. É que, por via de regra, os sócios facturam à sociedade pelos serviços que lhe prestam, serviços que esta, por sua vez, presta a terceiros, esvaziando assim a matéria colectável a apurar na esfera da sociedade, que seria objecto de imputação para efeitos de tributação em sede de IRS. O que desvirtua por completo o regime[59]. A que acrescem as dificuldades operacionais trazidas pela alteração operada pela LOE/2009, que veio alargar a imputação aos sócios das sociedades de profissionais transparentes dos adiantamentos por conta dos lucros[60].

Daí que defendamos que esse regime deve ser eliminado, como, de resto, aconteceu em Espanha em que idêntico regime esteve em vigor entre 1978 e 2002, se bem que, porque esses rendimentos constituem efectivos rendimentos do trabalho, devem estar sujeitos a uma tributação similar à dos demais rendimentos, sobretudo à que se encontram sujeitos os rendimentos do trabalho dependente. O que, a nosso ver, passa por uma de duas soluções: ou se estabelece a obrigação de todos os rendimentos das profissões constantes da tabela anexa ao art. 151º do Código do IRS[61] serem necessariamente facturados aos profissionais, isto é, às pessoas singulares que exercem essas profissões; ou se qualificam como rendimentos da categoria B (rendimentos empresariais e profissionais), excluindo-os portanto dos rendimentos da categoria E (rendimentos de capitais), os montantes que os sócios facturam à sociedade pelos serviços profissionais que lhe prestam. De resto, questionamo-nos sobre se a interposição de uma sociedade com o único ou principal objectivo de converter rendimentos do trabalho em rendimentos de capital, diminuindo assim significativamente a tributação dos rendimentos dos profissionais independentes, não cai sob a alçada da cláusula geral anti-abuso constante do art. 38º, nº 2, da LGT.

[59] V. A. Carlos dos Santos/António M. F. Martins (Coord.), *Competitividade, Eficiência e Justiça do Sistema Fiscal – Relatório do Grupo para o Estudo da Política Fiscal*, Cadernos de Ciência e Técnica Fiscal, 2009, p. 223 e ss.

[60] V. Manuel Faustino, «A opacidade da transparência fiscal», *Revista dos TOC*, 111, Junho de 2009, p. 28 e ss. V. também Rui Morais, *Sobre o IRS*, 4ª ed., Almedina, 2014, p. 203 e ss

[61] Lista essa que consta da Portaria nº 1011/2001, de 21 de Agosto.

Mas, voltando à questão do tratamento diferenciado das PME face às grandes empresas e à argumentação do Relatório Mirrlees contra qualquer diferenciação nesse sentido, parece fácil concluir, pelo que vimos de dizer, que a argumentação desse relatório apenas se revela válida para as sociedades que constituem veículos para a reconfiguração da tributação do rendimento do trabalho dos trabalhadores autónomos ou profissionais independentes, e já não relativamente à generalidade das PME. Para estas, a nosso ver, faz sentido o seu tratamento preferencial, uma vez que devemos olhar para as PME com maior abrangência, tendo presente não apenas os impostos sobre o rendimento, o IRS ou o IRC, bem como as cada vez mais onerosas tributações avulsas que referimos, mas também a totalidade das contribuições que efectivamente realizam a favor da comunidade, em que temos, ainda em sede fiscal, o amplo e complexo universo de obrigações tributárias acessórias que têm de cumprir enquanto sustentáculo do que vimos designando por "administração ou gestão privada dos impostos", próprios ou alheios[62], e, em sede económica, os reais contributos que prestam enquanto suportes da economia de mercado pressuposto da existência e funcionamento do próprio Estado fiscal.

Por outras palavras, a tributação das empresas, justamente porque visa atingir rendimentos intermédios obtidos por organizações que, para além do mais, constituem o suporte insubstituível do funcionamento do sistema de liquidação e cobrança da generalidade dos impostos e da existência e funcionamento da própria economia de mercado, e não rendimentos finais como são os rendimentos gerados na esfera pessoal das pessoas físicas, deve assentar na *consideração unitária do fenómeno financeiro* das empresas, ponderando todos os reais contributos que estas prestam tanto à fazenda pública como à economia nacional. Considerando, portanto, não apenas as contribuições fiscais, isto é, os diversos impostos que suportam e pagam como contribuintes, mas também os demais obrigações tributárias e financeiras e, bem assim, as contribuições que, enquanto agentes suportes da existência e funcionamento da economia de mercado, prestam à comunidade nacional[63].

[62] V. o nosso *Direito Fiscal*, 8ª ed., Almedina, Coimbra, 2015, p. 326 e ss.

[63] O que, a seu modo, não deixa de ser uma expressão qualificada de uma realidade bem mais ampla, já que se reporta a todos e quaisquer sujeitos tributários passivos, sejam estes ou não empresas, traduzida na consideração de uma efectiva «conta corrente» que, em qualquer Estado de Direito, mas com particular importância e visibilidade no Estado de Direito Social, necessariamente se estabelece entre este e cada um dos contribuintes ou sujeitos passivos concretizada na consideração unitária de tudo quanto cada um presta à

Uma ideia que leva a que o tratamento das empresas não seja em absoluto estabelecido sem um mínimo de consideração de diversificadas contribuições que prestam à comunidade nacional, em que temos: 1) os impostos que pagam como contribuintes; 2) as múltiplas e complexas obrigações acessórias que têm que cumprir enquanto suportes da gestão privada da generalidade dos impostos próprios e alheios do sistema fiscal; 3) as despesas que realizam com a prossecução de tarefas comunitárias em complemento ou substituição pura e simples do Estado e de outras entidades públicas, em que sobressaem as entidades que levam a cabo tarefas de utilidade pública ou, numa outra versão, as entidades que integram o chamado sector não lucrativo ou terceiro sector da economia; 4) os demais contributos específicos ou diferenciados que efectivamente prestam ao funcionamento da economia nacional.

Ora, num tal quadro de consideração global do que as PME prestam à comunidade nacional, o que vem sendo considerado como um tratamento preferencial das PME face às grandes empresas, mais não é, ao cabo e ao resto, do que a maneira de não discriminar negativamente aquelas empresas. Deve ser totalmente repensada, pois, em relação a estas, não mais se deve procurar tributa-las com base no rendimento complexa e sofisticadamente distribuído, em termos de verdadeiro labirinto, pela rede dos múltiplos paraísos fiscais, de modo a não pagarem nada ou quase nada. Bem pelo contrário, a tributação de tais empresas deve ser perspectivada unicamente a partir de cada um dos países em que actuam, assentando numa ideia de territorialidade e tendo por base o lucro apurado segundo o princípio do país do destino, ou seja, do país em que o rendimento é consumido[64], ou em elementos de natureza estrita-

comunidade e de tudo quanto, em contrapartida, recebe dessa mesma comunidade. O que implica, designadamente, uma visão tão ampla quanto possível do princípio da igualdade perante os encargos públicos, sendo de considerar nestes encargos não apenas os custos financeiros da comunidade estadual a que pertencemos, mas todos os custos que a existência e o funcionamento da mesma necessariamente implicam.

[64] *Destination-based tax* defendida por diversos autores e considerada uma tributação de bom senso por William B. Barker, «A common sense corporate tax: the case for a destination-based, cash flow tax on corporations», *Penn State Law*, Legal Studies Research Paper nº 1-2012, colhido em: http://ssm.com/abstract=2001578. No mesmo sentido, v. Micael Devereux, um crítico da actual tributação das multinacionais e do Plano de Acção BEPS que a tenta salvar, como referimos a seguir. De resto, o apelo a uma tributação do rendimento com base no consumo interno, não se limita à tributação das multinacionais, sendo defendida mesma para a tributação das pessoas físicas – v. Daniel S. Goldberg, *The Death of Income Tax. A Progressive Consumption Tax and the Path to Fiscal Reform*, Oxford University Press, 2013.

mente objectiva, segundo uma fórmula em que conte o volume de vendas realizadas, o capital afecto à produção, o montante de salários pagos e, dentro deste, o do peso específico às remunerações dos membros dos corpos sociais, uma vez que estas se apresentam como realidades insusceptíveis de ser hospedadas nos exíguos territórios de que dispõe a generalidade dos paraísos fiscais.[65].

Daí que as medidas propostas e programadas através de uma calendarização estrita pela OCDE constante do conhecido Plano BEPS (*Base Erosion and Profit Shifting*), e que entre nós já se encontram em larga medida implementas aquelas dessas medidas que cabem à actuação dos Estados[66], constituam mais do mesmo, pois não apresentam qualquer inovação relevante no sentido da solução dos problemas. Não admira, por isso, que se perspective a sua impraticabilidade, já que, como disse Michael Devereux, estamos face a um plano que se analisa em quinze acções que se apresentam como: 1) uma massa complexa, obscura, confusa, arbitrária e ilógica de regras; 2) que vai levar a mais concorrência fiscal pela via do abaixamento das taxas e do incremento de incentivos fiscais; 3) que provocará ainda maiores e mais graves distorções na localização das actividades económicas reais; e 4) vai favorecer a manutenção ou estimular mesmo as oportunidades de arbitragem fiscal transnacional[67].

De resto, tratando-se de contribuintes nómadas, expressão que mais não é do que outra forma para dizer fugitivos fiscais[68], as multinacionais ancoram-se na liberdade fiscal, que foi pensada para os verdadeiros contri-

[65] V., neste sentido, Gabriel Zucman, *A Riqueza Oculta das Nações*, Círculo de Leitores, 2013, esp. p. 134 e ss., e a nossa *Introdução ao Direito Fiscal das Empresas*, cit., p. 22 e ss. V. também *Recommendations for Reform*, Independent Commission for Reform of International Corporate Taxation, 3/2015.

[66] Assim Gustavo Lopes Courinha, «BEPS e o sistema fiscal português: uma primeira incursão», *Cadernos de Justiça Tributária*, 4, Abril-Junho, 2014, p. 3 e ss. V. também Maria Odete Oliveira, «Algumas reflexões sobre as questões de fiscalidade conexas com a erosão das bases tributáveis e transferência de lucros», *Para Jorge Leite – Escritos Jurídicos*, Vol. II, Coimbra Editora, 2015, p. 583 e ss.

[67] Michael Devereux *apud* Adolfo Martín Jiménez e José Manuel Calderón Carriero, «El Plan de Acción para eliminar la erosion de bases imponibles y el trasalado de benefícios a otras jurisdiciones ("BEPS"): el final, el princípio del final o el final del principio?», *Quincena Fiscal Aranzadi*, 1-2, enero I-II, 2014, p. 115, nota 13.

[68] Já que contribuintes nómadas não passa de uma expressão desprovida de sentido, pois os nómadas não são efectivamente contribuintes. Sobre a dicotomia fugitivos fiscais/cativos fiscais, que materializam um crescente *apartheid* fiscal, v. o nosso estudo «Da sustentabilidade do estado fiscal», em José Casalta Nabais/Suzana Tavares da Silva, (Coord.), *Sustentabilidade Fiscal em Tempos de Crise*, cit., p. 36 e ss.

buintes[69], para escravizar estes obrigando-os a arcar com os impostos a que fogem com total êxito, ajudados, aliás, por quem é suposto combatê-los. Na verdade, o que mais nos impressiona, num tal quadro, é que a intelectualidade jurídica, ao que supomos ingenuamente, venha dando e pretenda continuar a dar suporte jurídico à actuação económica de verdadeiros foras de lei, criando, a pretexto da necessidade de especificidades decorrentes da complexidade e sofisticação de pretensas escolhas económicas racionais que os moveriam, um sistema próprio que mais não é do que um estatuto de privilégio para a nova nobreza, não de sangue, mas do dinheiro, que as multinacionais hoje são.

O que tem levado a que um pequeno número de nómadas fiscais, se venha erigindo numa nova oligarquia e capture os governos justamente no domínio em se encontram as fundações da própria democracia ancorada como está no consentimento dos impostos. Ou, vistas as coisas pelo lado dos contribuintes, venha conseguindo um estatuto de verdadeira servidão ou vassalagem para os sedentários fiscais, os verdadeiros contribuintes, o qual era suposto ter sido definitivamente erradicado com as revoluções liberais dos séculos XVIII e XIX[70].

Por isso mesmo, o decisivo na solução não pode deixar de estar do lado do estabelecimento de uma efectiva tributação das empresas multinacionais, e não tanto do lado de um certo equilíbrio entre a soberania dos paraísos fiscais, concretizada em sistemas fiscais internacionalmente atractivos, e a soberania dos países cujas bases de tributação são objecto de erosão por força da concorrência fiscal movida por aqueles. Embora também o referido equilíbrio deva estar presente, impondo-se aos paraísos fiscais, que normalmente constituem verdadeiros «Estados exíguos» desprovidos de uma base económica mínima que lhes assegure a correspondente viabilidade, que se, por um lado, não podem ser impedidos de dispor de sistemas fiscais atractivos enquanto instrumento importante para a sua sustentabilidade económica, por outro lado, também não podem ir ao ponto de ancorar essa sustentabilidade na total ausência de um efectivo sistema fiscal.

[69] V. sobre e liberdade fiscal e o efectivo abuso que dela é feito pela oligarquia que as multinacionais constituem, Jean-Claude Martinez/Norma C. Caballero Guzman, «La liberté en droit fiscal», em Estevão Horvat e outros (Org.), *Direito Financeiro, Económico e Tributário – Homenagem a Régis Fernandes de Oliveira*, Quartier Latin, São Paulo, 2014, 357 e ss.

[70] Cf. Jean-Claude Martinez/Norma C. Caballero Guzman, «La liberte en droit fiscal», *ob. cit.*, p. 380 e ss.

Assim como os países objecto da erosão das bases tributáveis hão-de, em contrapartida, poder adoptar medidas que limitem eficazmente a concorrência fiscal protagonizada pelos primeiros, pois se a soberania se materializa no controlo do Estado sobre os correspondentes território e povo, parece legítimo considerar as práticas dos paraísos fiscais, que promovam a evasão aos impostos dos outros países, como um ataque ao núcleo da soberania destes. Um ataque que, em termos práticos, não é muito diferente do desencadeado por uma invasão de natureza territorial, em relação à qual a reacção defensiva do país invadido se aceitaria facilmente, não levantando, assim, problemas de maior[71]. Por conseguinte, a luta contra os paraísos fiscais não pode deixar de ser encarada também nesta perspectiva, isto é, como uma acção de defesa da soberania fiscal dos Estados face à agressão que a actuação daqueles representa.

2.4. A tributação das empresas multinacionais

Mas do referido confronto no sentido do tratamento preferencial das PME face às grandes empresas, impõe-se excluir as empresas multinacionais cuja tributação.

[71] Cf. Diane Ring, «Democracy, sovereignty and tax competition: the role of tax sovereignty in shaping tax cooperation», http://works.bepress.com/diane_ring/1, e a nossa *Introdução ao Direito Fiscal das Empresas*, cit., p. 119 e s.

Algumas considerações relativas à inspecção tributária[1]

Sumário: I. A privatização da administração dos impostos: 1. A administração dos impostos após a reforma fiscal dos anos oitenta; 2. A privatização da administração dos impostos; 2.1. O papel das empresas na administração dos impostos; 2.2. A participação das empresas na disciplina jurídica da administração dos impostos; II. A inspecção tributária: 1. A inspecção tributária como actividade de controlo ou fiscalização; 2. Alusão ao procedimento de inspecção tributária.

Como é sabido, o procedimento da inspecção tributária é um dos procedimentos tributários especiais que maior importância revela nos tempos em que vivemos. Um procedimento que justamente ganhou particular importância e protagonismo ao mesmo tempo que o procedimento tributário comum, o procedimento da liquidação de tributos, que se reporta fundamentalmente à liquidação dos impostos, enquanto procedimento cujo desenvolvimento se encontrava inteiramente a cargo da administração tributária, foi perdendo algum do protagonismo que teve no sistema fiscal. É que este procedimento foi em grande medida transferido para os particulares, sobretudo para as empresas, no quadro da evolução dos sistemas fiscais que foram engendrando o que vimos designando por privatização da administração ou gestão dos impostos, tendo como resultado que para a administração tributária tenha ficado uma função basicamente de controlo ou fiscalização da actividade de administração dos impostos agora primariamente a cargo dos particulares.

[1] Texto que, tendo tido origem numa solicitação da APIT, foi pensado para a homenagem do Tribunal Constitucional ao Senhor Conselheiro Rui Manuel Gens de Moura Ramos.

Pois bem, é sobre o quadro da inspecção tributária correspondente a estes novos tempos que nos propomos reflectir, procurando com estas nossas considerações avulsas e despretensiosas, contribuir para a compreensão do significado e importância deste procedimento tributário. Por conseguinte, vamos tecer algumas considerações sobre o já referido fenómeno da privatização da administração dos impostos, procedendo ao confronto do sistema fiscal anterior, que foi objecto de consolidação pela reforma fiscal dos anos sessenta, com o sistema fiscal que resultou da reforma la fiscal dos anos oitenta do século passado. Depois entraremos, mais especificamente, no procedimento da inspecção tributária, começando por referir os órgãos que a levam a cabo enquanto órgãos de controlo ou fiscalização para, por fim, aludirmos a alguns dos muitos aspectos relevantes do procedimento de inspecção tributária e aduaneira.

I. A privatização da administração dos impostos

O fenómeno da privatização da administração ou gestão fiscal, constitui, sem dúvida, um dos mais importantes desafios colocados actualmente ao direito dos impostos[2]. O que é visível na generalidade dos sistemas fiscais dos países desenvolvidos e que, entre nós, obteve concretização patente com a reforma fiscal levada a cabo nos anos oitenta do século passado, em que foram criados o IVA, que entrou em vigor em 1986, e o IRS e o IRC, que entraram em vigor em 1989. Uma realidade que nos impõe que comecemos por uma referência muito rápida à mudança do sistema fiscal operada por essa reforma fiscal, que, de algum modo, tornou inevitável essa privatização, para, depois, nos referirmos à concretização e a alguns dos problemas que esse fenómeno revela.

1. A administração após a reforma fiscal dos anos oitenta

Não será muito difícil intuir que a privatização da administração dos impostos tem um significado bem diverso no sistema fiscal anterior e no sistema fiscal actual. O que merece algum destaque nesta sede. Antes, porém, é de

[2] Que é um dos diversos desafios (de natureza interna e de natureza externa) que enfrentam presentemente os sistemas fiscais, como referimos já no nosso livro *O Dever Fundamental de Pagar Impostos. Contributo para a Compreensão Constitucional do Estado Fiscal Contemporâneo*, Almedina, Coimbra, 1998, p. 557 e s., embora o seu tratamento mais desenvolvido conste do estudo «O princípio da legalidade fiscal e os actuais desafios da tributação», *Volume Comemorativo dos 75 Anos do Boletim da Faculdade de Direito*, Universidade de Coimbra, 2003, p. 1087 e ss., e, depois, a partir da 2ª edição do nosso *Direito Fiscal*, Almedina, 2003.

assinalar o que pretendemos com a expressão privatização da administração dos impostos.

Pois bem, a utilização de uma tal expressão apenas se compreenderá se tivermos em conta um quadro de conceptualização muito abrangente, ou seja, operando com uma noção de privatização pouco precisa e, por conseguinte, com um sentido muito amplo. De facto, o fenómeno da privatização da administração dos impostos apenas pode reconduzir-se à ideia de privatização, se concebermos esta como englobando toda uma série de realidades heterógenas cujo traço ou denominador comum reside em concretizar-se numa transferência ou deslocação para a esfera jurídico-privada de algo que antes se encontrava na esfera jurídico-pública.

Num tal contexto, a privatização abarca, no quadro da prossecução do interesse público que constitucional e legalmente se encontra à guarda da Administração Pública, a transferência para os privados quer de patrimónios empresariais, que pode ser total ou parcial, quer de financiamento (visível sobretudo no domínio da construção de infra-estruturas públicas, em virtude da escassez de recursos financeiros públicos), quer tarefas, sejam esta transferidas integralmente, o que envolve a sua titularidade, ou apenas certo ou certos patamares dessas tarefas cuja titularidade continua em mãos públicas, quer ainda as formas de organização ou de actuação, em que temos, fundamentalmente, a substituição de uma disciplina de direito público (em geral mais extensa e intensa) por uma disciplina de direito privado (que se traduz sobretudo em desregulação ou auto-regulação)[3].

Tendo em conta o que vimos de dizer, não será difícil concluir que a privatização da administração dos impostos se situa na transferência de tarefas da administração tributária para os privados e, dentro destes, sobretudo para as empresas. E que se trata de uma transferência que não se reporta à titularidade das tarefas de lançamento, liquidação e cobrança dos impostos[4], que continua inteiramente nas mãos da administração tributária, mais

[3] V., por todos, PAULO OTERO, «Coordenadas jurídicas da privatização da administração pública», em *Os Caminhos da privatização da Administração Pública*, Studia Ivridica, 60, Coimbra Editora, 2001, p. 36 e ss.; PEDRO GONÇALVES, *Entidades Privadas com Poderes Públicos*, Almedina, 2005, p. 153 e ss.; e HUGO FLORES DA SILVA, *Privatização do Sistema de Gestão Fiscal*, Coimbra Editora, 2014, p. 29 e ss.

[4] Sobre cada um destes momentos da vida dos impostos concretizadores da aplicação das normas jurídicas da correspondente incidência, que hoje em dia tendem a ser agregadas na liquidação em sentido amplo e na cobrança, v. o nosso *Direito Fiscal*, 8ª ed., Almedina, 2015, p. 61 e ss.

especificamente nas mãos da Autoridade Tributária e Aduaneira (AT), mas, fundamentalmente, ao exercício ou execução dessas mesmas tarefas.

De resto, que as atribuições relativas ao lançamento, liquidação e cobrança dos impostos cabem à AT, sendo da sua inteira responsabilidade, resulta muito claro das leis orgânicas pertinentes, ou seja, da Lei Orgânica do Ministério das Finanças (LOMF) e da Lei Orgânica da AT (LOAT)[5]. Pois, nos termos do nº 1 do art. 14º da LOMF, a AT "tem por missão administrar os impostos, direitos aduaneiros e demais tributos que lhe sejam atribuídos, bem como exercer o controlo da fronteira externa da União Europeia e do território aduaneiro nacional, para fins fiscais, económicos e de protecção da sociedade, de acordo com as políticas definidas pelo Governo e o Direito da União Europeia".

Por seu turno, o art. 2º da LOAT, depois de definir no seu nº 1, a missão da AT, em termos exactamente iguais aos reproduzidos do art. 14º da LOMF, fixa no seu nº 2, como atribuições da AT, entre as quais se conta, como a primeira, a de, "*a*) assegurar a liquidação e cobrança dos impostos sobre o rendimento, sobre o património e sobre o consumo, dos direitos aduaneiros e demais tributos que lhe incumbe administrar, bem como arrecadar e cobrar outras receitas do Estado ou de pessoas colectivas de direito público", e, como a segunda, a de "*b*) exercer a acção de inspecção tributária e aduaneira, garantir a aplicação das normas a que se encontram sujeitas as mercadorias introduzidas no território da União Europeia e efectuar os controlos relativos à entrada, saída e circulação das mercadorias no território nacional, prevenindo, investigando e combatendo a fraude e evasão fiscais e aduaneiras e os tráficos ilícitos, no âmbito das suas atribuições"[6].

[5] Constantes, respectivamente, do Decreto-Lei nº 117/2011 e do Decreto-Lei nº 118/2011, ambos de 15 de Dezembro.

[6] A que acrescem as de: "*c*) exercer a acção de justiça tributária e assegurar a representação da Fazenda Pública junto dos órgãos judiciais; *d*) assegurar a negociação técnica e executar os acordos e convenções internacionais em matéria tributária e aduaneira, cooperar com organismos europeus e internacionais e outras administrações tributárias e aduaneiras, e participar nos trabalhos de organismos europeus e internacionais especializados no seu domínio de actividade; *e*) promover a correcta aplicação da legislação e das decisões administrativas relacionadas com as suas atribuições e propor as medidas de carácter normativo, técnico e organizacional que se revelem adequadas; *f*) desenvolver e gerir as infra-estruturas, equipamentos e tecnologias de informação necessários à prossecução das suas atribuições e à prestação de apoio, esclarecimento e serviços de qualidade aos contribuintes; *g*) realizar e promover a investigação técnica e científica no domínio tributário e aduaneiro, tendo em vista o aperfeiçoamento das medidas legais e administrativas, a qua-

Aliás, se olharmos para a estrutura dos códigos fiscais operacionais, isto é, dos códigos do IRS, do IRC, do IVA, do IMI, do IMT, do Imposto de Selo, dos IEC, do ISV e do IUC, que seguem basicamente a dinâmica ou os momentos da vida de cada imposto ou grupo de impostos, verificamos que o destinatário primeiro presente nos mesmos é, sem qualquer dúvida, a AT. Uma estrutura que, devemos aqui assinalar, não é diversa da que ostentavam os códigos do sistema fiscal anterior, em que, todavia, o lançamento, liquidação e cobrança da generalidade dos impostos era da competência praticamente exclusiva da administração tributária, ou seja, da então Direcção-Geral das Contribuições e Impostos.

Com efeito, apesar da profunda alteração que a liquidação em sentido amplo e a cobrança dos impostos sofreram com a sua transferência para os privados, se cotejarmos os actuais códigos fiscais com os que suportaram o anterior sistema fiscal, verificamos que a estrutura em que assenta a arrumação das normas relativas a cada imposto ou grupo de impostos não se modificou significativamente, como se o destinatário primário das mesmas continuasse a ser exclusivamente a administração tributária. O que podemos ilustrar com a indicação dos referidos momentos da vida dos impostos distribuídos por capítulos de acordo com esta ordem: incidência, isenções, determinação da matéria colectável, taxa, liquidação, pagamento, obrigações acessórias, fiscalização, garantias dos contribuintes e disposições diversas[7]. Uma estrutura em tudo muito idêntica à dos códigos que suportaram o sistema fiscal resultante da reforma fiscal dos anos sessenta do século passado. Pois a diferença mais visível que nesse domínio detectamos acaba por ser a que se reporta à deslocação das disposições comuns e transversais a todos os impostos, que cada código no sistema anterior continha, para as codificações de carácter geral que entretanto surgiram ou foram objecto de reformulação como a LGT, o RCPIT, o CPPT, o RGIT e o EBF[8].

lificação permanente dos recursos humanos, bem como o necessário apoio ao Governo na definição da política fiscal e aduaneira; *h*) informar os contribuintes e os operadores económicos sobre as respectivas obrigações fiscais e aduaneiras e apoiá-los no cumprimento das mesmas; *i*) assegurar o licenciamento do comércio externo dos produtos tipificados em legislação especial e gerir os regimes restritivos do respectivo comércio externo".

[7] Sendo certo que, por vezes, não têm o capítulo das isenções (caso do Código do IRS), ou juntam num capítulo as obrigações acessórias e a fiscalização (caso do Código do IRC).

[8] São de destacar, para o que aqui nos interessa, os capítulos dos mencionados códigos relativos à fiscalização que, muito embora ainda neles se mantenham, têm presentemente escasso relevo no que respeita a inspecção tributária em virtude do que consta do art. 63º

De resto, é de assinalar que as transformações, por que passou a administração dos impostos com a transição do sistema fiscal anterior para o sistema fiscal actual, não se limitam às que se materializam na referida deslocação de tarefas relativas à liquidação em sentido amplo e cobrança dos impostos para os privados, pois que elas consubstanciam igualmente uma certa redistribuição dessas tarefas no seio da própria administração tributária na medida em que tais tarefas se mantiveram no seu âmbito[9]. Na verdade, enquanto no sistema fiscal anterior a liquidação e cobrança da generalidade dos impostos, que se integrava quase totalmente nas atribuições da administração tributária, era da competência dos órgãos periféricos locais da Direcção-Geral das Contribuições e Impostos (DGCI) e da Direcção-Geral do Tesouro (DGT)[10], ou seja, respectivamente, das então repartições de finanças e das tesourarias da Fazenda Pública[11], hoje em dia, quando a liquidação e cobrança cabe à administração tributária, como acontece, designadamente nos casos de liquidação em substituição, liquidação adicional e liquidação correctiva (subsequente), ela é, em geral, da competência dos serviços centrais da AT.

da LGT e do RCPIT. De facto, tais capítulos têm hoje fundamentalmente um carácter remissivo para estas codificações.

[9] Refira-se que essas transformações vão muito para além da deslocação de tarefas da administração para os particulares e da referida redistribuição dessas tarefas dentro da própria administração tributária, já que implicam também uma certa deslocação de tarefas da administração para o legislador, na medida em que, designadamente no domínio da luta contra a evasão e fraude fiscais, se transitou de cláusulas gerais ou especiais a aplicar caso a caso pela administração, para cláusulas legais de aplicação rígida, constituindo exemplo dessa realidade a substituição da cláusula da subcapitalização pela limitação da dedutibilidade dos gastos de financiamento do art. 67º do Código do IRC – v. a nossa *Introdução ao Direito Fiscal das Empresas*, 2ª ed., Almedina, 2015, p. 66 e ss.

[10] Pois não podemos esquecer que vigorava o tradicional princípio da separação entre os órgãos que liquidavam os tributos, da DGCI, e os que procediam à sua cobrança voluntária, da DGT. Cf. J. M. Cardoso da Costa, *Curso de Direito Fiscal*, 2ª ed. Atlântida, Coimbra, p. 346 e ss., e o nosso *Direito Fiscal*, cit., p. 71 e s.

[11] A cujos chefes, apesar de constituírem os órgãos mais subalternos da rígida estrutura hierárquica que era a DGCI, sempre se reconheceu competência para praticarem os actos de liquidação dos impostos configurados como actos definitivos e executórios, segundo a terminologia tradicional. O que estava em total oposição com o que se verificava com os actos administrativos em geral, pois estes não eram tidos por definitivos e executórios quando praticados por órgãos administrativos subalternos, a menos que fossem considerados "actos destacáveis".

Pois o domínio em que a competência tributária regra dos órgãos periféricos locais, os agora serviços de finanças, se manteve, é o da cobrança coerciva dos impostos, ou seja, o processo de execução fiscal, o qual, nos termos do art. 149º do CPPT, cabe ao chamado órgão de execução que é o serviço da administração tributária onde deva legalmente correr a execução. Um processo em que a competência dos mencionados órgãos periféricos locais foi mesmo reforçada por duas vias. De um lado, por força da administrativização da execução fiscal, cujos actos primários são agora inteiramente da competência da administração tributária, cabendo aos tribunais tributários intervir, a pedido do executado ou de terceiro, apenas em segunda linha, confirmando ou revogando os actos primários praticados pelos órgãos da execução.

De outro lado, em virtude de expansão do processo de execução fiscal, a utilização deste vai presentemente bastante para além do âmbito para o qual fora pensado, o que decorre das alterações que o art. 148º do CPPT foi sofrendo com base numa interpretação permissiva e ampla do mencionado âmbito. Pois integra, ao lado das dívidas provenientes de tributos ou de coimas e outras sanções pecuniárias relativas a contra-ordenações tributárias, que constituem o âmbito natural do processo da execução fiscal, também outras dívidas ao Estado e a outras pessoas colectivas de direito público que devam ser pagas por força de acto administrativo[12] ou constituam reembolsos ou reposições. A que foi acrescentado, em 2010, pela LOE/2010[13], as dívidas por coimas e outras sanções pecuniárias decorrentes da responsabilidade civil determinada nos termos do art. 8º do Regime Geral das Infracções Tributárias[14].

Em suma e para concluir este aspecto, apesar dessa aparência que, de algum modo, se poderia retirar do mencionado confronto dos códigos fis-

[12] O que está em articulação com o disposto no art. 179º do novo Código de Procedimento Administrativo que estabelece a aplicação do processo de execução fiscal à execução coerciva das obrigações pecuniárias que devam ser pagas por força de um acto administrativo.

[13] Lei nº 3-B/2010, de 28 de Abril (LOE/2010), que aditou a alínea *c)* ao nº 1 do referido art. 148º, na sequência da referida rejeição pelos tribunais tributários desse alargamento antes tentado pela administração tributária.

[14] Uma disposição adoptada na sequência de se ter verificado a falta de base legal, nos termos do CPPT, para essas dívidas poderem ser cobradas através do processo de execução fiscal, um problema resultante da consolidação da jurisprudência do Tribunal Constitucional que julgou não inconstitucional o art. 8º do RGIT. V., por todos, o acórdão do Tribunal Constitucional 437/2011 e os acórdãos do STA de 16/12/09, processo 1147/09, de 16/12/09, processo 1074/09 e 24/3/10, processo 1216/09 e de 14/4/10, processo 64/10.

cais do sistema anterior com os do sistema actual, desde que se não tivesse na devida consideração a realidade que suporta presentemente a tributação, o que, de facto, verificamos é a existência da referida privatização da actividade de administração da generalidade dos impostos. Uma realidade que tem um significado que nem sempre é devidamente realçado, impondo-se, por isso, que lhe dediquemos aqui algumas linhas.

2. A privatização da administração dos impostos

Ora bem, a este respeito é de assinalar que a privatização da administração dos impostos acaba por traduzir uma situação, a seu modo, algo paradoxal. Pois se, por um lado, se atribui sobretudo às empresas um papel verdadeiramente imprescindível em sede do lançamento, liquidação e cobrança da generalidade das receitas fiscais, com destaque para os impostos, de outro lado, continua-se longe de reconhecer uma adequada participação no recorte jurídico do sistema de administração dos impostos que tenha as empresas por efectivos destinatários. O que implica que façamos algumas considerações a cada um destes aspectos. Antes, porém, é de fazer uma referência aos papéis que as empresas actualmente desenvolvem no domínio da tributação.

2.1. *Os papéis das empresas em matéria de impostos.* Relativamente o papel das empresas no domínio dos impostos, podemos afirmar que são três os papéis que as empresas vêm desempenhando em matéria de impostos: 1) as empresas como contribuintes; 2) as empresas como sujeitos passivos; 3) as empresas como administradoras ou gestoras de impostos próprios e alheios.

Assim, enquanto contribuintes, isto é, enquanto suportes das manifestações da capacidade contributiva a que se reportam os pressupostos de facto, factos tributários ou factos geradores dos impostos definidos nas correspondentes normas de incidência, as empresas apresentam-se-nos sobretudo como titulares passivos dos impostos sobre rendimento: o IRS no caso das empresas singulares ou individuais, e o IRC no caso das empresas colectivas ou societárias[15].

[15] O que, naturalmente, não quer dizer que as empresas não sejam contribuintes também em sede dos impostos sobre o património e dos impostos sobre o consumo, muito embora seja, todavia, certo que, nos primeiros, essa qualidade acaba por ter escasso significado e, nos segundos, o papel relevante das empresas é como sujeito passivo ou devedor dos impostos.

É, de resto, tendo presente esta qualidade que, em geral, pensamos quando falamos em tributação das empresas ou nos referimos à carga fiscal ou esforço fiscal que suportam. Como é igualmente o que as próprias empresas e suas organizações colectivas em geral têm presente quando fazem exigências ou reivindicações no domínio da tributação. Não admira, por isso, que seja sobretudo enquanto contribuintes que as empresas também sejam objecto de tratamento mais ou menos empenhado por parte dos protagonistas políticos.

Aliás, relativamente ao papel de contribuintes das empresas, não podemos deixar aqui de aludir ao fenómeno que crescentemente se vem verificando entre nós que constitui uma peculiar dupla tributação das empresas, pois estas vêm suportando, ao lado da tradicional tributação normal ou corrente, uma tributação paralela constituída pelas diversas tributações avulsas que, desde há algum tempo, impendem sobre as empresas, sobretudo sobre as empresas colectivas ou societárias. Tributações avulsas em que temos, para além das previstas nos códigos do IRC e do IRS, como são as tributações autónomas, em crescente ampliação nos últimos anos, e a derrama estadual, as tributações de natureza sectorial que constam de legislação avulsa, como a contribuição sobre o sector bancário, a contribuição extraordinária sobre o sector energético, a taxa de segurança alimentar e a contribuição sobre a indústria farmacêutica.

Referindo-nos aqui apenas às tributações autónomas, designadas curiosamente pelo legislador por «taxas de tributação autónoma», que se encontram previstas no art. 88º do Código do IRC (bem como, para as empresas singulares, no art. 73º do Código do IRS), devemos dizer que as mesmas começaram por se reportar a situações susceptíveis de elevado risco de evasão fiscal, como as relativas à tributação das despesas confidenciais e não documentadas, configurando as normas que as previam não verdadeiras normas de tributação, mas antes normas que, directamente, tinham por função o acompanhamento, vigilância e fiscalização da actuação fiscal dos contribuintes e, por conseguinte, de luta contra o crescente fenómeno de evasão fiscal.

Todavia, com o andar do tempo, a função dessas tributações autónomas, que, entretanto, se diversificaram extraordinariamente e aumentaram de valor, alterou-se passando a ser progressivamente a de obter receitas fiscais, mais receitas fiscais, assumindo-se como efectivos impostos sobre a despesa, se bem que enxertados na tributação do rendimento. Pois essas tributações incidem agora não apenas sobre as despesas não documentadas, despesas com viaturas ligeiras de passageiros ou mistas e despesas de representação, como foi durante bastante tempo[16], mas também sobre as despesas com importâncias pagas a pessoas singulares ou colectivas residentes em países com regime fiscal claramente mais favorável[17], sobre as despesas com encargos relativos a certas ajudas de custo, sobre os lucros distribuídos por entidades isentas de IRC, sobre certas indemnizações, compensações, bónus e outras remunerações pagas aos gestores, administradores ou gerentes, etc.[18].

Mas as empresas não são apenas oneradas fiscalmente enquanto contribuintes. Na verdade os ónus e encargos, que o Fisco nos tempos que correm lhes impõe, vão muito para além dos que decorrem dessa qualidade. Pois as empresas apresentam-se como sujeitos passivos das mais variadas e complexas obrigações fiscais que não dizem respeito a manifestações da sua capacidade contributiva, antes têm a ver com manifestações da capacidade contributiva alheia, de terceiros, sejam estes contribuintes ou não. O que ocorre em dois tipos de situações, a saber: nos impostos sobre o consumo, com especial destaque para o IVA, em que as empresas são os sujeitos passivos deste imposto[19], embora os contribuintes sejam, por via de regra, os consumidores finais dos bens transmitidos ou os utentes dos serviços prestados[20]; nos impostos sobre o rendimento, em que tem lugar o recurso à técnica de liquidação e cobrança, hoje em dia muito difundida, de retenção na fonte, seja esta feita a título definitivo no caso da substituição tributária em sentido próprio ou a mero título de pagamentos por conta de impostos de terceiro[21].

Pois mesmo quando não estamos perante uma substituição tributária em sentido próprio, ou seja, quando estamos perante uma retenção na fonte

[16] Essas tributações começaram por incidir inicialmente as despesas confidenciais e não documentadas, tendo, depois passado a incidir sobre as despesas não documentadas, despesas com viaturas ligeiras de passageiros ou mistas e despesas de representação.

[17] A eufemística forma da legislação fiscal portuguesa para referir os paraísos fiscais.

[18] Para maiores desenvolvimentos, v. o nossa *Introdução ao Direito Fiscal das Empresas*, cit. p. 175 e ss.

[19] Isto é, de um lado, devedor do imposto e, de outro, sujeito passivo da generalidade das correspondentes obrigações acessórias.

[20] Dizemos por via de regra, porque, dada a impossibilidade de se impor uma obrigação jurídica material de repercussão do IVA, limitando-se essa obrigação à obrigação jurídica formal de repercussão, não está excluído que o contribuinte acabe por ser a empresa vendedora dos bens ou prestadora dos serviços – v. o nosso *Direito Fiscal*, cit., p. 236 e s. e 248 e s.

[21] V., quanto a essa distinção, o nosso *Direito Fiscal*, cit., p. 255 e ss.

a título de pagamento por conta como acontece em geral no IRS, mesmo no respeitante à categoria B, constituída pelo rendimento profissional e empresarial, a administração limita-se, na quase totalidade dos casos, a apurar o imposto a pagar com base exclusivamente nos dados fornecidos pelos contribuintes na declaração anual de rendimentos, realizando assim meras operações matemáticas, as quais, por serem de carácter automático, são mesmo levadas a cabo com o recurso a meios informatizados. Por isso, quer se trate de impostos em que há autoliquidação ou liquidação por terceiro, quer de impostos liquidados pela administração com base nas declarações e elementos fornecidos pelos particulares, a administração tributária acaba por desempenhar uma função basicamente de controlo ou fiscalização[22].

Segundo este novo paradigma, aos particulares, sobretudo às empresas, pertence agora o principal papel activo da administração ou gestão dos impostos. Estamos, porém, perante uma privatização que, por um lado, é limitada, já que actua em sede da relação jurídico-administrativa tributária, e, por outro lado, não deixa de ser *sui generis*, pois traduz-se na entrega às empresas de importantíssimas tarefas públicas, por cuja prossecução e exercício e responsabilidade não recebem, específica ou genericamente, nada em troca[23]. Dois aspectos que requerem mais algumas considerações.

Pois bem, no respeitante à mencionada limitação da privatização, é importante sublinhar que esta se reporta basicamente à relação jurídico-administrativa tributária, que obviamente não esgota, estando, em contrapartida, longe de ter um papel minimamente visível seja no referente à relação jurídico-constitucional tributária, seja no respeitante à relação jurídico-obrigacional tributária[24]. Com efeito, nem na relação jurídico-constitucional entre o Estado, titular do poder tributário, e os contribuintes, destinatários do dever de todos contribuírem para as despesas públicas em conformidade com a sua capacidade contributiva, nem na relação

[22] Sobre o fenómeno v. Gabriel Casado Ollero, «Tutela judicial y garantias del contribuyente en el procedimiento tributario», *Estudios de Derecho Tributario em Memoria de Maria del Carmen Bollo Arocena*, Universidad del Pais Vasco, 1993, p.158 e s., e «La protección de los derechos de los contribuyentes y deber de contribuir», *A los XXV Años de la Ley de Justicia Fi scal*, México, Tomo I, 2001, esp. p. 231 e ss.; e, mais em geral, procedendo a uma análise das inumeráveis situações de entidades privadas com poderes públicos, Pedro Gonçalves, *Entidades Privadas com Poderes Públicos*, Coimbra, 2005.

[23] Para a descrição das mais importantes concretizações da mencionada privatização da administração dos impostos, v. Hugo Flores da Silva, *Privatização do Sistema de Gestão Fiscal*, cit., p. 399 e ss.

[24] V. o nosso *Direito Fiscal*, cit., p. 227 e ss.

jurídico-obrigacional entre a Fazenda Pública, enquanto credora, e os devedores dos impostos, que constitui de resto uma relação de natureza paritária, interfere na mencionada privatização. Esta limita-se à relação jurídico-administrativa que suporta o procedimento de liquidação e cobrança voluntária dos impostos, domínio em que, como vimos, partilha esse papel com a a AT.

Por seu turno, quanto à transferência de tarefas de liquidação e cobrança dos impostos sobretudo para as empresas, sem que estas recebam nada em troca, é de assinalar que, por via de regra, tende a ver-se nesta situação um aumento dos custos de cumprimento das empresas, reservando-se a expressão custos de administração para os custos suportados pela Administração Tributária[25]. O que, à primeira vista, até faz sentido, uma vez que a referida privatização de tarefas tributárias se concretiza no estabelecimento de diversas obrigações acessórias sobre as empresas que estas obviamente têm de cumprir sob pena de incorrerem na prática de infracções tributárias, configurando-se estas como crimes ou contra-ordenações. Todavia, olhando para a substância das coisas, obviamente que a transferência de tarefas da administração tributária para as empresas leva acoplada a transferência dos correspondentes custos que, assim, aumentam na esfera destas e, em alguma medida, hão-de diminuir na esfera daquela[26]. De facto, o que aí temos é a conversão de *custos públicos* de administração dos impostos em *custos privados* apresentados como custos de cumprimento de obrigações inteiramente reportadas a essa administração.

2.2. *A participação das empresas na disciplina da administração dos impostos.* Entre os diversos aspectos em que esta problemática se desdobra, vamos mencionar dois deles. Um, que tem a ver com a necessidade de pensar, ou melhor repensar, o papel das empresas, em sede do recorte ou desenho do sistema de liquidação e cobrança dos impostos de que elas são os principais responsáveis. Outro, que se prende com o respeito pelos direitos e liberda-

[25] V., neste sentido, Cidália Maria da Mota Lopes, *Quanto Custa Pagar Impostos em Portugal. Os Custos de Cumprimento da Tributação do Rendimento*, Almedina, 2008.

[26] É, de resto, esta ideia que justamente nos leva a questionar o recorte da substituição tributária tradicionalmente perspectivada como sendo uma relação apenas entre o substituto e o substituído, quando, na verdade, a substituição não se esgota nessa relação, pois que, embora tanto em termos legais como em termos doutrinais, a substituição tributária seja definida exclusivamente com referência ao contribuinte, o certo é que ela não deixa de se reportar também à Administração Tributária. V. o nosso *Direito Fiscal*, cit., p 256 e s.

des fundamentais das empresas aquando da sua oneração com as tarefas de liquidação e cobrança da maioria dos impostos.

Assim e quanto ao primeiro aspecto, ele implicará, designadamente, que as empresas sejam chamadas a desempenhar um papel mais activo do que o que têm tido até ao presente em sede da disciplina jurídica da administração dos impostos. É que a disciplina jurídica da liquidação e cobrança dos impostos já não tem por destinatário, ou por destinatário principal, a administração tributária, mas as empresas.

Ora, sendo assim, não se compreende que as empresas sobre as quais impendam as complexas e onerosas tarefas de administração ou gestão da generalidade dos impostos, às quais afectam importantes meios humanos e materiais, não tenham uma palavra a dizer sobre a instituição e a disciplina jurídica de um tal sistema. Mais, afigura-se-nos incompreensível que não tenham uma intervenção importante no exacto desenho ou recorte desse sistema.

O que sugere, designadamente, que às empresas caiba um importante direito de participação na elaboração da legislação relativa à liquidação e cobrança daqueles impostos de que elas são os primeiros e mais importantes responsáveis. E isto por duas ordens de razões.

De um lado, porque, assentando um tal sistema de administração dos impostos em toda uma plêiade de obrigações das mais variadas e particularmente onerosas para as empresas, a ideia de democracia participativa, com que a nossa Constituição tempera a democracia representativa, facilmente fornece o suporte para a ideia de os destinatários das mesmas participarem na elaboração da respectiva disciplina. Pois a ideia de democracia participativa, concretiza-a a Constituição através do reconhecimento de direitos de participação da mais diversa índole aos interessados, como os de participação na elaboração de legislação, na definição de certas políticas concretas ou na intervenção em determinados procedimentos[27].

[27] Relativamente à ideia de *democracia participativa*, com que a nossa Constituição tempera a *democracia representativa*, v.: de um lado, os arts. 2º e 109º, em que se prescreve, respectivamente, como um dos objectivos da República Portuguesa o aprofundamento da democracia participativa e a participação directa dos cidadãos na vida política como condição e instrumento fundamental de consolidação do sistema democrático; de outro, os arts. 9º, al. *c*), 56º, nº 2 als. *a*), *b*) e *e*), 60º, nº 3, 77º, 98º e 267º, nº 1, em que a participação se apresenta como tarefa fundamental do Estado ou concretiza específicos direitos de participação de determinados grupos ou categorias de cidadãos. Sobre a democracia participativa como a única forma de suportar um estado social de direito nos países da periferia, mormente nos países

De outro lado também as ideias de economia e simplicidade, que devem suportar o sistema fiscal, vão no mesmo sentido. Pois quem, melhor do que as próprias empresas, está em condições de contribuir, com a sua experiência e o seu saber, para a instituição de um sistema de liquidação e cobrança de impostos que, ao mesmo tempo, se revele económico e simples?

A este respeito, não podemos deixar de manifestar alguma surpresa perante a falta ou, pelo menos, perante a falta de repercussão pública, de quaisquer reivindicações do mundo empresarial num tal domínio. Pois, quanto ao que nos é dado saber, as reivindicações das empresas e suas organizações têm-se tradicionalmente orientado para a diminuição da tributação geral que suportam ou para a instituição ou aumento de benefícios fiscais em determinados sectores. Quando é certo que a consecução de uma gestão fiscal mais simples e eficiente dos impostos, através da participação das empresas e suas organizações na disciplina do sistema, poderia conduzir a uma redução, provavelmente mais significativa, de custos do que a reivindicada e conseguida em sede da diminuição da carga fiscal[28].

Mas a este aspecto está intimamente ligado um outro, relativo ao respeito pelos direitos, liberdades e garantias fundamentais das empresas enquanto suportes da referida função de administração fiscal. Com efeito, constituindo uma tal tarefa encargos e encargos pesados para as empresas, o seu exercício não pode deixar de convocar a armadura jusfundamental.

O que se traduz em a disciplina da liquidação e cobrança dos impostos, quando estas operações são da inteira responsabilidade dos particulares, constituir normação sobre os direitos, liberdades e garantias fundamentais, implicando assim que à mesma se aplique, designadamente, o regime dos limites ou restrições jusfundamentais. Pelo que, embora a disciplina jurídica da liquidação e cobrança dos impostos esteja, por via de regra, excluída da reserva de lei decorrente do princípio da legalidade fiscal, ela não está

da América Latina, v. PAULO BONAVIDES, *Teoria Constitucional da Democracia Participativa*, S. Paulo, 2001.

[28] Embora no contexto de uma abordagem mais geral, v. o texto de MANUELA DURO TEIXEIRA, «A competitividade das empresas portuguesas e a relação com o legislador e a administração fiscal», *Fisco*, nº 93/94, Janeiro de 2001, p. 27 e ss., onde a autora nos dá conta da fraca participação e intervenção dos parceiros sociais na elaboração e aplicação das leis fiscais. Quanto aos custos de cumprimento, v. CIDÁLIA MARIA DA MOTA LOPES, *Quanto custa pagar Impostos em Portugal. Os custos de cumprimento da tributação do rendimento*, cit..

naturalmente excluída da reserva de lei constante da al. *b*) do nº 1 do art. 165º da Constituição[29].

Para além de que, na medida em que tais tarefas de liquidação e cobrança de impostos exigidas às empresas configurem verdadeiras restrições aos seus direitos, liberdades ou garantias fundamentais, deverem as mesmas observar os conhecidos requisitos próprios das restrições jusfundamentais constantes dos nºs 2 e 3 do art. 18º da Constituição. Ou seja, devem tais tarefas suportar o teste jusfundamental traduzido em essas restrições estarem expressamente previstas na constituição, observarem o princípio da proporcionalidade nos três aspectos em que este princípio se desdobra e deixarem intocado o conteúdo essencial do direito, liberdade ou garantia fundamental em causa[30].

Tanto mais que a transferência de tarefas de administração tributária para a responsabilidade das empresas pode implicar para estas a resolução de complexos problemas de interpretação e aplicação de normas legais e de cláusulas gerais de difícil concretização, como acontece com a cláusula geral anti-abuso em que inclusive há lugar a uma visível margem de criação jurídica, desencadeando melindrosos conflitos de interesses. Pois os administradores ou gerentes desses contribuintes têm que gerir simultaneamente o interesse fiscal na arrecadação dos impostos cuja administração a lei fiscal pôs a seu cargo, e a realização do interesse empresarial, suportado na liberdade de gestão fiscal das empresas, de pagarem o menor montante de impostos a que se encontram contratual e legalmente vinculados. Por conseguinte, sobretudo quando estamos face à aplicação de normas cujo sentido e alcance comporta margens significativas de concretização, não é juridicamente aceitável que os administradores e gerentes sejam colocadas

[29] Uma reserva que, como resulta claramente das próprias palavras do preceito em referência, não se limita apenas às leis restritivas, abrangendo, por conseguinte, também as leis que se traduzam em intervenções menos drásticas nos direitos, liberdades e garantias fundamentais.

[30] Sobre esses requisitos, v., por todos, José Carlos Vieira de Andrade, *Os Direitos Fundamentais na Constituição Portuguesa de 1976*, 5ª ed., Almedina, Coimbra, 2012, p. 263 e ss.; Gomes Canotilho, *Direito Constitucional e Teoria da Constituição*, 7ª ed., Almedina, Coimbra, 2003, p. 437 e ss.; Gomes Canotilho / Vital Moreira, *Fundamentos da Constituição*, Coimbra, 1991, p. 121 e ss.; Jorge Miranda, *Manual de Direito Constitucional*, Tomo IV – *Direitos Fundamentais*, 3ª ed., Coimbra, 2000, p. 311 e ss., e os nossos estudos «Os direitos fundamentais na jurisprudência do Tribunal Constitucional», e «Os direitos fundamentais na Constituição Portuguesa», em *Por uma Liberdade com Responsabilidade – Estudos sobre Direitos e Deveres Fundamentais*, cit., respectivamente, p. 9 e ss. e 61 e ss.

parente o dilema de inclusive criarem direito fiscal contra os interesses económicos das empresas que administram que, como (bons) gestores, devem prosseguir[31]. Uma situação que, por certo, tem a maior importância em sede da temática dos limites e restrições aos direitos e liberdades fundamentais, domínio em que a mencionada liberdade claramente se integra.

II. A inspecção tributária

Passando agora, de uma maneira mais especifica, do quadro da privatização da administração dos impostos para a inspecção tributária, vejamos como esta se insere na organização e actividade tributárias, tendo em conta que estamos perante o desenvolvimento de uma função que se tem vindo a tornar relativamente especializada com as consequentes implicações que daí advêm tanto a nível da organização administrativa que a suporta como em sede do procedimento tributário através do qual se realiza. Embora a inspecção tributária mais não seja do que uma forma qualificada de inspecção administrativa[32], como se compreenderá, vamos cuidar aqui apenas da inspecção enquanto figura tributária e em termos sumários e muito gerais.

Face a uma organização e a uma actividade desempenhada com base em um procedimento tributário especial, impõe-se que dediquemos algumas palavras a cada uma destas dimensões da inspecção. De um lado, aos órgãos de inspecção que, pela sua função, se inserem nos órgãos de controlo ou fiscalização[33], os quais não só viram o seu papel reforçado neste novo contexto de administração dos impostos, como, atenta a complexidade que esta com-

[31] V. sobre o problema, ANTÓNIO FERNANDES DE OLIVEIRA, *A Legitimidade do Planeamento Fiscal, as Cláusulas Gerais Anti-Abuso e os Conflitos de Interesse*, Coimbra Editora, 2009, p. 193 e ss.

[32] Do mesmo modo que o direito fiscal continua a ser, fundamentalmente, um ramo especial do direito administrativo – v o nosso *Direito Fiscal*, cit., p. 90 e ss. Sobre a inspecção administrativa que não nos parece que constitua tema predilecto da doutrina, v. STELIO VALENTINI, *Le Ispezioni Amministrative*, Chieti, 1971, e «Ispezioni (diritto amministrativo)», *Enciclopedia del Diritto*, XXII, 1972, p. 935 e ss; GUIDO LANDI, «Ispezioni ed inchieste amministrative», *Enciclopedia Giuridica Treccani*, XVII; 1989; e ANDREINA DEGLI ESPOSTI, «Ispezioni ed inchieste amministrative», *Digesto delle Discipline Pubblicistiche*, VIII; 1993, p. 588 e ss.

[33] Expressões que aqui utilizamos, sem grande precisão, como sinónimas, as quais, é de acrescentar, não andam longe de outras em geral utilizadas de preferência em certos domínios da actuação do Estado, como as de polícia, supervisão, investigação e vigilância – v., sobre estas categorias, RICARDO RIVERO ORTEGA, *El Estado Vigilante*, Tecnos, Madrid, 2000, p. 55 e ss.

porta vêm sendo objecto de um razoável grau de especialização. De outro lado impõe-se aludir ao procedimento especial segundo o qual se desenvolve a inspecção tributária, o qual consta de um diploma legal próprio – o Regime Complementar de Inspecção Tributária (RCIT), aprovado pelo Decreto-Lei nº 413/98, de 31 de Dezembro[34].

1. A inspecção tributária como actividade de controlo ou fiscalização

Como é sabido, no domínio da organização administrativa e de acordo com uma determinada classificação dos órgãos da Administração Pública, estes, atenta a função principal ou predominante em que se concretiza a sua actividade, podem ser considerados como: órgãos activos ou operacionais, os órgãos cuja actividade é dirigida à prossecução dos específicos interesses públicos ou interesses públicos secundários[35] do correspondente departamento governamental ou ministério; órgãos consultivos, os que têm como incumbência elaborar pareceres solicitados pelos órgãos activos ou operacionais, auxiliando estes no cabal desempenho da sua função; e órgãos de controlo ou fiscalização, cuja actuação se concretiza em controlar ou fiscalizar a conformidade legal ou o próprio mérito da actuação dos órgãos activos ou operacionais.

Uma distribuição dos órgãos administrativos que, sobretudo ao nível central dos departamentos governamentais ou ministérios, era muito mais visível no sistema anterior, antes portanto das transformações pelas quais as funções do Estado têm passado, as quais, muito embora reportadas a todas as funções estaduais, são particularmente visíveis no domínio da função administrativa. Pois bem, num tal quadro, por via de regra, tínhamos o seguinte esquema organizacional em cada departamento ou ministério: uma ou várias direcções gerais, como órgãos activos ou operacionais, um

[34] Com as alterações posteriores, entre as quais se destacam as da Lei nº 50/2005, de 30 de Agosto, que procedeu, de resto, a sua republicação, e as mais recentes e muito significativas operadas pela Lei nº 75-A/2014, de 30 de Setembro, tendo esta, na sequência da criação, pelo Decreto-Lei nº 118/2011, de 15 de Dezembro, da Autoridade Tributária e Aduaneira em substituição das anteriores DGCI, DGAIEC e DGITA, passado a designar o mencionado regime por regime complementar de inspecção tributária e aduaneira.

[35] Sobre estes interesses públicos enquanto contrapostos ao interesse público primário de que aqueles são seu instrumento de realização, v., seguindo ideias desenvolvidas sobretudo pelo Professor Rogério Ehrhadht Soares, José Carlos Vieira de Andrade, «Interesse público», *Dicionário Jurídico da Administração Pública*, vol. IV, Lisboa, 1993, p. 275 e ss.

conselho (por vezes um conselho superior[36]), como órgão consultivo, e uma inspecção-geral, como órgão de controlo ou de fiscalização. Um esquema que, por vezes, no respeitante a departamentos ou ministérios muito complexos de algum modo se reproduzia em escala menor dentro das unidades organizacionais em que se desdobravam os departamentos ou ministérios. O que foi e é manifestamente o caso do ministério das finanças, em que, no respeitante à administração dos impostos, tínhamos antes a DGCI e temos agora a AT[37].

É certo que a função de controlo ou fiscalização levado a cabo através do exercício do poder inspectivo sempre fez parte das competências da administração tributária, muito embora nem sempre tenha tido a configuração que apresenta hoje, mormente no respeitante aos órgãos que principalmente a têm a seu cargo e ao modo como essa função é desempenhada. O que, para ao efeito, teve especial importância a aprovação da LGT, em que a inspecção se encontra comtemplada no seu art. 63º, e do RCPIT, codificações que entraram em vigor em 1 de Janeiro de 1999, e tiveram como objectivo reunir o suporte normativo dessa específica actividade antes disperso por diversos textos legais.

Com efeito, a função inspectiva constava, como, a seu modo, ainda consta[38], muito embora com base em terminologia relativamente diversificada, dos diferentes códigos operacionais com claro destaque para os códigos do IRS, do IRC e do IVA. Como ideia geral a tal respeito podemos dizer que os referidos códigos continham, por via de regra, no capítulo ou secção respeitante à fiscalização, dois preceitos: um relativo ao dever de fiscalização em geral e um relativo ao dever de fiscalização em especial. O que podemos ilustrar com os actuais arts. 133º e 134º do Código do IRC[39], mas

[36] O que fazia sentido sobretudo quando, a nível desconcentrado do departamento, houvesse conselhos na correspondente organização periférica regional ou local. O que, todavia, como bem se compreende, apenas em alguns departamentos ou ministérios se verificava.

[37] O que não obstava à existência da Inspecção-Geral de Finanças, um órgão de controlo do Ministério das Finanças com natureza externa porquanto tem uma competência geral que vai muito para além do Ministério das Finanças.

[38] Embora actualmente sem razão de ser, como constituem prova os preceitos que se mantêm em vigor, já que se limitam basicamente a remeter para o art. 63º da LGT e para o RCPIT.

[39] Resultantes da renumeração decorrente da Reforma do IRC de 2014, os quais correspondem aos arts. 107º e 108º da versão originária do Código do IRC, e aos arts. 124º e 125º da versão resultante da renumeração efectuada pelo Decreto-Lei nº 198/2001, de 13 de Julho, na sequência da Reforma Fiscal de 2001 (Lei nº 30-G/2000, de 29 de Dezembro).

que também estava previsto nos recentemente revogados arts. 132º, 133º e 134º do Código do IRS[40], assim como consta dos art. 84º e 85º do Código do IVA[41].

Pois bem, muito embora essas duas componentes da fiscalização tributária tivessem ou tenham configurações formais diferentes de código para código, com expressão nos artigos pelos quais se distribuem ou nos termos em que se encontram ordenadas dentro dos pertinentes preceitos[42], parece-nos manifesto que temos aí dois tipos de fiscalização. Uma fiscalização de carácter geral, para a qual é reconhecida competência à generalidade das entidades públicas ou que tenham a seu cargo funções de carácter público e corresponde ao dever geral de cooperação dessas entidades com a administração tributária e aduaneira e, relativamente aos contribuintes e demais sujeitos tributários passivos, se concretiza no dever de colaboração destes com as referidas entidades na medida em que levem a cabo ou cooperem no desenvolvimento de qualquer actividade de fiscalização.

E uma fiscalização de carácter especial, sendo justamente esta a que se materializa na inspecção tributária, constituindo, por conseguinte, um específico controlo ou fiscalização tributária tanto no que se reporta aos órgãos que a desenvolvem como no referente à actividade e correspondente procedimento, nos termos em que a inspecção tributária se encontra regulada, de um lado, no art. 63º da LGT, e, de outro lado, no RCPIT. Pois é para esta disciplina que remetiam ou remetem alguns dos preceitos dos códigos operacionais sob diversas epígrafes, como acontece ainda com os arts. 134º do Código do IRC, 85º do Código do IVA e 123º do Código do IMI[43].

[40] Pois esses preceitos, cujas epígrafes eram – art. 132º (Entidades fiscalizadoras), art. 133º (Dever de colaboração) e art. 134º (Dever de fiscalização em especial) – foram revogados pela Reforma do IRS, contida na Lei nº 82-E/2014, de 31 de Dezembro, preceitos esses que correspondiam aos arts. 122º, 123º e 124º antes da renumeração operada pela referida Reforma Fiscal de 2001.

[41] Cujas epígrafes são – arts. 84º (Entidades fiscalizadoras) e art. 85º (Dever de colaboração). Refira-se que esses arts. correspondem aos arts. 76º e 77º, antes da renumeração levada a cabo pelo Decreto-Lei nº 102/2008, de 20 de Junho. V. também o já referido art. 123º (Poderes de fiscalização) do Código do IMI.

[42] Assim temos preceitos com as seguintes epígrafes: «Entidades fiscalizadoras», «Poderes de fiscalização», «Dever de colaboração», «Dever de fiscalização em geral» e «Dever de fiscalização em especial».

[43] Para além do recentemente revogado art. 134º (Dever de fiscalização em especial) do Código do IRS.

Por conseguinte a inspecção tributária constitui um específico tipo de órgãos de controlo ou fiscalização e, bem assim, de um especialmente recortado tipo de poder de controlo – o poder de controlo inspectivo. O que não será difícil de detectar, tendo em devida conta os órgãos que realizam a inspecção tributária e o fundamento do seu poder, a função que desempenham e os objectivos que visam prosseguir, os poderes que exercem e a forma que assume o resultado das suas actuações de inspecção. Pois bem, muito embora todos estes aspectos mereçam a maior atenção, aqui vamos referir-nos apenas aos órgãos que levam a cabo a inspecção tributária.

Assim e quanto aos órgãos da inspecção tributária, embora esta caiba à AT, o RCPIT, no seu art. 16º, especifica quem, dentro da AT, tem competência para a prática dos actos inspectivos, ao prescrever que são competentes para a prática dos actos de inspecção tributária, nos termos da lei, os seguintes serviços da AT: a) a Unidade dos Grandes Contribuintes (UGC), relativamente aos sujeitos passivos que de acordo com os critérios definidos sejam considerados como grandes contribuintes; b) as direcções de serviços de inspecção tributária que nos termos da orgânica da AT integram a área operativa da inspecção tributária, relativamente aos sujeitos passivos e demais obrigados tributários que sejam seleccionados no âmbito das suas competências ou designados pelo director-geral da AT; c) as unidades orgânicas desconcentradas, relativamente aos sujeitos passivos e demais obrigados tributários com domicílio ou sede fiscal na sua área territorial.

Por conseguinte, temos aqui três tipos de órgãos competentes para a inspecção tributária: a UGC que, enquanto órgão de nível nacional e especializado no acompanhamento dos grandes contribuintes, ficou também com a competência de os inspeccionar; os serviços centrais da AT também de nível nacional, nos quais temos, como estrutura especializada, a Direcção de Serviços de Planeamento e Coordenação da Inspecção Tributária[44] a quem cabe a concepção e planeamento das políticas no domínio do exercício da acção de inspecção tributária e aduaneira; e os serviços desconcentrados, naturalmente de nível territorial, que são as direcções de finanças e as alfândegas[45].

[44] V. o art. 19º da lei orgânica da AT.

[45] Pois os serviços desconcentrados a nível local, os serviços de finanças e delegações e postos aduaneiros (art. 1º da lei orgânica da AT), não dispõem de poderes inspectivos. V. Jesuíno Alcântara Martins / José Costa Alves, *Procedimento e Processo Tributário*, cit., p. 151 e s.

Relativamente à UGC, é de referir que se trata de uma estrutura criada em 2011 no quadro de uma efectiva actuação proactiva da administração tributária face aos contribuintes mais importantes do ponto de vista do seu volume de negócios, do montante total dos rendimentos ou do valor global de impostos pago, que asseguram a arrecadação da maior parte das receitas do IRS, do IRC e do IVA, para actuarem de maneira mais eficiente[46]. Mais especificamente, segundo o art. 1º da Portaria nº 107/2013, de 15 de Março, consideram-se grandes contribuintes: a) entidades com um volume de negócios superior a: (i) 100 milhões de euros, nos casos em que exerçam actividade sob a supervisão do Banco de Portugal ou do Instituto Seguros de Portugal; (ii) 200 milhões de euros, nos restantes casos; b) sociedades gestoras de participações sociais com um valor total de rendimentos superior a 200 milhões de euros; c) entidades com um valor global de impostos pago superior a 20 milhões de euros; d) sociedades não abrangidas por qualquer das alíneas anteriores que sejam consideradas relevantes, atendendo, nomeadamente, à sua relação societária com as sociedades abrangidas pelas referidas alíneas; e) sociedades integradas em grupos, abrangidos pelo regime especial de tributação dos grupos de sociedades, em que alguma das sociedades integrantes do grupo, dominante ou dominada, seja abrangida pelas condições definidas em qualquer das alíneas anteriores.

Pois bem, tanto do disposto na Portaria nº 320-A/2011, de 30 de Dezembro, de que constam as competências da UGC, como do art. 68º-B da LGT, aditado pelo Decreto-Lei nº 6/2013, de 17 de Janeiro, relativo ao acompanhamento permanente e à gestão tributária dos "contribuintes com elevada relevância económica e fiscal"[47], resulta que a inspecção tributária e aduaneira, relativamente aos contribuintes que venham a ser considerados grandes, cabe a essa Unidade e não aos demais órgãos integrantes da AT normalmente competentes[48].

O que está em consonância com a ideia de que, em sede da administração ou gestão pública dos impostos, temos actualmente a nível central da AT dois tipos de estrutura nuclear: a estrutura normal distribuída pelas diversas direcções de serviços, e a estrutura especial formada pela UGC, constituindo esta uma administração especializada e relativamente autó-

[46] À semelhança do que sucedeu em outros países – v. os arts. 5º e 10º da lei orgânica da AT, contida no Decreto-Lei º 118/2011, de 15 de Dezembro.

[47] Nos termos da própria epígrafe desse artigo da LGT.

[48] Como acontece, de resto, com todas as competências relativas aos grandes contribuintes que, assim foram transferidos dos diversos serviços da AT para a UGC.

noma dentro da AT que tem a seu cargo todos os assuntos tributários que digam respeito aos grandes contribuintes. O que nos revela um tratamento privilegiado que, deste modo, acaba por ser dispensado aos grandes contribuintes, ficando estes a dispor de um interlocutor único para cuidar, de modo personalizado e com base num acompanhamento permanente, de quaisquer assuntos tributários de que precisem de tratar junto da Administração Tributária.

Pois, não nos podemos esquecer que a UGC, nos termos do art. 34º da lei orgânica da AT, acompanha e auxilia os grandes contribuintes, designadamente, assistindo-os antes das pertinentes declarações, durante o procedimento de liquidação, na celebração de acordos sobre preços de transferência, nos processos de atribuição de benefícios fiscais, no procedimento de reclamação graciosa, na revisão do acto tributário ou da matéria tributável, na instauração e instrução dos processos de inquérito nos termos dos arts. 40º e 41º do RGIT. Todo um amplo campo de actuação da AT, em que a gestão tributária é realizada segundo um modelo que, pelo menos ao nível dos textos normativos, se apresenta mais como sendo de efectiva cooperação (recíproca) entre a AT e os contribuintes à maneira de uma parceria entre estes e aquela, do que segundo o modelo decorrente do dever de colaboração dos contribuintes com a administração tributária baseado nas clássicas relações de direito público de supra e infra-ordenação[49]. O que bem se compreende, pois a efectiva partilha das tarefas públicas de administração tributária torna a AT e os contribuintes reais parceiros na liquidação e cobrança da generalidade dos impostos.

Uma solução que, à partida, é de louvar. Até porque, em termos práticos, não vemos alternativa viável. Todavia, sempre fica uma pergunta: porque é que não se cria para as PME também um interlocutor único do tipo da UGC, se bem que adaptado à menor dimensão e complexidade de tais empresas, com o qual possam participar em idêntica lógica de parceria? Tanto mais que se, alguma diferenciação positiva há a fazer entre empresas, faz sentido e parece mais lógico que seja a favor das PME. Até porque

[49] Sobre a distinção entre a cooperação e a colaboração, v. o nosso *Direito Fiscal*, cit., p. 90 e s. e 229 e ss., bem como os nossos *Contratos Fiscais. Reflexões acerca da sua Admissibilidade*, Coimbra, 1994, p. 78 e s. Isto para quem, naturalmente, não alinhe com a ideia de que todas as relações de direito administrativo são relações de natureza paritária como defendem, por exemplo, F. Benbenuti, «Per un diritto amministrativo paritario», *Studi in Memoria di Enrico Giucciardi*, Padova, 1975, p. 807 e ss., e Pedro Machete, *Estado de Direito Democrático e Administração Paritária*, Almedina, 2007.

os referidos custos de cumprimento revelam-se bem mais pesados para as PME, sobretudo para a microempresas, porquanto implicam a aquisição, assistência e manutenção de equipamentos dispendiosos como os exigidos, por exemplo, com a imposição da facturação electrónica[50]. Embora devamos acrescentar que, a ir-se por uma tal solução, certamente que toda a estrutura nuclear clássica da AT, em que continua a ser visível uma importante especialização das diversas direcções de serviços, seria basicamente posta em causa, como, em alguma medida, já o foi com a criação da UGC.

Um resultado que não parece, todavia, totalmente alheio ao caminho de reestruturação que vem sendo trilhado em sede da organização administrativa do Estado, em que a emergência das entidades administrativas independentes é uma das suas mais visíveis manifestações[51]. Pois, mesmo que esse tipo de entidades administrativas não tenha espaço na organização tributária, já que esta continua a ser um dos segmentos mais marcantes da administração directa do Estado, em consonância de resto com o paradigma do direito fiscal que temos e que não vemos como possa ser abandonado nos tempos mais próximos, o certo é que as transformações que vem sofrendo a administração tributária estão paulatinamente afastando esta da que foi a sua efectiva estrutura de base até ao último quartel do século XX.

2. Alusão ao procedimento de inspecção tributária

Façamos agora uma menção ao procedimento de inspecção tributária, cuja disciplina consta do RCPIT, dando conta de uma ou outra nota de carácter geral que, a seu modo, nos permitam caracterizar este procedimento como um procedimento tributário especial com visíveis peculiaridades face tanto ao procedimento tributário comum ou de liquidação e cobrança voluntária de tributos como aos relativamente diversificados procedimentos tributários especiais[52]. Porém, aqui vamos aludir apenas à discricionariedade de que a

[50] V. a nossa *Introdução ao Direito Fiscal das Empresas*, cit., p. 196 e ss, e José Dinis Carmo / Abel L. Costa Fernandes, *A Tributação dos Rendimentos Empresariais em Portugal*, Almedina, Coimbra, 2013, p. 104.

[51] Sobre as entidades administrativas independentes, cuja lei-quadro consta da Lei nº 67/2013, de 28 de Agosto, v., por todos, Vital Moreira / Fernanda Maças, *Autoridades Reguladoras Independentes. Estudo e Projecto de Lei-Quadro*, CEDIPRE, Coimbra Editora, 2003; e Luís Guilherme Catarino, *O Novo Regime da Administração Independente: Quis custodeat ipsos custodes?* Instituto de Valores Mobiliários, 2013.

[52] Sobre o procedimento de inspecção, v., para além do Capítulo IV do *Relatório da Comissão para o Acompanhamento da Reforma Fiscal*, apresentado em 1996 e publicado nos Cadernos

administração tribuária dispõe no procedimento de inspecção e à possibilidade de utilização da prova recolhida no procedimento de inspecção tributária no processo penal fiscal.

Antes, porém, uma breve referência à evolução que conduziu ao actual regime do procedimento de inspecção tributária, uma vez que antes não havia um procedimento uniformizado. Com efeito, a aprovação de um tal procedimento para a inspecção tributária decorreu sobretudo das recomendações relativas à inspecção tributária, em especial da recomendação nº 32, contidas no Relatório da Comissão Silva Lopes[53], muito embora entre 1999 e 2005 o RCPIT, porque aplicado com base em competências inspectivas constantes basicamente do capítulo relativo à fiscalização dos códigos fiscais operacionais, não se tenha logrado um procedimento de inspecção verdadeiramente uniformizado. O que apenas foi conseguido com a Lei nº 50/2005, de 30 de Agosto, que alterou profundamente o RCPIT, tendo-o de resto republicado em anexo, e modificou ou revogou os preceitos que continham com a inspecção tributária constantes dos códigos do IRS, do IRC e do IVA[54], além de ter consagrado a uniformidade procedimental no seu art. 18º. Uma evolução no sentido da autonomização e especialização do procedimento de inspecção tributária que foi continuado depois, como já referimos, com o Decreto-Lei nº 6/2013 e a Lei nº 75-A/2014, diplomas que vieram dar o efectivo suporte ao papel que a UGC presentemente tem no domínio da inspecção tributária.

Mas, deixando esta evolução, aludamos a cada um dos dois aspectos mencionados. Pois bem, característica importante do procedimento da inspecção tributária é a da discricionariedade de que a AT dispõe, a qual tem diversas e significativas manifestações. Desde logo, a iniciativa está nas mãos da administração tributária que decide segundo uma ampla margem de liberdade, abrindo o procedimento inspectivo quando "se mostre necessário", desencadeando determinada actuação se, em seu juízo, "se

de CTF, Ministério das Finanças, em 2002; PAULO MARQUES, *O Procedimento de Inspecção Tributária*, Coimbra Editora, 2014; RUI MORAIS, *Manual de Procedimento e Processo Tributário*, Almedina, 2012, p. 214 e ss., JOAQUIM FREITAS DA ROCHA, *Lições de Procedimento e Processo Tributário*, 5ª ed., Coimbra Editora, 2014, p. 166 e ss.; DOMINGOS PEREIRA DE SOUSA, *Direito Fiscal e Processo Tributário*, Coimbra Editora, 2013, p. 305 e ss.; e JESUÍNO ALCÂNTARA MARTINS / JOSÉ COSTA ALVES, *Procedimento e Processo Tributário*, Almedina, 2015, p. 149 e ss.

[53] *Relatório da Comissão para o Acompanhamento da Reforma Fiscal*, de 1996.

[54] Pois alterou o art. 134º do Código do IRS, os arts. 4º, 69º e 125º do Código do IRC, e o art. 77º do Código do IVA, e revogou os arts. 135º e 136º do Código do IRS, e os arts. 78º e 79º do Código do IVA.

mostrar necessária" ou "se mostre indispensável", sujeitando a investigação uma situação se for "susceptível de revelar" factos dignos de investigação e determinando se um facto tem ou não "relevância tributária".

É certo que há algumas barreiras a esse poder discricionário, como as resultantes da exigência do Plano Nacional de Actividades da Inspecção Tributária e Aduaneira (PNAITA) e a proibição de repetição do procedimento de inspecção. De facto, segundo o disposto no art. 23º do RCPIT, a inspecção obedece ao PNAITA que define os programas, os critérios e as acções a desenvolver que servem de base à selecção dos sujeitos passivos e demais obrigados tributários a inspeccionar. Todavia, o Plano tem natureza reservada, sendo apenas objecto de publicação os critérios genéricos definidos para a selecção das entidades a inspeccionar, para além de que, nos termos do art. 27º do RCPIT, qualquer sujeito passivo pode ser objecto de inspecção com base em critérios que não constem do Plano que sejam definidos pelo Director Geral da AT ou quando se verifiquem desvios significativos no comportamento fiscal dos sujeitos passivos ou demais obrigados tributários perante os parâmetros de normalidade que caracterizam a actividade ou situação patrimonial ou de quaisquer actos ou omissões que constituam indício de infracção tributária.

Quanto à proibição da repetição do procedimento, estabelece o nº 4 do art. 63º da LGT que só pode "haver mais de um procedimento externo de fiscalização respeitante ao mesmo sujeito passivo ou obrigado tributário, imposto e período de tributação, mediante decisão, fundamentada com base em factos novos, do dirigente máximo do serviço, salvo se a fiscalização visar apenas a confirmação dos pressupostos de direitos que o contribuinte invoque perante a administração tributária e sem prejuízo do apuramento da situação tributária do sujeito passivo por meio de inspecção ou inspecções dirigidas a terceiros com quem mantenha relações económicas"[55].

Naturalmente que a discricionariedade de que a AT dispõe em sede da inspecção tributária não pode ser dissociada dos direitos e das faculdades de que os funcionários da AT gozam no exercício das suas funções, nos termos do art. 64º-C da LGT[56] e dos arts. 28º e 29º do RCPIT. Pois, segundo o primeiro dos preceitos, "[p]pra efeitos do disposto no Código Penal, os funcionários da Autoridade Tributária e Aduaneira, no exercício das funções que nessa qualidade lhes sejam cometidas, consideram-se investi-

[55] Sobre a referida irrepetibilidade do procedimento externo de inspecção tributária, v. os acórdãos do TCAS de 27-02-2013, Proc. 07343/12, e de 23-04-2015, Proc. 06182/12.

[56] Aditado pela LOE/2015 (Lei nº 82-B71014, de 3 de Dezembro).

dos de poderes de autoridade pública". Por seu lado, nos arts. 28º e 29º do RCPIT encontram-se os direitos e faculdades dos funcionários da inspecção respeitantes: ao acesso a todos os documentos na posse do sujeito passivo visado no procedimento inspectivo que sejam considerados relevantes para o apuramento da efectiva capacidade económica; à recolha de informações junto de terceiros, particulares e entidade públicas, incluindo as que estejam cobertas pelo sigilo bancário, nos termos do art. 63º-B da LGT; à liberdade de acesso e de utilização de instalações ou locais ligados ao exercício da actividade económica do sujeito passivo ou demais obrigados tributários, onde possam ser encontrados os elementos de informação necessários ao apuramento das respectivas situações tributárias[57].

Relativamente ao acesso ao domicílio fiscal, é preciso ter em conta o disposto no nº 6 do art. 63º da LGT, nos termos da qual, em caso de oposição ao acesso dos funcionários, designadamente à habitação do contribuintes ou a elementos abrangidos pelo segredo profissional, a diligência inspectiva só poderá ser realizada mediante autorização concedida pelo tribunal da comarca competente com base em pedido fundamentado da administração tributária[58].

Uma palavra agora sobre a utilização em processo penal de prova recolhida no procedimento de inspecção tributária, uma situação que, em princípio, é incompatível com o direito que assiste ao arguido de não se auto-incriminar, o direito expresso no conhecido brocardo latino *nemo tenetur se ipsum accusare*. Um direito fundamental que, por não ser absoluto, pode comportar limites, desde que estes superem com êxito os exigentes testes constitucionais das leis restritivas de direitos, liberdades e garantias fundamentais constantes dos nºs 2 e 3 do art. 18º da Constituição. Importância especial têm aqui os testes concretizados na salvaguarda do núcleo essencial do direito fundamental do arguido e no respeito da proporcionalidade entre a restrição a esse direito e o interesse público na liquidação e cobrança dos impostos a implicar uma eficaz luta contra o fenómeno da evasão e fraude fiscais. O que pode conduzir a que, em certos casos, a utilização em processo penal de prova recolhida no procedimento de inspecção tributária possa ter-se por juridicamente admissível, como de

[57] Para maiores desenvolvimentos a este respeito, v. Domingos Pereira de Sousa, *Direito Fiscal e Processo Tributário*, cit., p. 335 e ss.

[58] Quanto à inviolabilidade do domicílio face à inspecção tributária, v. Joaquín Álvarez Martínez, *La Inviolabilidad del Domicilio ante la Inspección de Tributos*, La Ley, Madrid, 2007.

resto foi reconhecido tanto pelo TEDH, no caso *Sanders vs Reino Unido*, de 17 de Dezembro de 1996, como pelo Tribunal Constitucional, no acórdão 340/2013.

Uma abertura que se compreende até porque os interesses públicos não são, em rigor, interesses do Estado que, obviamente, não é titular de interesses que possam considerar-se realmente próprios, mas interesses dos membros da comunidade que o Estado é. O que no caso presente é por de mais evidente, pois o interesse na liquidação e cobrança dos impostos a implicar uma eficaz luta contra o fenómeno da evasão e fraude fiscais é o interesse dos contribuintes que pagam os impostos cumprindo o correspondente dever fundamental.

Pois, como escrevemos noutro local, embora como qualquer dever, o dever fundamental de pagar impostos constitua directamente uma posição passiva do contribuinte face ao Estado, reflexamente configura-se como uma posição activa do contribuinte que se concretiza também em direitos fundamentais que, de algum modo, cercam o referido dever fundamental. Pelo que bem podemos dizer que estamos aí perante um *dever cercado de direitos*, em que temos: 1) o *direito de não pagar impostos* a não ser aqueles que hajam sido criados nos termos da Constituição, não tenham natureza retroactiva e cuja liquidação e cobrança se façam nos termos da lei (nº 3 do art. 103º da Constituição); 2) o *direito de exigir* que todos os outros membros da comunidade também contribuam para a comunidade, o que implica para o Estado que todos os membros da comunidade sejam constituídos em destinatários desse dever (uma tarefa do legislador) e, bem assim, que todos eles sejam efectivamente obrigados ao cumprimento do mesmo (uma tarefa da administração tributária)[59]; 3) o *direito à eficiência da despesa pública*, o que significa que o dever fundamental de pagar impostos apenas se conterá nos limites constitucionais se a despesa assegurar um adequado retorno à sociedade, em quantidade e qualidade de políticas públicas, do montante dos impostos que venham a ser arrecadados[60].

Perante a complexidade que o dever fundamental de pagar impostos encerra, o interesse público na liquidação e cobrança dos impostos a impli-

[59] Muito embora, tendo em conta a actual globalização da economia em um contexto de livre circulação de capitais e mesmo dos trabalhadores, sobretudo dos mais qualificados, essa exigência enfrente dificuldades quase intransponíveis – v. o nosso estudo «Ainda fará sentido o art. 104º da Constituição?», agora nestes *Estudos*, p. 135 e ss.

[60] V. o nosso estudo «Considerações sobre a responsabilidade civil da Administração Fiscal», *Scientia Iuridica*, Tomo LXI, 2012, p. 327 e ss.

car uma eficaz luta contra o fenómeno da evasão e fraude fiscais é, afinal de contas, o interesse de cada um dos contribuintes enquanto membros da comunidade estadual. O que constitui pano de fundo para a acção popular que vimos propondo em matéria de impugnação de actos relativos à concessão de benefícios fiscais (questionando-nos mesmo sobre se uma tal solução não seria de aplicar também às subvenções directas), atribuindo legitimidade activa a qualquer contribuinte que, no ano imediatamente anterior àquele a que o benefício fiscal diga respeito, tenha sido contribuinte efectivo do correspondente imposto[61].

[61] V. o nosso *Direito Fiscal,* cit., p. 354.

Sobre o regime jurídico das taxas[1]

Sumário: I. A figura ampla dos tributos: 1. Um conceito de tributo; 2. A arrumação dos tributos; II. O regime jurídico das taxas: 1. O nível jurídico-constitucional; 2. O nível jurídico-legal; III A actual erosão da figura das taxas.

Num quadro não alheio à força atractiva que os códigos binários sempre têm exercido na construção dogmática do direito, compreende-se que para quem, como nós, tenha aderido à visão dicotómica dos tributos que prevaleceu na doutrina e jurisprudência portuguesas durante toda a segunda metade do século passado, não se revele tarefa fácil tratar da figura mais ampla dos tributos e, dentro desta, especificamente, da figura das taxas. Pois que, como bem se compreende, nessa compreensão dicotómica dos tributos, a construção dogmática acabou por se polarizar inteiramente na figura dos tributos unilaterais ou impostos, tendo deixado na sombra, em larga medida, a figura dos tributos bilaterais ou taxas. O que, a seu modo, explica os problemas que, hoje em dia, se colocam ao regime jurídico das taxas.

I. A figura dos tributos

Todavia, atendendo à erosão que tanto a figura dos impostos como a figura das taxas vêm suportando no actual quadro de crise do Estado moderno, concretizada na emergência de toda uma série de realidades tributárias intermédias entre essas figuras polarizadoras, impõe-se cada vez mais fazer referência

[1] Texto publicado na *Revista de Legislação e de Jurisprudência*, ano 145º, 2015/16, o qual, no que ao ponto I diz respeito, retoma, no essencial, parte do que escrevemos, sob o título «Algumas considerações sobre a figura dos tributos», nos *Estudos em Homenagem ao Professor Doutor Aníbal de Almeida*, Boletim da Faculdade de Direito, Coimbra Editora, 2012.

ao género em que as taxas figuram como espécie, ou seja, à figura mais ampla dos tributos, delimitando o seu conceito e dando conta da arrumação interna das espécies que alberga. Ou seja, dar um passo atrás na especialização, refugiando-nos no género, para, depois, entrarmos na figura das taxas, recortando, a traço largo, a figura tributária que aqui nos convoca, dando conta do seu regime jurídico. Vejamos então.

1. Um conceito de tributo

Assim, vamos começar por enunciar um conceito de tributo enquanto género das espécies em que vem sendo tradicionalmente desdobrado. Um conceito que, atento o âmbito e a diversidade de realidades que abarca, não possui o rigor típico do conceito de imposto ou do conceito de taxa[2]. Um conceito que, todavia, encontramos lá fora, como acontece no Brasil, em que, nos termos do artigo 3º do *Código Tributário Nacional*, o tributo é definido como «toda a prestação pecuniária compulsória, em moeda ou cujo valor nela se possa exprimir, que não constitua sanção a acto ilícito, instituída em lei e cobrada mediante actividade administrativa plenamente vinculada»[3], ou em Espanha cujo artigo 2.1 da *Ley General Tributaria*, depois da revisão de 2003, considera que «[l]os tributos son los ingresos públicos que consisten en prestaciones pecuniarias exigidas por una Administración pública como consecuencia de la realización del supuesto de hecho al que la ley vincula el deber de contribuir, con el fin primordial de obtener los ingresos necesarios para el sostenimiento de los gastos públicos»[4].

Entre nós, porém, devemos assinalar que não há qualquer definição legal de tributo. O que, quanto a esta categoria tributária, bem se compreende, uma vez que não é nela que se encontra polarizado a atenção dos juristas. Longe disso. De facto, essa atenção tem estado focada exclusivamente na figura dos tributos unilaterais ou impostos. Afirmação que em nada foi posta em causa pela aprovação da Lei Geral Tributária (LGT), pois que, não obstante o título desta parecer identificar como seu objecto os tributos em geral, ela fundamentalmente não é mais do que uma lei geral

[2] V., a este respeito, AFREDO BENÍTEZ RIVAS, «El concepto de tributo», em César García Novoa /Catalina Hoyos Jiménez (Coords.), *El Tributo y su Aplicación en el Siglo XXI*, vol. I, Marcial Pons, Buenos Aires, 2008, p. 15 e ss. V. também CÉSAR GARCÍA NOVOA, *El Concepto de Tributo*, Marcial Pons, 2012, p. 57 e ss.

[3] Cf., no respeitante a este conceito de tributo, SACHA CALMON NAVARRO COELHO, «Conceito de tributo», *Direito Tributário em Questão*, FESDT, nº 5, Jan./Jun. 2010, p. 157 e ss.

[4] V. sobre este conceito legal CÉSAR GARCÍA NOVOA, *El Concepto de Tributo*, cit., p. 59 e ss.

sobre as relações tributárias relativas aos impostos. Algo que resulta muito claro da própria LGT ao prescrever, no nº 3 do seu artigo 3º, que o regime geral das taxas e demais contribuições financeiras a favor de entidades públicas consta de lei especial[5].

Mas a ausência de qualquer definição legal verifica-se também relativamente quer à figura dos impostos quer à figura das taxas, pois que nem na LGT, no que respeita aos impostos (e taxas) nem no Regime Geral das Taxas das Autarquias Locais (RGTAL), no respeitante às taxas, encontramos uma definição das referidas figuras tributárias. Com efeito, este Regime, ao contrário do que à primeira vista possa parecer, limita-se a descrever os pressupostos de facto típicos das taxas, estabelecendo no seu artigo 3º, que «[a]s taxas das autarquias locais são tributos que assentam na prestação concreta de um serviço público local, na utilização privada de bens do domínio público e privado das autarquias locais ou na remoção de um obstáculo jurídico ao comportamento dos particulares, quando tal seja atribuição das autarquias locais, nos termos da lei». Algo que não é substancialmente diferente do tratamento dado à descrição dos factos tributários das taxas constante do nº 2 do artigo 4º da LGT, em que se prescreve: que «[a]s taxas assentam na prestação concreta de um serviço público, na utilização de um bem do domínio público ou na remoção de um obstáculo jurídico ao comportamento dos particulares»[6].

Por conseguinte, tentando um conceito doutrinal, podemos definir tributo a partir de três elementos: o elemento objectivo, o elemento subjectivo e o elemento teleológico. De um ponto de vista *objectivo*, o tributo corresponde a uma *prestação* reveladora da natureza obrigacional das relações jurídicas que origina, *pecuniária*, pois reporta-se a prestações concretizadas

[5] O que demonstra, de resto, como dizemos noutro local, que a LGT, em rigor, não é nem geral nem tributária – v. o nosso *Direito Fiscal*, 8ª ed., Almedina, Coimbra, 2015, p. 201 e ss.

[6] V., neste sentido, também o artigo 41º da Lei das Finanças Regionais Autónomas, em que se dispõe que «os governos regionais e as administrações regionais podem fixar o quantitativo das taxas, tarifas e preços devidos pela prestação de serviços regionais, ainda que concessionados, pela outorga de licenças, alvarás e outras remoções dos limites jurídicos às actividades regionais dos particulares e pela utilização dos bens do domínio público regional". Já a actual LFL (contida na Lei nº 73/2013, de 3 de Setembro, sob o título de Regime de Financiamento das Autarquias Locais e Entidades Intermunicipais), no seu artigo 14º, al. *d*), refere-se apenas a taxas e preços resultantes de licenças e da prestação de serviços pelo município. Quanto a esta divisão tripartida das taxas, v., desenvolvidamente, Alberto Xavier, *Manual de Direito Fiscal*, Lisboa, 1974, p. 42 e ss.

em dinheiro ou em algo equivalente a dinheiro, e *coactiva* já que tem por fonte a lei, tratando-se, por conseguinte, de obrigações *ex lege*[7].

Por seu lado, do ponto de vista *subjectivo* deparamo-nos com uma prestação com as características antes enunciadas exigida a favor de entidades que exercem funções ou tarefas públicas a detentores de capacidade contributiva ou a beneficiários ou fautores de específicos serviços públicos[8].

Enfim, do ponto de vista *teleológico* ou *finalista* os tributos são exigidos pelas mencionadas entidades que exerçam funções ou tarefas públicas para a realização dessas mesmas funções ou tarefas desde que não tenham carácter sancionatório. O que significa que os tributos podem ter uma finalidade não apenas financeira ou fiscal, mas também outras finalidades, como as económicas ou sociais, excluída que esteja, como referimos, a função sancionatória. Exclusão esta que se impõe sempre que o elemento teleológico do conceito de tributo seja definido em termos amplos, como o demonstra o confronto entre o conceito de tributo constante do *Código Nacional Tributário* brasileiro, em que essa nota negativa se encontra presente, e o conceito de tributo que agora consta da *Ley General Tributaria* espanhola, em que essa nota está ausente porque a mesma não se justifica[9].

Trata-se, assim, de um conceito em que se integram facilmente as múltiplas espécies do variado universo dos tributos, sejam estes tributos unilaterais ou impostos, sejam tributos bilaterais ou taxas, sejam, enfim, tributos que, de algum modo, se situam a meio caminho entre esses dois tipos paradigmáticos, como são os tributos comummente designados por contribuições especiais. A este respeito é de sublinhar que o critério para a distinção entre esses tipos de tributos se reporta exclusivamente à *estrutura da relação tributária*, ao tipo de relação que se estabelece entre os respectivos sujeito activo e o sujeito passivo, e não à *titularidade activa* dessa relação, como o sugere a frequentemente utilizada expressão «tributos parafiscais», nem a

[7] Lei que vai aqui entendida em sentido algo amplo, já que essa fonte não tem de ser constituída necessariamente por lei, decreto-lei ou decreto legislativo (regional), podendo ser constituída também por regulamentos, como sucederá em sede de taxas e das contribuições financeiras que, nos termos dos correspondentes «regimes gerais», para eles remetam – v., nesse sentido, o artigo 8º do RGTAL

[8] A detentores de capacidade contributiva no caso dos tributos unilaterais ou impostos, e a beneficiários ou fautores de específicos serviços públicos nos casos dos tributos bilaterais ou taxas (ou contribuições de estrutura bilateral).

[9] V., neste sentido e por todos, César García Novoa, *El Concepto de Tributo*, cit., p. 219 e ss. Embora tendo em conta não o género, os tributos, mas antes a espécie, os impostos, v. o nosso *Direito Fiscal*, cit., p. 38 e ss.

finalidade do tributo como, por vezes, vai subentendido na expressão «tributos extrafiscais»[10].

Por conseguinte, as dificuldades que surjam relativas à exacta configuração da estrutura da mencionada relação não podem ser eficazmente ultrapassadas através do recurso a outros critérios que nada têm a ver com a referida estrutura. Mais especificamente, não podem ser ultrapassadas nem pelo recurso ao critério da *titularidade activa* da relação, tributária que é a base da distinção entre tributos fiscais e tributos parafiscais, nem pelo recurso ao critério da *finalidade do tributo*, o suporte da distinção entre tributos fiscais e tributos extrafiscais.

Mas vejamos o universo dos tributos que, embora tradicionalmente venha explicado com base na divisão a que aludimos, enfrenta hoje problemas quanto ao exacto recorte dos tipos de tributos que o integram.

2. A arrumação dos tributos

A figura dos tributos, sobretudo no direito continental europeu, tem sido tradicionalmente objecto de uma divisão dicotómica, bipartida ou binária, que os distribui por tributos unilaterais ou impostos e tributos bilaterais ou taxas, ou de uma divisão tripartida ou ternária, em que se distingue entre impostos, taxas e contribuições ou tributos especiais. Por via de regra, a mencionada divisão tripartida é a que encontramos referenciada na doutrina tradicional com destaque para a Itália, Espanha, Alemanha e Portugal, muito embora dessa divisão tripartida não tenham, em geral, resultado consequências de ordem prática, ou seja, em termos de diversidade dos correspondentes regimes jurídicos, sobretudo em sede jurídico-constitucional[11].

[10] Como parece ser o que se verifica na contraposição dos tributos fiscais aos tributos parafiscais constante da alínea *a*) do nº 1 do artigo 3º da LGT, uma vez que o critério da titularidade activa da relação tributária, que devia ser o subjacente a tal contraposição, como referimos a seguir no texto, constitui justamente o critério que está na base da classificação dos tributos em tributos estaduais, tributos regionais e tributos locais constante da alínea *b*) desse mesmo preceito legal.

[11] Uma divisão tripartida que, devemos assinalar, não deixa de estar presente em sistemas que conhecem, mesmo a nível constitucional, uma maior diversidade de tributos, como acontece no Brasil, em que habitualmente são referidos cinco tipos de tributos: impostos, taxas (taxas de polícia e taxas de serviços), contribuições de melhoria, contribuições sociais (contribuições de intervenção no domínio económico, contribuições profissionais e contribuições para a seguridade social) e empréstimos compulsórios. V., a este respeito e por todos, SACHA CALMON NAVARRO COELHO, «Conceito de tributo», *Direito Tributário em Questão*, ob. cit.

Com efeito, nesta sede e para estes precisos efeitos, o que temos em rigor encontrado é uma divisão bipartida, dicotómica ou binária dos tributos, uma verdadeira *summa divisio,* em que estes, independentemente da diversidade, do nome que ostentam e da disciplina legal que os tem por objecto, ou são tributos unilaterais, que integram a figura dos impostos, ou tributos bilaterais, que acabam por se reconduzir à figura das taxas. Uma ideia que fez carreira, inclusivamente na jurisprudência constitucional em Portugal, que tinha em seu apoio a circunstância não despicienda de o próprio texto constitucional não nomear e, por conseguinte, não conhecer outros tributos que não fossem os impostos e as taxas[12].

Uma situação que apenas foi alterada com a Revisão Constitucional de 1997, através da qual a Constituição Portuguesa passou a referir-se aos «impostos», às «taxas» e às «demais contribuições financeiras a favor das entidades públicas». Referência que, como já antes sucedia (no concernente aos impostos e às taxas)[13], surge feita em sede do recorte constitucional do *princípio da legalidade fiscal,* distinguindo a tal respeito: os impostos cuja disciplina essencial, isto é, a relativa aos elementos essenciais de cada imposto (a incidência, a taxa, os benefícios fiscais e as garantias dos contribuintes), deve constar de lei do Parlamento (Assembleia da República), ou de decreto-lei do Governo devidamente autorizado por específica lei parlamentar; as taxas cuja reserva legislativa do Parlamento se limita ao seu «regime geral»; e as demais contribuições financeiras a favor das entidades públicas para as quais a reserva parlamentar se limita também ao seu «regime geral»[14].

Refira-se, a este propósito, que a imposição, nos termos constitucionais que acabamos de ver, de um regime geral para as taxas e de um regime geral para as demais contribuições financeiras, só em parte foi cumprido, já que o legislador até agora apenas aprovou o já referido Regime Geral das Taxas das Autarquias Locais[15], continuando em falta quer o regime geral

[12] V. o nosso livro *O Dever Fundamental de Pagar Impostos. Contributo para a Compreensão Constitucional do Estado Fiscal Contemporâneo,* Almedina, Coimbra, 1998, p. 251 e ss.

[13] O que, de resto, já acontecia no domínio da constituição anterior, a Constituição de 1933 – v. o seu artigo 70º.

[14] V., para os impostos, os artigos 165º/1/i/1ª parte, e 103º/2, e para as taxas e demais contribuições financeiras a favor das entidades públicas, o artigo 165º/1/i/2ª parte da Constituição.

[15] Que foi aprovado pela Lei nº 53-E/2006, de 29 de Dezembro.

das taxas do Estado (e das regiões autónomas), quer o regime geral das demais contribuições financeiras a favor das entidades públicas[16].

Todavia, apesar dessa referência a três espécies de tributos e da autonomização, nesse quadro, das «demais contribuições financeiras a favor das entidades públicas», o certo é que nem a doutrina nem a lei têm reconduzido inteiramente essas contribuições à terceira espécie de tributos que, como vimos, tradicionalmente a doutrina no direito continental vem designando por contribuições ou tributos especiais. Um resultado para o qual certamente contribui o texto da própria LGT que, depois de estabelecer, no artigo 3º/2, que «os tributos compreendem os impostos, incluindo os aduaneiros e especiais, e outras espécies tributárias criadas por lei, designadamente as taxas e demais contribuições financeiras a favor de entidades públicas», prescreve no seu artigo 4º/3: «as contribuições especiais que assentam na obtenção pelo sujeito passivo de benefícios ou aumento de valor dos seus bens em resultado de obras públicas ou da criação ou ampliação de serviços públicos ou no especial desgaste de bens públicos ocasionados pelo exercício de uma actividade são considerados impostos».

Uma formulação pouco feliz, uma vez que o que o legislador pretendeu dizer é que a essas contribuições se aplica o *regime legal* dos impostos em concordância, de resto, com a jurisprudência constitucional que as considera submetidas ao *regime constitucional* dos impostos. Quer isto dizer que são tidas como impostos as contribuições especiais que podemos designar por *contribuições especiais clássicas*, as quais, seguindo uma distinção há muito consolidada, sobretudo nas doutrinas italiana e espanhola, são tradicionalmente divididas em dois tipos: as *contribuições de melhoria*, que têm lugar naqueles casos em que é devida uma prestação, em virtude de uma vantagem económica particular resultante do exercício de uma actividade administrativa, por parte de todos aqueles que tal actividade indistintamente

[16] Relativamente às taxas do Estado, a falta de aprovação do seu regime geral não obsta à aplicação às mesmas do que podemos designar por *regime geral comum das taxas* contido no RGTAL, embora alguns problemas específicos das taxas dos «serviços nacionais» possam não encontrar aí uma resposta adequada, designadamente na articulação entre taxas e preços em domínios parcialmente privatizados. O que, naturalmente, não significa que a falta de aprovação desse regime geral, assim como a falta de aprovação do regime geral das demais contribuições financeiras a favor de entidades públicas não configure uma inconstitucionalidade por omissão, à qual há que pôr termo – v., neste sentido, GOMES CANOTILHO / VITAL MOREIRA, *Constituição da República Portuguesa Anotada*, 4ª ed., vol. I – *Artigos 1º a 107º*, Coimbra Editora, Coimbra, 2007, anot. XV ao artigo 103º.

beneficia; e as *contribuições por maior despesa*, que ocorrem naquelas situações em que é devida uma prestação em virtude de as coisas possuídas ou de a actividade exercida pelos particulares darem origem a uma maior despesa das autoridades públicas[17].

Assim, temos em Portugal uma terceira espécie de tributos, constitucionalmente reconhecida desde a Revisão Constitucional de 1997, as demais contribuições financeiras a favor das entidades públicas, que não só não se identifica inteiramente, como está longe de se reconduzir à conhecida espécie tributária das contribuições ou tributos especiais. Desde logo porque, segundo as disposições legais que reproduzimos mais acima, uma parte destas contribuições acaba sendo reconduzida ao regime jurídico, mormente constitucional, dos impostos.

Neste quadro, vimos propondo[18], conjugando a estrutura dos tributos (unilateral ou bilateral) com o tipo de critério que deve presidir à sua medida (capacidade contributiva ou proporcionalidade entre a prestação específica e respectiva contraprestação), que a actual compreensão do universo dos tributos pode passar, em geral, pela seguinte expressão:

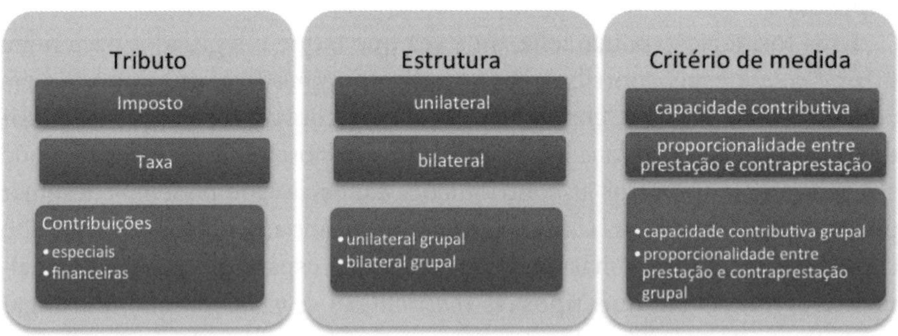

O que significa que, embora tendo três espécies de tributos, como acontece na generalidade dos países, a terceira espécie (as contribuições), atentos a sua estrutura e o critério da sua medida, acabe sendo equiparada ou aos impostos ou às taxas, apresentando-se, assim, essencialmente, como impostos especiais ou como taxas especiais. Por conseguinte o reconheci-

[17] Contribuições especiais bem conhecidas lá fora, as quais são designadas por *tributi* ou *contributi speciali* em Itália, *contribuciones especiales* em Espanha, e *Beiträge* na Alemanha. V., quanto ao que dizemos no texto, Alberto Xavier, *Manual de Direito Fiscal*, Lisboa, 1974, p. 57 e ss.; o nosso *Direito Fiscal*, cit., p. 20 e ss., e Vitor Faveiro, *O Estatuto do Contribuinte. A Pessoa do Contribuinte no Estado Social de Direito*, Coimbra, 2002, p. 303 e ss.

[18] V. o nosso *Direito Fiscal*, cit., p. 26.

mento constitucional de três espécies de tributos parece não se revelar suficiente para a identificação das contribuições especiais como uma figura tributária verdadeiramente autónoma.

Nessa visão das coisas, poder-se-ia dizer que as «contribuições especiais» se reconduzem ao regime dos impostos e as «contribuições financeiras» ao regime das taxas. De resto, que a figura das taxas pode respeitar a tributos de estrutura bilateral grupal, tem base legal expressa no nº 2 do artigo 5º do RGTAL, em que se prescreve que «as autarquias locais podem criar taxas para financiamento de utilidades geradas pela realização de despesa pública local, quando desta resultem utilidades divisíveis que beneficiem um grupo certo e determinado de sujeitos, independentemente da sua vontade». Assim, em sede da disciplina constitucional, às «contribuições especiais» aplicar-se-ia o *princípio da legalidade fiscal*, tanto na sua vertente de *princípio da reserva de lei* (formal ou parlamentar), a exigir que cada contribuição seja criada por lei do Parlamento (ou decreto-lei do Governo depois de uma específica lei de autorização legislativa do Parlamento), como na sua vertente de *princípio de reserva material ou conteudística* (de lei), a implicar, relativamente a cada contribuição, que a lei que a cria contenha os seus elementos essenciais que são, como já referimos, a incidência, a taxa, os benefícios fiscais e as garantias dos contribuintes)[19]. Por outro lado, a sua medida teria por base o *princípio da capacidade contributiva* reportada não ao indivíduo mas ao grupo beneficiado ou causador dos específicos custos comunitários.

Já no que concerne às «contribuições financeiras», estas bastar-se-iam com um princípio de legalidade menos exigente, idêntico ao *princípio da legalidade das taxas*, o qual se satisfaz com a exigência de o seu *regime geral* constar de lei do Parlamento ou de decreto-lei parlamentarmente autorizado. Pelo que a sua concreta criação e modelação pode ser levada a cabo seja por diploma legislativo seja por regulamento, em conformidade natu-

[19] Refira-se que, em países como por exemplo a Itália e a Espanha, se fala em princípio da reserva relativa e princípio da reserva absoluta de lei fiscal para mencionar o que designamos, respectivamente, por princípio da reserva de lei (formal) e reserva material ou conteudística (de lei). Pois aquela terminologia é de evitar em Portugal, em virtude de a Constituição, na distribuição da competência legislativa entre a Assembleia da República e o Governo (ambos com competência legislativa concorrente), ter estabelecido a favor daquela uma lista de matérias de reserva absoluta (artigo 164º) e uma lista de matérias de reserva relativa (artigo 165º), atribuindo assim a essa distinção um sentido exclusivamente orgânico – cf. o nosso livro *O Dever Fundamental de Pagar Impostos*, cit., p. 356 e ss.

ralmente com o que constar do referido «regime geral». Por seu turno, a sua medida assentaria no *princípio da proporcionalidade* taxa/prestação estadual proporcionada ou taxa/custos específicos causados à respectiva comunidade pelo correspondente grupo.

Todavia é de nos questionarmos se uma tal visão das coisas, de recondução das contribuições financeiras ao regime dos impostos ou ao regime das taxas, nos termos mencionados, ainda que porventura limitada ao plano constitucional, fará sentido no actual quadro de alterações suportadas pelo Estado moderno. Pois não terá a sua referência constitucional o sentido da consagração de uma total autonomização dessas contribuições face aos demais tributos, logo ao próprio nível constitucional?

Uma interrogação para a qual parte da doutrina ensaia uma resposta positiva. Partindo das alterações do Estado implicadas no advento do que vem sendo designado por Estado pós-moderno, são alinhados diversos fundamentos. Com efeito, atentando nas principais necessidades financeiras cuja satisfação tem vindo, na prática, a ser "transferida" para esta nova categoria tributária, e tomando como referência o sistema fiscal alemão e o recorte dogmático de categorias tributárias que o Tribunal Constitucional daquele país tem tentado ajudar a desenhar, esta doutrina propõe a distinção tripartida dos tributos, assente numa verdadeira tripartição do regime jurídico. Para além das taxas e dos impostos, subordinados aos regimes jurídicos anteriormente caracterizados, haveria que incluir no actual universo tributário a categoria das «contribuições especiais financeiras», distinta das «contribuições especiais clássicas» de natureza fiscal que, como vimos, são reconduzidas ao regime jurídico dos impostos[20].

Integrando-as nesse quadro de resposta, as «contribuições especiais financeiras» subordinam-se, no plano formal, de acordo com a Constituição, a um regime jurídico semelhante ao das taxas – reserva de lei parlamentar circunscrita ao respectivo «regime geral» –, sem prejuízo de, enquanto se verificar a mencionada omissão (inconstitucional) do legislador na aprovação desse regime geral, as mesmas terem de ser instituídas, individualmente, por lei parlamentar ou por decreto-lei autorizado do

[20] Uma primeira tentativa de construção em que encaixem as diversas categorias de tributos que encontramos actualmente entre nós, v., por todos, SUZANA TAVARES DA SILVA, *As Taxas e a Coerência do Sistema Tributário*, 2ª ed., Coimbra Editora, 2013, esp. p. 82 e ss.

Governo, como de resto foi sublinhado pelo próprio pelo Tribunal Constitucional[21].

Já, porém, no que respeita ao seu critério material de imposição, não podemos deixar de realçar que o mesmo, embora assente em termos globais no princípio da proporcionalidade e da equidade, a verdade é que poderá sofrer variações em função de cada uma das três subespécies fundamentais que podemos identificar nesta terceira categoria tributária. Segundo esta visão das coisas, o critério material do tributo varia consoante estejamos face a:

1) «contribuições especiais parafiscais» que se destinam a sustentar os custos da regulação independente nos sectores económicos onde se optou pela instituição de autoridades reguladoras independentes e cujo critério material há-de ser a repartição dos custos de funcionamento da regulação pelos seus beneficiários (empresas reguladas e/ ou utentes e consumidores dos bens e serviços de actividades reguladas) como garantia de independência dessas entidades;
2) «contribuições especiais financeiras» que visam sustentar (ainda que de forma parcial) financeiramente os custos das obrigações de serviço público impostas a empresas no contexto da garantia de serviços de interesse geral e o funcionamento de sistemas públicos de garantia de serviços de interesse geral através da tributação de factos e comportamentos que consubstanciam manifestações de aproveitamento das utilidades geradas para além do aproveitamento correspondente ao mínimo indispensável à subsistência condigna, equivalendo a tributação a essa diferença;
3) «contribuições especiais extrafiscais» que se destinam a orientar condutas através da tributação de comportamentos que determinam um risco acrescido ou esforço especial sobre recursos naturais ou bens comuns ou colectivos, desde que exista um comportamento alternativo válido, podendo a sua medida ser muito variada consoante a intenção seja instituir sistemas de financiamento cruzado ou apenas impedir determinados comportamentos[22].

[21] Cf. Acórdão do Tribunal Constitucional nº 361/2009, respeitante às taxas para Entidade Reguladora para a Comunicação Social (ERC).

[22] O que nos revela a cada vez maior mistura, quando o que está em causa, como referimos, já não é a estrutura da relação tributária, mas a finalidade do tributo, no quadro das finanças funcionais. V. também e por todos, K. Tipke / J. Lang, *Steuerrecht*, 22ª ed., Dr. Otto Schmidt, Köln, 2015, p. 45 e ss.

A este respeito é de sublinhar que um especial tipo de tributos de natureza extrafiscal, por via de regra reconduzidos à figura das taxas, constituem as chamadas taxas moderadoras, as quais apenas se revelarão como verdadeiras taxas moderadoras se e na medida em que tenham por função e conduzam efectivamente a moderar o acesso ou a utilização de determinados serviços públicos, obstando assim à sua utilização abusiva. Taxas em relação às quais somos, todavia, levados a questionar até que ponto algumas das taxas moderadoras cobradas pela prestação de serviços no domínio do Serviço Nacional de Saúde não constituem, em alguma medida, efectivas taxas de serviço, bem como a manifestar as nossas mais fundadas dúvidas quanto à correcção jurídica da tributação agravada, em sede das custas judiciais, para os denominados "grandes litigantes", nos termos em que a mesma foi introduzida no Regulamento das Custas Processuais pelo Decreto-Lei nº 34/2008, de 26 de Fevereiro[23], não obstante o Tribunal Constitucional, no seu acórdão 238/2014, já ter julgado não inconstitucional a aplicação dessa taxa agravada às sociedades comerciais que tenham entrado nos tribunais, no ano anterior, com 200 ou mais acções, procedimentos ou execuções.

Nesta tentativa de arrumar as diversas espécies de tributos ficam, todavia, por acomodar os tributos pagos pelas entidades empregadoras e pelos trabalhadores para o financiamento da segurança social, cuja arrumação pode vir também a ser diferente da tradicional[24], o que ocorrerá com toda a certeza caso a escassez de recursos financeiros e o recuo do Estado Social determinem a transição do tradicional sistema público para um verdadeiro sistema misto de Segurança Social. Muito embora no nosso actual sistema de segurança social, que continua a ser basicamente um sistema público, seja de assinalar que a disciplina jurídica das contribuições (quotizações dos trabalhadores e contribuições das entidades empregadoras) se revela cada vez mais próxima dos tributos unilaterais ou impostos.

Para o que muito contribuiu a aprovação do Código Contributivo da Segurança Social[25], em que as contribuições viram a sua base de incidência significativamente alargada, como se pode ver pelo recorte da sua incidência objectiva e dos correspondentes benefícios fiscais. O que aproximou

[23] Editado com base na autorização legislativa concedida pela Lei nº 26/2007, de 23 de Julho.

[24] Em que têm sido considerados impostos ou tributos sujeitos ao regime jurídico-constitucional dos impostos – v. o nosso *Direito Fiscal,* cit., p. 583 e ss.

[25] Cujo nome oficial é Código dos Regimes Contributivos do Sistema Previdencial de Segurança Social, aprovado pela Lei nº 110/2009, de 16 de Setembro.

essa base muito da que releva em sede do IRS. Isto não obstante, em contrapartida, a estrutura do Código Contributivo ser bastante diversa da dos códigos dos impostos, em que a articulação que nela se faz entre a "relação jurídica de vinculação" e a "relação jurídica contributiva" no respeitante tanto aos trabalhadores por conta de outrem e aos trabalhadores independentes, como no que se refere ao seguro social voluntário parece ir no sentido do afastamento das referidas contribuições da figura dos impostos.

II. O regime jurídico das taxas

Mas passemos ao regime jurídico das taxas. Por certo que, num determinado entendimento das coisas, seria de começar por dar conta e desenvolver aqui o conceito desta figura tributária. Todavia, dado o conceito de tributo que traçámos, não precisamos de proceder aqui a quaisquer desenvolvimentos relativamente ao conceito de taxa, pois este decorre inteiramente daquele conceito, constituindo assim as taxas prestações pecuniárias, coactivas e bilaterais, exigidas a favor de entidades que exercem funções ou tarefas públicas a beneficiários ou fautores de específicos serviços públicos para a realização das referidas funções ou tarefas desde que não tenham carácter sancionatório. Por conseguinte, vejamos o regime jurídico das taxas, em que temos dois níveis: o nível constitucional e o nível legal.

Antes, porém, de passarmos ao recorte desse regime em cada um dos dois níveis normativos mencionados, importa assinalar que não nos referimos aqui ao nível jurídico comunitário europeu, como componente do regime jurídico das taxas, que à primeira vista poderia ter-se por convocável, enquanto patamar jurídico de natureza supranacional, porque o direito comunitário não tem relativamente à figura das taxas qualquer especificidade, porquanto o mesmo se reporta em geral aos tributos, não sendo estes, de resto, visados de maneira directa pelo direito da União Europeia. Pois este, como é sabido, está construído em torno da defesa intransigente do estabelecimento e funcionamento do mercado interno, constituindo este o valor supremo e praticamente único do actual estádio de construção europeia.

Significa isto que o poder tributário dos Estados membros – reporte-se a que tributos que se reportar (impostos, taxas ou contribuições) –, tem que se pautar pelo respeito das liberdades fundamentais (de estabelecimento, de circulação de trabalhadores, de circulação de serviços e de circulação de capitais), observando assim um específico princípio de neutralidade económica, de modo a não provocar distorções à concorrência que suporta o referido mercado interno. O que, tem sido conseguido através da bem conhecida harmonização fiscal negativa levada a cabo pelo reconhecido activismo do Tribunal de Justiça da União Europeia, o qual, como dissemos noutro local, comporta uma total funcionalização à constituição económica (europeia e dominada pelo mercado interno funcionando segundo um mais do que discutível paradigma de concorrência perfeita) tanto da constituição financeira (europeizada pelo Programa de Estabilidade e Crescimento e, sobretudo, pelo Tratado Orçamental), como, especialmente, das constituições tributárias (que apenas formalmente são mantidas pelo direito comunitário, originário e derivado, na esfera da soberania dos Estados membros)[26].

1. O nível jurídico-constitucional

Como é sabido, ao nível da constituição, a disciplina jurídica dos tributos bilaterais ou taxas é bem diversa da que suporta a dos tributos unilaterais ou impostos, sendo, de resto, estes tributos aqueles que tradicionalmente polarizam a construção dogmática dos tributos, mesmo naqueles países em que, como é, por exemplo, o caso da Itália, Espanha e Brasil, a constituição se reporta ao género tributos e não à espécie impostos, como acontece entre nós, em França e na Alemanha. O que podemos ilustrar através da alusão aos princípios constitucionais relativos à legalidade, à segurança jurídica e à igualdade das taxas, os quais apresentam uma configuração diversa da que comportam enquanto referidos aos impostos. Uma palavra sobre cada um destes princípios, tendo presente a diferença assinalada.

Assim e relativamente ao princípio constitucional da legalidade das taxas, traduz-se este, como já referimos, nos termos do artigo 165/1/i/2ª parte da Constituição, na reserva a lei parlamentar ou a decreto-lei parlamentarmente autorizado do regime geral das taxas. O que apresenta uma abissal diferença com o que ocorre em sede do princípio da legalidade dos impostos, do princípio da legalidade fiscal, já que este, em conformidade com o disposto nos arts. 165º/1/i/1ª parte e 103º/2 da Constituição, implica que a disciplina jurídica dos elementos essenciais de cada imposto (isto é, a incidência, a taxa, os benefícios fiscais e as garantias dos contribuintes), conste de lei parlamentar ou de decreto-lei parlamentarmente autorizado, devendo essa disciplina, de resto, tanto em extensão como em intensidade,

[26] V. o nosso estudo «Reflexões sobre a constituição económica, financeira e fiscal», agora nestes *Estudos*, p. 157 e ss.

ser levada tão longe quanto seja possível. Algo que de todo se não verifica em sede do princípio da legalidade das taxas, pois, em relação a estas, o que constitucionalmente se exige ao Parlamento é tão só o estabelecimento do seu regime geral, seja na versão inicial seja nas suas posteriores modificações, não tendo, por conseguinte, de intervir relativamente cada taxa, cuja criação e disciplina cabe inteiramente aos órgãos legalmente competentes desde que respeitem o referido regime geral.

Mas a diferença no concernente à armadura jurídico-constitucional das taxas face aos impostos, também se revela em sede do princípio da segurança jurídica, já que no respeitante às taxas, ao contrário do que se passa no domínio dos impostos desde a revisão constitucional de 1997, não temos nenhuma específica proibição de taxas retroactivas, sendo a conformidade constitucional de todos estes tributos, retroactivos e não retroactivos, a avaliar com base no princípio da protecção da confiança legítima ínsito no princípio do Estado de direito democrático constante do artigo 2º da Constituição. Princípio que, como é sabido, serviu de parâmetro à justiça constitucional, com natural destaque para a do Tribunal Constitucional, para ajuizar da conformidade constitucional dos impostos retroactivos até àquela revisão constitucional[27].

Naturalmente que, como facilmente se compreenderá, a ponderação entre, de um lado, o interesse público invocável pela entidade pública para a exigência de taxas ainda que baseadas em factos tributários totalmente esgotados no passado, ou seja, ainda que retroactivas, e, de outro lado, o interesse na protecção da confiança na qual os destinatários das taxas legitimamente investiram a partir do comportamento adoptado pelo Estados ou outras entidades públicas, será sempre mais fácil de verificar e fundar relativamente aos impostos do que no concernente às taxas. Com efeito, enquanto os impostos são exigidos sem que tenham por base qualquer prestação específica do Estado ou outras entidades públicas, as taxas, por serem tributos de estrutura bilateral ou tributos comutativos, em certo sentido sempre seriam de exigir no caso de antes não se encontrarem previstas, ou de as exigir em medida mais adequada à sua conformidade com o princípio da proporcionalidade entre a prestação pública e a correspondente contraprestação que a taxa é, no caso de aumento retroactivo das mesmas.

[27] Que introduziu a proibição de impostos retroactivos no nº 3 do artigo 103º da Constituição. V. o nosso livro *O Dever Fundamental de Pagar Impostos. Contributo para a Compreensão Constitucional do Estado Fiscal Contemporâneo*, cit., p. 394 e ss.

Por outras palavras, confiar em não ser surpreendido com a aprovação de impostos ou com o aumento de impostos reportados a factos inteiramente decorridos ou a decorrer é, de longe, mais aceitável e razoável do que confiar em não ser surpreendido com a aprovação ou o aumento de tributos que, atenta a sua estrutura bilateral, de algum modo, sempre seriam de exigir. Daí que a suplantação dos testes que a ponderação base do princípio da protecção da confiança comporta, se revele mais difícil relativamente aos impostos do que no respeitante às taxas. É que a verificação de que ocorreu uma situação de confiança legítima, na qual os destinatários das normas tributárias efectivamente investiram um elevado grau de confiança, de molde a que a frustração desta lhe cause um dano que haja de ter-se por superior ao que o interesse público experimenta por não angariar as correspondentes receitas tributárias, será mais facilmente verificável relativamente aos impostos do que às taxas.

Depois, no que ao princípio da igualdade diz respeito, também a distinção das taxas face aos impostos é bem visível, uma vez que o critério ou medida do que deve ser considerado igual e do que deve ser considerado desigual em sede dos impostos é completamente diferente do que está na base das taxas. O que, mais uma vez, tem a ver com a diversidade da estrutura da relação jurídica do imposto e da taxa. Pois, constituindo-se o imposto na exigência de uma prestação pecuniária de carácter unilateral, que tem por base exclusivamente a vontade política do correspondente ente público, não se encontrando ligada a uma qualquer situação específica de prestação estadual como contraprestação, compreende-se que o seu pressuposto e critério de medida seja a capacidade contributiva ou a capacidade de pagar enquanto realidade económica de natureza geral a que pode vincular-se uma prestação de natureza pecuniária[28].

[28] Muito embora, face no actual quadro de crescente rarefacção das bases tributárias que tradicionalmente têm suportado as manifestações da capacidade contributiva, constituídas pelo rendimento, pelo património e pelo rendimento e património utilizado na aquisição onerosa de bens e serviços, alguma doutrina mais recente venha propondo uma tributação, que não se reporte apenas às referidas tradicionais manifestações da capacidade contributiva, antes tenha em conta novas capacidades ou capacitações consubstanciadas em qualificadas situações de vantagem economicamente avaliáveis. Sobre a ideia de capacitação v., por todos, Amartya Sen, *A Ideia de Justiça*, Almedina, Coimbra, 2012, sobretudo p. 345 e ss., e, no respeitante ao alargamento da ideia de capacidade contributiva ou de pagar, v. Franco Gallo, *L'Ugualianza Tributária*, Editoriale Scientifica, 2012, esp. p. 7 e ss. De resto, a realidade referida tem vindo a suportar propostas de reforma fiscal tão arrojadas como a constante do Relatório Mirrlees de 2011 – James Mirrlees, *Tax by Design* (versão espanhola

Já as taxas, porque têm a sua causa em específicas prestações públicas cujo custo, se entende que deve ser suportado pelos destinatários das mesmas e não pelo universo dos contribuintes, o critério da sua medida não pode passar ao lado dessa realidade e de um certo equilíbrio entre essas prestações públicas e as contraprestações que as taxas são. Daí que a sua medida não possa deixar de ter por base o princípio da proporcionalidade, o qual, segundo o entendimento formulado pela doutrina alemã, se concretiza no princípio da equivalência (*Äquivalenzprinzip*) entre prestação e contraprestação[29], traduza-se esta equivalência em específicos benefícios para o contribuinte a aferir pelo princípio da compensação pelos benefícios (*Vorteilsausgleich*), ou na provocação de específicos custos deste à comunidade, a aferir pelo princípio da cobertura dos custos (*Kostendeckungsprinzip*)[30].

Muito embora seja de acrescentar que, por vezes, se verifica uma combinação do critério do benefício com o critério da cobertura dos custos. E que, relativamente às taxas baseadas na ideia de equivalência assente na cobertura dos custos, seja de distinguir, como o faz a doutrina espanhola, entre os *custos trasladáveis*, que correspondem aos custos respeitantes à utilidade do serviço de que apenas os destinatários das taxas beneficiam, devendo ser estes a suportá-los por inteiro, dos *custos imputáveis* que apenas podem ser colocados a cargo dos utentes na medida da utilidade do benefício específico por eles recebido do serviço, partilhando assim os custos com a comunidade que instituiu o serviço de interesse geral. Com efeito, há que evitar que o Estado possa repercutir sobre os utentes dos serviços públicos, enquanto sujeitos passivos das correspondentes taxas, todos os custos de todos os serviços públicos, dando suporte assim à deslocação do financiamento de significativas parcelas do Estado fiscal para um Estado taxador[31].

Deseño de un Sistema Tributário Óptimo, Editorial Unuversitária Ramón Areces, 2013) para o Reino Unido, ou a de Daniel S. Goldberg, *The Death of the Income Tax. A Progressive Consumption Tax and the Path to Fiscal Reform*, Oxford University Press, 2013, para os EUA.

[29] Sobre o recorte jurídico deste princípio e a sua aplicação prática v., por todos, Schmehl, *Das Äquivalenzprinzip im Recht der Staatsfinanzierung*, Tübingen, 2004.

[30] Na terminologia alemã mais recente, que colhemos em K. Tipke / J. Lang, *Steuerrecht*, cit., p. 42 e s., já que tradicionalmente a doutrina alemã, à qual se deve de resto esta construção dogmática, por via de regra, contrapõe o *Äquivalenzprinzip*, reportado à equivalência entre a taxa e o benefício proporcionado ao contribuinte, ao *Kostendeckungsprinzip*, reportado à equivalência entre a taxa e os custos provocados à comunidade – v., neste sentido, H.-W. Arndt, *Grundzüge des Allgemeinen Steuerrechts*, München, 1988, p. 11.

[31] V. sobre esta temática Suzana Tavares da Silva, *As Taxas e a Coerência do Sistema Tributário*, cit., p. 119 e ss.

Complementarmente é de assinalar que integra ainda o nível constitucional do regime das taxas, quando estas sejam criadas ou disciplinadas por regulamento, como acontecerá necessariamente com as taxas das autarquias locais, a exigência de natureza formal constante do disposto no nº 7 do artigo 112º da Constituição, segundo o qual os regulamentos devem indicar expressamente as leis que visam regulamentar. Uma exigência que implica que os regulamentos relativos a taxas autárquicas indiquem expressamente a mencionada habilitação legal que encontramos no artigo 20º da actual Lei das Finanças Locais e no artigo 8º do RGTAL[32].

Mas se, em termos formais, nos deparamos com esta limitação ao poder tributário autárquico, decorrente do facto de a disciplina normativa das taxas ter de constar necessariamente de normação secundária, de regulamentos, em termos materiais as coisas são bem diversas. É que, a partilha do poder normativo entre o que deve constar da lei, que contenha o correspondente regime geral das taxas, e o que pode ou deve ser atribuído às entidades detentoras de poderes tributários relativos às taxas, não pode deixar de ser manifestamente favorável às autarquias locais, já que o poder tributário relativo à criação e disciplina jurídica das taxas devidas pelos serviços autárquicos não pode fazer tábua rasa da reserva que o nº 3 do artigo 138º da Constituição estabelece, ao dispor que «as receitas próprias das autarquias locais incluem obrigatoriamente as provenientes da gestão do seu património e as cobradas pela utilização dos seus serviços»[33]. O que, muito naturalmente, conduzirá à diversidade de taxas ou do seu montante de autarquia para autarquia. Uma diversidade que será, todavia, um preço a pagar aceitável desde que haja um equilíbrio ente o que pode considerar-se tributo à autonomia do poder local e o que deve caber à soberania do Estado enquanto suporte da organização unitária de toda a comunidade nacional. Por conseguinte, o regime geral das taxas das autarquias locais não só tem de conter-se de modo a não invadir o campo da autonomia local, como também não pode significar demissão do exercício do correspondente poder soberano por parte do Estado[34].

[32] Cf. Suzana Tavares da Silva, *As Taxas e a Coerência do Sistema Tributário*, cit., p. 132.

[33] Cf. o nosso livro *A Autonomia Financeira das Autarquias Locais*, Almedina, Coimbra, 2007, p. 27 e ss.

[34] Relativamente à relação entre a soberania e a autonomia do poder local, v. o nosso estudo «A autonomia local (Alguns Aspectos gerais)», agora em *Estudos sobre as Autonomias Territoriais, Institucionais e Cívicas*, Almedina, Coimbra, 2010, p. 29 e ss.

2. O nível jurídico-legal

Analisando agora ao nível legal, que corresponde sobretudo ao seu regime geral, alinhemos algumas notas a tal respeito, tendo em conta o RGTAL, uma vez que é o único regime geral de taxas aprovado até ao presente. Desde logo, devemos dizer que o RGTAL, não obstante se reportar às taxas das autarquias locais, apresenta-se como um regime que contempla o que podemos considerar uma disciplina comum aplicável à generalidade das taxas. Regime que, atenta a omissão legislativa que subsiste relativamente ao regime geral das taxas estaduais ou para-estaduais, tem a maior utilidade porquanto constitui um denominador jurídico geral comum a todas as taxas.

Por conseguinte, a referida omissão legislativa não pode ter-se por uma omissão total, uma vez que o RGTAL não deixa de constituir no nosso ordenamento jurídico uma importante expressão fragmentária ou parcial de um regime geral das taxas ou de certas taxas[35]. RGTAL em que encontramos o que podemos designar por *regime comum das taxas* integrado por princípios que, embora formulados relativamente às taxas das autarquias locais, se reportam à generalidade das taxas sejam estas estaduais, autárquicas ou para-estaduais[36].

Mas, passando ao nível jurídico-legal do regime geral das taxas, duas considerações preliminares se impõem: uma, respeitante ao âmbito do conceito de taxa subjacente ao RGTAL; outra, referente às relações entre o RGTAL e a LGT. Quanto ao primeiro dos aspectos mencionados, é de dar conta do conceito amplo e manifestamente formal que a incidência objectiva particularmente abrangente das taxas municipais nos parece revelar. Com efeito, segundo o disposto no artigo 6º do RGTAL, as taxas municipais podem ser contrapartida de utilidades prestadas aos particulares ou geradas por actividade dos municípios como as previstas nas alíneas *f*), *g*)

[35] Expressão fragmentária que, de algum modo, também o referido nº 2 do artigo 4º da LGT integra. Muito embora e não obstante a designação que essa lei ostenta (*lei geral tributária*), excluir genericamente a sua aplicação às taxas, como consta do nº 3 do artigo 3º – cf. J. M. Cardoso da Costa, «Sobre o princípio da legalidade das taxas (e das demais "contribuições financeiras"», *Estudos em Homenagem ao Professor Doutor Marcello Caetano no Centenário do seu Nascimento*, Vol. I, Coimbra Editora, 2006, p. 802 e ss.

[36] O que não significa, todavia, que a falta de aprovação desse regime geral assim como o regime geral das demais contribuições a favor de entidades públicas não configure uma inconstitucionalidade por omissão – v., neste sentido, Gomes Canotilho / Vital Moreira, *Constituição da República Portuguesa Anotada*, 4ª ed., vol. I – *Artigos 1º a 107º*, Coimbra Editora, Coimbra, 2007, anotação XV ao artigo 103º.

e *h*) do nº 1 e as referidas no nº 2 desse artigo[37]. Pois, segundo as referidas alíneas, podem ser cobradas taxas: pela prestação de serviços no domínio da prevenção de riscos e da protecção civil; pelas actividades de promoção de finalidades sociais e de qualificação urbanística, territorial e ambiental; e pelas actividades de promoção do desenvolvimento e competitividade local e regional. Por seu lado, segundo o mencionado nº 2, as taxas municipais podem também incidir sobre a realização de actividades dos particulares geradoras de impacto ambiental negativo[38].

Relativamente às relações entre o RGTAL e a LGT, é preciso ter em devida conta que, como já referimos, é a própria LGT a descartar a hipótese de conter qualquer regime geral comum às taxas, ao prescrever, no nº 3 do seu artigo 3º, que o regime geral das taxas e demais contribuições financeiras a favor de entidades públicas consta de lei especial. O que, como bem se compreende, não obsta a que a LGT constitua legislação subsidiária de primeira linha do RGTAL[39], sendo pois aquela lei a convocada sempre que este regime não contenha específica solução. Conclusão a que, dada a natureza tributária das taxas, sempre se imporia mesmo que esse carácter subsidiário não estivesse reconhecido, como está, no artigo 2º do RGTAL.

Centremo-nos, porém, no referido regime comum das taxas, em que temos alguns princípios legais da maior importância, como são o princípio da disciplina unitária dos elementos integrantes das taxas, o princípio da equivalência jurídica e o princípio da fundamentação económico-financeira. Uma palavra sobre estes princípios os quais, embora formulados para a taxas das autarquias locais, têm, a nosso ver, um visível alcance geral.

Assim e no respeitante ao princípio da disciplina unitária dos elementos tanto estruturais como dinâmicos das taxas, que tem consagração no artigo 8º do RGTAL, trata-se de um princípio de natureza formal, segundo o qual os regulamentos que criem as taxas das autarquias locais, a aprovar pelo respectivo órgão deliberativo, devem conter obrigatoriamente, sob pena de nulidade: *a*) a indicação da base de incidência objectiva e subjectiva; *b*) o valor ou a fórmula de cálculo do valor das taxas a cobrar; *c*) a fundamen-

[37] Para uma crítica dessa incidência tão ampla das taxas municipais, v. Suzana Tavares da Silva, *As Taxas e a Coerência do Sistema Tributário*, cit., p. 133 e ss.

[38] Ideia que, embora em menor medida, também se verifica relativamente se às taxas das freguesias, nos termos do disposto no nº 3 do artigo 6º do RGTAL.

[39] Assim como o CPPT no domínio coberto por esta codificação de direito fiscal, constituindo as codificações de direito administrativo (geral) – em que sobressaem o CPA, o ETAF e o CPTA – legislação subsidiária de segunda linha.

tação económico-financeira relativa ao valor das taxas, designadamente os custos directos e indirectos, os encargos financeiros, amortizações e futuros investimentos realizados ou a realizar pela autarquia local; *d*) as isenções e sua fundamentação; *e*) o modo de pagamento e outras formas de extinção da prestação tributária admitidas; *f*) a admissibilidade do pagamento em prestações.

O que significa que, em tributo designadamente à transparência com que devem actuar as entidades públicas ou as entidades que exerçam funções públicas, a disciplina jurídica relativa a cada taxa não deve ser fragmentária, não se distribuindo portanto por mais de um diploma normativo, nem passar pelo exercício da competência de mais de um órgão público, devendo este ser sempre um órgão com competência deliberativa e não um órgão executivo ou com competência exclusivamente executiva.

No respeitante ao princípio da equivalência jurídica das taxas, que constitui a consagração legal de uma característica tradicionalmente apontada aos tributos bilaterais pela doutrina, reporta-se ele a dois aspectos que devem ser relevados. De um lado e com um sentido positivo, não é mais nem menos do que afirmar a estrutura bilateral das taxas e a exigência de um certo equilíbrio entre as prestações realizadas pelas entidades públicas e as correspondentes contraprestações exigidas aos destinatários, em que não pode deixar de ter um papel importante o princípio da proporcionalidade.

De outro lado e com um sentido negativo, a ideia de equivalência jurídica tem por finalidade prescindir da exigência de uma equivalência económica nas taxas, a qual, quando imposta relativamente a serviços públicos que tenham de ser financeiramente auto-sustentáveis, que não admitam portanto défices de exploração, conduz a uma espécie de taxas – as tarifas ou preços públicos. Espécie esta que parece afastar-se da figura dos tributos na medida em que se consubstancia em preços formados em verdadeiro ambiente de mercado, limitando-se a correspondente acção do Estado a uma regulação que materialmente se não afasta da que tem ou pode ter sobre alguns preços privados.

Daí que tenhamos dúvidas quanto ao acerto da solução sufragada no acórdão do STA de 10/04/2013[40], em que se acordou no sentido de que cabe na competência dos tribunais tributários a apreciação de litígios emergentes da cobrança coerciva de dívidas a uma empresa municipal prove-

[40] Tirado no Pleno da Secção do Contencioso Tributário, no Proc. nº 015/12.

nientes de abastecimento público de águas, de saneamento de águas residuais urbanas e de gestão de resíduos urbanos, uma vez que, o termo "preços" utilizado no artigo 16º da LFL/2007[41] equivale ao conceito de "tarifas" usado nas anteriores LFL[42], a que a doutrina e jurisprudência reconheciam a natureza de taxas, podendo assim ser coercivamente cobradas mediante o processo de execução fiscal.

Finalmente, uma palavra sobre o princípio da fundamentação económico-financeira das taxas, exigência que foi introduzida justamente pelo RGTAL e que, como vimos, deve constar do diploma normativo que cria e disciplina cada uma das taxas. Pois bem, a introdução da exigência de fundamentação económico-financeira compreende-se perfeitamente, já que é uma forma não só de assegurar que as taxas se pautem pela proporcionalidade, obstando assim a eventuais arbitrariedades na fixação dos seus montantes, como, ao tornar transparentes esses montantes, permitir aos respectivos sujeitos passivos conhecer da razoabilidade dos quantitativos fixados, podendo assim mais facilmente reagir contra taxas que não tenham por suporte uma adequada fundamentação.

Com efeito, olhando para os estudos de fundamentação económico-financeira do valor das taxas, que os municípios têm elaborando seguindo, de resto, todos eles uma metodologia muito idêntica e que vêm disponibilizando através da sua publicação em anexo ao respectivo regulamento de taxas e licenças municipais[43], verificamos que, com base nesses estudos, será mais fácil aos sujeitos passivos impugnar judicialmente as taxas com base na desproporcionalidade do seu valor ou até da violação dos critérios legais para a sua fixação. Desde logo, procedem a uma separação importante entre os preços públicos cujo valor não pode deixar de ter por base critérios de mercado e as taxas cujo valor não tem correspondência em prestações de

[41] Contida na Lei nº 2/2007, de 15 de Janeiro. Lembramos que a expressão "preços" é também a utilizada no artigo 20º da actual LFL.

[42] V. o artigo 20º da LFL/1998 (Lei nº 42/98, de 6 de Agosto). Sobre a distinção entre taxas e tarifas (preços públicos), v. o nosso *Direito Fiscal*, cit., p. 51 e ss., António Malheiro de Magalhães, *O Regime Jurídico dos Preços Municipais*, Almedina, Coimbra, 2012, e Joaquim Freitas da Rocha, *Direito Financeiro Local*, 2ª ed., Coimbra Editora, 2014, p. 206 e ss. Para Espanha onde a mencionada distinção tem consagração legal, v., por todos, Rosa Litago Lledó, *La Recaudación de los Precios Públicos*, Tecnos, Madrid, 1997.

[43] Lembramos que os municípios tinham de cumprir a exigência de fundamentação económico-financeira relativamente às taxas vigentes aquando da entrada em vigor do RGTAL, em 1 de Janeiro de 2007, até 30 de Abril de 2012, nos termos do disposto no artigo 17º do RGTAL, na redacção dada a este pela Lei nº 117/2009, de 29 de Dezembro.

mercado. Depois, no que às taxas diz respeito, esses estudos incluem relativamente a cada tipo de taxas os custos directos e indirectos, os encargos financeiros, amortizações e futuros investimentos realizados ou a realizar pela autarquia local.

Naturalmente que o regime geral das taxas integra ainda diversos outros aspectos que, como se compreenderá, não vamos versar aqui, como os relativos à liquidação e cobrança das taxas, à execução fiscal por dívidas de taxas, à caducidade da liquidação e extinção da obrigação tributária[44]. Há, todavia, dois aspectos, um que é específico das taxas, já que se prende com a sua estrutura bilateral, outro relativo à sua impugnação judicial, a que é do maior interesse fazer pelo menos uma alusão.

No respeitante ao primeiro dos aspectos, trata-se de saber quais as consequências jurídicas relativamente à prestação pública a que a taxa corresponde no caso de não pagamento, bem como ainda no caso de anulação do acto de liquidação da taxa quando, todavia, a correspondente prestação pública já realizada se mantenha. Com efeito, o não pagamento de uma taxa não tem como consequência apenas constituir o respectivo sujeito passivo em devedor incumpridor, sujeitando-se ao correspondente processo de execução fiscal, caso a prestação pública a que corresponde a taxa já tenha sido realizada, mas também à não realização ou interrupção da prestação caso esta ainda não tenha tido lugar ou esteja a decorrer.

Deste modo, se a taxa for devida pela emissão de uma licença, o seu não pagamento constitui fundamento para a sua não emissão, assim como, quando exigida para a apreciação de um requerimento, o seu não pagamento seja fundamento do correspondente indeferimento liminar. Por seu turno, se a taxa for contrapartida da prestação de um serviço público, o seu não pagamento legitima a não prestação ou interrupção do serviço, do mesmo modo que, quando seja contrapartida pelo aproveitamento privativo do domínio público, o não pagamento da taxa conduza à caducidade do título em que se baseie esse aproveitamento[45].

44 Refira-se que tanto no concernente à caducidade da liquidação das taxas como à prescrição das correspondentes obrigações tributárias, vale o disposto na LGT, a menos que lei especial disponha diversamente, como o faz, de resto, o RGTAL, muito embora este fixe nos artigos 14º e 15º prazos para a caducidade e a prescrição idênticos aos estabelecidos nos artigos 45º e 48º da LGT.

45 V. sobre esta temática Suzana Tavares da Silva, *As Taxas e a Coerência do Sistema Tributário*, cit., p. 154 e s..

Quanto ao outro aspecto mencionado, isto é, à anulação do acto de liquidação da taxa quando a correspondente prestação pública já tenha sido realizada e se mantenha, coloca-se o problema de saber se essa anulação judicial pode ser uma anulação pura e simples do acto de liquidação da taxa sem qualquer reflexo na prestação pública realizada, ou se a subsistência desta tem reflexos na anulação do acto de liquidação. A este respeito, interrogamo-nos sobre se o problema em causa não deve convocar para a sua solução o contributo de outros sectores jurídicos da teoria geral do direito tributário, como, de um lado, o da natureza declarativa do acto de liquidação dos tributos, e, de outro lado, a circunstância de o acto de liquidação concretizar a relação jurídico-administrativa tributária, que tem a montante a relação jurídico-constitucional tributária e, de certo modo, a jusante a relação jurídico-obrigacional tributária[46].

Todavia e independentemente do tipo de resposta que possa advir desses domínios, afigura-se-nos óbvio que a ideia de equilíbrio implicada no princípio da proporcionalidade entre a prestação e a contraprestação, que está ínsita na estrutura bilateral da taxa, não pode deixar de ser tida em conta também no caso de anulação do acto de liquidação. O que terá reflexos quer no âmbito e intensidade dos efeitos da sentença de anulação quer na execução desta, tendo em consideração, de um lado, o tipo e gravidade do vício que o afecta, especificamente se trata de um vício formal ou procedimental ou de um vício substancial e, bem assim, se o acto anulado é renovável ou não, e, de outro lado, as possibilidades de reconstrução da correspondente situação hipotética actual.

Pois, a nosso ver, há que ter em conta, designadamente, se e em que medida o sujeito passivo contribuiu para a ilegalidade do acto[47], como também se pode ser invocada causa legítima de inexecução da sentença anulatória, apesar da interdição legal dessa invocação quando esteja em causa a execução de sentenças relativas a obrigações pecuniárias bem patente nos artigos 175º, nº 3, e 178º do CPTA. É que essa interdição de causa legítima de inexecução, não só não pode ser entendida em termos absolutos[48], como a sua admissibilidade deve partir da ideia de que se trata de um instituto

[46] Sobre esta estratificação da relação tributária, embora tem em conta a relação de imposto, v. o nosso *Direito Fiscal*, cit., p. 227 e ss.

[47] O que poderá suceder sobretudo quando haja lugar a autoliquidação da taxa, caso em que a anulação da taxa pode concretizar-se num verdadeiro *venire contra factum proprium*, beneficiando assim o infractor.

[48] Cf., a este respeito, o que dizemos no nosso *Direito Fiscal*, cit., p. 380 e ss.

com efectivo recorte geral, uma vez que é concretização das condições de possibilidade de que necessariamente depende a política e o direito, reconhecidas, desde tempos imemoriais, como o prova a expressão *ad impossibilia nemo tenetur*. Daí que, muito embora tradicionalmente previsto expressamente apenas em sede da jurisdição administrativa, deva ser invocável face a sentenças anulatórias de qualquer jurisdição, como a jurisdição constitucional e as jurisdições supranacionais e internacionais (TJUE e TEDH)[49].

Em suma, parece-nos que, no quadro de um sistema jurídico ao serviço da pessoa humana e não desta ao serviço daquele, a solução juridicamente equilibrada do problema em causa não pode passar por a remeter unicamente para um instituto geral do tipo do enriquecimento sem causa, nos termos em que deste se pode lançar mão nos termos do artigo 37º, nº 1, alínea *i*), do CPTA. De facto, uma tal solução seria manifestamente limitada

Enfim, relativamente á impugnação judicial das taxas importa referir a regra da impugnação administrativa necessária estabelecida para as taxas das autarquias locais no artigo 16º do RGTAL, em que se dispõe que a impugnação judicial das taxas depende da prévia dedução de reclamação perante o órgão que efectuou a liquidação da taxa no prazo de 30 dias a contar da notificação da liquidação. Reclamação que se presume indeferida se não for decidida no prazo de 60 dias, cabendo impugnação judicial para o tribunal tributário da área da respectiva autarquia, no prazo de 60 dias a contar do indeferimento expresso ou tácito da reclamação. Uma solução de carácter geral que vai ao arrepio da garantia constante do artigo 268º, nº 4, da Constituição, que assegura aos administrados a impugnação judicial de quaisquer actos administrativos independentemente da sua forma. Tendo em conta, porém, a formação de indeferimento tácito ao fim de 60 dias, esta reclamação necessária acaba por não constituir um condicionamento excessivamente gravoso da impugnação judicial e, por conseguinte, da garantia a uma tutela jurisdicional efectiva constante dos artigos 20º e 268º da Constituição.

A este respeito devemos sublinhar que não nos parece que esta regra possa integrar o que designamos mais acima por regime comum das taxas, porquanto se a mesma nos suscita reservas mesmo reportando-se apenas às taxas das autarquias locais, bem maiores seriam essas reservas se fosse concebida como regra de aplicação generalizada a todas as taxas. Tanto mais

[49] V. sobre a questão o nosso estudo «Reflexões sobre a constituição económica, financeira e fiscal», nestes *Estudos*, p. 180 e s.

que a autonomia financeira constitucionalmente reconhecida às autarquias locais pode constituir justamente uma base de justificação para a obrigatoriedade dessa pronúncia administrativa prévia relativamente a litígios que tenham por objecto as correspondentes taxas autárquicas.

III. A actual erosão da figura das taxas

A título complementar, façamos uma alusão ao que podemos chamar erosão da figura das taxas. Com efeito, não foi só o aparecimento de novas figuras intermédias entre o imposto e a taxa que, como vimos, vieram pôr em causa o quadro dogmático relativamente consolidado da figura dos tributos. Efectivamente, este também vem sendo afectado pela própria ameaça de erosão da figura das taxas.

Pois bem, tendo presente o conceito e as modalidades da figura das taxas, nestas, diversamente do que ocorre nos impostos, em que temos apenas a prestação estadual traduzida no conjunto dos diversos serviços públicos que os mesmos suportam, a contraprestação do particular a favor do Estado e demais entes públicos corresponde a uma prestação específica, uma actividade desses mesmos entes especialmente dirigida ao respectivo obrigado. Actividade que se vem a concretizar, como já referimos, seja na prestação de um serviço público, seja na utilização de bens do domínio público[50], seja na remoção de um obstáculo jurídico à actividade dos particulares. Quanto a estas últimas, correntemente designadas por *licenças* (muito embora este termo designe, em rigor, não as taxas, mas sim a autorização constitutiva, ou seja, o acto administrativo que efectiva a remoção desse obstáculo), impõe-se, a nosso ver, duas notas. Uma para dizer que o seu pressuposto de facto também se reconduz, a seu modo, à prestação de um serviço público, pois a remoção de um obstáculo jurídico à actividade dos particulares, conquanto que tenha sido levantado por exigência de um específico interesse público, não deixa de se configurar como a prestação de um serviço público. Daí que lá fora, com destaque para Espanha e Itália, se

[50] Como se pode ver pelos exemplos dados, as taxas pela utilização do domínio público tanto se verificam em relação ao seu *uso comum* (em que, atenta a regra da gratuitidade, não podem deixar de ter carácter excepcional), como em relação ao seu *uso privativo* (em que, vigorando ao invés a regra da onerosidade, são a regra). Sobre a utilização do domínio público, v. DIOGO FREITAS DO AMARAL, *A Utilização do Domínio Público pelos Particulares*, Lisboa, 1965, e MARCELLO CAETANO, *Manual de Direito Administrativo*, tomo. II, 9ª ed., reimp. de 1980, p. 927 e ss.

não faça qualquer referência à remoção de um obstáculo jurídico à actividade dos particulares como pressuposto de facto autónomo das taxas[51].

Outra nota para assinalar que tais tributos apenas se configurarão como verdadeiras taxas naqueles casos em que o obstáculo jurídico a remover constitua um obstáculo real, levantado por exigência de um específico interesse público. O que já não acontece quando o mesmo seja artificialmente erguido para, ao removê-lo, a administração cobrar uma receita, pois, numa tal hipótese, referida pelos autores sob a designação de *licenças fiscais*, deparamo-nos com verdadeiros impostos. Com efeito, não se vislumbra aí qualquer prestação real a favor do contribuinte, constituindo o levantamento e a posterior remoção do obstáculo em causa uma verdadeira actividade e os serviços correspondentes verdadeiros serviços de lançamento e cobrança de um imposto disfarçado de taxa[52].

Todavia, o que vimos de dizer depara-se cada vez mais com problemas que têm vindo a contribuir para uma certa erosão da figura das taxas, incluindo-se nestas situações que extravasam claramente o tradicional universo dos tributos bilaterais, favorecendo deste modo a adesão a um *conceito formal de taxa*. Um conceito que, no limite, pode vir a satisfazer-se com a sua simples qualificação legal, sendo assim taxa o que o legislador disser que é taxa[53]. O que tem por base um fenómeno com diversas expressões traduzidas não só no alargamento da figura a hipóteses que não configuram verdadeiras taxas, mas também na subtracção ao universo das taxas de situações tradicionalmente suportes destes tributos bilaterais.

Assim e quanto ao mencionado alargamento da figura das taxas temos, desde logo, situações em que estamos efectivamente perante verdadeiros preços, como é o que acontece, a nosso ver, com as designadas taxas pela utilização de bens do domínio privado das autarquias locais contempladas

[51] V., por exemplo, para Espanha o artigo 2º, nº 2, al. *a*), da *Ley General Tributaria*, na versão em vigor desde 1 de Julho de 2004 (muito embora essa solução já constasse da versão anterior de 1963).

[52] Cf. Alberto Xavier, *Manual de Direito Fiscal*, cit., p. 52 e s., e os nossos *Contratos Fiscais. Reflexões acerca da sua Admissibilidade*, nº 5 da Série *Studia Juridica*, Coimbra Editora, 1994, p. 237.

[53] O que tem reflexos inequívocos também na jurisprudência constitucional, a qual, no quadro de um limitado escrutínio jurídico-constitucional, que o Tribunal Constitucional vem fazendo às soluções fiscais engendradas pelo legislador, revela um crescente acantonamento do controlo da constitucionalidade nos parâmetros meramente orgânico-formais da constituição fiscal – cf. o nosso estudo «Da liberdade de gestão fiscal das empresas», *Fiscalidade*, nº 44, Outubro-Dezembro de 2010, p. 5 e ss.

nos arts. 3º e 6º do RGTAL. Com efeito, tanto esse artigo 3º, onde se prescreve que «as taxas são tributos que assentam na prestação de um serviço público local, na utilização privada de bens do domínio público e privado das autarquias locais ou na remoção de um obstáculo jurídico ao comportamento dos particulares...», como a al. *c)* do nº 1 e a al. *b)* do nº 2 do mencionado artigo 6º, em que se dispõe que as taxas municipais e as taxas das freguesias incidem sobre utilidades prestadas aos particulares, designadamente pela utilização e aproveitamento do respectivo domínio público e privado, acabam alargando o âmbito da figuradas taxas a realidades que deviam ser considerados preços, e preços a ser estabelecidos com base exclusivamente no mercado[54].

Depois, uma outra via da crescente expansão da figura das taxas pode ser ilustrada com a aceitação clara pelo RGTAL das taxas com natureza extrafiscal. Pois, apesar de, em sede dos tributos ambientais, certamente o sector mais expressivo da extrafiscalidade contemporânea, os tributos tenderem a configurar-se como tributos unilaterais ou impostos[55], o certo é que no nº 1 do artigo 5º desse Regime Geral se dispõe que «a criação de taxas pelas autarquias locais respeita o princípio da prossecução do interesse público local e visa a satisfação das necessidades financeiras das autarquias locais e a prossecução de finalidades sociais e de qualificação urbanística, territorial e ambiental». O que significa que o legislador acaba assim concebendo os tributos, que tenham por objectivo a qualificação urbanística, territorial e ambiental, como tributos bilaterais ou taxas[56].

Enfim, uma outra forma de ampliação da figura das taxas, de resto mais subtil, é a consubstanciada no alargamento do facto gerador das taxas devidas pela concessão de licenças, em que as hipóteses de cobrança desse tipo de taxas vão muito para além das situações em que há uma remoção de um aceitável obstáculo jurídico ao comportamento dos particulares. O que podemos ilustrar com a solução a que se chegou no acórdão nº 177/2010

[54] V. neste sentido, Suzana Tavares da Silva, *As Taxas e a Coerência do Sistema Tributário*, cit., p. 32 e ss.

[55] V., nesse sentido, o nosso estudo «Tributos com fins ambientais», em *Por um estado Fiscal Suportável. Estudos de Direito Fiscal*, Volume III, Almedina, Coimbra, 2010, p. 193 e ss.

[56] Para além de se reportar a atribuições, as relativas ao ambiente, que serão em princípio da titularidade do Estado e não das autarquias locais. V., sobre o problema, Suzana Tavares da Silva, *As Taxas e a Coerência do Sistema Tributário*, cit., p. 37 e ss. Em sentido diverso, v. Sérgio Vasques, *Regime das Taxas Locais*, IDEFF, Almedina, Coimbra, p. 101 a 106.

do Tribunal Constitucional, no respeitante à taxa devida pela "renovação anual" de taxas pelo licenciamento de painéis publicitários instalados em propriedade privada, em que, ao contrário da jurisprudência anteriormente firmada, com base na qual esse tributo foi considerado imposto, veio concluir agora tratar-se de uma taxa. Neste sentido argumentou que com a concessão da licença pela instalação de painéis publicitários se alteram «as posições jurídicas recíprocas de administração e administrado, ficando aquela onerada, enquanto a situação persistir, com uma obrigação até aí inexistente» e que, «inversamente, o anunciante ganha título para uma activa e particular fruição, em termos comunicacionais, do espaço ambiental, necessária à realização da utilidade individual procurada, a qual não se confunde com o gozo passivo desse espaço, ao alcance da generalidade dos cidadãos». Pelo que o anunciante, em exclusivo proveito próprio, «introduz, através da actividade publicitária, mudanças qualitativas na percepção e no gozo do espaço público por parte de todos os que nele se movem, "moldando-o" em função do seu interesse».

Uma argumentação que, a nosso ver, acaba protagonizando, de algum modo, uma subversão do pressuposto de facto da dita taxa, seja porque o desloca da remoção de um obstáculo jurídico ao comportamento dos particulares para o da utilização por estes de um peculiar domínio público, seja porque o alarga à remoção de obstáculos jurídicos ao comportamento dos particulares, que podem revelar-se de todo artificiais. Pois, de um lado, pode dizer-se que essa taxa já não é devida pela remoção de um verdadeiro obstáculo jurídico ao comportamento dos particulares, de um obstáculo que tenha por base a realização de um efectivo interesse público geral a exigir a emissão de uma verdadeira licença. Ou seja, de um específico interesse publico que uma norma operativa desse interesse eleja e entregue à prossecução do correspondente ente público, como decorre do disposto, a esse propósito, do artigo 6º do RGTAL. Antes se tratará de uma taxa devida pela «fruição, em termos comunicacionais, do espaço ambiental, necessária à realização da utilidade individual», isto é, de uma taxa devida pela utilização de um peculiar "domínio público", o domínio comunicacional ou domínio ambiental, em relação ao qual, a existir, não deslumbramos, todavia, uma qualquer razão para que o mesmo possa ser de titularidade municipal.

De outro lado, a insistir-se que o pressuposto de facto dessa taxa é ainda a remoção de um obstáculo jurídico ao comportamento dos particulares, como parece ser o que resulta do texto do acórdão, então o pressuposto de facto das taxas devidas por licenças corre o risco de ampliar-se extraordinariamente. Assim, não será muito difícil levantar um obstáculo jurídico ao comportamento dos particulares, exigindo uma licença, com o claro intuito de cobrar a correspondente receita através da exigência da taxa, argumentando-se que desse comportamento sempre resulta uma «fruição, em termos comunicacionais, do espaço ambiental». Pois, ao dar-se a entender, como no acórdão, que, nas taxas devidas pela remoção de um obstáculo jurídico, a entidade que obtém a licença para o exercício de uma actividade que lhe estaria vedada, remunere a entidade licenciadora pelo benefício que retira do referido exercício, está a pressupor-se que a entidade licenciadora tem o direito a participar das receitas que resultam do exercício daquela actividade como se de um imposto se tratasse. O que, a seu modo, parece verificar-se na situação em análise, já que as atribuições municipais em matéria de publicidade se cingem à regulação da conformidade da actividade publicitária com as normas legais em matéria de segurança, urbanismo e ambiente[57], devendo, por conseguinte, a contraprestação em que se materializa a taxa limitar-se a esse pressuposto legal.

Pelo que, seja na versão assente no recurso a um peculiar tipo de domínio público, seja na versão da remoção de um qualquer tipo de obstáculo jurídico levantado ao comportamento dos particulares, abre-se assim a porta a um conceito tão amplo de taxa devido por licenças que, no limite, não haverá actividade económica privada que não possa sujeitar-se a licenciamento municipal, para, por essa via, se proceder à cobrança da correspondente taxa numa lógica de pura angariação de receitas. Com efeito, a maneira como a questão foi solucionada, articulando publicidade com fruição do espaço comunicacional no âmbito municipal, poderia também sê-lo pela emissão de qualquer licença que permita o exercício de uma actividade que potencialmente gere um benefício económico em zona privada, «que se projecte sobre a esfera pública provocando mudanças qualitativas na percepção e no gozo do espaço público por parte de todos os que nele se movem».

O que, no tipo de situações como a apreciada no acórdão nº 177/2010, devemos acrescentar, chegou a suportar uma estranha tripla tributação, porquanto, para além do IRS empresarial ou IRC a favor do Estado ou

[57] Lei nº 97/88, de 17 de Agosto, relativa à afixação e inscrição de mensagens de publicidade e propaganda, que veio atribuir às câmaras municipais o poder de licenciar e aprovar a afixação de publicidade na área do respectivo município sem prejuízo de intervenção através da emissão de parecer de entidades com jurisdição exclusiva para a defesas de interesses públicos específicos.

região autónoma a que se encontram sujeitos pelo exercício da sua actividade económica e da mencionada taxa pela "renovação anual" da licença devida ao município, os anunciantes ainda tinham de arcar com a taxa de publicidade, também anual, devida à empresa Estradas de Portugal, EPE, nos termos do artigo 15º do Decreto-Lei nº 13/71, de 23 de Janeiro, na redacção do Decreto-Lei nº 25/2004, de 24 de Janeiro[58], enquanto esta não foi considerada revogada pela Lei nº 97/88, de 17 de Agosto[59]. Ora, se há dupla tributação que não pode deixar de ser interdita, é, por certo, a protagonizada pela figura das taxas, pois a sua admissão significaria, pura e simplesmente, a negação da própria natureza das taxas enquanto tributos com estrutura bilateral ou tributos comutativos. De facto, numa tal situação, a uma prestação pública corresponderiam duas contraprestações, pagando, assim, duas vezes pela realização daquela.

Uma situação algo idêntica à que vimos de referir, baseada num conceito muito amplo e em larga medida atécnico de taxa, é a da jurisprudência do Tribunal Constitucional relativa a licenças anuais a pagar pelo funcionamento de postos de abastecimento de combustíveis instalados em propriedade privada, em que, pelo acórdão nº 316/2014, veio fixar a jurisprudência no sentido de que o tributo exigido anualmente pelo município de Sintra pelo funcionamento de postos de combustíveis situados em propriedade privada, como contrapartida pela fiscalização genérica destinada a verificar o correspondente impacto ambiental ou urbanístico, é uma taxa e não um imposto, diferentemente do que havia decidido no acórdão 24/2009. Conclusão a que chegou mobilizando, de resto, a argumentação que já havia desenvolvido no mencionado acórdão 117/2010.

Uma visão das coisas que, atento o peso que o Estado e seus desdobramentos tem actualmente na vida das pessoas e das empresas, mormente por razões ambientais e urbanísticas, muito facilmente pode conduzir à possibilidade de erigir em pressupostos de taxas a generalidade das actividades económicas, já que todas elas são susceptíveis de alguma externalidade negativa em termos ambientais ou urbanísticos de molde a que tais tributos possam ter-se por tão justificados como o seriam impostos com idêntico objecto. Uma realidade que, como referimos, parece estar subjacente ao conceito amplo e formal de taxa que o recorte tão abrangente da

[58] A qual foi considerada taxa e não imposto pelo Tribunal Constitucional no seu acórdão nº 288/2010.

[59] Assim julgada por numerosos acórdãos do STA, entre os quais se pode ver, por último, o de 9/10/2014, Proc. nº 0312/14.

incidência objectiva das taxas municipais pode apresentar segundo o disposto no artigo 6º do RGTAL. O que nos leva a perguntar se, num quadro tão amplo de incidência das taxas, não se corre o risco de, a título de criação de taxas, se estar a abrir a porta para uma espécie de "imposto de porta aberta", como o que vem sendo proposto por alguns autores, no quadro de uma tributação alternativa à actualmente existente, relativamente às micro empresas, a qual substituiria tanto o IRS/IRC como o IVA[60].

Em contrapartida, porém, a erosão da figura das taxas tem expressão também, como referimos, na subtracção ao universo das taxas de situações tradicionalmente suportes desses tributos bilaterais. Um fenómeno que detectamos na redução crescente das taxas devidas pela prestação de serviços públicos, em virtude de estes serviços, no quadro da tão celebrada privatização, passarem a ser prestados num quadro e segundo uma lógica de mercado e, em consequência disso, serem financiados através de verdadeiros preços e não por taxas, como vem acontecendo com a generalidade das *utilities* independentemente da forma como estas venham a ser prestadas e da estrutura orgânica que as preste. O que tem clara expressão no artigo 20º da actual Lei das Finanças Locais, em cujo nº 3 se estabelecem diversos preços a cobrar pelos municípios[61], os quais respeitam, «designadamente, às actividades de exploração de sistemas municipais ou intermunicipais de: *a*) abastecimento público de água; *b*) saneamento de águas residuais; *c*) gestão de resíduos sólidos; *d*) transportes colectivos de pessoas e mercadorias; *e*) distribuição de energia eléctrica em baixa tensão». Preços que, naturalmente, como se dispõe no nº 1 desse mesmo artigo, «não devem ser inferiores aos custos directa e indirectamente suportados com a prestação desses serviços e com o fornecimento desses bens».

Em conclusão, estamos aqui perante um fenómeno que se, por um lado, amplia, por outro, limita o campo de actuação da figura das taxas. Pois, enquanto no respeitante às situações suportes das taxas devidas pela utilização de bens do domínio público e às situações base das taxas devidas pela remoção de um obstáculo jurídico à actividade dos particulares, assistimos à

[60] V. José Dinis Carmo / Abel L. Costa Fernandes, *A Tributação dos Rendimentos Empresariais em Portugal,* Almedina, Coimbra, 2013, p. 103 e ss. Uma proposta que estes autores fazem num quadro mais amplo de reforma da tributação do rendimento, sendo a favoráveis a um modelo de imposto sobre o rendimento das pessoas singulares de taxa uniforme – v. *ob. cit.* p. 89 e ss..

[61] Uma qualificação que, como referimos, é idêntica à do artigo 16º da anterior LFL/2007, e diversa portanto da constante do artigo 20º da LFL/1998, que se referia a tarifas e preços.

ampliação do seu campo, já no concernente às situações suportes das taxas devidas pela prestação de serviços públicos deparamo-nos com uma limitação da sua extensão, na medida em que as taxas são substituídas por preços. Preços em relação aos quais, devemos sublinhar, atentas as específicas características do mercado em que são formados e ao facto de serem preços regulados, não está garantido que sejam preços eficientes e, sobretudo, preços menos onerosos para os destinatários dos serviços do que as taxas anteriormente pagas. Pelo que, tendo em conta quanto vimos de dizer, a erosão da figura das taxas leva inequivocamente ao agravamento da situação daqueles que acabam por a suportar, ou seja, dos destinatários do abusivo alargamento da figura das taxas, de um lado, e dos que passam a pagar preços ineficientes em vez das anteriores taxas, de outro lado.

ÍNDICE GERAL